罗志田 著

权势转移

近代中国的思想与社会

（修订版）

生活·讀書·新知 三联书店

Copyright © 2025 by SDX Joint Publishing Company.
All Rights Reserved.
本作品版权由生活·读书·新知三联书店所有。
未经许可，不得翻印。

图书在版编目（CIP）数据

权势转移：近代中国的思想与社会/罗志田著. —修订版—北京：生活·读书·新知三联书店，2024.4（2025.3重印）
ISBN 978-7-108-07769-1

Ⅰ. ①权… Ⅱ. ①罗… Ⅲ. ①中国历史－近代史－文集 Ⅳ. ①K250.7-53

中国国家版本馆 CIP 数据核字（2024）第 004613 号

封面题签	王汎森
责任编辑	王婧娅
封面设计	薛　宇
责任印制	洪江龙
出版发行	生活·讀書·新知 三联书店
	（北京市东城区美术馆东街 22 号）
邮　　编	100010
印　　刷	上海雅昌艺术印刷有限公司
版　　次	2024 年 4 月第 1 版
	2025 年 3 月第 3 次印刷
开　　本	880 毫米×1230 毫米　1/32　印张　12.875
字　　数	344 千字
定　　价	79.00 元

目 录

再版序 – 001 –

修订版序 – 009 –

原序 – 012 –

新的崇拜：西潮冲击下近代中国思想权势的转移 – 029 –

一、学战：谁改变谁的思想方式 – 030 –

二、从西学为用到中学不能为体 – 057 –

三、新的崇拜 – 072 –

科举制的废除与四民社会的解体：一个内地乡绅眼中的近代社会变迁 – 093 –

内篇：科举制与耕读之路断绝前后的乡村社会 – 098 –

外篇：近代内地乡绅心态的史学启示 – 116 –

科举制废除在乡村中的社会后果 – 129 –

一、对乡村教育的影响 – 130 –

二、城乡疏离与乡居菁英的流向城市 – 144 –

三、余论 – 158 –

近代中国社会权势的转移：知识分子的边缘化与边缘知识分子的兴起 – 163 –

一、从士到知识分子的社会转化 – 165 –

二、知识分子的边缘化 – 179 –

三、边缘知识分子的兴起 – 190 –

过渡时代读书人的困惑与责任 – 219 –

一、过渡时代说略 – 220 –

二、读书与读书人的界说 – 227 –

三、近代经典的淡出 – 231 –

四、读书人定位的转变与徘徊 – 234 –

五、谁来承担国事的责任——偏重梁启超的思虑 – 238 –

六、"煞风景"的"狗耕田" – 245 –

中国传统的负面整体化：清季民初反传统倾向的演化 – 251 –

一、历史的延续性 – 252 –

二、清季反传统倾向的滥觞 – 257 –

三、民初传统的负面整体化 – 263 –

四、余论：传统的不固定性 – 271 –

西方的分裂：国际风云与五四前后中国思想的演变 – 277 –

一、引言：西方的分裂 – 277 –

二、学习榜样的转变 – 280 –

三、思想趋向的演变 – 287 –

四、西方分裂之后：为他人作战场 – 294 –

近代中国民族主义的特色与反思 – 303 –

一、初步认识近代中国民族主义 – 306 –

二、激烈反传统：近代中国民族主义特色之一 – 319 –

三、向往"超人超国"：近代中国民族主义特色之二 – 331 –

四、抗议与建设：近代中国民族主义的两面 – 341 –

五、地方意识与国家统一的互动 – 352 –

六、余论 – 358 –

国进民退：清季兴起的一个持续倾向 – 365 –

一、引言：从小政府向大政府转变的国家 – 366 –

二、国家向民间挺进：清查公款公产 – 371 –

三、司法改革所见国家象征的转变 －377－

四、新旧的"自治"与不同的"公" －382－

五、国民关系的转变与"社会"的兴起 －396－

再版序*

本书修订本是 2014 年出版的，今又再版，特别感谢读者的厚爱！与 1999 年的《权势转移：近代中国的思想、社会与学术》相比，修订本其实有很大的更动，旧文仅存三篇，而新增六篇。如《修订版序》所说："所留所增者，都是偏重于通论的文字，希望能从稍更宏观的角度认识近代中国的权势转移。"这是当时的整合思路。唯《修订版序》相当简短，只有一些技术性的说明。初版的《自序》仍在（更名为《原序》），可了解全书的基本立意。今借再版的机会，略说新增各文的意旨及其与旧文的关联，希望能对认识近代中国的权势转移有所助益。

要说近代中国最大也最显著的权势转移，当然是共和取代帝制的巨变。① 不过任何权势转移都是动态的，充满能动的活力。如郭嵩焘所说："上而朝廷士大夫之习尚，下而草野之风气，其所由来渐矣。"② 辛亥革命多少有些事出突然，却能迅速而轻松地取得"成

---

* 清华大学历史系的李欣然老师和厦门大学历史系的梁心老师对序文的初稿提出了建设性的修改建议，谨此致谢！
① 参见罗志田：《革命的形成：清季十年的转折》，商务印书馆，2021 年。
② 《郭嵩焘日记》，咸丰十一年正月廿六日，《郭嵩焘全集》，岳麓书社，2012 年，第 8 册，第 386 页。

功",正因方方面面的权势先已在转移,聚沙成塔,遂可一蹴而就。然而革命虽速成,变革并未停步。在很多方面,权势仍在继续转移。本书所论,既侧重辛亥鼎革之"所由来",也考察革命后思想、社会权势的进一步转移。

吕思勉曾提出,现代史学异于过去的一个主旨,是"求状况非求事实"。状况当然要"靠事实然后明白",而事实的意义有不同——现代史学所求的,是"足以使某时代某地方一般状况可借以明白的事实"。① 修订版更突出通论,也是想在厘清事实的基础上展现近代中国的"一般状况",以见权势转移的趋势。并希望在"论世"的基础上,进而可以有些超越一时一地的"论道"性认识。②

修订本最大的不同,是删去了原有的学术部分。在近代中国,学术和思想几乎密不可分。③ 复因"世运之明晦、人才之盛衰,其表在政,其里在学"④,学术转变处处表现出权势的转移,是整个权势转移的一个关键部分。然初版印出后与学术变易密切相关的新作较多,纳入则全书篇幅太大,故不得已而略去。拟另编一本《权势转移(续编):近代中国的学术》(暂定名),或许可以视为本书的"下册"。

---

① 吕思勉:《历史研究法》,《吕著史学与史籍》,华东师范大学出版社,2002年,第22—23页。
② 郭嵩焘说过,习尚皆有其时代性,"知其习尚之异同出入,而后可与论世;不为习尚所眩而一揆之以义,而后可与论道"。见《郭嵩焘日记》,咸丰十一年正月廿六日,《郭嵩焘全集》,第8册,第386—387页。
③ 自从梁启超在20世纪初年写出《论中国学术思想变迁之大势》(《饮冰室合集·文集之七》,中华书局,1989年,第1—104页)那篇影响广远的宏文,"学术思想"便常以一个整体词(而非组合词)出现在各类言说中。
④ 张之洞:《劝学篇·序》,《张文襄公全集》,中国书店,1990年影印,第4册,第545页。

全书既然偏重于通论和宏观，就没有严格拘泥于分门别类。各文的编次，大体有一个"知所先后"的时序在。近代中国最早也最具根本性的权势转移，是入侵的西人改变了许多中国读书人的思想方式，所以把侧重思想之《新的崇拜：西潮冲击下近代中国思想权势的转移》放在第一。此后连续四文都在探讨从科举制废除开始的社会权势转移，其间影响甚大的是读书人本身的巨变。而读书人的经历也使我们对思想的演变有更为亲切的体会，故再后的三篇又更偏重思想，却比所谓"思想史"文字要更宏通一些。最后一篇是思想、政治与社会兼顾的论述，虽不像普通认知中的政治史和社会史那么具象，却也并不抽象，只是稍更虚悬一些，以见脉络的通达。

若更具体地看，原来的《科举制的废除与四民社会的解体》与新增的《科举制废除在乡村中的社会后果》是一组。前者借一位在今天看来并不"先进"的内地乡绅之眼看四民社会的解体，所据较单一，所现却广阔，毕竟废科举冲击最大的，就是像刘大鹏这样的"失语者"。后者仍多注重那些反映趋势或倾向的现象，主要探讨废科举对乡村教育的影响，以及与此密切相关的城乡疏离、乡村中士绅成分的转换等重要面相。可以说，1905 年的废科举是 20 世纪一系列"斯文扫地"活动的开端，产生了影响深远的广泛社会后果。[①]

读书人的边缘化与边缘知识人的兴起是近代中国社会权势转移的典型表征，也是本书第四篇的主要内容。特别要说明的是，今日一般史学论著中，是以"知识分子"来表述以前所说的"读书人"。我过去也从众使用"知识分子"来陈述新教育系统培养的人（后因

---

① 乡村知识人与所谓"边缘知识分子"密切相关，我最近有进一步的申说。参见罗志田：《城乡"薄海民"：民国前期的离村知识人》，《近代史研究》2023 年第 5 期。

"分子"往往带有负面的色彩，故改称他们为知识人），而对此前的读书人则多称为士人。盖废科举后的新学堂以灌输各种知识为己任，培养出来的确可称为知识人。而以前想要养成的是以天下为己任的人，并不特别看重所谓知识。

在中国传统之中，"读书"是一种具有特定含义的行为方式，而不仅是一种直观意义的阅读书籍或与学习技术相关的行为；它更可能是强调一种不那么功利、目的性不那么具体的超技能持续学习（所以为官者需要聘请专业化的师爷），而"知识"，尤其专业化的知识，不是他们学习的主要目标。这样一种追求和探寻无用之用的努力，可以提高人的自主能力，至少可以改变经济对人的支配性影响。用孟子的话说，一般人有无"恒心"与其有无"恒产"直接相关，但士人就可以达到"无恒产而有恒心"的层次，后者也是传统读书人的特别之处。

近代本是过渡时代，很多事物并不那么黑白分明。若涉及前后两个阶段的读书人，而又从字面意义理解称谓，则用"知识"来界定读书群体，可能产生某种程度的误导。我也曾想把第四篇的题目改为《读书人的边缘化与边缘知识人的兴起》（正文也要相应修改），不过那篇写于20世纪末的旧文似稍有影响，据说"边缘知识分子"一词已为很多人分享，姑仍存原貌。

新增之《过渡时代读书人的困惑与责任》与原有的《知识分子的边缘化与边缘知识分子的兴起》构成一组，进一步梳理那些身处过渡时代的近代读书人，因社会定位和自定位都出现变化而对新时世感到的困惑。在读书治学和救国救民被一分为二的新社会分工下，他们一面想要维持学人的认同，一面又觉得不能推卸从"澄清天下"到"收拾民族"①的责任（西方的知识分子也向有批评社会的职责），故始终在两难的窘境下徘徊、调适，并继续努力。②

再后面四篇均为新增，偏重思想而稍更宏观。近代中国的权势转移本从"新的崇拜"起步，以"新"代"西"实即以趋新替换尊西，固可减弱认同选择的踌躇，却也造成"旧"与"中"的同一，且"西方"仍保持着独立的认同。于是中国逐渐呈现"道出于二"的局面③，甚至向"道出于西"倾斜，又强化了新与旧、西与中的分立。在这样错综复杂的背景下，新旧双方的时人（以及后人）皆不免看重彼此的对立。四篇文字涉及的传统、（在中国的）西方、民族主义和国进民退，大致都与"新旧中西"之间的紧张相关。

实则如刘咸炘所说："中西是地方，新旧是时代，都不是是非的标准。"如果不能"看通，自然忘不了新旧中西的界限"。若能坚持自有的眼光，把界限看通，也就可以"见怪不怪"了。④盖"事不孤起，必有其邻"⑤，近代中国的"新、旧、中、西"确有独特的一面，又并非孤立，而是一直处于密切的关联互动中。故传统当与西方对看，民族主义也兼具对外和对内两面，而国进民退与西潮冲

---

① 章士钊在中国面临日本提出"二十一条"的危机时提出，读书人即使"知吾国即亡，而收拾民族之责仍然不了"。秋桐：《国家与我》，《甲寅》第 1 卷第 8 号（1915 年 8 月），第 11 页。
② 相关内容可参考我那本《斯文关天意：近代新旧之间的士人与学人》，生活·读书·新知三联书店，2020 年。
③ "道出于二"是王国维的概括，具体探讨可参考罗志田：《近代中国"道"的转化》，《近代史研究》2014 年第 6 期。
④ 刘咸炘：《看云》(1925 年)，《推十书·增补全本》（庚辛合辑），上海科学技术文献出版社，2009 年，第 239—240 页。
⑤ 蒙文通：《评〈学史散篇〉》，《经史抉原》（《蒙文通文集》第 3 卷），巴蜀书社，1995 年，第 403 页。

击更有着明显的逻辑关联。①

四篇文章中《中国传统的负面整体化》和《西方的分裂》自成一组，探讨时人所认知的"中国传统"与"西方"的变动。随着第一次世界大战及其后的国际环境对中国思想界的影响，过去被视为一个美好整体的"西方"分裂为一个优劣兼具的复合体，影响到中国人学习榜样的调整和思想倾向的转变。在此语境下，所谓中西"学战"往往转化为中西名义下的西与西战。②而陈独秀所说"旧文学、旧政治、旧伦理本是一家眷属，固不得去此而取彼"，则是传统负面整体化的典型表述。基于这样的认知，要反传统就必须全面反，不论其中是否有可取成分，都必须彻底否定。合而观之，西与中的一分一合，相反相成，可以说都是"新的崇拜"这一大趋势的发展。

近代任何外来的"主义"，都是思想史的主题，却又常超越于"思想"。民族主义曾是我的一个研究重点，在20世纪末和21世纪初出过两本相关的书。③《近代中国民族主义的特色与反思》就是赓续的探讨。此文看似不像"权势转移"，其实近代引入的民族主义在中国有着无远弗届的影响力，作用于从政治、思想到日常生活的方方面面，虽有些隐而不显，却非常有力，无疑是"权势"的组成部分。而其表现形式则流转演变，与时俱移。一般言民族主义多见

---

① 因西潮冲击而起的寻求富强取向，要求一个积极作为的强力政府，导致国家机器的急遽扩张，对民间形成前所未有的压力。
② 所谓西与西战，可以说是相对浅表的表现形式，其背后还隐伏着新旧冲突更深层次的表现形式，即一些新的冲突、紧张和对立取代了旧的冲突、紧张和对立，后者更能体现权势转移的能动性。
③ 分别是《民族主义与近代中国思想》（台北东大图书公司，1998年）和《乱世潜流：民族主义与民国政治》（上海古籍出版社，2001年）。

其反抗的一面，但民族主义还有更为重要的建设一面。两者都是其基本面相，需要辩证地认识。在近代西方已成中国权势结构组成部分的语境下，民族主义似乎很难能表现出相对超越的思考；然而近代中国民族主义却有着激烈反传统和向往"超人超国"这两种看起来恰不那么"民族主义"的特色，最能反映其在近代中国那不得不如是的曲折表现。

如果说民族主义仿佛一股"潜流"，从清末开始的国进民退这一倾向就更加隐而不显，却也长期持续，揭示出天下崩散后的重大变迁。中国的政治传统希望垂拱而治，上无所为，而"民间"充盈的能动性则在日常生活中尽量发挥。清季在外国影响下，原本尽量不作为的"小政府"向处处作为的"大政府"急遽转变。"国进"的冲击导致社会的巨变，"民间"的含义相应改变，特别是以"道"为依据、以士绅为主导、以公产为基础，由各种公共会社构成的公领域，在国家（state）步步进逼下被迫淡出。

对当年许多趋新读书人而言，"国进"是积极正面的好事；且"国进"之后，以国家的力量重新澄清天下、再造社会，也是他们中很多人的期盼（今日相当一部分人还抱有类似的愿望）。不过，从观念到体制以及运作上，那时承担责任的"国家"和不复能"自治"的百姓，都没有充分的准备。很多过去民间承担的社会责任，现在逐渐转化为政府职能，落到国家头上，不啻沉重的负担。国家机器的扩张与民间的失序成为大致同步的伴生现象，乃是近代一个根本的转变。随着公领域的全面溃退，不仅"民间"非复往昔，社会也失去重心；只剩下一盘散沙式的众多"个人"，面对肩负着空前责任的"国家"。

从南宋起，朱熹等读书人就开启了一条与"得君行道"模式不同的礼下庶人路径，逐步形成一种"觉民行道"的模式，着眼于地方的基层社会构建，重塑一种表述为"礼治社会"的"士治社会"。① 今天的社会与过去已大不相同，尤其是科举制的废除终结了传统的士，也彻底改变了在地的绅。随着社会资源集中于城市，读书人也群聚于都市。鸡犬之声相闻却可以老死不相往来的上古描述，已成为普遍的城市新现象，与无士的乡镇社会共同揭示出民间的涣散。文化的重建不是虚悬的，它必须落在实处。南宋以后的思路或可以为今后的文化重建提供借鉴，但今人必须走出一条自己的道路。

2023 年 2 月 23 日于江安花园

---

① 参见罗志田：《地方的近世史："郡县空虚"时代的礼下庶人与乡里社会》，《近代史研究》2015 年第 5 期。

修订版序

《权势转移：近代中国的思想、社会与学术》一书出版于1999年，合同期满以后，常有出版社来联系再版的事，让我感动。然因打算进行大范围的重编，一直拖延着。谭徐锋先生锲而不舍，终使我不得不妥协。原设想中一些必要的文字，到现在也没有完成。不得已，只能较大幅度地改编，希望以后可以实现更彻底的重编。

原书由十篇文字组成，今略去了学术部分的两篇（因有密切相关的新作，当另组），删去了胡适少年受学经历一篇，另有四篇论述具体人事的，移出与他文另编一集。[①] 留下的只有三篇，并新增六篇。所留所增者，都是偏重于通论的文字，希望能从稍更宏观的角度认识近代中国的权势转移。遗憾的是，近代"经典的消逝"是一项非常重要的权势转移。本已写出一篇粗稿，参加了台北"中研院"的汉学会议。但因为各种文债压身，竟不能及时修订完成，那边有负汉学会议拟收入文集的厚意，这里也只好暂阙。此文若收入，全书的整体感会更强一些。

新增各文中，有两篇采自《二十世纪的中国思想与学术掠影》

[①] 那几篇文章都被纳入了生活·读书·新知三联书店2020年出版的《斯文关天意：近代新旧之间的士人与学人》。

一书。当初那书是听朋友之劝,尝试将各种不同形式的文章集合在一起,以适应各方面的读者。现在看来,不同读者的阅读兴趣似呈分而不合的趋势,故将其中三篇研究性文章析出,两入此集(关于民族主义的一文已大幅度改写),一入他集。该书余下的内容,拟补入一批文化与学术评论文字,进行重组。①

各文因论述相关,不免有重复之处,自己有时还不易察觉。苏州大学历史系的鲁萍老师代为核阅一过,指出了雷同之处,这是我非常感谢的!凡是史料叙述重复之处,现已尽量删并。唯马克思、章太炎和胡适个别有代表性的话,借用布克哈特的话说,"散发着耀眼的启示之光",都引用两次以上,仍予保留。少数综合性的论述文字,如"科举制是一项集文化、教育、政治、社会等多方面功能的基本建制,……使整个社会处于一种循环流动之中"云云,在相关论文中数次出现,删去似妨碍上下文的理解,故仍保留。尚祈谅解。

现在重看旧作,印象特别深的是每篇文章前面曾有那样多致谢的人。② 这是因为那时的治学条件确实较差,尤其在成都治近代史,资料非常缺乏(四川早年主持图书馆的老先生基本不视近几十年的历史为正当学问,所以不重视这类史料的收藏),不得不境内外四处求援;与今天材料多到看不完的状态,真不可同日而语。各文中致谢的人,有的已归道山,许多成了大人物。这次的修订,凡是前

---

① 即2015年北京师范大学出版社所出的《变中前行:二十世纪中国学术掠影》。
② 不少文章中致谢的"同学"(学生),现在都已在大学或研究所任职,然文中称呼未改,特此说明。另外,重新翻阅各文时发现,早年写的文章,引用顾颉刚等老师的文字,皆遵循当时的规矩不称师。后来规矩似松动,引用时乃称师,然成书时也并未统一体例。

辈和平辈,姓名皆删略(感激则永存心中),仅留下那些帮助过我的年轻人之姓名。

也因当年的资料状况,文中使用材料的版本各异,尤其是历史上不那么"进步"甚或"政治不正确"的人物,其文集昔年很难再版,几乎是找到什么用什么,显得相当杂乱。这次凡修改之文,尽量改用新出的全集一类统一文本,余亦仍旧,只能以后再进行全面的修订。如有因此而产生的文字歧异和错误,非常希望发现的读者予以指正,谨先致谢忱!

2013 年 3 月 18 日于旅京寓所

原 序

1848年，马克思和恩格斯在《共产党宣言》中说：资产阶级"把一切民族，甚至最野蛮的民族，都卷到文明中来了。它的商品的低廉价格，是它用来摧毁一切万里长城、征服野蛮人最顽强的仇外心理的重炮。它迫使一切民族——假如他们不想灭亡的话——采用资产阶级的生活方式；它迫使他们在自己那里推行所谓文明制度，即变成资产者。一句话，它按照自己的面貌为自己创造出一个世界"。约半个世纪之后（1903年），万里长城之内的青年鲁迅在《自题小像》诗中以一句"灵台无计逃神矢"沉痛地应和了马恩的话。如王汎森先生所言，鲁迅的诗"充分道出清末民初知识分子在西方势力覆压之下的困境"。[①]

西潮东渐以前，中国的发展基本上遵循一种"在传统中变"（change within tradition）的模式。[②] 实际上，尽管西方自身在19、20世纪也充满变化，有时甚至是剧烈的变化，但对西方来说，即使是与传统决裂，仍可以是在传统中变。而这样一种发展模式在西潮

[①] 王汎森：《古史辨运动的兴起：一个思想史的分析》，允晨出版公司，1987年，第1页。
[②] 这个术语借用自 E. A. Kracke, Jr., "Sung Society: Change within Tradition," *Far Eastern Quarterly*, 14:4(Aug.1955), pp.479–488。

冲击下的近代中国却已难以维持，因为西方要迫使全世界跟着它变。在西人的引导之下，中国士人逐渐认识到：西方的强大并非只是靠其工艺和科技，在此之后尚有更重要的制度和观念。对中国而言，仅仅是要生存，用当时人的话说，就是要保存中国的种姓和国粹，也不得不至少学习造成西方强大的那些秘诀。虽然各人的具体理解和表述并不一样，"向西方学习"的确是清季以来中国士人的共识。一旦中国人接受这样一种西方思维，其所寻求的改变就只有遵循一个向西走的方向，也就只能是在传统之外变（change beyond tradition），甚或有意背离传统而变（change against tradition）。

如果把近代中西文化交往视作两大文化体系的竞争的话，则中国一方正如罗荣渠先生指出的，是"打了大败仗，发生了大崩溃"。① 中国士人本来是以文野分华夷，自认居世界文化的中心，而视洋人为野而不文的"夷狄"，到后来则主动承认西方为文明而自认野蛮，退居世界文化的边缘；从开始的降节学习"夷狄"之"长技"发展到倾慕"泰西"的学问、蜂拥出洋游学。观此可知中国文化在这场竞争中的失败有多彻底。

今人早已视留学为正途，但对有血气的近代中国士人来说，就像胡适在《非留学篇》中所说："以数千年之古国，东亚文明之领袖，曾几何时，乃一变而北面受学，称弟子国。天下之大耻，孰有过于此者乎！"胡适曾形象地描绘说：当中国酣睡之时，西人已为世界造一新文明，"此新文明之势力，方挟风鼓浪，蔽天而来，叩吾关而窥吾室。以吾数千年之旧文明当之，乃如败叶之遇疾风，无

---

① 罗荣渠：《论美国与西方资产阶级新文化输入中国》，《近代史研究》1986年第2期，第78页。

往而不败衄"。很明显，胡适正是将近代中西之争视为两个文明之争。中国一方既然竞争失败，就只有"忍辱蒙耻，派遣学子，留学异邦"①。自己就留学且一向颇称道西方的胡适之所以要"非"留学，其根本原因就在留学是文化竞争失败即"学不能竞"的结果。

失败之余，中国文化思想界就成了外来观念的天下，给他人作了战场。我们如果细查当年知识分子提出的各种救国救文化的路径，大多与西方有关。之所以如此，正是因为20世纪上半叶在中国风行竞争的各种思想体系，即各种"主义"，就极少有不是西来者。②中国政治思想言说（discourse）中最具标志性的关键词（keywords）如"平等""民主""科学""自由"等，也几乎无一不来自西方。从民初的"问题与主义"论战，到20年代的"科学与玄学"论战，再到30年代的"中国社会性质"论战，在在均是西与西战。

自19世纪末以来，中国知识分子对本国传统从全面肯定到全面否定的都有；对西方思想主张全面引进或部分借鉴的也都有，唯独没有全面反对的。他们之间的差距不过在到底接受多少西方思想。假如我们可以把马恩话中的"资产阶级"换为"西方"的话，从鲁迅写前引一诗之时起，虽然"商品的低廉价格"尚在长城之外徘徊，可以说西方已用其他的方式迫使中国人在文化上按照西方的面貌来改变中国的世界。钱穆曾观察到，近现代中国人不论是信仰还是反对孙中山的，都是比附或援据西洋思想来信仰或反对。③ 我

---

① 胡适：《非留学篇》，原刊1914年的《留美学生季报》第3期，收入周质平编《胡适早年文存》，远流出版公司，1995年，第352—371页。
② 即使是最具中国特色的孙中山的三民主义，虽然也确实结合了一些中国文化因素，但以孙本人常用林肯的"民有、民治、民享"来概括其主义，即可见其渊源之一斑。
③ 钱穆：《中国思想史》，香港新亚书院，1962年，第175页。

们或可以说，20世纪中国知识分子不论是维护还是反对中国传统，基本都是以西方观念为思想武器的。

五四新文化运动时期西向知识分子攻击传统最多的，不外小脚、小老婆、鸦片和人力车，其中后两样便是西人带来的。鸦片是不用说了。人力车本由日本人创造，不能算纯西洋货，但其流入中国，却是由先在日本的西方传教士带入中国；其最初的乘坐者，也多是租界里的西洋人。舶来品竟然成了中国传统——即使是坏传统——的象征，最能体现此时西潮已渐成"中国"之一部。而西向知识分子把舶来品当作自己的传统来批判，其实也是受西人的影响。鸦片和人力车就曾被晚一点来华的西人视为中国的特征，并成为西方之"中国形象"的一个负面组成部分，在转了数圈之后又由阅读西方书籍的中国知识分子带回来作攻击传统之用。近代中西胶着之复杂，早已是"层累堆积"且循环往复了好几次了。

中西胶着的复杂有时也造成一种思想的混乱和角色的倒置。某些中国人的"西化"甚至超过了西人，而有的西方人倒显得更中国化。通常人到了异文化区域会有一种"文化震荡"现象，但20世纪初出洋的一些留学生到了外国，不仅没有什么"文化震荡"，倒颇有宾至如归的感觉。青年胡适到美国后就有他乡胜故乡的感受；相反，在中国居住多年的庄士敦（R. F. Johnston）回到英国后却感到格格不入。[①]

民初的一个诡论性现象是中国人拼命反传统，有些外国人反而在提倡保存中国的文化传统。从溥仪的老师庄士敦到哲学大师罗

---

① 参见罗志田：《再造文明之梦——胡适传》，四川人民出版社，1995年，第96—97页；庄士敦至莫理循，1913年10月9日，骆惠敏编：《清末民初政情内幕：莫理循通信集》，刘桂梁等译，知识出版社，1986年，下册，第235—236页。

素，在这一点上都相通。保存中国文化传统而须由外国人来提倡，正是典型的角色倒置。反之，提倡西化的许多中国士人不仅自己激烈反传统，而且一直在抵制西人要保留中国传统的意图。胡适在1926年就尖锐地批评西方"既要我们现代化，又要我们不放弃[传统的]美妙事物"①。胡适本人也认为中国传统中有可取处，他反对的主要是由西人来提倡保护中国传统。但是这样一种角色的倒置确实表现了民初中国思想界的混乱和中西之间那种扯不清的纠葛。

更具提示性的是，即使是清季以维护国粹为目的的"国粹学派"（以《国粹学报》为主要喉舌）和民初出现的《学衡》派（其目的与"国粹学派"相近），虽然都被视为"文化保守主义者"，实际上也都在西潮的影响之下。余英时先生已注意到，"国粹学派"的史学家如刘师培等人，"直以中国文化史上与西方现代文化价值相符合的成份为中国的'国粹'"。②特别是《学衡》派，其主要人物的西化程度，恐怕还超过大多数鼓吹"全盘西化"者。《学衡》派主将吴宓就自认他本人不是在传接中国文化的传统，而是"间接承继西洋之道统，而吸收其中心精神"。③这是近代中国"在传统之外变"的典型例证。这两个学派是不是文化保守主义者其实还大可

---

① 《胡适的日记（手稿本）》，远流出版公司，1989—1990，1926年11月26日（原书无页）。
② 余英时：《中国知识分子的边缘化》，《二十一世纪》（香港），第6期（1991年8月），第23页。
③ 为不致误解吴宓意思，兹录其原话如右："世之誉宓毁宓者，恒指宓为儒教孔子之徒，以维持中国旧礼教为职志。不知宓所资感发及奋斗之力量，实来自西方。质言之，宓爱读《柏拉图语录》及《新约圣经》。宓看明（一）希腊哲学（二）基督教为西洋文化之二大源泉，及西洋一切理想事业之原动力。而宓亲受教于白璧德师及穆尔先生，亦可云宓曾间接承继西洋之道统，而吸收其中心精神。宓持此所得之区区以归，故更能了解中国文化之优点与孔子之崇高中正。"《吴宓诗及其诗话·空轩诗话·二十一》，陕西人民出版社，1992年，第250—251页。

商榷，这里无法详论。但这类人也受西潮影响如此之深，更进一步揭示了中国在近代中西文化竞争中的失败。

如果说"国粹学派"以中国文化史上与西方现代文化价值相符合的成分为中国的"国粹"是一种时人对西方自觉或不自觉的主动认同，对民国以后的人来说，这样的认同或者已无必要，或者意义已不相同。从广义的权势观看，西方文化优越观在中国的确立即意味着此时"西方"已成为中国权势结构的一个既定组成部分。这一权势虽然不像不平等条约那样明显，但以对中国人思想的发展演变而言，其影响之深远恐怕还在不平等条约之上。君不见在不平等条约已经废除半个世纪后的今天，有些人在讲到中国的人文传统时，所说的仍然几乎全是西洋的东西。①

从某种意义上说，20世纪西向知识分子将舶来品当作自己的传统，和今人将某些西方观念当作中国人文精神这些现象，未必就体现了他们对国情的误解。对于生在鸦片和人力车随处可见的时代而又非事事都要考证的人来说，这些东西确实是他们所见的"中国"的一部分。吴宓之所以感到有必要强调他是在"承继西洋之道统"而不是中国文化的传统，就是因为彼时两者已经有些难以区别了。对于更晚的中国人来说，那些由西向知识分子所传播的半中半西的"新学"，以及由吴宓这样的"文化保守主义者"保存下来的"中国文化"，又何尝不是传统的一部分呢？概言之，19世纪的"西潮"其实已成为20世纪的"中国"之一部分。因此，今日言中国传统，实应把西潮（但不是西方）包括在内。

当然，强调西潮冲击的作用，并不意味着近代中国的问题都为

---

① 参见葛佳渊、罗厚立：《谁的人文精神？》，《读书》1994年8月号。

西潮所造成。陈寅恪指出：中国文化"历数千载之演进，造极于赵宋之世，后渐衰微"①，到晚清早已是问题重重了。17世纪以来中国人口激增，中国传统政治文化本来重分配的调整甚于生产的发展，较难处理因人口增长带来的社会问题。②此外，清廷尚面临满汉矛盾这一更难处理的问题。③

而传统的"上下之隔"和"官民之隔"，到晚清也已发展到相当严重的程度。龚自珍在西潮入侵之前的道光年间所写的《尊隐篇》中，已提到中国文化重心由京师向山林倾移。由于京师不能留有识之士，造成"豪杰益轻量京师，则山中之势重"的结果。孔子早就说过："天下有道则见，无道则隐。"（《论语·泰伯》）只要天下有道，士人就应出仕。而龚生此文竟名为《尊隐》，俨然影射彼时已是天下无道，故士人流向山林，致国失重心。这些都在19世纪西潮入侵之前或同时，中国之衰败不待西潮冲击已经开始。

西潮冲击与中国的问题两者之间的关系是非常复杂的。首先，西潮冲击下中国抵抗的无力恰有助于使中国士人认识到中国自身的既存问题与不足；其次，西潮入侵也给中国带来不少新问题；再次，因西潮入侵引起的新问题常常也起到掩盖中国自身既存问题的作用；最后，西潮本身确也给中国带来许多可借鉴的思想资源以解决中国自身的问题。也就是说，西潮的冲击既暴露了也掩盖了中国自身的问题，既给中国增添了新问题也提供了一些解决中国问题的

---

① 陈寅恪：《金明馆丛稿二编》，上海古籍出版社，1980年，第245页。
② 参阅 Philip Kuhn, *Rebellion and its Enemies in Late Imperial China: Militarization and Social Structure, 1796 - 1864*, Cambridge, Mass.: Harvard University Press, 1970.
③ 参见罗志田：《夷夏之辨与道治之分》，《学人》，第11辑（1997年6月），第75—106页。

资源。但是，西潮进入中国既采取了入侵的方式，这个方式本身就又在很大程度上阻碍了中国士人接受这些新来的思想资源。正如蒋梦麟所说："如来佛是骑着白象到中国的，耶稣基督却是骑在炮弹上飞过来的。"① 这个形象的表达正提示了近代中国士人在接受西方思想资源时那种自觉不自觉的踌躇。

近年来，美国汉学家费正清提倡最力的"西方冲击-中国反应"这一研究近代中国的诠释典范（paradigm），因其西方中心观所暗含的"文化帝国主义"意味，在中美两国均已不受欢迎。前些年美国新兴的取向是要"在中国发现历史"，亦即重视中国的内在发展。② 近年则更兴起试图寻求一个不受所谓现代民族国家的政治性约束而更接近历史原状的学术陈述这样一种取向。③ 两者的共同点是比以前更注意从中国的历史视角去观察历史现象（有愿望不一定意味着已做到），这无疑是美国汉学界的新进步，当然是很不错的。

问题在于，用一个典范去囊括一切固然不可取；但因为这一典范被用得太滥就转而以为它已可功成身退，恐怕也未必就恰当。特别是在"西潮"已成"中国"之一部以后，所谓近代中国的内在发展，也就包含了一定程度的西方在。则近代中国士人对许多"中国内在问题"（且不说西潮造成的中国问题）的反应多少也可说是对"西潮冲击"的某种"中国反应"。无论如何，研究典范的合用与否是可以辩论的，"西方冲击-中国反应"这一重要历史现象的存在却是不容置疑的，而且是近代中国历史研究不可回避的一大主题。如果因为某种研究典范的搁置而使人忽略通常为其所涵盖的重要历史

---

① 蒋梦麟：《西潮》，台北中华日报社，1961年四版，第3页。
② 参见柯文（Paul Cohen）：《在中国发现历史》，林同奇译，中华书局，1989年。
③ 参见杜赞奇（Prasenjit Duara）与何伟亚（James L. Hevia）等人的相关近作。

现象，则无异于西人所说的倒洗澡水而连婴儿一起弃置。

实际上，西潮冲击中国引起的变化，特别是在文化史、思想史、社会史、学术史等范围内，中外的研究都尚嫌不够深入，还可作进一步的探讨。类似"西方""中国"这样的词语涵盖面实在太广，近代西方和中国都是变化万千，双方又有其各自发展的内在理路。倘若把视点集中到中国，也应记住冲击中国的西方是个变量（这一点最为中国的史学研究者所忽视）；而西潮入侵中国之时，中国本身的传统也在变。如果仅注意西潮冲击带来的变化，而忽视西方和中国文化传统自身演变的内在理路，必然是片面的。

而且，中西双方也还有许多——或者是更多——不变的层面。特别是近代中国不变的一面，一向都被忽视，以至于相关的基本史实恐怕都需要从头开始进行大范围的重建，这也许会成为21世纪中国近代史领域所面临的最大课题。只有在较全面深入地了解了变与不变的两面，我们才能比较充分地认识近代中国。当然，变与不变是相互紧密关联的，如果能进一步弄清近代中国变的诸面相，也能从反面或不同的侧面为我们提供了解不变一面的参照系。

说到变的一面，近代各种变化中最引人注目者，当然还是西潮的冲击，即晚清人自己爱说的"数千年未有的大变局"。中国朝野面临西潮荡击，被迫做出反应，从而引出一系列文化、社会、思想、经济、政治以及军事的大变化，无疑是近代最重要的权势转移。这些方面的演变不仅密切相关，而且相互影响、彼此互动。在变的共相之下，各领域（比如思想与社会）的变化速度又是不同步的；这与因幅员广阔所造成的区域性发展不同步共同构成近代中国的一大特色，使得任何框架性的系统诠释都有相当大的局限性，甚至可能适得其反，恰与历史原状相违背。

本书说明

本书选收的是我这些年有关近代中国论文的一部分，这些文章的共同研究取向是返其旧心，注重当事人的当下时代关怀，希望获得了解之同情；同时在历史学科的大范围内尽量跨越子学科如思想史、社会史、学术史的藩篱，以拓宽视野（不敢跨出史学之范围者，实因力所不能及）；在不忽视各领域自身发展演变之内在理路的基础上，特别关注它们之间的互动关系，侧重的仍是近代中国变的一面。其共同关怀或主题是：1. 近代大变局中传统的中断与传承；2. 中西文化竞争；3. 新旧中西的相互依存、碰撞、互动及（特别在民初的）错位；4. 思想衍化与社会变迁的互动。

各文不敢说言人所未言，唯以拾遗补阙为主，或讨论一些过去较少为人注意但却重要的面相，或从新的视角据新出资料及一些习见但较少为人注意的史料对一些研究已多的问题提出些微新的诠释。希望能在重建史实的基础上，为重新认识和诠释近代中国打一点微薄的基础。各文均从广义的文化视角考察历史现象，其一个共同之处，即特别侧重于近代思想、社会与学术层面的权势转移。由于充分认识到对近代中国任何框架性的系统诠释都有相当大的局限性，这些文章虽相互关联，仍独立成篇。我的基本看法是：

以士农工商四大社会群体为基本要素的传统中国社会结构，在自身演变出现危机时，恰遇西潮的冲击而解体，拉开了近代中国社会结构变迁的序幕。社会结构变迁既是思想演变的造因，也受思想演变的影响。西潮冲击之下的中国士人，由于对文化竞争的认识不足，沿着西学为用的方向走上了中学不能为体的不归路。自身文化立足点的失落复造成中国人心态的剧变,从自认为世界文化的中心到承认中国文化野蛮,退居世界文化的边缘。近代中国可以说已失去重心。结果,从思想界到整个社会都形成一股尊西崇新的大潮,可称作新的崇拜。

思想权势的转移是与社会权势的转移伴生的。四民之首的士这一社群,在近代社会变迁中受冲击最大。废科举、兴学堂等改革的社会意义就是从根本上改变了人的上升性社会变动取向,切断了"士"的社会来源,使士的存在成为一个历史范畴。士的逐渐消失和知识分子社群的出现是中国近代社会区别于传统社会的最主要特征之一。知识分子与传统的士的一大区别即其已不再是四民之首,而是一个在社会上自由浮动的社群。道统与政统已两分,而浮动即意味着某种程度的疏离。同时,由于科举制废除而新的职业官僚养成体制缺乏,使政统的常规社会来源枯竭,原处边缘的各新兴社群开始逐渐进据政统;近代军人、工商业者和职业革命家等新兴社群的崛起客观上促进了知识分子在中国社会中的日益边缘化,而身处城乡之间和精英与大众之间的边缘知识分子则相当适应近代中国革命性的社会变动。崇新自然重少,结果出现听众的拥护与否决定立说者的地位、老师反向学生靠拢这样一种特殊的社会权势再转移。

近代中国各地区社会变化速度及思想和心态发展不同步现象是我近年主要关注的另一问题。从梁启超以来,许多人常爱说近代中国士人关怀的重点有经器物到政制再到文化的阶段性演变,治史者也多援用之,这大致是不错的。但具体到个人,这样的阶段性演变或可能仅部分体现,或者全无体现,甚至可能不发生关系。生活在"政制阶段"的"社会人",其思想很可能尚在"器物阶段",或者已进到"文化阶段"。且中国幅员辽阔,地缘文化的因素历来较强,近代全国各地发展尤其不平衡。京、沪和一些口岸或者已到后面的时段，内地则可能尚不同程度地处于前面的时段，或竟在两时段之间。若必以整齐划一的阶段论去观察诠释问题，恐怕恰如陈寅恪所言："其言论愈有条理系统，则去古人学说之真相愈远。"①

本书讨论的山西举人刘大鹏眼中山西与北京、开封等地在晚清多方面的差异，就从信息传播和掌握的角度提示了近代中国各地社会变化速度及思想和心态发展不同步这一现象的第一手依据。而这种不同步更造成了从价值观念到生存竞争方式都差异日显的两个"世界"，当时要能够沿社会阶梯上升，已必须按其中之一的"洋世界"的方式竞争。后来的史学研究，恐怕也无形中传承了许多"洋世界"的关怀：我们关于中国近代史许多耳熟能详的论断，在儒生型内地乡绅刘大鹏所处的"世界"中，或者不同时，或者不同义，则刘氏所处的"世界"也许是今后中国近代史研究更应该注意的面相。②

鸣谢

本书各文倘侥幸偶有所得，都建立在继承、借鉴和发展既存研究的基础之上。由于现行图书发行方式使穷尽已刊研究成果成为一件非常困难之事，对相关题目的既存论著，个人虽已尽力搜求，难保不无阙漏。另外，因论著多而参阅时间不一，有时看了别人的文章著作，实受影响而自以为是己出者，恐亦难免。故凡属观点相近

---

① 陈寅恪：《冯友兰〈中国哲学史〉上册审查报告》，《金明馆丛稿二编》，第247页。
② 原序以下还有一些说明，所涉及的文章已删出本书，故亦删去。

相同,而别处有论著先提及者,其"专利"自属发表在前者,均请视为个人学术规范不严,利用他人成果而未及注明,请读者和同人见谅。

由于种种原因(比如对篇幅的考虑),本书所收个别文章曾为编辑所删削,此次已改回原状,俾文气稍顺。其余各文除改正错别字外,均依其发表时状态,非谓已完善,盖存之以志修业问学之轨迹也。因各文多相互关联而有的文章先写而后发,有些后刊发的文章所讨论的主题必须稍顾及前面的史事,文字不免有重复。本次收入时对重复较多处已适当删削,少数语句段落与该文章之理路关联紧密,改则只能重写,故亦仍其旧,敬乞见谅。本书注释的体例因原发表刊物的规定不同,颇不一致,这次已调整划一。至于文章中提到在世或不在世的人物是否尊称先生,也因各刊物规矩不同而不一致,难以全部调整,多依其旧,谨此说明(我个人的倾向是至少对在世人物不书全名时仍称先生)。

过去史家写书著文,完稿后总要放些时候,以就正于同人朋友,或期立说者自身修业问学更有进境,然后修改定稿,庶几可以减少立说的偏颇。但对今日急功近利的学术氛围而言,这种做法几乎已成一种"奢侈"。各级学术机构每年都要求报告"成果",且表格中更多有"社会效益"一栏;对后者实在是力所不能及(史学本非能够产生出当下"社会效益"的学科),不得已只有如陈寅恪所说的"随顺世缘",在前一方面对所供职的机构略作报效。

学者个人当然并不能因为有此急功近利的学术氛围就可以取法乎下,但这种氛围也有一个好处,就是催逼研究者多下苦功。本书所收的论文,虽然思考和收集资料已有相当长的时间,却几乎都是赶着写赶着发的。不成熟之处,还要请读者诸君见谅,更请多予指教。现在这样多学术期刊，也是几十年前没有的新条件，刊发出来恰能以文会友，就正于众多原不相识的同人。本书中有些文章刊发在海外，一些关心同样课题的大陆同人或许较难看到，自无法批评。故此冒昧收集起来印在这里，乞教正于同道，期纠谬于将来，斯诚我所望也。

本书得以出版与编者王建辉兄十几年的敦促是分不开的。我与建辉兄在1985年的一次学术会议上相识（此前彼此已读过对方的文章），那时我还只是一个大学助教，建辉兄即邀我与另一位年相若的朋友魏楚雄主编一本有关中美关系史的论文集。后来我与楚雄兄相继负笈海外，这一文集的编辑工作便长期在通讯中维持，而终于淡化。但建辉兄总是隔一段时间就表示愿为我出一本书，这对我当然是一种勉励，也逐渐成为一种压力，使我治学不敢松懈。我们就书的题材和内容讨论过无数次，本书就是这十几年讨论的结果，大约也是佛家所说的缘分吧。十几年而治学寸进不过如此，不免有负建辉兄长期的厚望，个人甚感愧疚。

我愿借此说明编集这本文集的另一缘起：1995年我先后在学术会议上结识了桑兵和茅海建两兄，他们均是中国近代史界的少壮俊材，也是近日已不多见的专意于学术的学人，颇有相见恨晚之感。一次偶然的机会，海建兄得知深圳的海天出版社正推出一套不定期丛书，所出包括论文集（国内出版社最不"与国际接轨"的大概就是只愿出"专著"而不肯出论文集），即向丛书主编袁伟时先生（中山大学教授）推荐。袁先生本素不相识，乃就近向桑兵兄咨询，在听了二位敝友的建言并读了几篇拙文后，即决定将拙集纳入丛书之中。后该丛书因种种原因未能继续，袁先生又将文稿推荐给另一出版社。虽然结果是全套文稿一去不返，我对袁先生弘扬学术的热心和奖掖后进的厚意,至今感佩不已!

尽管本书所收各文尚不成熟,恐怕会有辱师教,但我仍愿意在此衷心感谢成都地质学院子弟小学、成都五中、四川大学、新墨西哥大学、普林斯顿大学各位传道授业解惑的老师以及这些年来我所私淑的各位老师(这里不便提及他们的姓名,因为他们中有的曾在我所供职的学校担任公仆、有的是国内某些学科的开创人和带头人,有的是世界大师级学者,写下他们的姓名或不免有"拉大旗作虎皮"之嫌)。他们在我修业问学的各个阶段中都曾给我以热诚的关怀和第一流的教诲,在我毕业之后继续为我师表,诲我不倦(其中指导我大学毕业论文的李世平师竟于三年前归道山,但在撒手仙去前一月仍教我以治学之道),这或许是我比一些同辈学人更为幸运之处吧!本书各文若幸有所获,悉来自各师的教导。当然,所有谬误之处,皆由我个人负责。

我比一些同辈学人较为幸运的,或者还因为学术交游稍广。本书各文在研究期间曾蒙海内外许多认识或未谋面的师友或赠送大作,或热心代为购置搜求资料书籍,或指点迷津,他们的厚意始终铭刻在我心中。关于史学的方方面面,多年来曾在不同场合与众多朋友和同道多次讨论,受益匪浅,本书中有些观点看法,应即是论学的结果,这是特别要向诸位师友致谢的。台北《汉学研究》和新竹《清华学报》惠允收入曾刊行在该两刊的拙文,本书中有些文章的题目更是在与一些刊物(特别是《历史研究》)的编辑讨论中确定的,在此也要对他们深表谢意!

我这几年能够比较专一地修业问学,有较多时间从事研究,与我所供职的四川大学历史系各位领导的支持和优容有直接的关系。个人生性直鲁,且因少小失学,修养极差,平日对领导时有不敬。

虽非有意为之，仍愿借此向他们致歉。今日大陆任何一个系领导最重的责任大约就是所谓"创收"，敝系领导也难脱此重责。但他们在耽误了大量自身专业研究时间的同时，却能尽量为愿意投身研究的部属提供尽可能多的时间和其他方便，身受其益的我对此非常感佩！

中国传统主张"父母在，不远游"，可是我自十六岁以来，就或被动或主动离家远出，其间虽有约十年居住在同一城市，也只是在周末返家请安而已；二三十年来每次随侍在父母身边的时间最长也不过数月（就是在这些时候，其实至今也还是收受父母的关怀，并未真正做到侍奉二字）。这大概是今日推促"竞争"的西化世风使然，父母也一直理解支持，但对个人来说，实是最大的遗憾。

同时，由于"文革"期间失学十余年，与我同龄者多争分夺秒，希望能"挽回"一些逝去的年华。这些年来，内子一直包办家务（朋辈每说我除薪水外多享受民国读书人的"待遇"，故对民国士人心态多一层"了解的同情"。这虽然是开玩笑，却也说明内子对家事的贡献之大），这当然也就意味着她放缓一些自己业务上的长进。我心里非常明白，多年来能够专心问学，家人都有所付出，就连小儿也让出一些本应和父亲一起玩耍的时间。这里的种种甘苦，的确是只能意会不能言传的！

1998年4月28日于四川大学桃林村

新的崇拜：
西潮冲击下近代中国思想权势的转移

近代中国以"变"著称：变得快、变得大，且变化的发生特别频繁。那时不论思想、社会还是学术，都呈现一个正统衰落、边缘上升的大趋势，处处提示着一种权势的转移。而各种变化中最引人注目者，当然还是西潮的冲击，即晚清人自己爱说的"数千年未有的大变局"。中国士人面临西潮荡击，被迫做出反应，从而引出一系列文化、社会、思想、经济、政治以及军事的大变化，无疑是近代最重要的权势转移。

这并不是说近代中国本身没有问题。实际上，17世纪以来中国人口激增，中国传统政治文化本来重分配的调整甚于生产的发展，较难处置因人口增长带来的社会问题。此外，清廷尚面临满汉矛盾这一更难处理的问题，而传统的"上下之隔"和"官民之隔"到晚清也已发展到相当严重的程度。龚自珍在西潮入侵之前所写的《尊隐篇》中，已提到中国文化重心由京师向山林的倾移；由于京师不能留有识之士，造成"豪杰益轻量京师，则山中之势重"的结果。这些都在17世纪西潮入侵之前或同时，而文化重心的倾移正为外来文化的入据正统提供了条件。

中国士人在西潮荡击之下被迫做出反应的进程是近代几个不可回避的重大主题之一，而中西之间的文化竞争又是中外矛盾的关键。西方在文化竞争方面是有备而来，中方则是在竞争过程中才逐步认识到时人所称的"学战"的重要，故在不知不觉中被西方改变了思想方式。中国士人沿着"西学为用"的方向走上了"中学不能为体"的不归路。文化立足点的失落造成中国人心态的剧变，从自认为世界文化的中心到承认中国文化野蛮，退居世界文化的边缘，更因多层次的心态紧张步入激进化的轨道。结果，近代中国可以说已失去重心，思想界和整个社会上都形成一股尊西崇新的大潮，可称作新的崇拜。本文即主要从思想演变层面考察新的崇拜之形成过程。

既存研究一般都同意近代中国士人对西方的认识经历了一个从器物到政制再到思想文化的过程，也就是逐步认识到中国在这些方面都不如西方。但中国在中西竞争中实际仅在"器物"层面落败，何以会递进升级到"政制-文化"层面？从历代中外竞争看，元、清两朝异族入主，其失败之惨烈远在清季之上，却甚少有人主张蒙古人或满人的政制、文化要高于汉人，士人对中国文化的信心仍能保持。而在清季不过在沿海被打败，就对中国文化信心逐渐丧失。这里面一个重要原因，就是西人的诱导，故本文首先探讨西人怎样改变中国人的思想方式这一进程。

一、学战：谁改变谁的思想方式

一般以为，中国在近代因落后而挨打，故思变求变，向西方寻求真理。这一描述大致不错。但寻求真理必往西方而不在本国，显然是中国士人在西潮冲击下信心大失的明证。值得思考的是，屡受西方欺凌的中国人竟会主动向敌人学习，特别是甲午中日战争失败以后,大量的中国学生涌入敌国日本而转手学习西方,这个现象终究有些不合人之常情。有学者以为,只有文化失败才可能造成对征服者同时既憎恨又模仿,不仅自认不如人,而且为了自救而忍受向敌人学习的屈辱。① 这个论点原来是针对殖民地的,对考察中国情形也有启发意义。中国在近代中西文化竞争中的失败的确不可谓不明显,但中国向敌人学习的情形并不能完全以文化失败来诠释。在某种程度上,这恐怕也是信心尚存,即确信中学可以为体这一观念使然(详后)。

近代中国除一些割地和少量租界外,领土基本得以保持完整(不平等条约固然侵犯了部分中国主权,但基本的主权仍在中国人手中),这个重要因素的意义是多重的。中国幅员辽阔、人口众多、文化悠久(这已渐成套话,但在这里的意义非常实际具体)、中国朝野对外国入侵的持续抵制以及帝国主义列强之间相互竞争造成的均势等因素,迫使列强认识到全面的领土掠夺既不合算也不可能。故列强退而采取一种间接的侵略方式,即以条约体系巩固其非正式控制,同时寄希望于实质上的经济利益。

从根本上言,帝国主义侵略国与被侵略国之间最关键的实质问题是对被侵略地区的全面控制。只要能达到实际的控制,是否直接掠夺领土是次要的。帝国主义侵略所至,总要争夺被侵略国的文化控制权,这在中国尤其明显。正因为没有直接的领土占据,不存在像殖民地那样的直接政治统治,西方在中国更需要不仅在物质上,

---

① Cf. Jean Francis Revel, *Without Marx or Jesus* (Garden City, N. Y., 1971), p. 139;关于更普遍意义上的爱憎交加情结(resentment)的新近探讨,参见 Liah Greenfeld, *Nationalism: Five Roads to Modernity* (Cambridge, Mass., 1992), passim。

而且恐怕更多是在文化上表现其权势和优越性，希望以文化渗透来为以后的经济利益铺路。故在中国，对文化控制的竞争既是手段也是目的。

帝国主义争夺被侵略国的文化控制权的主要方式，一般是贬低打压本土文化。但西方虽然力图在中国取得文化控制，却不能像在殖民地那样直接破除中国的本土文化。西方对中国文化的破坏只能是间接的，有时恐怕还要经中国人自己之手。章太炎就注意到西人欲绝中国种性（实即今日所说的文化）的图谋和努力，其方法就是先废中国的"国学"，这一开始就是传教士鼓动最力。[①] 的确，在这场中西文化竞争中，传教士恰在最前沿。郑观应早就认识到，洋人到中国传教，是要"服华人之心"。[②] 洛克菲勒的秘书盖茨（F. T. Gates）在20世纪初说得更明白：传教事业的效果即在于"对全世界的和平征服——不是政治控制，而是在商业和制造业、在文学、科学、艺术、情操、道德和宗教各方面的控制"[③]。

就根本的文化竞争而言，西方传教士在中国的成败不仅在于使多少中国人皈依基督教，而且在于是否使更加众多的中国人改变思想方式。在近代中西文化的碰撞、竞争与相互作用这一动态进程中，传教士自身也在不断地转变和调适，以寻求一种更有效的方式。有时为了实现目的，传教士也自觉不自觉地采取一些违背其基本教义和价值观念的手段，如支持使用暴力及运用与宗教颇有矛盾

---

① 章太炎：《清美同盟之利病》，汤志钧编《章太炎政论选集》，中华书局，1977年，上册，第475页。本文所说的传教士，除注明外，均指新教传教士。
② 郑观应：《论传教》，夏东元编《郑观应集》，上海人民出版社，1982年，上册，第121页。
③ 转引自 Arthur H. Smith, *China and America To-day* (New York, 1907), p.236.

的"科学"作为说服的武器,等等。

这些反常的行为提示了近代中西交往中形成的一种特殊关系,即西人在与中国人打交道时不一定要遵从建立在其自身价值观念基础之上的西方行为方式。这反映出近代西潮入侵在更深层次上的帝国主义性质(相比之下暴力的使用虽然直接却不那么意味深长),同时也凸显了近代中西关系不平等的文化根源(比有形的不平等条约影响深远得多)。这种特殊交往方式与西方主流价值观念的冲突恐怕是越来越多的西人自己后来对此方式也逐渐感到难以接受的根本原因。

应该指出,西潮的冲击既给中国增添了新问题,也提供了一些解决中国问题的新思想资源。而中国士人对西潮的因应,也远比过去认知的更复杂曲折,其中的许多面相过去是注意不够的。对中国士人来说,正因为西方对中国文化不能直接破除而只能采取间接的渗透方式,中国士人对西方文化的仇视和抵制程度通常较殖民地人为轻。领土主权的基本完整,应该是士人确信中学可以为体的根本基础。由于不存在殖民地政府的直接压迫,中国人在面对西方压力时显然有更大的回旋余地、更多的选择自由,同时也更能去主动接受和采纳外来的思想资源。故提倡西学为用的中国知识分子学习西方的愿望和实际行动都远比殖民地人要主动得多。

中西之间有一个根本的文化差异:处于文化竞争前沿的西方传教士的最终目的是在精神上征服全世界,故对于异教徒始终有传播福音以使其皈依基督教的强烈使命感。但中国儒生对非华夏文化的"夷狄",则主要是采取"修文德以来之"的方式。若"夷狄"本身无"变夏"的愿望,中国儒生一般并不觉得有努力使其"变夏"的责任感，更不用说使命感了。中国传统行为准则的一个要点即《礼记》所谓"礼闻来学，不闻往教"。要别人先表示了"向学"的愿望且肯拜师，然后才鼓励教诲之。主动向人输出知识，即"好为人师"，这样的行为是不被提倡的。①

这一准则同样适用于中外关系。中国对于倾慕华夏文化的"四夷"固表欣赏且予鼓励，亦可向之传播中国学问。但"夷狄"若不行夏礼而用夷礼，通常亦听任之。至于对不友善的"夷狄"，更禁止向其输出中国文化。西潮进入中国既采取了入侵的方式，则中国人之不欲让西方传教士了解中国文化正在情理之中。19世纪中西接触之初，不仅中国书籍是严禁出口给西人，就是中国语言文字也是不准教授给西人的。因此，西方传教士远比中国儒生更热衷于使对方改变其思想方式。中西文化之争是以自觉而带进攻性的西方向防御性的中国挑战为开端的，中国士人自觉地认识到这是一场文化竞争，已是在西方发动一系列进攻之后了。

19世纪之前，不仅中国士人自认中国为世界文化中心，就是17、18世纪来华之天主教耶稣会士在欧洲造成的印象，也认可中国人是"世界上最文明的民族"。但科技革命和工业革命带来的发展使西人的自信心与日俱增，故19世纪来华之新教传教士对中国文化的看法就远没有耶稣会士那样高，而且随着其自信心的增强，可以说是与日俱减。在19世纪30年代，他们尚认为中国文化典籍至少在量上不仅超过任何非开化民族，而且超过希腊和罗马。到19世纪50年代，他们只承认中国文化优于周边国家许多，却已远逊

---

① 参见罗志田：《夷夏之辨的开放与封闭》，《中国文化》，第14辑（1996年12月），第213—224页。

于任何基督教国家了。①

19世纪中叶时,中西双方已都认为自己的文化优于对方。英国传教士杨格菲(Griffith John,1831—1912)于1869年指出:

> 难道我们不比他们[按,指中国人]优越许多吗?难道我们不是更具男子气,更有智慧,更有技艺,更通人情,更加文明,不,难道我们不是在每一方面都比他们更高贵吗?根据我们的思想方式,答案是肯定的。但根据他们的思想方式,答案是断然否定的。而且,要我们改变对此事的看法与要他们改变看法几乎是同样困难的。②

因此,中西文化竞争的第一步就是要证明自身的文化优于对方,而最终还是落实于到底是谁能使对方改变其思想方式。在这方面西人更具有自我完善性:中国士人既然是竞争中被动的一方,一开始并未感到有必要证明其文化的优越。且中国人视经典文献为华夏文化的核心,而文化典籍的优劣是很难靠自身"证明"的。有备而来的西人则不然,他们在声称其文化优越的同时,尚携有近代工艺技术为证明的手段。

---

① *Chinese Repository*(以下简作 CR),III:8 (Dec.1834), p.379; Eliza G. Bridgman, ed., *The Life and Labors of Elijah Coleman Bridgman* (New York, 1864), p.216;关于耶稣会士和新教传教士对中国看法的异同,参见 Raymond Dawson, *The Chinese Chameleon: An Analysis of European Conceptions of Chinese Civilization* (London, 1967), pp.35 - 64,132 - 154。
② "Griffith John to the London Missionary Society," ca. 1869, in R. Wardlaw Thompson, ed., *Griffith John: The Story of Fifty Years in China* (New York, 1906), p.254.

在究竟怎样改变中国人的思想方式，特别是在采用强制还是说服的手段方面，西人的观念并不一致，并且一直在演变。主张直接采取强制手段的大有人在。在一定程度上，强势本身也是一种说服与证明的手段，船坚炮利的力量不仅在于其军事的效率，而且在于其体现船炮制造者的优越性。英国在鸦片战争中有意识地使用当时最先进，也是英国第一艘铁甲舰复仇神号（the Nemesis），就是要向中国人显示其最新的近代技术。这一着显然达到了目的，"船坚炮利"给中国人的印象极深，在很长一段时间里基本上成为中国思想言说中西方"长技"的代名词。早期的中西冲突多在沿海，航海和海防恰又是中国工艺技术最为薄弱之处，乃进一步加强了西强中弱的认知。①

但是，对尚武轻文的中国士人来说，船坚炮利虽然能够证明西人有"长技"，尚不足以证明西方文化的优越。许多西方人，特别是传教士，的确也更愿意采取和平的直接说服的方式。因为强制只会造成口服心不服，说服才可导致真正的心服。早在鸦片战争之前，美国传教士裨治文（Elijah C. Bridgman, 1801—1861）就已提出：全面的征服意味着"道德、社会和国民性的转变"，在这方面教育能产生的效果远比"迄今为止任何陆海军事力量，或最兴旺的商业之刺激，或所有其他手段联合起来在特定时间里所产生的效果"还大得多。②

---

① 关于 the Nemesis，参见 Daniel R. Headrick, *The Tools of Empire: Technology and European Imperialism in the Nineteenth Century* (New York, 1981), pp. 43 - 54；并参见詹森（Marius B. Jansen）为罗兹曼（Gilbert Rozman）主编的《中国的现代化》（江苏人民出版社，1988 年中译本）所写的第二章《国际环境》，特别是第 41—57 页。

② Elijah C. Bridgman, "Address at the First Meeting of the Morrison Education Society," CR, V:8 (Dec. 1836), pp. 378 - 379.

在某种程度上，可以说西方对中国是采取了一种"凡可能说服时皆说服，不得已则强制"的方略。这当然只是一种日后的理想型诠释模式，并不一定意味着西方事先就预定有这样清楚的谋略。不同国家不同的人可能根据不同的时势采取不同的对策。很多时候，强制和说服只是偶然地互补，而非事前预谋。

一般而言，传教士虽然以征服为目的，其出发点通常是善意的。大多数传教士的确相信基督教和西方文化的传播对中国有好处。当其采用和平的说服方式时，这种善意就容易体现出来，也就可能缓解中国士人对西方文化的抵触。正如胡适在1926年对英国人所说："中国人不能在胁迫下接受一个与其信念相左的新文明。必须有一个说服的过程。"① 胡适自己是提倡或赞同某种程度的西化的，但他却不能接受压服。

反过来看，和平的说服有时确能造成中国士人对西方文化输入的主动配合（尽管双方的动机和目的可能是完全相反的）。可以说，西方对中国的文化侵略之所以远比政治、军事和经济的侵略更成功，正是因为传教士不完全认同于炮舰政策和不平等条约体系，而且其成功的程度基本上与其疏离于炮舰和条约的程度成正比。关于传教士认同于炮舰政策的一面，过去的中外研究说得已较清楚，这里只略作处理，以下的讨论主要还是侧重于传教士取说服手段的一面。

传教士之所以能不顾基督教反暴力的基本准则而在中国认同于炮舰政策，主要原因有三：一是其最终目的是精神征服，二是其西

---

① 《胡适日记》[本文所用为上海亚东图书馆1939年的《藏晖室札记》、中华书局1985年的《胡适的日记》、远流出版公司1989—1990年的《胡适的日记（手稿本）》，以下仅注年月日]，1926年10月8日。

方文化优越观的支持，三是其对欧洲中世纪尚武精神的无意识传承。具有诡论（paradoxical）意义的是，正是传教士表现出的这种征战性引了中国士人对中西文化竞争的自觉认识。当传教士在19世纪晚期逐渐走出中世纪余荫变得更现代化，也就是更趋于采取和平手段时，受西潮影响的中国士人却返向前近代的征战精神，逐渐得出中西文化竞争最终是一场"学战"的观念。

由于传教士的目的是征服，故即便在采用和平说服手段时，仍能暴露其征战性。1834年时，在广州的西人组织了一个"在华传播有用知识会"。尽管该会的宗旨是说服，其章程的用语却充满了火药味。该章程将此传播知识的活动直接称为一场"战争"，并明确指出：本会的目的是要"天朝向智力的大炮屈服，向知识认输"。半个世纪之后，传教士李承恩（Nathan J. Plumb, 1843—1899）仍把作为"传教的工具"的教会学校称为"轰炸敌人堡垒的工兵和弹药手"。①

有时候，传教士也直接支持西方对华用武。多数传教士的确相信他们向中国输出的知识会对中国有利，但当中国士人对此好意冷淡甚而抵制时，传教士的文化优越感使其不能接受这样的态度。有的传教士以为，中国人视西方为夷狄的做法是公开违背了"爱你的邻居如你本人"这条戒律，西方因而有义务"说服"中国人走到更加"符合其权利和义务"的方向上来；如果说服不生效，就必须强

---

① "Preamble" of the Society for the Diffusion of Useful Knowledge in China, CR, III: 8 (Dec.1834), p.380；李承恩语转引自顾学稼：《华西协合大学的收回教育权运动》，顾学稼等编：《中国教会大学史论丛》，成都科技大学出版社，1994年，第329页。

制。① 换言之，中国人"犯规"在先，西方人也就可以不按其"西方规矩"对待中国人。既然基督教爱邻如己的准则也可以成为实行强制的基础，拯救中国人这项使命的火药味就凸显出来了。

随着中国人对西方文化渗透抵制的增强，传教士的耐心也在减少。许多传教士越来越倾向于支持对华用武。后来在华外国人有一条共认的"常识"：武力是中国人唯一能理解的术语。据美国学者米勒（Stuart C. Miller）研究，许多传教士不仅赞同这一观念，而且他们自己在此观念的形成上也起了重要的作用。② 主张学西方的郑观应承认传教士到中国意在"传教济人"，但以"救世之婆心"而造成大量教案，既"大失其传教劝善之本心"，也未必合"上帝之心"。依基督教本义，即使教士因卫道而受辱，也当"如耶稣所云：'披左颊，转右颊向之可也。'苟能含忍包容，人心自服，又何必力为较量？"但列强对传教事业恰是"合举国之权力以庇之"，一般传教士也常借条约和炮舰之"力"以压官民。③

关键在于，以反暴力为宗旨的基督徒之所以能公开支持使用武力而不觉于心不安，其心理依据即在他们坚持欧洲文化优越观。只有在此基础上，才可以对"劣等"民族实施不同的准则而不觉违背了自己的价值观念。这正是典型的帝国主义心态。④ 游历过欧西的

---

① CR III:8 (Dec. 1834), p.363.
② 参见 CR III:9 (Jan. 1835), p.413; VI:10 (Feb. 1836), p.446; IX:1 (May 1840), p.2; Stuart C. Miller, "Ends and Means: Missionary Justification of Force in Nineteenth Century China," in John K. Fairbank ed., *The Missionary Enterprise in China and America* (Cambridge, Mass., 1974), pp.249-282。
③ 郑观应：《传教》（先后两篇），《郑观应集》，上册，第405—412页。
④ A.E. Campbell, "The Paradox of Imperialism: The American Case," in Wolfgang J. Mommsen and Jurgen Osterhammel, eds., *Imperialism and After: Continuities and Discontinuities* (London, 1986), pp.33-40,特别见 pp.35-36。

王韬深有感触地说:"西人在其国中,无不谦恭和蔼诚实谨愿,循循然奉公守法;及一至中土,即翻然改其所为,竟有前后如出两人者。其周旋晋接也,无不傲慢侈肆;其颐指气使之慨,殊令人不可向迩。……彼以为驾驭中国之人,惟势力可行耳,否则不吾畏也。"这就是章太炎指出的:这些"始创自由平等于己国之人,即实施最不自由平等于他国之人"。①

胡适亦有同感。他在留学期间曾批驳"但论国界,不论是非"的国家主义观念,认为这实际是一种双重道德标准,即在国内实行一种标准,在国际又实行另一种标准。这一双重标准其实是指西方"以为我之国须陵驾他人之国,我之种须陵驾他人之种"。胡适也观察到:由于实行双重标准,欧人在国内虽有种种道义准则,却以为"国与国之间强权即公理耳,所谓'国际大法'四字,即弱肉强食是也"。他在大量英国自由主义经典著作中一一读出了"自由以勿侵他人之自由为界"的意思,运用于国际关系,就应当"己所不欲,勿施于人。所不欲施诸同国同种之人者,亦勿施诸异国异种之人也"②。

落实到传教事业,胡适以为:西方传教士到"异端"国家去就是为了教化"化外之人"。所以"当和我们一起时,总带有傲慢的保护者的高人一等的神态"。这里的传教士已经有些"文化帝国主义"的意味了。1915年时,胡适曾援用他的"双重标准"理论,直接指斥传教士只有在处理国内事务时才称得上基督徒,一旦进入国

---

① 王韬:《弢园文录外编·传教下》,中华书局,1959年,第66—67页;章太炎:《五无论》,《章太炎全集》(4),上海人民出版社,1985年,第433页。
② 本段与下段,参见罗志田:《再造文明之梦——胡适传》,四川人民出版社,1995年,第125—142页。

际事务,他们都不复是基督徒了。许多基督教国家实际上只认暴力为权威,而置弱小国家的权益于不顾,并将国家获利、商业所得和领土掠夺置于公平正义之上。一句话,胡适宣布:"今日的〔西方〕文明不是建立在基督教的爱和正义的理想基础之上,而是建立在弱肉强食的准则——强权就是公理的准则之上!"这是胡适对西方文明最激烈的攻击。

另一位留学生杨荫杭也注意到:西人"凡曾受教育者,皆讲求礼仪,言动无所苟。即主人对于仆人有所命令,亦必谦其辞曰'请'"。但"西人有一病:一旦移居东方,则视人如豕。偶不如意,即拳足交下。其意若曰:'此乃苦力国也。殴一苦力,与殴一人类不同。'于是积习成性,居中国益久,离人道益远。此不特未受教育者为然,即在本国曾受教育者,亦如入鲍鱼之肆,久而不觉其臭"。可知"东方"已渐成一染缸,西人到此久居,则被同化。有西人告诉杨氏:"凡久客东方者,归时多不为国人所欢迎;以其性情暴戾,异于常人也。"①

这里可能有文化差异的作用,杨氏发现:本来最重视礼仪的中国人,"与外人接触者,往往以言动不中节,为人所轻视。如随地吐涕、饮食作声、不剃须、不剪爪、大声猜拳有如斗殴、争先买票不依次序,皆中国人之特质"。这些行为部分由于无教育,部分也因"蓬首垢面而谈诗书"的旧教育使然。"凡如此类者,西人皆一例视之如'苦力'。"其实所谓"言动不中节",主要因为中西讲究的礼仪习惯有所不同,如今日西人于寂静之会议场所或讲堂,皆可随时擤

---

① 本段与下两段,参见杨荫杭:《老圃遗文辑》(原文刊1923年5月7日、8日《申报》),长江文艺出版社,1993年,第741—742页。

鼻涕声震如雷，许多中国人遇到也会不习惯，而西人并不以为失礼。

但近代西人对东方人以"苦力"待之，恐怕主要还是已养成行为习惯。曾获英国律师资格的伍廷芳，某次"在途与西人争论。西人掌其颊，破其眼镜"。伍欲起诉，西人初犹不信，后商之本国律师，知起诉将不利，乃向伍免冠谢曰"吾以子为苦力也，今而知子乃剑桥人（Cambridge Man）也"，遂以赔偿了结。想伍廷芳当不至于"衣冠不整"，而仍受欺凌，说明礼仪习惯的不同尚非主要原因；特别是在了解到伍已有"剑桥人"这一追加的身份认同，又转以西方式待之，最足提示"双重标准"的存在。

东方人既然"不与人类齿"，可以对之动武便成自然。传统中国观念认为"夷狄"性如犬羊，其一个特征就是好争斗。① 如今来华外国人中最和平的一部分传教士也如此，他们的尚武言行恰支持了中国人视西方为"夷狄"的认知。从某种程度上说，传教士的这类行为透露出其无意识中传承了西方中世纪的尚武心态。② 在尚文轻武这一点上，可以说中国士人的心态恐怕比一些传教士更接近近代西方，以西方的标准看，也就是比传教士更加现代化。

到了19世纪80年代，在传教士本身变得更加现代化之后，他们开始能进一步理解中国人尚文轻武的心态。从前传教士中一些人曾以为武力一项即能攻破中国人的思想防线，如今他们认识到，军事胜利本身不能带来完全的征服；中国口岸的开放并不一定意味着

---

① Lien-sheng Yang, "Historical Notes on the Chinese World Order," in John K. Fairbank, ed., *The Chinese World Order* (Cambridge, Mass., 1968), p.27.
② 关于19世纪及20世纪初西方尚武心态是在中世纪封建贵族价值观念影响之下的论点，参见 J. A. Schumpeter, *Imperialism* (Oxford, 1919); Arno Mayer, *The Persistence of the Old Regime* (New York, 1981)。

中国人思想观念的开放。郑观应曾说，列强对传教事业"合举国之权力以庇之"的结果是："庇之愈甚，而冀传教之广播愈难。何则？传教先贵乎化导，化导在身心，不在乎势力也。"① 郑氏与西人接触颇多，这样的观念或会传达给西人。有可能是传教士在接触了更多尚文轻武的中国文化之后，才变得更加现代化。他们因而进一步认识到，正是士人集团，而并非像西方的武士或政治家那样的集团，才是中国的既存权势中心。② 因此，传教士就更加重视通过说服士人来影响全中国。

极具讽刺性的是，由于西潮的影响，中国士人在同一时期内恰恰经历了相反的转变。也许正是领土主权的基本完整带来的潜存信心，使中国士人轻视了文化竞争的严重性，但西人的言行终使中国人逐步认识到这场学战的存在。越来越多的中国士人在吸收了较多的西方意识，包括前近代的尚武意识之后，为中国已丧失了古已有之的尚武精神而后悔。他们一面批判这个不应发生的失落，同时更大力鼓吹恢复和培养此种精神。梁启超和蔡元培就是尚武精神和军国民主义的大力提倡者。略年轻些的一辈，从鲁迅到熊十力这样的文人，或入军校学习，或直接从军，多半都受此尚武心态的影响。正因为出现这样一种心态的转变，中国士人，特别是年轻一代，逐渐得出中西文化竞争最终是一场"学战"的观念，他们因而更自觉地重视起这场文化竞争。③

---

① 郑观应：《传教》（后篇），《郑观应集》，上册，第410页。
② Miller, "Ends and Means," p.250；顾长声：《传教士与近代中国》，上海人民出版社，1981年，第57页。
③ 关于学战观念的起源，参见王尔敏：《中国近代思想史论》，台北商务印书馆，1995年，第244—247页。

因此，到 19 世纪后期，中西双方都有意识地更加重视文化竞争。但总的趋势是传教士变得越来越重文而中国士人越来越尚武，或可说是传教士变得更加现代化而中国士人更加前现代化。虽然如此，传教士疏离于武力这一点的确有助于缓和中国士人在文化竞争中的抵制情绪。而且，尽管传教士疏离于炮舰政策和尚武心态是 19 世纪晚期的事，其主张取说服的手段却是从一开始就存在的。

新教传教士在探索怎样才能最有效地在中国传播福音是颇费周折的。其首先要克服的，就是基督教教义、流派及其传播方式等自身的问题。更难应付的，则是中西文化差异引起的误解。同时，他们也面临着选择何种方式来说服哪些中国人的问题。

传教士在中国首先面临的困难，就是基督教的排他性问题。中国以前并不存在像基督教那样从思想到组织有严格系统的宗教。早年传入的佛教是多神而不争的，且佛教与道教据山林而居以待信徒的方式颇合"有来学无往教"的中国传统。但基督教却是一神独尊且严格排他的。正因为如此，基督教新旧教的区分、其在华传教士的相互攻击排斥，特别是互指对方不是真正的基督教这一点，就给中国士人以极大的混淆。即使是思想最开放的士人，也难以弄清何者尊奉的是真神，那些排斥异端的士人更据此以为两者皆非纯正。基督教本身的立足点已不稳，遑论以其教义来说服中国士人了。①

因此，许多新教传教士意识到，为了"拯救中国人的灵魂"，他们必须采用俗世的手段。可是这一点在传教士中立刻引起新的问

---

① 参见 Herbert Giles, *Confucianism and Its Rivals* (London, 1915), p.259；吕实强：《中国官绅反教的原因》，台北"中研院"近史所，1966 年，第 45—53 页。

题。本来俗世与天国之间的紧张就是每个传教士必须面对又难以解决的问题，传教士应该是奉献给天国的，可是他们都生活在俗世，且必须在俗世开展工作。传教界历来有很强的倾向，主张传教士应集中于拯救灵魂的基本任务，而不是在非基督教的异端国家里创造一个世俗的西方式社会。① 但是在中国，一部分传教士发展出一种更为广义的传教观，他们注重俗世绝不亚于天国。

裨治文很早就批判在华教团只重口头布道而甚少从事书面宣传，即使写作时也只局限于宣传福音。他强调，在中国推广世俗知识可以有助于传教事业。② 李提摩太（Timothy Richard，1845—1919）以为，拯救中国人的灵魂很难与拯救其肉体区别开来。李氏的目的是要通过"更好的宗教、科学、交通方式和国际关系，以及设立近代学校，建立近代新闻出版业，及建设新的工业和制造业"来推动中国进步。此话颇能代表这些传教士的观念，简言之，他们正是要在中国建立一个西方式的社会。③

这部分传教士在整个在华传教团体中实居少数，但其对中国士人的影响则似大于多数。因为他们有意偏重于在成年读书人中扩大影响，这一点与大多数新教传教士侧重于青少年教育又不一样。裨

---

① 有关美国传教界的这种倾向，参见 Arthur Schlesinger, "The Missionary Enterprise and Theories of Imperialism," in Fairbank, ed., *Missionary Enterprise in China*, pp. 350 – 352。
② CR I:1(Mar. 1833), p. 457.
③ Timothy Richard, *Forty-five Years in China* (New York, 1916), pp. 7 – 8. 美国传教士林乐知（Young J. Allen，1836—1907）也是这些传教士中的一个，参见 Adrian A. Bennett and Kwang-ching Liu, "Christianity and the Chinese Idiom: Young J. Allen and the Early *Chiao-hui hsin-pao*, 1868 – 1870," in Fairbank, ed., *Missionary Enterprise in China*, pp. 159 – 196；陈绛：《林乐知与〈中国教会新报〉》，《历史研究》1986 年第 4 期。

治文提倡写作重于口头布道,已暗示了这个倾向。盖口头布道人人可听,写出来的东西则只有读书人才能看。这个取向与中国士人重"眼学"轻"耳学"的观念暗合,也有助于扩大其影响。在某种程度上,这种自上而下通过影响四民之首的士人来扭转全民族思想的取向,是对新教面向基层之个人对个人的常规福音传播方式的革新。但这一取向在新教传教士群体中是有争议的,因为这恰恰是天主教耶稣会士以前在中国用过的方法。只是到了 20 世纪,这一取向才成为在华新教传教界的主流。①

实际上,这种注目于士人的取向一开始并不很成功。孟子说"人之患在好为人师",有来学无往教的传统使中国士人怀疑任何主动来传教的人是否有真学问。昔时中国读书人即使低如塾师,也须有人请,而且是坐馆授徒,大学问家更不致走方授学。故传教士的主动传教,不论是走向街头还是走向书院,尚未开口已自降身份,士人自不屑与之交往。早年传教士被中国人称作"讲古鬼"②,恰揭示出其不过被视为走方讲古的江湖艺人一类,其身份正在社会最低一流。

这样一种轻视传教士的认知也常为传教士自身的举动所强化。由于传教士最终关怀的是天国,他们对中国民间宗教极为重视。不论信何种教,信教者总是比不信教者更关心彼世。许多传教士或将中国各宗教信仰视为竞争对手,或将其视为潜在的合作者。来华新

---

① 参见 Paul R. Bohr, *Famine in China and the Missionary: Timothy Richard as Relief Administrator and Advocate of National Reform, 1876 – 1884* (Cambridge, Mass., 1972), pp. 7 - 8;乐灵生(Frank Rawlinson):《近二十年来中国基督教运动的改革与进步》,司德敷主编《中华归主》,中译新版,中国社会科学出版社,1985 年,上册,第 104 页。

② CR IV:8(Dec. 1835), p.356.

教传教士先驱者之一的郭士立（Charles Gutzlaff，1803—1851）即视龙王为中国人崇拜的象征，因而也是基督的主要竞争对手。他曾衷心希望，而且确信，总有一天"龙王会被褫夺王冠，而基督则被尊为全中国唯一之王和崇拜的唯一对象"①。

其他一些传教士则相当注意阅读佛教道教文献。李提摩太即曾下大力研读一些佛教道教经书，希望能借此帮助他与中国士人的沟通。但在那时，懂得一些佛道教知识最多只能有助于与大众的交往。而对于正统儒士来说，恐怕适得其反。只是到了19世纪末20世纪初，佛经才逐渐受到士人的关注，其部分原因就是希望能从中找出可以对抗西学的思想资源。在那之前，多数正统儒生根本不屑谈佛道之经书。②

传教士的上述作为不啻是自居异端。故尽管有条约的保护，传教士与中国士人的交往直到19、20世纪之交始终有限。李鸿章在1880年即曾告诉李提摩太，许多乡民固然因物质原因皈依基督教，士人中却无一信教者。此话虽未免失之过偏，但大体表达了当时的情形。二十多年后，梁启超仍认为"耶教之入我国数百年矣，而上流人士从之者稀"。③

与士人相反，民间的反抗朝廷者则常常认同于传教士或将传教士视为盟友。太平天国以其简化改造的基督教为官方宗教只是一个显例。类似的情形在太平天国前后都有。早在1834年，福建一个

---

① Charles Gutzlaff, "Journal of a Voyage Along the Coast of China," CR I:4 (Aug. 1832), p.139.
② Richard, *Forty-five Years in China*, p.86.
③ Richard, *Forty-five Years in China*, pp.151, 48；梁启超：《保教非所以尊孔论》（1902年），《饮冰室合集·文集之九》，中华书局，1989年，第53页。

企图起事者就向美国传教士雅稗理（David Abeel，1804—1846）建议联合造反。在太平天国之后，山东一伙起事者也曾要求李提摩太作他们的首领。周锡瑞（Joseph W. Esherick）关于义和团运动的起源一书更详细揭示了 19 世纪末山东起事者与传教士的频繁接触。① 所有这些都表明，传教士的行为的确使许多人把基督教视为类似白莲教、八卦教一类的异端。

因此，尽管这些传教士倾向于走自上而下之路，文化差异使他们实际上更多是走向了下层。他们虽然找到了正确的目标，仍需要找到更合适的手段。对新教传教士来说，学习耶稣会士以接近中国士人的方式来传播福音不仅是有争议的，而且是很难掌握的。与此同时，一些传教士发现还是其本土的某些工具似乎更易于掌握，且效果亦好些。科学即这样一种工具。

西方自身在近代也经历了巨大的社会、政治和心态转变。在诸多变化中，科学的兴起是最重要的变化之一。尽管科学在西方仍有某种争议，但将其视为西方文明的一项成就这样一种倾向越来越强。到 19 世纪初科学已被认为是"人类知识的一个主要类型及一种主要的文化体系"。② 不过，这仍是一个发展中的过程。到 1831 年，英国还专门成立了一个推进科学协会以促进推广科学的发展。直到 1847 年左右，现在所用的"科学家"（scientist）一词才成为对那些研究自然者的专门称谓。在此之前，一般是将他们称作"自

---

① Abeel Diary, Dec. 30, 1843, printed in CR XII: 1(May. 1844), p. 235; Richard, Forty-five Years in China, p. 100；周锡瑞：《义和团运动的起源》，江苏人民出版社 1994 年中译本；李恩涵：《咸丰年间反基督教的言论》，《清华学报》（新竹），卷六，第 1—2 期（1967 年 12 月），第 55—60 页。
② Cf. John Roberts, Revolution and Improvement: The Western World 1775 - 1847 (Berkeley, Calif., 1967), pp. 219 - 233, 引文在 p. 219。

然哲学家"。① 拉法格认为这个词的最后确定还要晚,大概受惠于法国大革命。他在 1894 年时说:英国人一向对怎样称呼从事科学的人感到为难,"最近他们采用了法国词 savant,并且造了个新词 scientist"。②

传教士当然受到其母国发展的影响。有时候,身处异国反而更容易看到母国的长处。传教士在 19 世纪初已开始认识到科学可以用来为传教服务。但是,在科学被选中成为传播福音的手段后,传教士就必须面对科学与基督教之间的先天紧张。同样,传教士仍须处理因文化差异引起的对科学的不同认知的问题。在这些方面,传教士的成功都是有限的,但他们到底播下了种子。

正因为科学的兴起还是一个发展中的进程,有些传教士也是到了中国之后才认识到科学的力量。换言之,以科学为传教工具是根据传教现场的经历得出的见解。因此,许多传教士在来华之前并未接受多少科学的训练。李提摩太就是到中国多年后才理解到科学的重要,他在 19 世纪 70 年代后期在中国以自修方式重新学习了西方文明,那时他才意识到正是在"科学"之上西方文明胜过了中国文明。实际上,李提摩太的基本科学知识也是在中国自修得来的。③

不过,传教士必须先处理科学与基督教之间的紧张问题。最好的解决方法是将科学与上帝联系起来。裨治文明白,如果说两者在西方颇有冲突的话,在中国它们只会"相互支援"。李提摩太以为,研习科学应采取与研习宗教同样的虔敬态度,因为科学处理的正是

---

① Neil Postman, *Thchnopoly: The Surrender of Culture to Technology* (New York, 1992), p.147; Roberts, *Revolution and Improvement*, p.219.
② 拉法格:《革命前后的法国语言》,中译本,商务印书馆,1964 年,第 56 页。
③ Richard, *Forty-five Years in China*, pp.158 – 161.

"上帝之律"。狄考文（Calvin W. Mateer，1836—1908）认为科学知识正是"上帝赋予教会打开异教邪说大门的工具"。远在美国，极有影响的斯特朗（Josiah Strong）将科学技术视为上帝在近代的"新预言"，轻易地纾解了两者间的紧张。①

一旦传教士认识到科学的力量，他们立即将其运用起来。许多传教士受启蒙时代信条"知识就是力量"的影响，像美国传教士林乐知一样希望科学可以"以一种宁静的方式"改变中国人的思想。在乾嘉考据学影响下的中国士人论事极重证据，林乐知对此深有体会。② 传教士正是希望以西方科学成就为据来证明基督教国家文化的优越。用一句在华传教士常用的话来说："科学是基督教的侍女。"早在 1819 年，新教传教士先驱米怜（William Milne，1785—1822）就已说过："知识和科学都是宗教［按，指基督教］的侍女。"此后直到 20 世纪，类似的表述不断为在华传教士所重申。③

对传教士来说，在中国引进科学有两层作用。首先，如郭士立在 1833 年所说，这可以向中国人表明"我们确实不是什么'夷狄'，并……说服中国人他们还有很多东西要［向我们］学"。④ 这是证明西方文化优越的第一步。其次，如林乐知在 1866 年所说，

---

① CR I:11(Mar. 1833), p. 457; Richard, *Forty-five Years in China*, pp. 159 - 160; 狄考文语转引自史静寰：《近代西方传教士在华教育活动的专业化》，《历史研究》1989 年第 6 期，第 31 页；Josiah Strong, *The New Era or the Coming Kingdom* (New York, 1893), p. 13, 转引自 Schlesinger, "The Missionary Enterprise," p. 363。
② 参见 Bennett and Liu, "Christianity and the Chinese Idiom," pp. 166 - 168。
③ 米怜的话引在 CR II:5(Sept. 1833), p. 235, 又见 CR II:4(Aug. 1833), p. 187; William W. Cadbury, *At the Point of a Lancet: One Hundred Years of the Canton Hospital, 1835 -1935* (Shanghai, 1935), pp. 28 - 29。
④ CR II:4(Aug. 1833), p. 187.

引进科学的特别价值在于可以"根绝和摧毁他们对自己关于世界和自然理念的信心"。① 只有这样才有可能根本改变中国人的思想方式。

林乐知本人就曾长期在学校中和家里为他的中国学生和朋友演示化学和电学实验。他的方法是先讲述事物的基本准则,然后以实验证明之。林氏希望借此可以说服中国人,使其知道他们"许多迷信思想的愚蠢和谬误"。他曾向其中国学生表演煤气点灯,成功地使他们"目瞪口呆"。但是他要将科学用来支持基督教教义的努力却基本未能成功。②

李提摩太也一直试图使中国官员和士人对"科学的奇迹"产生兴趣,他希望这样或能促使他们运用科学以造福中国人。但李氏的目的与林乐知的一样,并不限于在中国推广科学技术。他总是将他演示出的科学的力量与上帝连在一起。1881—1883年间,李氏坚持每月向中国士大夫演讲各式各样的"奇迹"。他用以形容其听众观众反应的最常用字眼是"震惊"。李氏发现,中国士大夫觉得"近代科学的魔力远超过所有其他魔法"。③

林乐知其实知道,相信宗教奇迹的时代已过去了。但他确信,在中国,"如果将科学有技巧地演示出来",则其功用几乎可像宗教奇迹一样"奇妙而战无不胜"。④ 林乐知的见解揭示了科学在当时中国传教界恰扮演着"宗教奇迹"在西方的社会角色。正是因为这些

---

① Allen to E. W. Sehon, Dec. 7, 1866, cited in Bennett and Liu, "Christianity and the Chinese Idiom," p. 165.
② Bennett and Liu, "Christianity and the Chinese Idiom," pp. 166-167.
③ Richard, *Forty-five Years in China*, pp. 158, 160-163.
④ Allen's Diary, Apr. 13, 1864, cited in Bennett and Liu, "Christianity and the Chinese Idiom," p. 165.

科学演示充满了奇迹、魔力、震惊和目瞪口呆一类效果，传教士自己再次无意中认同于江湖艺人和风水先生一流。虽然中国士人实际上多少都相信一些风水，但风水先生作为一个社群的社会地位并不比江湖艺人高。具有讽刺意味的是，李提摩太自认他向中国人传播科学的目的之一就是消除他们对风水的迷信，他本人却曾被中国人请去看风水。这个例子说明确有中国人将传教士视为风水先生一流。①

由此看来，传教士以科学为工具传播福音的努力并不很成功。但像林乐知和李提摩太这样一些传教士也的确相信采用近代科学技术本身对中国有好处，他们这样一种善意的动机使得其观念较易于为中国士人所接受。其次，当科学不只是作为表演，而是与轮船、铁路、电报等近代技术产物相连时，其说服力就大大加强了。在林乐知告诉中国士人科学正是西方"富强"的基础时，他就搔着了当时中国士人的痒处。② 近代中国士人的心态早已在变，富强本非儒家强调的国家目标。中国士人既因屡挫于西方和日本而大谈国家富强，实已转向西方的价值系统。虽然不免有些踌躇迟疑，中国士人终于逐渐趋向林乐知和其他传教士指给他们的方向——寻求富强。

另外，虽然许多传教士总是强调科学技术是西方文明的一个组成部分，也有一些像狄考文一样的传教士却主张：人和国家可以有特定的认同，学问却应是普世性的，谁能掌握就属于谁。狄考文很清楚，许多中国人就因为科学技术是外来学问而在学习它们时不免有羞耻之感。③ 他的观点显然有助于舒缓中国士人学习科学的迟疑

---

① Richard, *Forty-five Years in China*, pp. 123, 80 - 81.
② Bennett and Liu, "Christianity and the Chinese Idiom," p. 194.
③ 《万国公报》，卷十四（1881—82），第 29 页，转引自王树槐：《外人与戊戌变法》，台北"中研院"近史所，1965 年，第 21 页。

感。到后来,这样一种学问超越文化的观点成为尊西中国士人既可学习西方而同时又能保持自身心态平衡的最重要理论支点。

当然,中国士人对科学的接受是有一较长过程的。传统中国士人向来是主张学与术分开的,起初,中国士人虽承认西方有"长技",也曾降节提出"师夷之长技以制夷",但那还只是"术",很少有人将"夷之长技"视为更高的"学"。一旦中国士人开始学习"夷狄"之长技,试图"尽其中之秘"时,他们很快发现在此长技背后还隐伏着系统的科学理论知识。科学的确如林乐知所说是"宁静地"起作用。只要中国人在学西方长技的方向上迈出第一步,他们就像郭士立所期望的那样,确实发现有很多东西要向西方学习。很快,"西学"这个专门词语就出现在中国士人的思想言说之中。

同样,郭士立的另一希望也迅速实现了。学习西人的长技是走向承认西方与中国平等的第一步,承认西方不仅有长技而且有学问则意味着中国士人在内心中已认为中西完全平等。当中国士人对西学的态度进而从承认转为倾慕时,他们对科学的认知也相应转变了。同时,也许因为科学确实比其他部分的西学更加具有普世性,科学很快就成为西学中最受中国士人欢迎的一部分。从清季到今天,绝大多数西方学说和概念在中国都曾受到不同程度的挑战或批判,唯独科学(作为一种象征)仍像不倒翁一样始终屹立在那里(今日朝野都还在大声疾呼尊重科学,提示着仍是象征过于实际)。

与此同时,中国士人既然在内心中承认西方为平等,则中国过去成功的秘诀在其学问典籍之中这样一种传统认知就自然延伸到西方身上。于是对西学典籍的需求立刻大增。当传教士最后集中于利用出版物来影响中国士人时,其以前努力传播科学的效果即开始凸显出来。西学本身也跨越中西认同的紧张(tension),获得了一个更具普世性的名称——新学。一旦不存在认同问题，西学在中国的传播便如翻江倒海，形成一股巨澜。

早年裨治文主张重视写作胜于口头宣教时，他只是与中国士人重眼学轻耳学的倾向暗合。半个世纪之后，狄考文才有意识地注意到中国士人治学的这一趋向。[①] 的确，在华教会在利用出版物方面进展并不算快。虽然像林乐知和李提摩太这样的一些传教士一直重视新闻及出版事业，但教会出版物的数量和传播范围仍然有限。到19世纪80年代李提摩太仍在警告："我们尚未认识到文献典籍的巨大重要性。"[②]

1891年李提摩太被任命为经费充足的广学会的书记，教会出版事业算是找到了合适的人选。而且这任命适逢其会：一是如前所述，传教士到此时已更加重视对中国士人的影响；二是传教士本身的现代化使其逐步疏离于炮舰政策而采和平说服取向，故中国士人的反感减轻；三是更多的中国士人已开始主动寻求西学书籍。19世纪最后十年间广学会的出版物剧增，而且传播范围也遍及全国。[③] "新学"在中国成为显学、士人竞相趋从后，传教士要改变中国人思想方式的目标很快得以实现。

具有诡论意味的是，到中国士人自办的刊物和自译的西书渐渐普及时，传教士在中国新闻出版业的作用就已趋于"完成"，遂渐退居边缘地位。一旦中国士人自己越来越多地承担起传播西学的任务，传教士的影响立刻式微。西学在中国能形成大潮，传教士起了最主要的作用。但这股大潮却反过来把始作俑者推到边缘的地位，

[①] 王树槐：《外人与戊戌变法》，第21页。
[②] 转引自 B. Reeve, *Timothy Richard, D. D.* (London, 1912), p.81.
[③] 参见顾长声：《传教士与近代中国》，第158—160页。

这个结局大约是传教士没有预料到的。20世纪的传教士在文化事业中已侧重于办学，特别是办大学。正如《外交报》1908年一篇名为《申论外人谋我教育权之可畏》的文章说：庚子以后，在华西方教会"所心营目注，专以教育为当务之急"。① 这一方面是因为转向尊西的中国社会对此需求大增，但多少也因教会在新闻出版业已渐难立足这一因素使然。

传播西学的角色既然已逐渐由中国士人自己承担起来，西方对中国的文化渗透实已得到中国人的主动配合。当然，中国配合者自己通常并未意识到他们所起的这种作用。他们学习西方的目的，还不仅是要生存，而是要使中国富强并最终凌驾于西方之上（详后）。如前所述，富强本不为儒家所强调，寻求富强正是在西潮影响下产生的国家目标。

中国传统本崇让不崇争。《春秋穀梁传》（定公元年）说："人之所以为人者，让也。"老子主张"不争"，墨子讲究"不斗"，思路相近。许多人心里未必真喜欢让，但表面上仍不得不崇之，盖世风使然也。这正是赫胥黎所强调而为严复相对忽视的后天伦理作用。西潮入侵后，国人由重理转而重力。过去受压抑的法家耕战思想被重新"发现"，进而引发出商战以至学战思想②，"争"的意识渐具正面价值。故争的观念因西潮而显，亦由西潮为之正名。美国史学家史景迁（Jonathan D. Spence）在其关于中国近代的近著封面上以中文大书一"争"字，盖有所得焉。③ 尚争而不尚让，是中

---

① 转引自杨天宏：《基督教与近代中国》，四川人民出版社，1994年，第101页，并参见同书第102—103页。
② 参见王尔敏：《中国近代思想史论》，第244—247页。
③ Jonathan D. Spence, *The Search for Modern China* (New York, 1990).

国近代与前近代的一个重要区别。

甲午兵战失败，士人纷纷寻因。重力尚争的倾向已为严复版的进化论准备了风行的语境，只是还缺乏系统的表达。严复译述的《天演论》一出，简明而系统化，人皆以为言其所欲言。特别是严复把西方进化论化约为"物竞天择，优胜劣败，适者生存"的简单公式，最容易说服已经重力尚争且正在寻求答案的许多尊西中国士人。《天演论》能风行于世，正在其不仅解答了中国何以败——因劣，而且提出了解决的路径——即争。国人已先有争的意识在，此论自能不胫而走。

有此理论，强力就成了最好的说服手段。一旦胜者是因为其文化优越这样一种观念在士人心中树立起来，失败者的传统自然像粉一般碎了。既然中国屡被战败，则其文化必然低劣。中国人以前是不以成败论英雄的，因为中国历史上两个从人变成神的关羽和岳飞以及一个半人半神的诸葛亮都不能算是成功者。① 如今则承认败即是劣，可知其价值观念已完全转到西方一边了。西方在改变中国人思想方式一点上已基本成功。

中国士人既然已主动学习西方，西方文化优越观的确立就只是时间问题了。从"夷务"到"洋务"再到"时务"，由贬义的"夷"到平等的"西"再到尊崇的"泰西"，西方在中国人思想中的地位步步上升。自太平天国以还，出将入相影响朝政最大的几位汉臣如

---

① 傅斯年曾以明成祖为例说，"如果中国人是个崇拜英雄的民族，则他的丰功伟烈，确有可以崇拜处，他是中国惟一的皇帝能跑到漠北去打仗的。但中国人并不是个英雄崇拜的民族，而明成祖的行为又极不合儒家的伦理"，故士人皆不说成祖好。他并指出，不崇拜英雄"这个心理有好有坏。约略说，难于组织，是其短处；难于上当，是其长处"。傅斯年：《史学方法导论·史料论略》（1929 年），《傅斯年全集》，联经出版公司，1980 年，第 2 册，第 375 页。

曾国藩、李鸿章、张之洞,以及后来的维新变法诸人,均是在往西走的方向上,而且越走越远。如此流风所播,晚清的大趋势正如黄远庸所见:"乔木世臣、笃故旧绅,亦相率袭取口头皮毛,求见容悦。"①

1891年时,康有为已发现当时士人"稍知西学,则尊奉太过,而化为西人"。② 到1898年,热心传教事业的立德(Archibald Little, 1838—1908)肯定地写道:"西方思想方式〔在中国〕取得控制地位的日子一定会来到。"③ 若比较立德的满怀信心与1869年时杨格菲的犹疑,中国思想界的变化之大尤可见一斑。再到20世纪初,国粹学派的邓实已形容当时知识界的风气是"尊西人若帝天,视西籍如神圣"。故余英时先生判定:"西方理论代表普遍真理的观念"在1905—1911年间已"深深地植根于中国知识分子的心中"了。④

二、从西学为用到中学不能为体

中国人既已承认自己文化低劣,则为了自救,除了学习西方之外别无选择。这一取向中最为中国士人所能接受的口号即是"中学为体,西学为用"。冯桂芬大约可以说是"中学为体,西学为用"

---

① 黄远庸:《新旧思想之冲突》,收在《黄远生遗著》,文海出版社影印上海1938年增订本,卷一,第120页。
② 转引自王汎森:《古史辨运动的兴起:一个思想史的分析》,允晨出版公司,1987年,第177页。
③ Archibald Little, *Gleanings From Fifty Years in China* (London, 1910), p.37.
④ 余英时:《中国知识分子的边缘化》,《二十一世纪》,第6期(1991年8月),第23页,邓实的话也转引自同页。

的始作俑者。冯主张为了攘夷,不妨先降格师事西人。为此,冯将西方文化区分为礼和器两种不同类型。器可用而礼不必学。其要在"以中国之伦常名教为原本,辅以诸国富强之术",故冯实开了后来的"中学为体,西学为用"之先河。①

不过,冯氏一书所作虽早,流传却晚。早年仅以抄本传,至19世纪80年代始有刻本。到19世纪90年代,"中学为体,西学为用"基本已成时人共识。1891年,康有为即主张"必有宋学义理之体,而讲西学政义之用,然后收其用也"。②次年,郑观应也明言"中学其本也,西学其末也"。到1896年,梁启超指出:"舍西学而言中学者,其中学必为无用;舍中学而言西学者,其西学必为无本,无用无本,皆不足以治天下。"两年之后,张之洞在《劝学篇》中整合诸家之说,系统表述了"旧学为体,新学为用,不使偏废"的观念。③

过去讲到"中学为体,西学为用"时,通常倾向于将其说成是为了维护纲常名教。其实若细察时人之意,恐怕其目的和重心都在"西学为用"之上。而且,不仅梁启超、张之洞等人如此;清季趋新人士注意到,就是那些以西学比附中学之人,许多也是为了"投合吾国好古之心,而翼其说之行"。④主张变法之人,原不过要学习

---

① 冯桂芬:《校邠庐抗议·采西学议、制洋器议》,台北文海出版社影印1897年聚丰坊刻本,第67—74页。
② 转引自王汎森:《古史辨运动的兴起》,第177页。
③ 各家说法皆转引自余英时:《中国思想传统的现代诠释》,台北联经出版公司,1987年,第522页。丁伟志、陈崧的《中体西用之间》(中国社会科学出版社,1995年)对"中体西用"观念的渊源流变有详细的研究,参见第139—173页。
④ 攻法子:《敬告我乡人》,《浙江潮》,二(1903年3月),张枏、王忍之编:《辛亥革命前十年间时论选集》,卷一下,生活·读书·新知三联书店,1960年,第500页。

西方，并无废弃中学之意。唯守旧之人对此不甚了解，张之洞将体用之关系讲明，正可释反对派之心结。实际上，如果没有学习西方的时代需要，"中学为体"恐怕根本就不会成为士人所考虑的问题。也就是说，在中体西用这一体系之中，中体虽置于西用之前；但从其产生的历史看，中体实在西用之后。

具体言之，《劝学篇》中讲"西学为用"的篇幅即多于讲"中学为体"者。张氏并在序中明言，中学也以"致用为要"。可知全篇都重在一个"用"字上。再参之以1902年张之洞与刘坤一合奏的"变法三疏"，其目的和重心就昭然若揭了。言用而必言西，实已暗示中学至少在当下已无多大用处。更重要的是，张氏又发挥其旨意说，如今言西学，"西艺非要，西政为要"，在往西走的路上又进了一大步。中学既以致用为要，西学复以西政为要，则中体西用这一体系之中的"中体"实已被"西用"挖了墙脚。张氏所欲坚持者，唯中国文化之基本价值观念也。其余一切，大约均可不同程度地"西化"。

问题在于，西政恰是建立在西方的基本价值观念之上的。要将其用之于中国而又要不改变中国的基本价值观念，这是一个极难处理的问题。严复已看到了这一点，他在1902年驳斥"中体西用"这一提法时指出："中学有中学之体用，西学有西学之体用；分之则并立，合之则两亡。"[①] 严复此时之意，已接近后来的"全盘西化"说，此不详论。从根本上看，这是一个文化体系究竟是否可分的问题。

从魏源到梁启超那许多中国士人都倾向于认为文化体系是可分的，故有可能接受或采纳异文化的某些部分并整合进自己的文化之

[①]《严复集》，中华书局，1986年，第3册，第558—559页。

中。从魏源提出"师夷之长技以制夷"以来,许多中国士人一直在寻找一个中西文化之间的会接点。"中学为体,西学为用"正是这一观念的典型表达。而且,文化可分论也是中国士人借以避开认同问题的实际理论依据。中国士人可以接受许多西方学理而不觉十分于心不安,仍能保持其中国认同,就是有文化可分论作基础。清季士人讲西学源出中国也好,讲中体西用也好,多半都是在保持中国认同的基础上,为引进西方文化找依据。

中国士人敢于将"中体西用"的重心放在后者之上,是基于中学可以为体的信念。但由于未能认识到文化竞争的严重性,就顺着"西学为用"的路径走入了西方的思想方式。盖19世纪的西方传教士基本主张文化体系是完整不可分的(这当然与基督教一神独尊的排他性相关联,后来主张保留中国文化传统的西人也多半不是传教士)。他们以为,对异文化要么整体接受,要么全盘拒斥,没有什么中间立场。即其所谓:"欲求吾道之兴,必先求彼教之毁。"① 因此,对中国士人来说,学习西方颇有点不归路的意味。

以今日的后见之明来看,近代中国人学西方真可说是"邯郸学步,反失其故"。而之所以失了自己的"故",原因固然甚多,但其中一个重要原因就是西人所坚持的文化整体论。要学习异文化,必同时摈弃己文化。两者不能妥协,也就谈不上什么会接了。蒋介石在《中国之命运》(据说主要为陶希圣所撰)中说:"中国人本为不甘心做奴隶而学西洋的文化,然而结果却因学西洋的文化,而在不

---

① 宓克著、严复译:《支那教案论》,南洋公学译书院重印本(光绪十八年初版),页28A。需要说明的是,宓克本人并不赞同这种"吾非除旧,何由布新"之势不两立的看法。在某种程度上,晚清那些主张"翼教"的人,在文化不可分这一点上倒与西方传教士的观念接近。此不详论。

知不觉之中做了外国文化的奴隶。"这正是在"西学为用"之后，中学却不能为体这个诡论现象的具体写照。

冯友兰注意到："清末人本以为西洋人是野蛮底，其所以能蛮横者，纯靠其有蛮力。对于有蛮力者之蛮横，亦只可以蛮力应付之。"所以，"清末人之知注重力，……部分是由于清末人看不起西洋人之所致"。① 但中国人既然开始注重力而搁置自以为所长的理，实际上已开始接受西方的思想方式。早年提出"师夷之长技以制夷"，是觉得与"夷人"不可以理喻，不得不讲求力，还是降而求其次的意思。到同治年间办洋务求自强，主张"破华夷之界"，虽仍未离师夷长技的思路，实已无降格之意，而渐有拔高中国自己之心。

到戊戌变法前后，已渐有"以国之强弱大小定中外夷夏之局"这类认知的出现，叶德辉不得不明确反对之。② 既然以强弱而不是以文野分夷夏，则一些中国人自认野蛮，当为逻辑的结果。在此情形下，主张为重建新中国新文化而摈弃甚而破坏自己的传统，也是顺理成章的发展。1895年时，严复已认定所有中国学问既不能致中国于富强，也不能救中国于危亡，故通通可说是"无用"，皆应暂时"束之高阁"。③ 一句话，中学已不能为体。

一般在文化竞争之中，被侵略各国的人民有一个共同的倾向，即回向传统寻找思想资源和昔日的光荣以增强自信心。④ 康有为革

---

① 冯友兰：《新事论》，收入其《贞元六书》，华东师范大学出版社，1996年，第238页。
② 叶德辉：《郋园书札·与皮鹿门书》，长沙中国古书刊印社1935年《郋园全书》汇印本，页9B。
③ 转引自 Benjamin Schwartz, *In Search of Wealth and Power: Yen Fu and the West* (Cambridge, Mass., 1964), p.87。
④ Cf. Isaiah Berlin, "The Bent Twig: On the Rise of Nationalism," in idem, *The Crooked Timber of Humanity* (London, 1990), pp.238-261.

新孔子，虽然已掺和了不少西洋内容，到底还是在传统中寻找思想资源。但中学不能为体之后的中国人则反是，他们回向传统看到的更多是问题和毛病。像严复这样的"先知先觉者"起初尚不能代表整个中国思想界，但随着中国在义和团一役的再次惨败，他的观念不久即成为士人的共识。

1903年时，一个湖南留日学生自问："中国有何种学问适用于目前，而能救我四万万同胞急切之大祸？"这一问十分有力，而答案是否定的。故他断定，"惟游学外洋者，为今日救吾国唯一之方针"。而且，据此人的看法，中国学问不仅不能救亡，实际上中国面临亡国亡种的危局，正是"守旧主义鄙弃西学者之一方针之所酿成"。① 这个看法在当时有相当的代表性。

结果，不仅中国学问是无用有害，中国风俗也变得野蛮起来。1904年，一位署名陈王的作者在讨论中国婚礼之弊时，先略述西方婚俗，断言已"足征其风俗之至则，人伦之乐事"，再"返而观之中国之社会"，所见则是"妇姑勃溪矣，兄弟阋墙矣，而大好之家庭，自此终无宁岁"。他进而总结出六条中国婚礼的通弊，下结论曰："世界皆入于文明，人类悉至于自由，独我中国，犹坚持其野蛮主义、墨守其腐败风俗，以自表异于诸文明国之外。遂使神明之裔濒于沦亡，衣冠之族侪于蛮貊。"②

这位论者显然是先存西文明中野蛮之定见，据西例以反观中国家庭。其实，中国婚姻固不尚自由选择，而家庭之稳固则远过于西

---

① 《劝同乡父老遣子弟航洋游学书》，《游学译编》，六（1903年4月），《辛亥革命前十年间时论选集》，卷一上，第381—384页。
② 陈王：《论婚礼之弊》，《觉民》（1904年），《辛亥革命前十年间时论选集》，卷一下，第854—858页。

方。论者本不知西，而敢下断语，足见中西文野之殊，已成为时人固定认知。① 认知一变，再据此义检讨所有中国制度风俗，自无不野蛮腐败。"侪于蛮貊"固亦宜焉。唯彼时人所用之"野蛮"，实亦与"文明"相对应，要皆新入之西词，已不尽是中文原始之意。其价值判断的强烈，犹远过于中文原始之意。

这也是中西学战的结果。据章太炎的观察，西人在打压中国文化方面，一方面由传教士鼓动，一方面又向留学生灌输，配合相当默契。接受了西方观念的留学生更因中国科学不如西方而以为本国"一切礼俗文史皆可废"。② 胡适对民初留学界的观察与太炎所见适相印证："今留学界之大病，在于数典忘祖。"胡适发现，在美国的中国学生，"懵然于其祖国之文明历史政治"。由于"不讲习祖国文字，不知祖国学术文明"，这些人首先就无自尊心。因为不知本国古代文化之发达、文学之优美、历史之光荣、民俗之敦厚，则一见他国物质文明之进步，必"惊叹颠倒，以为吾国视此真有天堂地狱之别。于是由惊叹而艳羡，由艳羡而鄙弃故国，出主入奴之势成矣"。到他们回国，自然会"欲举吾国数千年之礼教文字风节俗尚，一扫而空之，以为不如是不足以言改革也"。③

---

① 反之，中国少年读书人对西方的憧憬普遍相当美好。湖南时务学堂学生林圭论中西医之别时说：西医不一定能治中国人病，盖"外感风寒湿热，中西无异也。内感之劳、郁、忧、伤，则中四而西仅一劳字也"。他以为："人之劳，有时而憩；心既憩，则劳可舒。"这在他所想象的西方世界中解决得相当好："礼拜之功，在于能舒。劳之字既去，则一生均极乐世界，无一时有郁伤之事；既无郁伤之事，则无郁伤之病；内感全除，所患者外感耳。"（林圭致黄变叟，光绪二十四年六月二十五日，《湖南历史资料》，1981年第1辑，第35页）这里对西人生活的想象性描述，那时大多数西人想不能同意，马克思、恩格斯所见的西方无产阶级更决不能接受。
② 章太炎：《清美同盟之利病》，第475页。
③ 胡适：《非留学篇》，原刊1914年的《留美学生季报》第3期，收入周质平编《胡适早年文存》，远流出版公司，1995年，第361—362页。

孔子尝谓：我欲仁，斯仁至矣。章太炎指出，此理也可反推，即我欲不仁，斯不仁至矣。传统范围本来博大，要找什么通常就能找到什么，关键还是人的主观倾向在起作用。且中国传统本有一种"反求诸己"的取向，用今日的话说，就是有了问题先自我批评。故我们若看 20 世纪初以来的中国思想言论，凡说及中国的弊病，均下笔顺畅，出口成章；到说及治病救弊之法，则又多婉转羞涩，常常不知所云。到辛亥革命之前，据章太炎的观察，反求诸己的取向已造成"糜烂不可收拾"之局面。① 中学不能为体已是显而易见了。

当然，中国的西学传播者通常并未意识到他们客观上起着主动配合西方对中国的文化渗透的作用，他们学习西方的最终目的是要使中国富强并凌驾于西方之上，可以说是一种以夷制夷的理学模式。陶希圣曾指出："理学是什么？理学即一面援道与佛，一面排道与佛，而开创的儒学思想体系。"② "师夷之长技以制夷"的口号由理学家魏源最先喊出，亦良有以也。主张学西方的郑观应在论西学时说："夫欲制胜于人者，必尽知其成法，而后能变通，能变通而后能克敌。"明确其学西方的目的是"制胜克敌"，最后"驾出西人之上"。③ 这个观点不仅未离开早年"师夷以制夷"的轨道，其动机也与传教士的完全相反。

类似的观念在从冯桂芬到孙中山这些人的思想中都占据重要位置。冯在其名作《校邠庐抗议》之《采西学议》中详论中国自强之道，主张半数以上的士人都改从西学。其根本的考虑就是要"出于

---

① 章太炎：《清美同盟之利病》，第 475 页。
② 陶希圣：《北大、五四及其应负的责任》，《学府纪闻——国立北京大学》，台北南京出版公司，1981 年，第 41 页。
③ 郑观应：《西学》，《郑观应集》，上册，第 202 页。

夷而转胜于夷"。他提出的具体方法尤有提示性，冯强调：学西方要"始则师而法之；继则比而齐之；终则驾而上之"。冯氏与反对学习西方的理学家倭仁的观念有同有异，两人都要攘夷，也都相信中国不患无才。但倭仁以为只要发扬中国的传统学问，就"足以驾西人而上之"，自不必"师事夷人"。冯则以为，攘夷"必实有以攘之"；为了最终的"驾而上之"，不妨先降格师事西人。为此，冯将西方文化区分为礼和器两种不同类型："用其器非用其礼也。用之乃所以攘之也。"① 冯氏关于用是为了攘这个观念也为后人所传承。孙中山在《三民主义》中就再三说到要凌驾于欧美之上。

问题在于，如果中学不能为体，西学也就难以为用。钱穆指出：中体西用虽然是晚清士人的共识，但当时的人"实在也并不知道中学之体是一个什么体。自己认识不足，在空洞无把柄的心理状态中，如何运用得别人家的文化成绩"？故"西学为用"其实也是不成功的。正如严复所见，近代中国士人对于新说的态度有二："不为无理偏执之顽固，则为逢迎变化之随波。"究其原因，就是对中国的传统学问，"除以为门面语外，本无心得；本国伦理政治之根源盛大处，彼亦无有真知"。一句话，关键还是心中"本无所主"，所以表现出进退失据的现象。②

空洞无把柄的心理状态既是体用皆空的重要原因，更造成思想上的激进。钱穆观察到，晚清中国思想界正由专重经学典籍转向积极入世，此时也是积极入世的西方思想进入，本易相投契。但积极

---

① 冯桂芬：《校邠庐抗议·采西学议、制洋器议》；倭仁奏折，《筹办洋务始末（同治朝）》，文海出版社影印故宫博物院1930年抄本，卷47，第24—25页；卷48，第10—12页。
② 严复致熊纯如，1916年9月20日，《严复集》，第3册，第648页。

入世在知识上和思想上都应有更多准备，中国思想界则对此准备不足，"自己没有一明确坚定的立脚点"，在西潮猛烈冲击之下，反而产生种种冲突阻碍，"由此激起思想上的悲观，而转向极端与过激"①，结果就是近代中国思想界的激进化。

而且，中国士人思想的激进化尚隐伏着更深层次的心态紧张。对本视西人为"夷狄"而不太看得起的中国士人来说，不过几十年间，就由文变野、由自视为世界文化中心到自居世界文化的边缘，这中间的心态转变，必然是极其复杂的。而理学模式中潜藏的那种有时并不自觉的关怀和目的感，与士人当下进行的学西方的具体行为之间，不免也存在一种心态的紧张。且中国与此新出现的"夷狄"更常处于一种敌对的状态之中。现在反要向其学习，而学习的目的又是"制夷"。何况如前引章太炎所见，这些"始创自由平等于己国之人，即实施最不自由平等于他国之人"。故中国士人对学习西方真是别有一番滋味在心头，其中的多重尴尬是不言而喻的。

心态的紧张常常容易引起焦虑，因焦虑复产生一种激进的情绪②，急于求成以摆脱这不得不进行的学习"夷狄"的尴尬。而且，中国士人虽然渐以西方为本位，却只是有意为之，未必能完全做到。因为中国社会实际上没有西化，知识分子不管意愿多么强烈，终不可能完全超越社会存在而悬想。即使那些西向的中国知识分子自身也未能真正西化，正如傅斯年对胡适所说："我们思想新信仰新；我们在思想方面完全是西洋化了；但在安身立命之处，我们仍旧是传统的中国人。"③ 胡适自己也坦承他一身有"中国的我"和

---

① 钱穆：《中国思想史》，香港新亚书院，1962年，第165页。
② Cf. Erich Fromm, *Escape from Freedom* (New York, 1941).
③ 《胡适日记》，1929年4月27日。

"西洋廿世纪的我"两者并存。① 他们虽然处处努力以西方标准衡量中国事情,但到底只是心向往之,终不能完全摆脱羁绊,到达彼岸。这样的社会存在与士人愿望以及知识分子安身立命的基本行为准则与其思想取向的双重差距,以及与后者密切关联的个人认同问题,造成一种更难化解的心态紧张。② 进一步促成了近代中国思想的激进化。

此时从西方输入的使命感更加强了中国士人因多层次心态紧张而产生的激进情绪。清末民初之人的"毕其功于一役"的观念甚强,其实这个观念恐怕也多半是舶来品。中国传统观念是趋向渐进的,主张温故知新,推崇十年寒窗、滴水穿石的渐进功夫。汉灭秦,尚承秦制。清灭明,亦承明制。虽有改变,大抵是出新意于旧制之中。鼎革之时尚且如此,遑论平素。只有感染了西方的使命感之后,才会有一举全部推翻之气概。清季人在本朝而非鼎革之时,即主张将全国的大经大法一举全部改革,这样的观念大抵是受西潮影响的。

余英时先生已指出,近世中国士人把传统和现代一切为二,在思想上是"远承西方启蒙运动和实证思潮关于社会和历史之观念"。③ 盖与传统决裂正是文艺复兴到启蒙时代西方的一个重要思潮(西方人重视传统的作用是 20 世纪中叶以后的事了),其思想基础就

---

① 胡适致陶孟和,1918 年 5 月 8 日,转引自耿云志:《胡适年谱》,四川人民出版社,1989 年,第 62—63 页。
② 参见 Joseph R. Levenson, *Liang Chʻi-chʻao and the Mind of Modern China*, 2nd ed. (Berkeley, Calif., 1967).
③ 余英时:《中国近代思想史上的激进与保守》,收入其《钱穆与中国文化》,上海远东出版社,1994 年,第 216 页。

是对理性的高度崇尚。既然是理性为尊,传统自然没有多少价值。西方的文艺复兴、宗教改革、自由主义、民族主义,以及社会主义等,一开始无一不带有反抗既存权威的性质,均是在与社会既有权势的斗争中发展起来的,故对传统都感觉到不同程度的压力。① 从文艺复兴的再造文明到十九世纪欧洲民族主义兴盛时的再造民族国家(Nation-building),都是面向未来,都要和传统进行不同程度的决裂。文艺复兴本是一种民族主义倾向的运动(如使用民族语言等),故与后来的民族主义运动一样要在一定程度上与历史认同,尚不与传统进行根本决裂(在这里传统是多元的,要决裂的是大帝国的传统,要认同的是大帝国中民族的传统)。马克思主义则讲究阶级的认同,无意再造国家而是要再造世界,所以干脆与传统进行彻底的决裂。②

结果,积极入世的近代士人对也是积极入世的西方思想的建设性一面接受的并不多,倒是对近代西方那种与传统决裂的倾向颇有领会。陈独秀就将"近世欧洲历史"化约为一部"解放历史",即在政治、经济、社会等各方面与传统决裂。③ 陈氏的认知最能体现这种对西方历史的选择性领会,而这又与中国传统的"反求诸己"的取向暗合。再加上前述中国领土主权基本保存所产生的潜存信心在一定程度上又支持了"反求诸己"的取向,导致一种"我自己能够败,我必定自己能够兴"④的自信观念。这种种因素与近代中国的激进化扭结在一起,便产生出特殊的后果。近现代中国士人的一

---

① 参见罗志田:《胡适与社会主义的合离》,《学人》,第 4 辑(1995 年 7 月),第 10—18 页。
② 《共产党宣言》中曾明确提及与传统决裂。
③ 陈独秀:《敬告青年》,《新青年》,1 卷 1 期(1915 年 9 月),第 1—6 页。
④ 君衍:《法古》,《童子世界》(1903 年 5 月),《辛亥革命前十年间时论选集》,卷一下,第 532 页。

个共同心结即大家为了中国好,却偏偏提倡西洋化;为了爱国救国,偏要激烈破坏中国传统。结果出现破坏即救国,爱之愈深,而破之愈烈,不大破则不能大立的诡论性现象。① 爱国主义与反传统在这里奇特地结合在一起。

五四人,包括共产主义者,对中国现社会或主张改良再生,或主张从根推翻而再生,其着眼点都在再造的一面,根本目的是相通的。这一点胡适讲得很清楚,他在1921年初给陈独秀的信中明确地将《新青年》同人划为"我们",把梁启超及《改造》同人划为"他们",界限甚清。② 同样,胡适对传统的认同,基本上只是无神论、考据学那一条线,即他所说的科学传统。除此之外,上述陈独秀要反对的,胡适差不多都支持参与。正像余英时先生所说的:"中国现代思想史上最有势力的两个流派——自由主义和社会主义——大体上都对传统持否定的立场。"③ 胡适划的那条界线,恰证明两者在这一点上的共同。

故五四人的激烈反传统,至少部分是有意以西方为本位的结果而不全是传统压迫的结果。在传统没有粉碎和新旧没有打成两橛的情形下,康有为革新孔子,章太炎发展庄子的齐物论,虽然已掺和不少西洋内容,总还是在传统中寻找资源。这与五四人完全以西方的民主和科学为武器相去甚远。章太炎的新齐物论融会佛老,"以不齐为齐",在精神上恰上承了晚清诸子学兴起时的多元倾向,同

---

① 参见罗志田:《评介〈章太炎的思想〉》,《中国社会科学》1997年第5期,第203—205页。
② 胡适致陈独秀(稿),《胡适来往书信选》,中华书局,1979年,上册,第119—120页。
③ 余英时:《中国近代思想史上的激进与保守》,第212页。

时也体现了中国文化特别是儒家"温故而知新"的传统精神。① 这与五四人接受的近代西方必破而后立的取向正相对立。

同时，这里面也有一些中国士人在主动推波助澜。中国士人向有一种以天下为己任的超越意识，康有为以为："民不可使知。故圣人之为治，常有苦心不能语天下之隐焉。其施于治也，意在彼而迹在此，……可以犯积世之清议，拂一时之人心，蒙谤忍诟而不忍白焉。"② 梁启超对此领会独深而行之甚力。他说：言救国者不可不牺牲其名誉，"如欲导民以变法也，则不可不骇之以革命。当革命论起，则并民权亦不暇骇，而变法无论矣。……大抵所骇者过两级，然后所习者乃适得其宜"。这正是他老师所说的圣人为治之法的最佳发挥："吾所欲实行者在此，则其所昌言不可不在彼；吾昌言彼，而他日国民所实行者不在彼而在此焉。"这样，即使后人笑骂其为偏激无识，"而我之所期之目的则既已达矣"。③ 梁氏虽未必真想革命，却在其《新民说》中昌言冒险进取和破坏主义，大抵因此。

在中学不能为体之后，中国思想界本已趋激进；以梁在世纪之交的影响，更有意识地操此术以"过两级"的方式倡言破坏，干柴遇上烈火，"破坏"遂成彼时思想言说中的口头禅。梁氏本意虽或未必真那么偏激，但其追随者在激进的道路上就走得不知有多远。到民国后，这一故意激进取向又为新文化人所继承，陈独秀、胡适、鲁迅的思路皆与梁启超如出一辙。④

---

① 参见王汎森：《章太炎的思想》，时报出版公司，1992年第二次印刷，第155—162页。
② 康有为：《康子内外篇·阖辟篇》，中华书局，1988年，第3页。
③ 梁启超：《敬告我同业诸君》，《辛亥革命前十年间时论选集》，卷一上，第221页。
④ 说详罗志田：《林纾的认同危机与民国的新旧之争》，《历史研究》1995年第5期。

同盟会时代的广东革命党人钟荣光曾对胡适说，他那一辈人，"力求破坏"，也是不得已。因为中国政象，本已是大厦将倾，故他那一辈人"欲乘此未覆之时，将此屋全行拆毁，以为重造新屋之计"。而重造之责任，就在胡适这一辈人。所以他建议胡适"不宜以国事分心，且努力向学，为他日造新屋之计"。如果这辈人也追随钟氏一辈的潮流，"则再造之责，将谁赖哉"？①

具有讽刺意味的是，胡适回国本是想要进行建设的，因为上述的种种原因，他也和他那一辈新文化人一样，不久仍以破坏责任自居，而且总觉破坏得还不够。1921年5月，胡适已对吴虞说，"吾辈建设虽不足，捣乱总有余"，希望吴在教书时能引起多数学生研究之兴味。是又将建设的责任，留给了下一代。十五年后，到1936年，胡适更对汤尔和说，"打破枷锁，吐弃国渣"是他在"国中的事业"之"最大功绩，所惜者打破的尚不够，吐弃的尚不够耳"。②

而胡适的下一代也渐有同样的认知。比胡适小八岁但属于五四时学生一代的闻一多，以前民族主义情绪最强，认为中国只有造枪炮不如西方，文化却比西方更好。但到抗战末期，闻氏"经过十余年故纸堆中的生活"，自以为"有了把握，看清了我们这民族、这文化的病症"，敢于开方了。他开出的方子，就是"革命"；在文化领域，就是重提"打倒孔家店"的五四口号。③ 这已是在五四之后二十多年了，仍然从中国旧书中读出破坏的需要来。代代均以破坏

---

① 《胡适日记》，1914年9月13日。
② 《吴虞日记》，四川人民出版社，1984年，上册，第599页；胡适致汤尔和，1936年1月2日，《胡适来往书信选》，中册，第295页。
③ 《闻一多全集》，湖北人民出版社，1993年，第12卷，第50，52，380—381，402页，第2卷，第367—368页；参见余英时：《中国近代思想史上的激进与保守》，第207页。

自居，而代代均觉破坏得还不够，近代中国的激进化，也就如洪水泛滥，一波盖过一波，而不知所止。

士人救国的努力所形成的破坏甚于建设的客观后果，进一步强化了龚自珍时代已开始的国无重心的进程。但基于中国领土主权基本保持的潜存信心使士人可以有比较乐观的希望，而西来的进化论更为这样的希望提供了理论依据：由于人类各社会总在进化，自认野蛮和自居边缘都不过是进化中的一个阶段；目前中国虽已由文变野，再由老大帝国变为少年中国的转化契机终为进化论所保证。本来近代中国的整个发展趋势呈现出正统衰落、异军突起的典型特征，社会、政治、思想、学术等领域都可见明显的权势转移。面向传统的守旧一派提不出解决中国现实问题的方案，而面向未来的趋新士人则可以描绘美好的前景；他们立足于此一想象的描绘，可以提出无限多种解决现存问题的可能选择（实际能否解决要将来才知道），故中国的希望实与"新"共存。

三、新的崇拜

沿此趋势发展，新旧和进步与保守渐成价值判断的依据，新即是善，旧即是恶；思想界和整个社会逐渐形成一股尊西崇新的大潮，可以称作"新的崇拜"。对"新"的崇拜既因传统的崩散而起，又同时助长了为重建新中国、新文化而破坏自己固有文化的主张。同时，由于西方文化优越观在中国士人心目中已经确立，"新"也成为西方式现代化的代名词。英文的 modernism，今日是译作"现代主义（或近代主义）"的，在那时却译为"从新主义"①，极具象征意义。

对"新"的歌颂在"笔锋常带感情"的梁启超之《新民说》和《少年中国说》中表现得非常明显，但更为简单明了的，则是《杭州白话报》1902年6月的一段话：

> 因为是旧学问不好，要想造成那一种新学问；因为是旧知识不好，要想造成那一种新知识。千句话并一句话，因为是旧中国不好，要想造成那一种新中国。②

随着科举的废除和辛亥革命后民国代清，趋新又有进一层的社会含义：

> 新中国处今新世界中，其未来之新事业、新功名，足以空古今而震寰宇者，有如矿产，随在皆是。所须惟确有新知识新能力之新人物耳。③

短短两句话，用了七个"新"字，足见"新"的横扫一切之势。更重要的是这里透露出的社会消息：如果不是有新知识新能力的新人物，便不可能开采"空古今而震寰宇"的新功名新事业的矿产。既然人的上升性社会变动也唯新是尚，"新"的至高无上地位已从精神到物质，稳稳地扎根在中国社会了。如果说对"新"的崇

---

① A. H. Mateer, *Hand Book of New Terms* (Shanghai, 1917), p. 80.
② 转引自章伯锋、顾亚主编：《近代稗海》，第12辑，四川人民出版社，1988年，第427页。
③ 刘蕴和：《勖报》，《甲寅》，1卷6号（1915年6月10日），第18页。

拜此时已形成,大约不为过。从那时起,这一趋向更逐渐深入人心,已达下意识层面,余英时先生注意到:"中国人如果对旧东西有些留恋,说话时就总带几分抱歉的意思。"①

近代影响中国人最深的西方思想可能要数进化论(清季甚至民初的中国士人,鲜有不是进化论者),而进化论本身恰具有强烈的厚今薄古和尊新斥旧的倾向。在此倾向影响下,中国士人不但要求变趋新,而且是愈新愈好;不但要学西方,而且要学西方"最新最好"的东西,甚至要想在趋新一面超过西方。1903年时金天翮就提出要在中国实行"欧洲尚未经历之经济革命",他说:"中国个人经济主义太发达,故不能具有政治思想。而下等社会之困难于经济,类皆受上中二等社会之压制。"故"吾观察中国今日社会之内容及现象,有不能与欧洲比例;而当取欧洲尚未经历之经济革命,以为政治革命之引药线"。②后来社会主义在中国果然得到广泛推崇,此已可见一斑;但这里透露出那种试图比欧洲更先进一层的观念,尤发人深省。

在此趋势下,一度颇受人欣赏的君主立宪制自然不再吸引人,中国人要学习的是在西方也更新的共和制。辛亥革命后中国成为亚洲第一个共和国,当时的中国士人想必有一种扬眉吐气的感觉。而辛亥革命本身也体现出新旧势力竞争的逆转,新旧之间的攻守之势因此而大变;过去是因为旧的不好,所以要新,现在则完全反过来了。陈独秀在《新青年》上说得很明白:

---

① 余英时:《中国近代思想史上的激进与保守》,第198页。
② 壮游(金天翮):《国民新灵魂》,《江苏》(1903),《辛亥革命前十年间时论选集》,卷一下,第575页。

> 要拥护那德先生，便不得不反对孔教、礼法、贞节、旧伦理、旧政治。要拥护那赛先生，便不得不反对旧艺术、旧宗教。要拥护德先生，又要拥护赛先生，便不得不反对国粹和旧文学。①

为了拥护新来的西方民主与科学，中国传统的一切差不多都要被反对干净了。五四新文化人有意以西方为本位的取向在这里是非常明显的。

对于许多趋新者来说，由于未来必然是或至少可能是美好的，本民族固有之文化是否保存已不那么重要，从传统中寻找不足（而不是光荣）以摈除或改进这样一种"反求诸己"的取向不但不那么可怕，而且成为走向美好未来的必由之路。章开沅先生注意到：1903年时的上海新人物正因"面向未来，因而敢于否定过去"。②且如严复所说："中国所本无者，西学也，则西学为当务之亟明矣。"③面向未来的近代中国读书人多见西学之长和中学之短，也可以理解。实际上，新文化人内心深处对弃中趋西未必就十分坦然，陈独秀连续说出的几个"不得不"，就分明告诉我们他与胡适、傅斯年一样的那种忍痛割爱的矛盾心态。只是为了更新更美的未来，过去的一切才都可割舍。

与此同时，新与西方和旧与中国的认同也越来越明显。1921年6月30日，哲学家杜威在北京各界给他送行的大会上谈到他对中国

---

① 《新青年》6卷1期，第10页。
② 章开沅：《论1903年江浙知识界的新觉醒》，收入其《辛亥前后史事论丛》，华中师范大学出版社，1990年，第181页。
③ 严复语转引自余英时：《中国近代思想史上的胡适》，收入胡颂平编《胡适之先生年谱长编初稿》，联经出版公司，1990年修订版，第1册，第11页。

青年学生和成人知识阶级两方面的印象。他说:"青年方面呢,都渴望新思想,对于学理只是虚心的公开的去研究,毫无守旧的态度……就是年长的人,也很肯容纳新的思想,与青年有一样的态度。"杜威虽然说这是"新时代的精神,科学的精神,并不只是西方的精神"。但他同时指出:"全世界无论哪一国里要找这一群青年恐是很难的。"①

换言之,中国读书人无论少长,其趋新已达世界少有的程度,而且那时一些中国人崇新确已超过外国人。也是在北京各界送别杜威的大会上,女师大的代表吴卓生致辞说:"中国人有许多崇新太过了,以为男女之间可以毫无拘束,所以很闹些笑话。"还靠杜威的夫人和女儿以演讲和人格感化,才搞清楚真正"新"的外国人其实并不如此。杜威一家本是新派请来承担引导趋新角色的,实际却起着将一些中国人向旧的方向拉的客观作用,最能体现当时社会角色的错位。

而杜威在大会上的讲话也并非什么客套话,那的确是他在中国讲学两年的结论性看法。他于1920年底曾应美国驻华使馆的要求就当时的中国学生运动写了一份报告,说得还要直接。其中即指出中国学生倾向于"欢迎任何只要是新的或与既存意识不同的观念"。由于听众不同,杜威在此并未强调这是新时代的精神,而是指出:受过教育的中国人与那些和中国人有接触的外国人的观念"其实是相同的"。② 北大教授陈大齐在1923年的观察颇能印证杜威之所见,

---

① 本段与下段,参见《胡适日记》,1921年6月30日。
② John Dewey's Report to Drysdate, Dec. 1, 1920, U. S. Department of State, Records of the Department of State Relating to Internal Affairs of China, 1910 - 1929, National Achives Microfilm Publications, No.329,893.00B/8.

陈氏注意到："今日的思想以为'凡是新的就是好的'"，同时"现在的人以为外国来的都是新的，所以'新的都是好的'的思想，一变就成了'凡是外国的都是好的'"。① 趋新大势与尊西倾向的结合是非常明显的。

杜威所接触的中国人当然主要是能说英语的读书人及其友朋，陈氏的观察可能也限于一定的社会范围，未必能够概括彼时中国人的全貌。但至少在五四前后的那几年，以北大为中心的新文化运动师生两辈人，的确是当时全国士林的中心。故他们的观察可以说象征性地表达了"新的崇拜"这一尊西崇新大趋势的实际存在。

在此进程中，"新"的威力日见增长。1920年3月胡适的新诗集《尝试集》出版，一向趋新也最善于领会时代气息的老辈梁启超在读后即写信给胡适，说他"欢喜赞叹，得未曾有。吾为公成功祝矣"。他在表彰之余，也对胡适新诗的形式提出了批评，委婉指出胡适在诗最重要的"音节"方面功夫太差。② 以梁的辈分和身份，在颇有保留的情形下仍要叫好，无疑体现出《尝试集》在出版当时具有相当的"征服力"。

《尝试集》的威力当然主要是借了整个文学革命的东风，但尊西趋新的大潮也对其有所帮助，这里只举一个小例子：胡适的白话诗在格式上创新颇多，以英语的译音入诗，就是一创举。其最常为人引用的一句就是"匹克匿克［按即 picnic 之音译］来江边"，引用者多少都学过一点英语，他们的引用无不带点挖苦的意思（从胡的老朋友任鸿隽到后来的新朋友溥仪及晚年的"好后学"唐德刚，

---

① 陈百年（大齐）：《新旧与是非》，《北京大学日刊》，1923年4月14、16日，均2版。
② 参见耿云志：《胡适研究论稿》，四川人民出版社，1985年，第242—243页。

均在此列)。但是这些人未料及的是,在民国初年尊西成风时,许多外来字词正是靠着其译音而获得言外之魅力(charisma)。君不见民国初年"德先生"和"赛先生"就比"民主"(当时也译民治)和"科学"说起来响亮得多吗!当年思想论争时,一方只要将"德谟克拉西"或"普罗"一类的字词挂在口上,通常就可操几分胜算。① 故胡适本意虽只是略作尝试,却歪打正着,无意中增添了其白话诗的"力量",真可说是"功夫在诗外"了。

但趋新大潮与尊西的结合只是硬币的一面,中国人趋新和激进的攻击锋芒也可转而西向,西方文化优势在中国的确立实意味着所有反西方的努力也要用西方的观念来使之合理化。如前所述,近代中国知识分子潜意识里始终有以夷制夷这个理学模式传统的影响在。且西方文化本主竞争,中国若真西化,亦必与之一争短长。故中国人学西方的同时又要打破自身的传统,无非是在"毕其功于一役"这个观念的影响下,想一举凌驾于欧美之上。以前是借夷力以制夷,后来是借夷技、夷制、夷文化以制夷,最终还是为了要"制夷"。

早在19世纪末,传教士已有意识地为"取代儒学的地位"而培养能为其所用的华裔人才,拟"用基督教和科学来教育他们,使他们能胜过中国的旧士大夫,因而能取得旧士大夫阶级所占的统治地位"。随着尊西崇新趋势的形成,以新人取代旧人这一点不久就已基本实现。但正如传教士在1890年就认识到的那样,在华教育就像一柄双刃剑,"基督教会必须让它为上帝服务,否则魔鬼撒旦

---

① Cf. Wu Mi, "Old and New in China," *The Chinese Students' Monthly*, 16:3(Jan. 1921), p.203.

将利用它来反对上帝"。① 传教士的利用"科学",主要因为其与基督教一样属于西方;但"科学"与同属西方的撒旦也是同源,欧洲反对"科学"的那些教士正以其为撒旦的产物。故科学究竟与上帝和撒旦孰近,证明起来还很困难。

传教士谢卫楼(Devello Z. Sheffield,1841—1913)在1877年就已指出:"经过西方科学教育的异教徒比一般异教徒更难接受福音。"② 故传教士运用科学为布道工具的取向实有自掘坟墓的性质,他们最热心传播的科学到后来终成为抵制基督教的最有力武器。近代中国士人在承认西方文化优越的同时,复凭借主要是西来的"科学"(中国自然也有科学,但观其在五四时所得的"赛因斯"之名,就很能提示时人言说中"科学"之渊源所自)之力将基督教排斥在那优越的"西方"之外。在文化可分论影响下的中国士人,一旦掌握了科学的一般道理,立即用之以证明基督教的"不科学"。③

曾经一度加入基督教的胡适不久就退出,后来虽然倾向"西化",却长期攻击教会教育,就是一个显例。早年的无神论者胡适之所以能成为基督徒,部分即因为他将基督教作为"优越的"西方文化之一部分而接受,确实不无想疏离于"野蛮落后"的中国而认同于"优越"的西方之意。但胡适在对西学有较多把握之后,就将西方文化一分为二,在基督教的传播方式上看到了与中国的"村妪说地狱事"、塑造"神象""佛教中之经咒"以及"道家之符箓治

---

① 分别转引自校史编委会:《华西医科大学校史》,四川教育出版社,1990年,第4—5页;王立新:《晚清在华传教士教育团体述评》,《近代史研究》1995年第3期,32页。
② 转引自史静寰:《近代西方传教士在华教育活动的专业化》,第30—31页。
③ 参见杨天宏:《基督教与近代中国》,第71—75页。

病"等同样"野蛮"之处;基督教既然与"野蛮"的中国相类似,其不属于那"优越"的西方即不言自明,当然也就不必对之尊奉,而在摒弃之列了。① 中国士人以科学反基督教固然有所谓"理性"的成分在,但恐怕多少也因潜意识中抗拒西方文化渗透的民族主义思绪在起作用。

那时中国士人对西方那种爱憎交织的曲折情绪,在民初中国人学习的榜样由英美而转向苏俄这一进程中表现得最充分。近代中国自向西走以来,最初提出来要学习的就是日本与俄国。因为这两国的情形究竟比欧美更接近中国。中日间有所谓"同文同种"之说,情形相近是无须说的。中俄相近,也是时人的认知。胡适在1911年"观演俄剧'Inspector-General'〔果戈理的《钦差大臣》〕",就颇产生中俄如"鲁、卫之政兄弟也"的感觉,可知胡适心目中俄中政治情形至少在负面是相近的。周作人也认为:"中国的特别国情与西欧稍异,与俄国却多相同的地方。"② 日本在"二十一条"之后已无人主张再学,俄国却并未排除在可学之外。

特别是俄国1917年的两次革命,给中国人印象颇深(中国人当时并不一定将俄国两次革命区别看待,后来才渐有区分)。俄国的二月革命一起,立刻引起胡适的注意,他推测:"俄国或终成民主耳。此近来一大快心事,不可不记。"到十月革命起,也是留美的张奚若即认为,如果德国与俄国的和议成功,"俄新政府或有机会将其社会革命政策从容实施",这将是法国大革命以来"人类历史上第一大事。如能成功,其影响何可限量。即不幸而失败,亦是

---

① 说详罗志田:《再造文明之梦》,第87—88页。
② 《胡适日记》,1911年4月21日;周作人:《文学上的俄国与中国》,《东方杂志》,17卷23号(1920年10月),第107页。

政治学社会学上一大'尝试',向前看者不必稍挫其气也"。如果说这些年轻人还算那时的激进派,则温和稳健之老一辈如黄炎培也主张中国人应将"俄国精神、德国科学、美国资本这三样集中起来"。①

不过,由于激进趋新的中国士人要学"最新最好"的西方,革命前和革命初的俄国,似乎还未达到"最新最好"的程度,所以陈独秀在五四时喊出了"拿英美作榜样"的口号。那时陈独秀与胡适思想接近,他所说的英美,本是因杜威在华演讲而发,故实指的是美国。这正是中日"二十一条"交涉后美国在华影响上升的巅峰。特别是威尔逊在大约同时提出的主张各民族自主的"十四点计划",在中国甚得人心。

但列宁也在基本同时提出了民族自决的思想。一次大战时威、列二人皆提出了国际秩序新观念,在不同程度上都反对既存的帝国主义国际秩序,所以两者对被压迫被侵略国家之人皆有很大的吸引力。假如我们学民初人将世界也划分新旧,则至少在国际秩序方面,威、列二氏同属新的一边。但在新派范围之内,双方也存在对追随者的争夺问题,其关键就在于谁能真正实行民族自决的思想,或至少推动其实行。

如果说新文化运动的老师辈比较倾向于美国取向,俄国的十月革命对中国青年学生发生的影响则显然更强烈。北大学生傅斯年在1918年已认为"俄之兼并世界,将不在土地国权,而在思想也"。而威尔逊在凡尔赛和会上对中国的"背叛",恰摧毁了几年间美国在中国的影响。以前颇吹捧威尔逊的陈独秀也不得不认为他"好发

---

① 《胡适日记》,1917年3月8日;张奚若致胡适,1917年12月28日,《胡适来往书信选》,上册,第8页;黄炎培语转自《独秀文存》,上海亚东图书馆,1922年,下册,第93页。

理想的大议论",其实又"不可实行",决定送他一个诨名,"叫他作威大炮"。此时正值新俄(新字要紧)发布放弃条约权利的《加拉罕宣言》,立即在中国各界引起极大的好感。进步党的《时事新报》在社论中说:此宣言正是建立在威尔逊的和平原则之上,"只是威尔逊自己却不能把他实现"。[①] 这很能表现中国士人学西方的榜样由美往俄的转移。

陈独秀在1918年底所作的《每周评论》的《发刊词》中,还曾称威尔逊为"世界上第一个好人"。到1923年12月,北大进行民意测量,投票选举世界第一伟人,497票中列宁独得227票居第一,威尔逊则得51票居第二。威尔逊从"第一好人"变为"第二伟人",正是由美到俄这个榜样的典范转移趋于完成的象征。故吴宓慨叹道,几千年来孔夫子在中国人心中的神圣地位,"已让位于马克思和列宁"。若仅言新文化运动那几年,则把孔夫子换为威尔逊倒更加贴切。[②]

毛泽东后来总结中国共产党的历史时说:自鸦片战争后,"先进的中国人"一直在"向西方国家寻求真理"。那时的结论是:"要救国,只有维新,要维新,只有学外国。"故"求进步的中国人,只要是西方的新道理,什么书也看"。但新学家自己虽然颇有信心,"先生老是侵略学生"这一事实却"打破了中国人学西方的迷梦"。直到苏俄十月革命之后,几代"先进的中国人"学西方得出的最后

---

① 傅斯年语在《新潮》,1卷1期(1919年1月1日),第129页;陈独秀语载《每周评论》第8号之《随感录》;《时事新报》社论转自《新青年》,7卷6期(1920年5月),第11页。
② 北大民意测量转引自陈福霖(F. Gilbert Chan),*Nationalism in East Asia* (New York, 1981), pp. 21-22;吴宓语见其1927年1月在清华的演讲 *Confucianism, China and the World Today*, p. 2。

结论乃是"走俄国人的路"。①

这样的结论的确不只是共产党人才有（程度和具体步骤当然大不相同），"俄国人的路"与西来的"社会主义"是直接相关的，前引金天翮的话已预示了社会主义对中国读书人的吸引力。周作人在1926年说，"现在稍有知识的人（非所谓知识阶级）当无不赞成共产主义"，他自己就"不是共产党，但是共产主义者"。②周氏这里说的共产主义，涵盖甚宽，约近于一般认知中的社会主义。这个观察大体是不错的，罗素在稍早描述他在中国的见闻时，也说中国的青年学生及优秀教师中的大多数都是社会主义者。③罗素接触的人当然有限，其所谓优秀教师者，大约应为多少说点英语之人。他们对社会主义，或者不过是向往而已。但这样的人中若已多数向往社会主义，其余自可想见。

一向被视为温和的胡适就是这些人中的一个，他在列宁成为"世界第一伟人"那段时间其实与共产党人的观念非常接近。"新俄"及其附载的意识形态对中国人的吸引力是多重的，国民党人和共产党人或者看到的是革命夺权的成功，自由主义者看到的恐怕更多是夺权后的建设和"改造社会"的措施。对一般并未认真学习其系统理论的人来说，马克思列宁主义至少有一点潜在的吸引力：它既是西方的产物，同时又号召世界人民进行反对帝国主义的"世界革命"。这正符合许多中国人对西方爱憎交织、既尊西又想"制夷"

---

① 毛泽东：《论人民民主专政》，《毛泽东选集》（一卷本），人民出版社，1968年，第1358—1360页。
② 周作人：《谈虎集·外行的按语》，《周作人全集》，台北蓝灯文化事业公司，1992年，第1册，第284页。
③ 罗素：《中国问题》，中译本，学林出版社，1996年，第176页。

的倾向。

与当时许多读书人一样，胡适曾长期向往社会主义，视其为世界发展的方向；而胡适比张君劢等进步党人的基尔特社会主义走得更远的是，他把新俄的社会主义制度这一"空前伟大的政治新试验"也纳入他所谓世界发展方向的"新宗教信条"之中。但苏俄是实行无产阶级专政的，一向反对专制的自由主义者胡适何以能够对其赞许呢？这正是胡适许多朋友不解不服之处。这个关键问题由芝加哥大学的一位教授帮他解决了。那位教授以为，专制必愚民，而苏俄则"真是用力办新教育，努力想造成一个社会主义新时代。依此趋势认真做去，将来可由狄克推多［专政］过渡到社会主义民治制度"。①

胡适的看法直接基于他在 1926 年对苏俄的短暂考察，并非完全无因。在斯大林 1927 年完全掌握苏俄权力中心并推行依靠自己力量集中发展重工业之前，苏俄确曾努力想获得西方的经济援助，其教育也颇受美国影响。故胡适的老师杜威就曾"大夸许苏俄教育"。只是到了 1927 年后因注重专门技术人才的训练，才开始放弃以前的教育方式。胡适是 1926 年到苏俄的，又有杜威和那位芝加哥教授的引导，对苏俄的教育印象深刻是很自然的。

苏俄真正打动胡适的，大约还是一个法国人告诉他的："俄国最大的成绩是在短时期中居然改变了一国的倾向，的确成了一个新民族。"这正是胡适毕生想在中国实现的最高目标，他不禁对此感叹说："这样子才算是真革命！"后来的历史表明苏俄有那样的改变

---

① 本段及以下三段，参见罗志田：《胡适与社会主义的合离》，第 26—40 页，各引文出处已省略。

实在只是个神话,但当时有胡适那样看法的不在少数。二三十年代的西方人对苏俄的社会主义和意大利的法西斯主义虽然是反对多而赞成少,但都承认这是对西方政治学说和政治制度的新挑战。胡适是乐观的实验主义者,故倾向于从积极的方面去诠释这些新试验。

胡适从苏俄到英国后,罗素即告诉他像中国这样的农业国家,最适于苏俄那种专政制度;若采用民治,必闹得很糟。胡适反对说,"我们爱自由的人却有点受不了"。罗素告诉他,"那只好要我们自己牺牲一点了"。胡适觉得"此言也有道理"。以前罗素说中国应走社会主义之路时,胡适曾作有《一个哲学家》的诗,说罗素自己不要国家,却要中国人爱国;自己不信政府,却要中国行国家社会主义;都因为罗素认为中国人还不配走自由主义之路。胡适曾"敬告"罗素:"这种迷梦,我们早已做够了!"如今他自己的思想变了,罗素再教他为了国家好而牺牲个人信仰,他也就基本接受了。

罗素在1922年著的《中国的问题》一书中,曾提出苏联布尔什维克的根本目标就在于要"让俄国全盘美国化"。对此胡适当年想必是不同意的,因为他认为"真正的美国主义"并不主张平地推翻一切,而是坚信"进步是一步一步得来的"。① 但在思想转变之后,再加上芝加哥大学那位教授的推理,则社会主义专政的将来总还会到民治。正是基于专制可经教育变民主这一判断,胡适在1930年断言:苏俄与美国"这两种理想原来是一条路,苏俄走的正是美国的路"。他又一次接受了他不太喜欢的罗素的观点(不过,罗素一向是将"美国主义"作为挖苦对象的,他说俄国走美国路略带贬

---

① 罗素:《中国问题》,第7页;《胡适日记》,1921年6月14日。

义;而在胡适这里,已是明显的褒义了)。

胡适在1921年初给陈独秀的信中,曾明确地将《新青年》同人划为"我们",把梁启超及《改造》同人划为"他们"。一年后,他更将中共《对于时局的主张》所提出的十一条原则全部转载于他所编的《努力》,并评论说:"这十一条并无和我们的政治主张绝对不相容的地方。他们和我们的区别只在步骤先后的问题。"换言之,胡适认为中共的主张与他们自由主义者的主张可以相通,所以他对《宣言》的唯一答案是:"我们并不非薄你们的理想和主张,你们也不必非薄我们的最低限度的主张。如果我们的最低限度做不到时,你们的理想主张也决不能实现。"① 这里的"我们"和"你们",显然都属于前面的"我们"之中。

共产党人对胡的说法有正面的回应。中国共产党二大发出的宣言中就表示"愿意和资产阶级的民主主义革命运动联合起来,做一个'民主主义的联合战线'"。胡适在《国际的中国》一文中首先肯定"这件事不可不算是一件可喜的事"。② 他在那篇文章中也对中共的国际形势观进行了攻击,但前提是愿意联合,因为他是把中共划在"我们"一边的。如果说中共二大的宣言或者更多是从政治层面立意,且主要是针对国民党而言,这一原则同样适用于思想层面。

陈独秀本人到1923年底还认为在扫荡封建宗法思想方面,唯物史观派和实验主义派应结成联合战线。也许有人会说,陈对实验主义派比较亲热是因为老朋友的关系而不免有些划不清界限;然邓

---

① 胡适致陈独秀(稿),《胡适来往书信选》,上册,第119—120页;胡适:《这一周》(1922年7月),《胡适文存二集》,上海亚东图书馆,1924年,卷三,第167—169页。
② 胡适:《国际的中国》,《胡适文存二集》,卷三,第128页。

中夏在几乎同时对中国思想界的划分，竟然与胡适完全相同。邓把梁启超等《改造》同人加上梁漱溟、章士钊等新文化运动的对立派划为"东方文化派"，把胡适等人划为"科学方法派"，再把共产党人划为"唯物史观派"。然后指出，后两派都是科学的；故在思想斗争中，应是后两派"结成联合战线，一致向前一派进攻"。① 邓中夏与胡适所用词汇标签虽不一样，其所想的和所说的其实是一回事。结合陈、邓二人的见解共观之，那时中共设计的思想界"联合战线"包括胡适一派应无疑问。

胡适后来在 1930 年说："从前陈独秀先生曾说实验主义和辩证法的唯物史观是近代两个最重要的思想方法，他希望这两种方法能合作一条联合战线。"则他是记得共产党人的表态的。那时他已认为陈的"这个希望是错误的"。② 但他或者忘记了陈独秀之所以有这样的希望，其实很可能正是受了胡适划分的"我们"与"他们"那条线的启发。胡适 1930 年所说这段话，常为人所引用（或证明胡适的自由主义纯正，或证明胡适反动），其实这最多只能算后见之明，并不代表他 20 年代的真想法。共产党人与自由主义者胡适的观念当然还有许多根本的歧异，但双方在那段时间的接近，仍说明在"新的崇拜"影响之下，中国思想社会的激进化实远超出我们过去的认知。

崇新的一个直接后果就是不断地追求进一步的新，一般追随者固然要不断追求更新的偶像，就是已成偶像者，也要不断地破旧，以证明及维持其新，否则就会落伍。在日新月异的中国激进趋新进

---

① 关于邓中夏，参见朱文华：《胡适评传》，重庆出版社，1988 年，第 204—205 页。
② 胡适：《介绍我自己的思想》，即上海亚东图书馆 1930 年版《胡适文选》的"自序"。

程中，胡适自己即在"暴得大名"后不过数年，已因其"好邀众誉"，且"对于千年积腐的旧社会，未免太同他周旋"而被视为落伍，后来更因参加善后会议而被认为是认同于北洋政府。胡适自己也清楚这一点，他在1936年给周作人的信中承认，十年来"青年人多数不站在我这一边。因为我不肯学时髦，不能说假话，又不能供给他们'低级趣味'"。①

"不肯学时髦"不啻自认落伍，且并非只是激进派这样看，曾任北洋政府部长的汤尔和也认为胡适那几年"论入老朽，非复当年"。②汤的话提示了一个长期被忽视的问题，即北洋政府中人也并不怎么"落后"。实际上，民初中国社会的趋新与激进曾大大超出新文化人的预想。胡适原以为文学革命"总得有二十五至三十年的长期斗争"才能成功，大出他意外的是，北京"那个守旧政府的教育部"竟然在1920年便明令各小学要从当年起在三年内全部使用白话教材，到1923年，中学国文课本也都采用国语。③以"守旧"著称的北京政府尚且如此趋新，余人可以想见。

当时军阀的思想观念也颇有超出我们想象者。1924年秋江浙战争时，浙江卢永祥在其辖区征收"军需善后米捐"，买卖米均须纳捐。上海市县两商会曾呈请减免，卢氏复电称军需和民生都应照顾，较次的籼米可以免捐。较好的粳米，则"均为有产阶级所购，区区饷捐，摊之于各人，为数极微"，必须照纳。④过去总认为只有

---

① 张奚若致胡适残信，无日期，《胡适来往书信选》，下册，第516—517页；钱玄同致胡适，1919年2月，《胡适来往书信选》，上册，第25页；胡适致周作人，《胡适来往书信选》，中册，第297页。
② 汤尔和致胡适，1929年9月29日，《胡适来往书信选》，上册，第545页。
③ 参见罗志田：《再造文明之梦——胡适传》，第173页。
④ 《银行周报》，11卷39号（1924年10月7日），第33页。

马克思主义者才讲究阶级和阶级斗争,其实试查旧文,则一向冲淡吃苦茶的周作人就认为"阶级争斗已是千真万确的事实,并不是马克思捏造出来的"。① 此处阶级意识更已见端倪于操生杀大权的军阀(虽可能是文人起草,总要得具名者的认可),则此时世风之激进,尤可见一斑。

全社会的思想激进,正是社会主义能在中国风行的土壤。东南大学的经济学教授萧纯锦描述当时的情景说:言论"愈激烈愈足以耸观听,而愈不近人情,则愈见其为独到者。今日国内之谈社会主义者,即大率类此"。② 若去掉其情绪化的部分,萧氏的观察大体是可靠的。那时各思想政治派别均对资本主义持不同程度的批判态度而倾向于某种社会主义的态度(当然其出发点不一样,用的标签不一样,具体的措施也不一样)。梁启超在1927年特别指出:"你们别以为我反对共产,便是赞成资本主义。我反对资本主义比共产党还利害。我所论断现代的经济病态和共产同一的'脉论',但我确信这个病非共产那剂药所能医的。"③ 此语最能反映彼时各派思想的异同,这样的语境大概正是国民党和共产党都曾颇得知识青年拥戴的一个思想基点。

具有诡论意味的是,北京政府虽有趋新的实际行动,在一般人眼中仍是旧的代表。北伐时国民革命军方面能够以弱胜强,在很大程度上即靠其比北洋军阀更"新"的形象所造成的"无形战力",思

---

① 周作人:《谈虎集·外行的按语》,第285—286页。
② 萧纯锦:《中国提倡社会主义之商榷》,《学衡》,1卷1期(1922年1月),第1页(文页)。
③ 梁启超给子女的信,1927年5月5日,收在丁文江、赵丰田编:《梁启超年谱长编》,上海人民出版社,1983年,第1130—1131页。

想与社会的趋新大势已直接影响到政治军事的成败。① 但新总是相对于旧的，一旦旧被破除，新也就不成其为新。这样，既存的偶像转眼已旧，不得不让位于更新者。掌权之后的国民党不久即由新转旧，30年代后期许多中国知识青年向往的地方是延安。"革命圣地延安"这个流行语，提示着奔向延安的知识青年确有"朝圣"的心态。

那时中国共产党人对于"新"的推崇实不让于中国其他任何政治势力，毛泽东在1940年谈到共产党人多年来奋斗的目标说："一切这些的目的，在于建设一个中华民族的新社会和新国家。在这个新社会和新国家中，不但有新政治、新经济，而且有新文化。……一句话，我们要建立一个新中国，建立中华民族的新文化。"② 而延安与国民党统治区的一大区别正在于新旧，至少一些外国人如此想。斯诺夫人（Helen F. Snow，即 Nym Wales）即于1937年前往延安寻找一个能解决中国问题也更"新"的政治势力，她果然求仁得仁，在那里如愿发现了"新的思想和新的人民"（a new mind and a new people），与有着"古旧政权"（ancient regime）的国民党适成鲜明对照。③

北伐后期国民党"清党"杀人时，英美派的《现代评论》已在担心那样的杀人有可能"失去一般青年的同情"，更可能"驱人表同情于共产党"。④ 后来的时势，恰是朝着英美派所担心的方向发

---

① 参见罗志田：《南北新旧与北伐成功的再诠释》，《新史学》，5卷1期（1994年3月），第87—129页。
② 毛泽东：《新民主主义论》，《毛泽东选集》（一卷本），第624页。
③ Cf. Kenneth E. Shewmaker, *Americans and Chinese Communists, 1927–1945* (Ithaca, NY, 1971), p.338.
④ 英子：《不要杀了》，《现代评论》，5卷128期（1927年5月21日），第463—464页。

展。在边缘知识分子对政治运动起着举足轻重作用的近代中国，"失去一般青年的同情"恐怕不能不说是国民党由兴盛走向衰落的一个重要转折点。而"表同情于共产党"的激进知识青年当然也不欣赏落伍的胡适，早年对胡适的《中国哲学史大纲》"很感兴趣"的张岱年先生，就是在接受辩证唯物论之后，看出胡适在30年代初的文章已在"针对马克思主义"，乃视其为"时代的落伍者"，从而放弃了对胡适的追随。① 合数事而共观之，斯诺夫人在胡适承认青年人多数不站在他那一边后的第二年前往延安寻求新的象征，多少透露出几许时代转折的消息。

原刊《中华文史论丛》第60辑
（1999年12月）、61辑（2000年3月）

---

① 张岱年：《论胡适》，收在耿云志主编：《胡适研究丛刊》，第1辑，北京大学出版社，1995年，第211页。

科举制的废除与四民社会的解体：
一个内地乡绅眼中的近代社会变迁

如果说近代中国的确存在所谓"数千年未有的大变局"的话，科举制的废除，可以说是最重要的体制变动之一。从汉代发端到唐宋成熟的通过考试选官的科举制，是一项集文化、教育、政治、社会等多方面功能的基本建制（institution）。在政治方面，它充分体现了"政必须教、由教及政"这一具有指导意义的传统中国政治理论。古代中国的学校，本身也是官吏养成之地，其一个主要目的即造成有良好训练的官吏。而教育和政治在制度上的连接，正落实在科举制之上。

科举制的功用并不止于此。周作人曾深有体会地说："中国民族被称为一盘散沙，自他均无异词，但民族间自有系维存在，反不似欧人之易于分裂。"这一跨越时空的维系物，就是中国的"思想文字语言礼俗"。① 的确，从先秦到清末西潮大举入侵之前，两千多年来形式上的"书同文"也就是一种共通的全国性思想言说（discourse）。正是科举制使其制度化为一种统一的全国性思想意识市场，它恰起着全国性的商品市场在近代西方的维系作用，是传统中国社会能维持基本稳定的重要支柱。除了这种社会的思想聚合作

---

① 周作人：《药堂杂文·汉文学的前途》，北平新民印书馆，1944年，第32—33页。

用，科举考试的最高一层在京城举行，与科举密切关联的太学、国子监、翰林院等，也都设于京师。这些制度，又在不同程度上起着思想的社会聚合作用，使京师集政治中心与全国性的思想论说中心于一体。

同时，科举制逐渐成为中国上升性社会变动（social mobility）的主要途径。任何编户齐民只要能通过一定层次的考试就可以担任一定级别的官员。故科举制同时也在行动和制度上落实了中国传统的"布衣卿相"梦想（这是中国士大夫文化的一个核心观念，其重要正类"美国梦"在美国文化中的意义），适应了以耕读为业的士阶层的社会需要。

进而言之，科举制还具有"通上下"这一重要的社会功能。在传统的士农工商四民社会中，士为四民之首的最重要政治含义就是士与其他三民的有机联系以及士代表其他三民参政议政以"通上下"，而科举制正是士与其他三民维持有机联系的主要渠道。传统中国士人是以耕读为标榜的，多数人是在乡间读书，然后到城市为官。而做官之人或候缺或丁忧或告老，多半要还乡。人员的流通意味着信息、资金等多渠道的流通。概言之，科举制在中国社会结构中实起着重要的联系和中介作用，它上及官方之政教，下系士人之耕读，使整个社会处于一种循环的流动之中。①

可以想见，废除这样一种举足轻重的社会政治制度，必然出现影响到全社会的多层次多方面的后果。过去对废除科举制的研究，主要侧重其是否有利于清季政治改革这一层面，较少从社会结构

---

① 以上讨论参见罗志田：《中国文化体系之中的传统中国政治统治》，《战略与管理》1996年第3期。

变迁的角度观察问题。我在最近的一篇文章中已提出：以士农工商四大社会群体为基本要素的传统中国社会结构，在自身演变出现危机时，恰遇西潮的冲击而解体，拉开了近代中国社会结构变迁的序幕。社会结构变迁既是思想演变的造因，也受思想演变的影响。四民之首的士这一社群，在近代社会变迁中受冲击最大。废科举的社会意义就是从根本上改变了人的上升性社会变动取向，切断了"士"的社会来源，使士的存在成为一个历史范畴，直接导致了传统四民社会的解体（这里自然还有许多其他原因，比如新型的金融业、工商业等的出现等都是很重要的因素）。①

本文主要依据晚清山西一位乡绅（这里的绅是与官对应而言）的自述，简单考察分析科举制从改革到废除对一个身处既不十分"开通"，又不十分闭塞，且相对富庶的内地（山西省太原、太谷二县）并基本以耕读为业的儒生型乡绅及其家庭生活的直接影响；并进而通过这位乡绅之眼观察由此引起的社会变迁，特别是四民社会解体前后的一些现象，希望能从感性层面增进我们对这一社会剧变的认识和了解。

这个自述就是山西太原清代举人刘大鹏（字友凤，1857—1942）所著《退想斋日记》②。从1890到1942年，刘氏记日记凡51年，现存41年，本文特别注重废科举前后那二十年间的记载。刘氏早年也有青云之志，他的日记，与大多数传统中国读书人的日记

---

① 罗志田：《失去重心的近代中国：清末民初思想权势与社会权势的转移及其互动关系》，《清华汉学研究》第2辑（1997年11月）。
② 乔志强标注，山西人民出版社，1990年。以下凡引此书，一般都注出其写作时日，以突出材料的时代感；凡正文中已说明时间或无须准确年月日的泛引，则仅注出页数。

一样,是有意写给人看的①;故记载的内容和表述的观念,都不免有故意为之的痕迹。中岁以后,随着鹏程万里梦想的渐次磨灭,日记给人看的可能性日减,直抒胸臆的成分日增,对史学研究的价值也就远非一般写给他人看的名人日记可比了。刘家世居太原,刘大鹏本人在科举制废除前后一二十年间则在太谷县一富商家塾中任塾师。当时太原是山西的首县,太谷则是富甲山西的商业集中地区,刘氏一生所居均属于中国内地经济条件较好且信息较流通的区域。他眼中山西与北京、开封等地在晚清多方面的差异,从信息传播和信息掌握的角度提示了近代中国各地思想和心态发展不同步这一现象的第一手依据。

刘大鹏生于咸丰七年(1857),少历同治"中兴"时期,成年后目睹光宣时的日渐衰落,与其大多数同龄士人一样,总有今不如昔之感。他回忆中同治年间时"吾乡到处皆家给人足,气象甚觉丰隆"。光绪三四年间山西遭到大凶荒,"人民去其大半,所留者多贫不能支"。从此境况就未能恢复。刘氏所在地区的衰落也有一些特殊的原因。他所居之乡,因"务农者十之一,造纸者十之九",家无余粮,平时或比一般务农之家稍好,唯特别不耐荒年。光绪初年的大荒,"造纸人家饿死者甚多,务农之家未能饿死一人"。② 鸦片是山西变穷的另一大原因,据刘氏观察,清季时吸鸦片者已达"十之七八,不吸者十之一二"。这个数字或许不那么准确,但吸鸦片者众应是无疑的。后来种鸦片者也日多,因其利厚。不过,种鸦片

---

① 如他于1892年8月15日记自己俭而孝,特别说明记下来并非"夸示于人",可知其日记确是要示人的。
② 《退想斋日记》,1892年8月13日,1893年2月7日、12月11日,第6—7、17—18、26页。

者与造纸者在家无余粮方面正相同，仍不耐荒年。一遇荒年粮价猛涨，便有饿死之虞。①

像多数传统的士一样，刘氏以观风觇国为己任。他注意到，秋成报赛是山西一直实行的古礼，"年谷顺成而始为之"。道光年间晋祠镇一带举办抬阁送神者共十三村，中间因太平天国事停顿，后又办，但到光绪七年（1881），同一区域有财力举办抬阁者仅六村，已不及前半。故刘氏"于此见农家之景况，较前远甚"。②农村如此，商业也比以前衰落许多。刘氏从光绪十四年（1888）起每年都询问商人景况比上年如何，而答复皆曰"不若去年"。到1893年时他听到"一年不如一年之言，于今已五年矣"。③故刘氏的确看见"世道衰微"、今不如昔的迹象。此后整个日记中类似的记载不断重复出现。

同时，刘大鹏更有一种强烈的生不逢时之感，颇能体现一个较少受到西潮直接冲击的内地举人在社会转型时的心态。他于光绪四年（1878）进学（取秀才），光绪二十年（1894）中举人，后三次会试不第，科举制即被废除。民国年间他一直以清遗民自居，直到"九一八"日本侵略中国东北后，他才逐渐从内心里认同于民国（也就是说，直到这时他才承认中华民国代表中国）。刘氏以传统的士自居，终其生也基本保持着士的心态（如果告诉他现代"知识分子"的概念，他多半不会承认他是一个知识分子），但他在科举废除后也终不得不像现代知识分子一样在社会上"自由"浮动（实际是很不自由地随社会变动之波浮动）：从塾师到小学教员、校长、

---

① 《退想斋日记》，1892年10月4日，1893年7月8日，第11—13、21—22页。
② 《退想斋日记》，1892年11月6日，第15—16页。
③ 《退想斋日记》，1893年2月7日，第17—18页。

县议会议长都做过，后来更长期经营小煤窑，但终以"老农"这一自定身份认同度过余生，以维持耕读之家的最后一点象征。下面就借刘氏之眼与口，着重探讨他这种生不逢时心态的社会渊源。

内篇：科举制与耕读之路断绝前后的乡村社会

刘氏家居太原县赤桥村，"以耕读为业，不耕则糊口不足，不读则礼仪不知"。但刘家"只有薄田十数亩，不足养十口之家，全仗父亲大人在外经营（按刘父在太谷县经营木材业），母亲大人在内整理"。① 可知刘家的主要经济收入，还是来自在外经商的父亲。与近世许多耕读之家一样，"读"是包括经济考虑在内的发展方向，"耕"在经济上逐渐仅为一道糊口的最后防线；"耕读"相连恐怕更多的意义还在其传统的象征性一面，略有今日美国人讲究的"政治正确"② 的味道。自诩"耕读之家"者其主要收入实来自经商，虽然大半以商为生却要坚持耕读的方向以正名，都提示着宋代以降四民社会中士、农、商这最主要的三民（"工"的人数既少，影响也不算大）之间你中有我、我中有你那种千丝万缕的内在联系。刘父虽为商，刘氏自己仍像多数儒生一样看不起商人。但他确曾遇到好几个"深于学问"的商贾，甚感"渔盐中有大隐，货殖内有高贤"。同时，他也注意到有些读书人"惟求词章之工，不求义理之精"，虽儒冠儒服而行为不检，"反为老农大商所嗤笑"。③ 可见士商之间，

---

① 《退想斋日记》，第44—45页。
② 关于美国的"政治正确"，参见罗厚立：《美国方式与美国梦："政治正确"与美国校园的权势转移》，《东方》1996年第3期。
③ 《退想斋日记》，第48—49页。

差距确在缩小（但农商之间矛盾似有增强的迹象）。① 在西潮入侵之前，这样一种潜移默化的社会变迁至少已有数百年的进程②，是研究西潮冲击引起的近代中国社会变动时不可忽视的层面。

由于刘家"究竟不甚宽绰有余"，刘大鹏自己年长后也不得不与"舌耕"者为伍，像大多数未能做官的读书人一样走上教书之路。刘氏在中举之前，已出任塾师。但中举后地位变化，对塾师这一身份认同就颇不能释然，每慨叹其不得不为此"糊口"之业，曾一度想辞馆回家"躬耕事亲"。他以为："读书之士不能奋志青云，身登仕版，到后来入于教学一途，而以多得脩金为事，此亦可谓醒醒之极矣！"有人"或谓教学足以传道"，刘氏觉得这恐怕也是未能入仕者的掩饰之辞，盖其未见"道之传者几何也"。正因为如此，他看不起一般以教书为终生计之人，认为他们没有远大志向，"区区方寸，只求个好馆地，每年多得几两脩金，馔食好些"而已。③

的确，一般塾师的待遇并不太好。刘氏曾遇到一个业商失败而任塾师者，所教童子五六人，每人送束脩千六百文，"一年所得不满十千钱，糊口亦不够，何能养家乎"？稍好者，一年所得"除却饮食杂费"，还可"落二十余千钱"。此类人考虑的，已不再是糊口，但仍"所入不敌所出"。④ 刘氏自己的收入待遇，要好得多。他的东家"家资数十万，家中并无一吸鸦片烟者，且极勤俭"，待刘氏颇厚，供馔食之外，束脩还有银一百两（据其日记，每两至少合

---

① 参见《退想斋日记》，第51页。
② 参见余英时：《中国近世宗教伦理与商人精神》，收入其《士与中国文化》，上海人民出版社，1987年，第441—579页。
③《退想斋日记》，第71—72、54—57页。
④《退想斋日记》，1893年6月21日，1894年1月17日，第20、27页。

千钱),并曾主动增加到一百二十两,但因未事先对他言明,结果刘氏以为有轻视意,"坚辞不受"。①

以求馆或求好馆为目的之读书人,其用心自然主要不在"传道"之上。但对身处晚清的刘氏而言,圣道之不传,还有来自其他方面的威胁和冲击。还在废科举之前,读书已不如以前那么被看重。本来读书为仕进之正途,而学校也就是官吏培养之地。刘大鹏指出:"书院为作育人才之地",而此中养成的人才,是为了"贡之朝廷之上,为舟楫、为盐梅;上者致君为尧舜之君,下则使民为尧舜之民"。② 但部分因为清代可以通过捐纳得功名,仕进之途已多元化。靠捐纳得来的功名虽不被视为正途且只能补低级官职,对许多未中进士的中下层儒生来说,低级官职也正是他们所期望者。同时,随着清代统治时期的延伸,先前各科已得功名却未能补实缺的士人积累渐多,入仕之路已比从前要拥挤得多了。同样不可忽视的是,整个社会的心态也在发生转变,商人在人们心目中的地位明显上升(这或者与刘氏所居在太谷商业区有关,此情形在多大程度上与其他地区有可比性,尚待考证)。

还在改革科举之前,弃儒就商已渐成风气。刘氏发现:"近来吾乡风气大坏,视读书甚轻,视为商甚重。才华秀美之子弟,率皆出门为商,而读书者寥寥无几;甚且有既游庠序,竟弃儒而就商者。"原因即在于"读书之士,多受饥寒,曷若为商之多得银钱,俾家道之丰裕也"。当然,经商也非人人可为,如前所述,也有读书人经商不成功又回过来任塾师者。但总的来说是"为商者十八

---

① 《退想斋日记》,第63、88页。
② 《退想斋日记》,第70页。

九，读书者十一二"。而且已出现了读书无用论："余见读书之士，往往羡慕商人，以为吾等读书，皆穷困无聊，不能得志以行其道，每至归咎读书。"这恐怕多少与其乡"务农者十之一，造纸者十之九"有关。故不仅"视读书甚轻"，根本就"视农事甚轻"。① 传统社会的"耕读"，其中自有内在联系。

商人地位的上升，政府提倡也起了相当的作用。晚清政府在因西潮冲击而产生的"商战"意识推动下，大力发展商务。中央成立了商部（后改农工商部），各省及地方也遵命成立商会。一般商人也都认识到"国家郑重商务"。但同时山西很多商人也发现，商务不仅未得到振兴，而且减色，商家"多困惫之情形，将有不可支撑之势。此何以故？商利微末，而加抽厘税日增月盛，靡所底止也"。② 这当然只是问题的一面，大的方向还是商人和商务都呈上升趋势。

与商人地位上升形成鲜明对比的，是士人地位的明显降低。光绪初年，太原已出现商人凌侮乡民和轻视士人之事。到 1896 年 7 月，榆次县一孝廉被县衙门的门丁"大侮"，引起"阖邑读书者大怒"，直告到省。士人地位降低也与他们中一些人的自尊不足有关。既然不少读书人以教书为终生计，他们"区区方寸，只求个好馆地"，自然不可能在东家面前摆架子。这些人"以东家有钱，非惟不嫌东家不致敬、不有礼，而反诌媚东家"。读书人既然不能自重，要东家敬重当然就不那么容易了。刘氏注意到"近来教书之人往往被人轻视……作东家者遂以欺侮西席为应分"的现象。这后一点的

---

① 《退想斋日记》，1893 年 1 月 2 日、6 月 21 日，1892 年 8 月 13 日，1893 年 12 月 11 日，第 17、20、6—7、26 页。
② 《退想斋日记》，第 161 页。

本质，刘氏看得很清楚：许多人请先生教子弟，"亦是作为浮事，何尝郑重其事"。① 换言之，过去商人虽富而一般仍敬重读书人及其所代表的仕进之途，如今这些富人请教书先生部分或不过是摆摆样子，大约也有点不得不为之以维持"政治正确"之意；但他们从内心到表面都已不很敬重读书人，也并不真想让其子弟走读书仕进之路了（从轻官重商的角度看，这也可算是商人独立意识的表现）。

据刘氏的观察，重商轻学的一个直接后果就是应童生试的人数日减。从1898年起，"应考之童不敷额数之县，晋省居多"（清代科举是预定各地录取人数，然后据此扩大数十倍为考生额数）。以太原县为例，光绪三年（1877）应童生试者百数十人，次年则80余人，"自是而后，屡年递减"，光绪二十二年（1896）45人，比上年少十余人。40人左右的数目约保持到光绪二十五年（1899），光绪二十六年（1900）则只有20人，光绪二十八年（1902）23人，到废科举的前一年即光绪三十年（1904），考童生者仅18人。② 与此同时，应会试的人数则呈上升之势，③ 说明以前各科余下的举人为数尚不少。高层次应试人数多而低层次应试人数少，正体现了读书仕进这条路是新近一二十年间才开始衰落的。

故科举废除之前，四民社会的维持已较困难。"当此之时，四民失业者多。士为四民之首，现在穷困者十之七八。故凡聪慧子弟悉为商贾，不令读书。古今来读书为人生第一要务，乃视为畏途，人情风俗，不知迁流伊与胡底耳！"④ 一两千年来传统社会从耕读到

---

① 《退想斋日记》，第16、59、65—66页。
② 《退想斋日记》，第78、65、99、118、132、135页。
③ 《退想斋日记》，第75、80、121页。
④ 《退想斋日记》，1904年1月8日，第26—27页。

政教的路已不太走得通，而且为越来越多的人所不取。这一社会变迁的影响是巨大的，它必然导致四民社会的难以为继。

同样重要的是，许多士人已不能起四民之首的表率作用。四民之首这一社会角色的一个含义就是士为其他三民的楷模，分配给大众的社会角色是追随。如刘大鹏所言：士"平居乡里，所言所行，使诸编氓皆有所矜式"。但他观察到，一些士人不仅不能为表率，"而反为乡人所化"，同于流俗，是"不足以为士矣"。① 关键在于，榜样与追随者的社会分工能够为双方接受并维持，各社会群体间就保持着一种相对稳定的有机联系。这种联系不论从哪方面被打破，都意味着四民社会的危机。

这个现象既是普遍的，也受到刘大鹏所居地区某些特殊因素的影响。1892年夏，刘氏到省城应试，宗师勉励士子要为有"根底之学，不可徒攻时文"。刘氏闻之颇觉亲切，但也担心同应试者会"以为此皆老生常谈，而不遵行之"。② 可知"不可徒攻时文"已成老生常谈，刘氏日记中的确频繁出现他慨叹士人只知读时文的记载。但是，读书者多读时文而不问经史子集或者可说是近代中国普遍的士风不佳；就刘氏所在的地区言，因"僻处偏隅，士人甚少，即游庠序者，亦多不用功，非出门教书而塞责，即在家行医而苟安；不特读书求实用者未尝多观，即力攻时文以求科名者亦寥寥无几"。③

实际上，刘氏虽知读书之"正道"在多读经史子集，其所处之乡学术水准确实不高，他自己读书也不算多。1893年夏，刘大鹏游晋祠时，"见一杂货摊上售一部《三国志》，爱不释手，遂用三百廿

---

① 《退想斋日记》，第69页。
② 《退想斋日记》，第4—5页。
③ 《退想斋日记》，1893年5月3日、6月22日，第20、21页。

钱买之，如获至宝"。① 旧时一般的科举文章，考秀才时主要看文辞的美恶，要做得空灵；考举人的文章就要有点所谓书卷气，多少要体现一些学问，不能太空（考进士则学问一面要求更高）。这是当时学做时文者的常识，刘氏自然不会不知，也一定在做准备，而且他是一向主张要读经史子集的。但他在进学十五年之后，竟然最多不过在别人那里翻过《三国志》（"前四史"是过去士人的必读书，当然主要是作为文章典范而非史书来读），可知他平时所读的非时文书也不会太多。

而且，刘氏家乡的"僻处偏隅"绝非他的谦词。晚清科举的最后一关，即考进士时的殿试，尤重小楷，这是当时制举业者的常识。而刘氏要到1895年到京会试，才知"京都习尚，写字为先，字好者人皆敬重，字丑者人都邈视。故为学之士，写字为第一要紧事，其次则诗［时？］文及诗赋，至于翻经阅史，则为余事也"。这样的信息都不知道，其余信息的不流通可以想见，自然很难考中进士。一年多以后，他还在慨叹"京都凡取士，总以字为先"。故"用功之士，写字为要务，一日之中写字功夫居其半，甚且有终日写字者"。② 可知此事给他印象颇深。问题在于，写好小楷原非一日之功，刘氏获得信息既晚，即使天天练，功夫或难与早就在练习之人相比。略具讽刺意味的是，刘氏得知取士以字为先的日子，已是小楷重要性下降之时（蔡元培于1892年中试，他的小楷实未必佳）。到1905年废科举时，刘大鹏还是个举人，以此功名终其身，这与他所处信息不通之地，大有关联。

---

① 《退想斋日记》，第22页。
② 《退想斋日记》，1895年3月18日，1896年9月12日，第40—41、61页。

同样重要的是，清季从改科考到废科举，取士的标准有一个变化的过程。废科举前的十余年间，取士的标准已是鼓励新旧学兼通。汪康年于光绪十五年（1889）应乡试，以第三艺作骚体，不合科场程式，依旧例应不取；却因在次题《日月星辰系焉》中，能"以吸力解'系'字，罗列最新天文家言"，被主考官认为"新旧学均有根柢"，欲以首名取，终因犯规而以第六名中试。科场程式尚不熟，竟能以高名取，可知实以"新学"中试。① 这虽然只是一例，但民国新人物中有功名者实多，大抵为清季最后二十年间中试者，却颇发人深省。

像刘大鹏这样从中国腹地山西出来的读书人，就可能因买不到"新学"书籍，或买到却熟悉程度不够而竞争不过久读新学书籍的口岸士子。刘氏于1895年到京应试后，大概才了解到口岸士人读的是什么书。次年十月即请人代买回书籍一箱，其中有贺长龄编的《皇朝经世文编》和葛士浚编的《皇朝经世文续编》。自那之后，刘大鹏有半年的时间平日所读都是这些"经世"的新派文章（包括驳新派的文章，但所关怀的问题仍相同），思想也有一些变化；他由此回想起当年自己也曾学过《几何算学原本》，且"颇能寻其门径，然今已忘之矣"。② 可知咸同时期新学的传布也曾较广，但一因士人基本心态未变，更因科举取士的标准未变，许多人读点新学书籍也多半是走过场，读过即忘。

刘大鹏自己在多读买回的"经世"之文后，也终于醒悟到："当此之时，中国之人竟以洋务为先，士子学西学以求胜人。"这最

---

① 事见汪诒年纂辑：《汪穰卿先生传记》，收在章伯锋、顾亚主编：《近代稗海》，第12辑，四川人民出版社，1988，第194页。
② 《退想斋日记》，第62—70页。

后一点是关键性的：如果不学西学，就很难"胜人"。十几天以后，他就听说"京师设算学科，二十人中取中一人。凡天下之习算学者，许到京应试。此新例也"。① 这距刘氏回忆起他也学过算学并后悔已将其忘掉也不过两三个月。到 1901 年 10 月，刘氏已认识到"国家取士以通洋务、西学者为超特之科，而孔孟之学不闻郑重焉"。由于"凡有通洋务、晓西学之人，即破格擢用"，结果是"天下之士莫不舍孔孟而向洋学"。② 但像刘大鹏这样要到进入 20 世纪才完全认识到这一趋势的人，实已太晚。

这一变化是自上而下逐步实行的，与京师的信息距离（而不一定是地理距离）越近，变得越快，反之亦然。到 1898 年夏，刘氏就注意到府学的考试题已改考策论，题目的内容也与时政密切相关。而同日县学出的考试题，却"仍是文、诗，并无策论题"。在不欣赏趋新变化的刘氏看来，"府学业已改试策论体，县学仍旧，则风气尚未全变"。③ 但他没有想到，县一级按旧法训练出来的学生，到了府一级就很难考过据新法所出的试题。刘大鹏自己在赴京考试之前，其日记中就全无洋务、新学、西学这样的词语，只是在读了买回的"经世"文章后始出现关注这类事务的言论。可以想见，那些举人以下未曾出省应试的读书人，大概就只有等到考试内容正式改变的通告发出后才能认识及此，他们也就更加无法与口岸地区的时代发展同步。1897 年时就有人根据北京传来的信息劝刘氏在家塾中"教子弟习洋务"，盖其为当时所重。刘氏是否接受这

---

① 《退想斋日记》，1897 年 5 月 18 日、5 月 30 日，第 72、73 页。
② 《退想斋日记》，第 102 页。
③ 《退想斋日记》，第 86 页。

一劝告，因日记被删，不得而知，从其语气看他大约是不接受的。①但与上同理，全依旧法培养出来的学生，至少在仕进一途，必然要吃大亏。

一旦科举取士的标准改变，刘氏那种一次性的购书补习也并不能从根本上改变他在追赶新学方面"落后"于时势的状况。1902年，清政府正式废八股而改试策论。次年，刘氏到河南开封再次应会试，又发现在山西还不多见的"时务等书，汗牛充栋，不堪枚举其名目，凡应会试者，皆到书肆购买时务诸书，以备场中查对新法，故书商、书局抬其价，并不贱售"。② 可见不仅山西的新学落后于北京，即使同为内地且邻近如山西、河南，新学的传播也很不一样。场中所考既然多为新学，两地读书人已不可同日而语。刘氏只能再次落第。当然，由于开封书商多来自京、津、沪、汉，这次是特别来卖书给应考之人，属于临时性的书市；还有一种可能是河南读书人也不过是新近才接触到这么多新学书籍，则河南读书人或仅比山西士人略更幸运（从刘氏斥开封因"五方杂处"而"人情多浮诈，风俗亦侈靡"看，开封的"开通"的确超过太原）。但至少内地读书人与书商所自的口岸读书人已不在一条起跑线上，应是毫无疑问的。

近代信息的传播已有许多新兴的方式，报纸即是其中主要的一种。晚清之报纸适应读者需要，对于科考颇为重视，常刊载时文典范供士子揣摩。特别是改试策论后，因为"主事者以报纸为蓝本，而命题不外乎是；应试者亦以报纸为兔园册子，而服习不外乎是"。

---

① 《退想斋日记》，第74页。
② 《退想斋日记》，第121、609页。

所以，士子"虽在穷乡僻壤亦订，结数人合阅沪报一份"。① 刘氏所居之乡看来比这里所说的"穷乡僻壤"还要穷僻，所以并不知看报可以帮助科考。山西有《晋报》，始于 1901 年秋岑春煊抚晋时。而刘氏日记中提到读报，还要略晚，约在一二年以后，其所读也与科举考试全无关联。即使在那时，我们也可从他阅报的时间与所阅报纸的出版时日看到近代信息传播不同步的现象。从刘氏所阅报纸看，他开始阅读的山西《晋报》一般是两周以前出版的，而他首次提到读外地的《中华报》，是在 1906 年，所阅者为 70 天以前的。到辛亥革命以后，信息流通的速度显然加快，他在 1914—1915 年提到读《申报》和《大共和报》，都只差七八天。到 1917 年，又提到阅《顺天时报》，只差两天，与阅本省的《晋阳日报》同。② 此时可以说已没有什么差异了。也就是说，要到民国初年，山西较开通的地区才与全国的主流信息渠道同步。

可以看出，近代中国整个社会的变化甚快，但各地变化的速度又不一样。在相当长的一段时间里，全国实已形成两个不同的"世界"。③ 用刘氏自己的话说，即"中国渐成洋世界"；④ 这里的"中

---

① 戈公振：《中国报学史》（转引《上海闲话》），生活·读书·新知三联书店，1955 年，第 108—109 页。
② 《退想斋日记》，第 130、149—150、162、195、199、203、246—247 页。
③ "两个世界"的提法得益于张灏先生，参见其《梁启超与中国思想的过渡，1890—1907》，中译本，江苏人民出版社，1995 年，第 3 页。张先生主要是据钱穆先生对晚清大儒陈澧、朱一新等人学说的诠释，指出他们的思想"很少显示出西方的影响"，故得出西方影响主要在"少数几个在位的学者官员和一些在通商口岸处于边际地位的人物"这样的结论。我以为张先生对"在位的学者官员"对全国士林的影响恐怕估计过低。无论具体的诠释如何，以京师和通商口岸及其影响辐射区为一方，以广大的内地为另一方来划分晚清的两个"世界"，我想是有助于我们对近代中国的了解的。
④ 《退想斋日记》，1902 年 2 月 28 日诗，第 107 页。

国"和渐成的"洋世界",正是当时从价值观念到生存竞争方式都差异日显的两种"世界"的表征（非刘氏原意）。要能够沿社会阶梯上升,则必须按其中之一的"洋世界"的方式竞争。读书考试做官的路径还没有变,但考试要求的内容已改变;这已足以将相当一部分士人拒之于新的上升途径之外,僻处乡野的刘大鹏及其同类士人实已不能"预流"。其结果,在趋新大潮的冲击下,科举考试已可能凭机遇（生长在口岸就比内地占先手）而不是作文的本事（八股文的优劣是一事,大家考同样的东西至少体现了竞争的公平）,考试的公平性和所选出之人的代表性均已不及以往。

重要的是,像刘氏这样的读书人,虽然对新学有较强的抵触排拒之意,却主要是因信息的不流通而追赶不上社会的变化;他们的确不满这些新变化,但仍存追赶之心,也有追赶的实际行动。刘氏自己就一直在补习新学。而且,山西省城各书院在义和团之后改为大学堂（即李提摩太促成并经手的山西大学,是当时除京师大学堂之外中国唯一的一所"大学"）,该校不仅"延洋夷为师",且"所学以西法为要",这是刘氏平时最为切齿的。他听说有数位原有的中国教师因"闻洋夷为师而告退",盛赞其"可谓有志气者也"。但当他获悉该校还要补招二十余名学生时,立即由隔县的教馆赶回家让自己的儿子去报名应考。① 由此可见,只要读书仕进这条路不断,像刘大鹏那样的士人对新学是既不满又要追赶。但由于不在同一起跑线上,他们中的大多数终于不得不名副其实地落伍了。

刘氏起步既晚,又不愿舍弃孔孟"正学",对新学也确实颇有抵拒之心,所以追赶的速度就慢。在他于1903年又一次落第后,

---

① 《退想斋日记》,第111—112、115页。

才进一步醒悟到,其他士人"舍孔孟之学而学西人之学",是为了"求速效"。因改试策论后,"所最重者外洋之法",也只有求速效的人才考得上。对于维持"正学"的士人打击更大的是,不仅读书仕进之途已尊西学,即使教书谋生,也是"凡能外洋各国语言文字者,即命为学堂教习,束脩极厚"。① 这还只是开头,但已有点撒手锏的味道。约在同时,与刘大鹏同年中举的郝济卿,即因其东家嫌其"守旧学"而"欲令子弟学西法",郝氏不愿教新学(或亦不十分能教),只好"力辞其馆就别业"。② 此时讲旧学者尚有选择余地,到科举一废,不会新学就只能失馆,那就更不仅仅是束脩厚薄的问题了。

1896年春,刘大鹏所在地区已闻"废学校、裁科考之谣",立即引起士子"人心摇动,率皆惶惶"。反应快的,当下就有"欲废读书而就他业之人。但更多的读书人"习业已久,一旦置旧法而立新功令,自有不知适从之势"。③ 很明显,如果说身处口岸的某些"先进"士人考虑的是废科举将有利于国家的改革和发展,内地一般读书人最直接的反应正是上升性社会变动的方向转换问题,而他们首先考虑的也就是怎样因应这一可能出现的变化。

很快,传闻的消息就与恰发生在同时的省城晋阳书院裁减诸生的膏火银一事结合起来,据说裁减膏火只是第一步,接着就要"全裁各省书院,停乡、会试十科,新立同文馆、博致书院,请洋工师主教"等。这也是自上而下的,外省已在进行;山西因抚宪抵制,尚"不至一旦变于夷狄"。其实后来弄明白,至少裁减膏火是用于

---

① 《退想斋日记》,第126页。
② 《退想斋日记》,第138页。
③ 《退想斋日记》,第57页。

给书院山长加束脩。① 但那些传闻将发生的事，显非无因，后来大致以不同的形式逐渐出现。

1904年初夏，刘氏又从《晋报》上看到"政府欲将各省州县各教谕之缺一律裁汰，所裁教官即分别派充各小学堂教习，所有教谕署中应办事件即并归各省学校司办理"。清制，举人参加"大挑"考试合格即可用作地方教官（虽然从挑中到实际补缺可能会有十年或更长的候补期），也是入仕之一途，这对刘大鹏来说只有一步之遥。如今此路将断，他立即意识到"读书人更无出路矣"。②

到1905年2月中，刘氏已知"天下学校全改为学堂"。在他看来，"学堂者，外洋各国之名也"；盖"其中一切章程全遵日本之所为"。那年10月，他获悉停止科考，当即感到"心若死灰；看得眼前一切，均属空虚"。刘大鹏是有大志者，故其所虑或在仕途的中断；对于其他前途本不甚光明的读书人，却是威胁更直接的"生路已绝，欲图他业以谋生，则又无业可托"。果然，刘氏还在担忧"士皆殴入学堂从事西学，而词章之学无人讲求，再十年后恐无操笔为文之人"；而一两月之间，同人已"失馆者纷如"。对于家有恒产者，尚不致虑及吃穿，"若借舌耕度岁者，处此变法之时，其将何以谋生乎"？③

科举制本是集文化、社会、教育、政治等多功能于一身的建制，它的废除不啻给予其相关的所有成文制度和更多的约定俗成的习惯行为等等都打上一个难以逆转的句号。应该指出，清末各项改

---

① 《退想斋日记》，1896年5月25日、6月8日，1897年5月27日，第58、58、73页。
② 《退想斋日记》，第135页。
③ 《退想斋日记》，第139、146—148页。

革的一个重要基础,就因为中国传统政教模式的确已到了不得不改的程度。在位的中国士人可以接受最初由西方传教士提出的废除科举制的主张,就因为其许多功用已经或正在失去。清政府在改革科举之时,已开始兴办学堂来填补科举制的教育功用,这本是很有见识的举措。但是,一种新教育体制并非一两纸诏书在一夜间便可造成。如果说刘大鹏等人考虑多是个人出处,他们也看到一点关键所在:科举是在"学堂成效未有验"[①]时就突然废除的。很明显,清季时举国都已有些急迫情绪。

从某种程度上言,清季最后几年新政的致命弱点就在于,当清政府终于认识到改革已是刻不容缓而主动推行自上而下的一系列改革措施之日,却正是义和团事件之后大量过去维护政府(作为国家的一个主要象征)的那些士人对清政府失去了信心之时。[②] 科举改革的不断加速进行正反映了在主流士人心态与清政府政策颇有距离的情形下,政府希望借此可以挽回这些士人的支持。从1901年到1905年那几年间,仅张之洞、袁世凯等人关于科举制的奏折所提出的办法,几乎是几月一变,一变就跃进一大步,前折所提议的措施尚未来得及实施,新的进一步建议已接踵而至,终于不能等待学堂

---

① 《退想斋日记》,第146页。
② 鲁迅曾说:"戊戌变政既不成,越二年即庚子岁而有义和团之变,群乃知政府不足与图治,顿有掊击之意矣。"(《中国小说史略》,《鲁迅全集》,人民文学出版社,1981年,第9卷,第282页。)这里的"群",实即主流派士大夫,因为一般的老百姓在义和团之时恰与清政府有一度的"合作"。当时"东南互保"局面的出现,就是那些当年曾在清廷与太平天国之间选择了前者的疆臣,这次却在清廷与列强之间选择了中立(中立是新入的洋概念,从传统观念看,就是有外侮而不勤王,听凭外人宰割君主)所致。类似的心态也可见之于清季的温和改革派。他们反对革命,却承认清政府不可恃(这在逻辑上本身是不通的:清政府不可恃,就必须更换之,否则何以救亡?此派之所以得不到多少民间的支持,就在于其政治主张根本没有成功的可能)。这些问题当然已越出本文范围,只能另文探讨了。

制的成熟而将科举制废除。① 由于改和革的一面不断加速而建设的一面无法跟随，遂造成旧制度已去而新制度更多仅存在于纸面的现象。旧制既去，而新制尚不能起大作用，全国教育乃成一锅夹生饭。②

实际上，科举考试内容的改变，已带有质变之意。如果从新政需要新式人才的角度考虑，考取之士既然以新学为重，当能应付政府暂时之急需；而更广大的读书人阶层也势必随之修改他们的治学之路。不论是为了实行其以澄清天下为己任的志向，还是为了做官光宗耀祖，甚至纯粹就是想改变个人和家庭的生活状况，只要想走仕进之路，任何士人都必须学习新学。刘大鹏就是一个显例。他也曾有大志，若科举不废，假他以时日熟悉新学，至少也还有"身登仕版"的可能，所以他才不愿以教书为生，"依人门户度我春秋"。此制度一旦废除，这个他一生寄予厚望的上升性社会变动之路就突然关闭了。

耕读之路走不通后，士人怎么办？年轻的或可进新学堂，转变得更快的，已知道出洋游学。但那些已到中年不宜再进学堂而又无力出洋游学者，他们怎样因应这一社会变动呢？刘氏发现，他认识的许多读书人因科举废除而失馆，又"无他业可为，竟有仰屋而叹无米为炊者"。他不禁慨叹道："嗟乎！士为四民之首，坐失其业，谋生无术，生当此时，将如之何？"③ 这才是几千年未有的大变局：传统社会是上有政教，下有耕读，从耕读到政教的路前已较难，但

---

① 参见王德昭：《清代科举制度研究》，中华书局，1984年，第236—245页。
② 说详罗志田：《失去重心的近代中国：清末民初思想权势与社会权势的转移及其互动关系》。
③《退想斋日记》，第149页。

终未断绝；如今此路不通，意味着整个社会的上升性社会变动途径不得不转向，新办的学堂不论从制度上或数量上均不足以代，而期望在社会阶梯上升等的人却并未稍减，社会动荡的一个重要造因已隐伏在那里了。

到1906年春，因县令传谕各蒙馆均"改名为学堂"，致使各蒙馆闻风而散，学生全都不读。在刘氏看来，这体现了"民心之不愿改为学堂，不愿学洋夷之学"。其实恐怕没有那么简单。县令既然只命改名，暗存承认既成事实之意，则所有馆师尚不致失业。各馆皆散，恐怕恰是各东家及就读学童家长为使其子弟能学新学而无形中实际解雇旧馆师的婉转手法。既然"士皆舍孔孟之学而学洋夷之学"是为政府所鼓励引导，像刘大鹏这样的个别士人或许能坚持不"随俗浮沉"，一般家长则必然会"靡然从风"。散馆的结果，其实质就是所有的馆师失馆。① 如果散馆只是临时现象，则塾师尚有复职可能。一旦新学堂建立起来，塾师的希望就渺茫了。

果然，到第二年春，情形就比较明朗。没有改学堂的蒙馆，"弟子来读者无几，借事不来者有之，托病间旷者有之"。而凡新设学堂之村庄，蒙馆就被废弃。由于学堂的蒙童要"从事于科学"，旧有的塾师"多不能安其业"。反之，稍知新学者，或可为"劝学员"（即由绅充任的低级学务人员），或可为新学堂教习。换言之，只有到新学堂林立，知新学的读书人数量不足以充教习时，旧塾师才可望重返教职。即使此时，旧塾师还面临一个被再选择的问题。多数新人物在安身立命之处，其实也重旧资格，故像刘大鹏这样有举人功名的，仍会被优先选用；而原来学历稍差、竞争力不太强

---

① 《退想斋日记》，第151—153页。

的，通常都落得个长期失业的结局。到1908年夏，刘氏仍观察到"老师宿儒皆坐困于家"的情景。①

这还只是清季的情形，一到民国，更有根本的变化。一般塾师必须通过县一级新政府的考试才能教书，"若不合格即不准设帐授徒"。刘大鹏在任县议会议长的短暂时期，就有一老秀才怕考试通不过，"势必生路告绝"，不得不"声泪俱下"地请他"庇护"。以前士人不读孔孟，只是受包括考试内容在内的各种"引导"，如今"学堂之内禁读经书，只令学生读教科书"，新旧之间的攻守之势已完全改变。像刘大鹏这样继续得以充任蒙养小学堂教习的士人，尚可在教学时暗中抵制，"以四书五经为本而教科书为末"。但省视学到他的学校检查时，显然发现了问题，乃重申"仅许办理新学，不准诵读经书"。②

结果，刘氏这样的"顽固党"终不能见容于新时代，到1914年初，他已不得不"另图生计"，开始经营小煤窑。他自己总结说："人之一生，皆有恒业以养身家。予借舌耕为恒业垂二十年，乃因新学之兴，予之恒业即莫能依靠，将有穷困不可支撑之势"，故"不得已而就煤窑之生涯"。他一面以《中庸》上的"居易以俟命"自我解嘲说是"处于乱世，所学不行，聊借一业，以藏其身"③，一面坚持称自己是"老农""乡人"④，并不以"商人"为其身份认同。然而，这仍不能改变他之所为正是他以前一直鄙薄的因生活境遇不

---

① 《退想斋日记》，1907年4月9日、4月14日，1908年6月29日，第159、159、169页。
② 《退想斋日记》，1913年2月19日、3月27日、4月29日、6月27日，第177、179、180、184页。
③ 《退想斋日记》，1914年2月5日、29日，第191、192页。
④ 《退想斋日记》，第227、262—263页。

好而"弃儒就商"这一事实。清季民初世事变化的沧海桑田,终于使最后一代四民之首的士(而且是那些主观上希望维持其原有的身份认同者)自己走下了等级社会的首席,四民社会也就随之而解体,不复存在了。

旧有的士人谋生既难,新的士因科举制的废除已不能再生成,士的存在也就成为一个历史范畴。其直接的社会后果,就是四民社会的难以为继。那时刘氏耳中所闻,眼中所见,"无非困苦情形。农曰岁欠饥馑……士曰学尚新学,遗弃孔孟,士皆坐困……工曰今有机器,废置手工,无所觅食……商曰百物征税,日重一日,商务利微",可谓"世困民穷,四民均失其业"。而"四民失业将欲天下治安,得乎"?①

衣食足而后知礼节是中国的古训,先有面包然后有艺术是近代西人的新知。如果士无以为生,自然也就谈不上作表率。一个没有共同接受的榜样的社会,加上其余三民也多困苦(必须指出,也有不少适应社会变动而上升者),民生和民心皆不稳定。此时天下或者大乱,或者以严刑治;前者为清政府及鼓吹废科举者所不欲见,后者为尚未正式放弃儒家学说的清政府及推广改革者所不能为。中国社会向何处去?这的确是主张废科举者始虑所不及的。

外篇:近代内地乡绅心态的史学启示

科举制是传统中国社会一项使政教相连的政治传统和耕读仕进的社会变动落在实处的关键性体制,其废除无疑是划时代的。但从

---

① 《退想斋日记》,1906年11月25日、1907年2月14日,第155、157页。

刘大鹏的记述中可以看到，这一制度的衰落远早于此，至少在山西乡间，耕读之路早已不像以前那样受重视，而科考内容的改革无形中已使那些仍能一心读书的士人所学内容从孔孟之道逐渐转向以西学为主流的新学。虽然废科举的始作俑者是西人，但西潮的冲击当然不仅是在科举。从文化竞争的长远视角看，中国读书人主要思想资源转变（更多是在意识层面，潜意识即通常所谓的安身立命之处则基本未变）的影响所及，恐怕不亚于科举制的废除。在这一方面，身处内地的儒生型乡绅刘大鹏记录下来的与耕读生涯相关的心态变化，也给予我们许多从上层精英人物纪录中所难见到的启示。

从1896年底开始阅读时务书籍，刘氏受到的影响是多方面的，至少不仅仅在趋新的一面。他看到了"华夷通商，是天下一大变局"，但一开始个人信心也还比较足；"时人皆忧中夏变于夷狄"，在他看来，"夷狄不能变中夏，仍是夷狄变为中夏也"。这一点尚是古训，但刘氏的推理却是近代的：西人到中国传其洋教，"欲胜吾圣贤之教……不知吾道甚大，无所不包。泰西之教非但不足以敌吾道，久之而必化其教入吾教耳。乃知海禁之开，是吾道将来出洋之由，非西教混行中华之渐也"。① 那时的"经世文编"，虽有明显的倾向性，到底是两造的文章都选，所以时务书籍有时也给抵拒时务者提供了思想依据。②

但在义和团之后，刘氏发现：一方面，洋务已是举国皆趋，孔

---

① 《退想斋日记》，1897年3月23日、1896年6月22日、1897年10月7日，第71、59、75—76页。
② 同样，在民国代清之后，自居"大清之人，非民国之人"的刘大鹏，拒绝用民国纪年，仍用宣统年号。但他能够"各行其志不能强"，所依据的思想资源，竟然是"维新人所谓之自由是也"。《退想斋日记》，1914年11月17日，第199页。

孟"正学"已经不明；另一方面，"洋夷扰乱中华，如此其甚，我则衰弱自安，不思自强"，他的自信心开始逐渐丧失。到科举废除之后，眼见一留学英国回来得举人的太谷县读书人，服色已易洋装，"宗族亦待为异类"，终不得不承认有"华人变为夷者"这一事实。①

值得注意的是，在刘氏眼里，洋务并不等于自强，这或者是海峡两岸各以"洋务"和"自强"称谓同一"运动"者值得研讨的吧！对他那样的士人来说，搞洋务者所致力的"争胜"和"富强"，"凡举一政，必费巨款，而其款即从民间科派"；不但不安民，实是扰民，"虽云自强，其实自弱也"。传统儒家思想最反对与民争利，而新政之下的"修铁路、开矿务、加征加税"，无一不是与民争利，其结果是"民心离散"。而民心才是真正自强的基础："国家当积弱之秋，外侮交加，而欲奋然振兴以洗从前之耻，其策在省刑罚、薄税敛，施仁政于民，俾民修其孝弟忠信而已矣。不此之求，惟事富强，失策孰甚焉！"正因为这样，在刘氏眼中，"自变法以来，各行省民变之案接踵而起"，出现了"人心莫不思乱"的现象。而且是"民困愈甚，思乱之心更深，一有揭竿而起者，民必响应无穷矣"！②

刘氏强调的"薄税敛"是儒家仁政的主要内涵，且有极强的时代针对性。的确，除了"洋夷无他知识，惟利是趋"③和中华之邦讲究礼义这个根本的价值冲突外，晚清改革的大多数事项都需要增加开支，这些开支或直接或间接，最后都落实到老百姓头上（历次不平等条约的赔款更是如此）。若与同时期的西方和后来的中国比，

---

① 《退想斋日记》，1902年2月9日、1906年3月6日，第105、148—149页。
② 《退想斋日记》，第160、105、117、142、128、120页。
③ 《退想斋日记》，第130页。

从晚清到民初，中国各级常规和非常规的各类税捐加在一起，或者仍不算太高。但对具体时期的具体个人和家庭来说，新出的各类非常规税捐的确是以空前的幅度增加，而且呈不断增加之势（民国重于清，国民党又重于北洋）。

刘大鹏观察到："各省大吏均以财用为务，凡所设施，非与民争利，即加征加赋，动曰效洋人之法也。"① 这就看到了晚清政府"与民争利"的思想资源是来自西潮。从理论上言，这直接牵涉到西方自近代以来聚讼不休的"小政府"和"大政府"的问题（也类似中国历代关于皇帝是否应内外"多欲"的争论）。对西人来说，纳税是人民对国家的义务，政府要多办事，当然要多征税。刘氏的同乡，任新学堂教习的维新士人杨谟显就认为，加征加赋是为筹兵饷，老百姓"因此而民变"，只能说明"民之不仁甚矣"。他以为现在加得还不够多，"即倍而加之，亦分所应尔"。② 这样的观念，虽近代变法之人暗中常以为本的法家学说也不及此，显然已融入了西方理论。

刘氏在1906年3月遇到两个新近游学日本的山西士人（一进士一生员），"盛称倭学之高；言倭之理学，华人不能其万一"。这种言论，大致也是出自真心。出使英国的郭嵩焘也曾认为他所看到的英国政治是中国上古"三代"政治的再现，留日学生中多有认为有些传统在中国已失，而在日本尚保存者（鼓吹日本负有东亚振兴之责的有些日本学人，也有类似的说法，但出发点却颇不相同）。不过刘大鹏也能看到问题的实质："噫！舍吾学而学倭学，宜乎倭

---

① 《退想斋日记》，1905年5月16日，第140页。
② 《退想斋日记》，1905年5月29日，第141页。

学之高也!"① 的确,20世纪初的中国留学生,多是在西方文化优越观已确立之后才出国游学的,其容易看见象征西学的日本学高明之处,正因为先有求仁之心,故能出现我欲仁而斯仁至的现象。

但对刘大鹏这样的儒生来说,"惟事富强"本身就不合中国传统,而"维新之人一意加捐,以期政治之维新",并不念及民困耶否耶,更是失策。儒生当然应有"澄清天下"之志,不能只顾及眼前;但他们同时也遵循"思不出其位"的行为规范,在乡就要言乡。在刘氏一类乡绅眼中,国家的"富强"还只是个影子,而越来越多的各类税捐却是实实在在地落在周围的乡民身上。故刘氏越来越肯定:清季"民心离散"的根本原因,就在"维新之家办理新政,莫不加征厚敛"。②

这样,新政内容之一的兴办新式学堂,在刘氏眼中就是一项明显的苛政。因为"每堂必筹许多经费,俱向百姓抽剥",故学堂设得越多,则百姓的负担就越重。"趋时之人只求迎合官吏之心,不顾群黎之怨"。问题在于,若"民生不遂,教何由施"?③ 到1906年7月,刘氏已获悉直隶(今河北)灵寿、平山两县数千百姓因抗"勒捐巡警经费"而起民变,在毁县衙、打县令的同时,因"百姓又愤学堂捐,复将两县所设学堂焚烧"。又一年后,身处山西乡间的刘大鹏已看到,"凡设学堂必加征加税,致使民怨沸腾,动辄生变",长此下去,"天下大局殆将有不堪设想者","恐不到十年即有改变之势"。④ 辛亥年的革命史实表明,他这个预测大致是准确的。

---

① 《退想斋日记》,第149页。
② 《退想斋日记》,第170、174页。
③ 《退想斋日记》,1905年2月2日,第138页。
④ 《退想斋日记》,第153、158—159、151、162页。

而且，设学堂"经费甚巨"的一个原因即在"学堂规模只是敷衍门面"，讲究"铺张华丽"。几年后刘氏到省城参观各新立学堂，果然"均极雄壮"。① 这与章太炎所见不谋而合。盖兴学堂主之最力者为张之洞。章太炎指出，张氏"少而骄蹇，弱冠为胜保客，习其汰肆；故在官喜自尊，而亦务为豪举"。这一点恰影响到他办学堂："自湖北始设学校，其后他省效之。讲堂斋庑，备极严丽，若前世之崇建佛寺然。"② 则可知刘大鹏所见，绝非仅是旧人物看不惯新事物。

最使刘氏不满的是，政府虽然千方百计兴办学堂，为此不惜勒索百姓，激起民变，但学堂里的学生却"议论毫无忌讳，指斥时政得失"，且"竟敢显言'排满'二字"。③ 究其原因，也正在于这些学生服洋式服、学洋夷学；服洋服则"失中国之形"，学洋学则追随西人主张自由平等；学生既然"一以西人之学为宗旨，无父无君，皆习为固然，故入革命党者十居八九"。既然无父无君，当然也就谈不上尊师。于是，新学堂的体操课，在他眼中就成了"师弟无等级，将读书气象全行扫除"的表征。④ 以今日的后见之明看，最后一点半是误解。但对于服膺孔孟之道的近代士人来说，平等自由最可畏惧之处的确在其提示的无父无君方向。

---

① 《退想斋日记》，1905年3月14日、1908年3月1日，第140、167页。
② 章太炎：《救学弊论》，转引自汤志钧《章太炎年谱长编》，中华书局，1979年，下册，第760页。据章太炎所见，"学者贵其攻苦食淡，然后能任艰难之事，而德操亦固"。张之洞给学生以优厚待遇，意在劝人入学，但"学子既以纷华变其血气，又求报偿，如商人之责子母者，则趣于营利转甚。……以是为学，虽学术有造，欲其归处田野，则不能一日安已。自是惰游之士遍于都邑，唯禄利是务，恶衣恶食是耻"。不仅不能任艰难之事，其"与齐民已截然成阶级矣"。由此看来，近代因读书人不返乡造成的城乡之别还要早于废科举，实始于兴学堂。
③ 《退想斋日记》，1906年4月14日，第150页。
④ 《退想斋日记》，第163、158、162页。

社会转型之时，类似的现象并非不存在。1904年12月，刘氏就听到来自上海的传闻，说一京官王某送子出洋游学，子归而"跪请曰：'男有一言，父若俯允男才敢起。'王某曰：'儿有何言？'其子曰：'今日所请者，即父；自此以后愿不为父子，成为同等。'王某闻言面成灰色，无言而答，然已无可如何，听子所为"。1906年7月，刘氏又听说山西平定县就有"在省西学堂毕业生徐姓，不以其父为父，竟以平等相称"。① 北伐之时，也有类似的传说，讲参加国民党的青年要与其父亲互称同志。虽皆传闻，亦未必无所本，至少表达了当时士人关怀之所在。

在士人趋新成为大潮后，刘氏所谓不同于流俗，也有了新的时代含义。他在1903年又一次落第后，日记中首次出现了"顽固党"一词：社会上对那些不追逐西学而尚"讲求孔孟之道、谨守弗失、不肯效俗趋时者，竟呼之为'顽固党'"。一年多后的1905年夏，他总结说："近年来为学之人竟分两途，一曰守旧，一曰维新。守旧则违于时而为时人所恶，维新则合于时而为时人所喜，所以维新者日益多，守旧者日渐少也。"② 一般而言，在口岸地区，新旧两派的划分至迟是在几年前的戊戌变法时已经明确，即所谓"自六烈士杀，而新旧泾渭于是分矣"。③ 但在刘氏的世界中，这个划分显然要晚得多。那"顽固党"的称谓及其伴随的新旧之分，很可能还是他出门应考得到的新知识。近代中国各地区思想心态的不同步，于此又可见一斑。

科举制一废除，不但各级官吏"专事奢华，事事效法洋夷之所

---

① 《退想斋日记》，第138、153页。
② 《退想斋日记》，第126、143页。
③ 李群：《杀人篇》，《清议报》88期（1901年），张枬、王忍之编：《辛亥革命前十年间时论选集》，生活·读书·新知三联书店，1960年，卷一上，第23页。

为"，而"草野人民亦多仿而行之"。① 新旧之分的情势在乡间也很快明朗起来，而且维新派显然在短期内就大占上风。刘大鹏一向逢人就喜欢讲伦常之理，② 但在废科举之后不久他又讲伦理时，一个朋友就劝他说，你讲的虽然有理，"但不合乎时。若对维新之人，非特受其讥訾，且必招其斥骂"。③ 可知在此之前，刘氏尚颇有发言权，然维新派在短时期内已今非昔比，完全占据了乡间的言论阵地。旧派之人若不在言论上自律（即 self-censorship），就会自讨没趣。到 1908 年春，有讲说孔孟者更会被读书人"群焉咻之，目为顽固，指为腐败，并訾以不达时务，为当时弃才"。④ 世风的丕变表明，新派此时已取得了对乡间思想论说权势的完全控制。

故刘氏等正忧国家和个人前途无望，维新者却都"欣欣然有喜色而相告曰：'旧制变更如此，其要天下之治，不日可望。'"⑤ 对那些认为科举是中国进步的大障碍的士人来说，这样的期望想必是真诚的。但刘氏等视科举为中国的根本制度者，其忧患意识也是发自内心的。同一事物而士人所见竟截然相反，近代中国思想论说及其载体的两极分裂，显然值得进一步重视。

再次值得注意的是，刘氏所说的"维新之人"，并非我们一般史学论著中专指的戊戌变法前后的主张变法者。同样，像"新政"

---

① 《退想斋日记》，第 158 页。
② 对刘氏这样的儒生型乡绅来说，伦理是"维持天下万世之大纲"。他的日记一开始就讲伦理，最后结束时仍在讲伦理。在他看来，自古"伦理明则天下治，否则天下乱"。40 年代日本军队在中国"行其暴虐之政"，也是因为全世界都已不讲究伦理，"惟是行求利之法"（《退想斋日记》，1892 年 2 月 13 日、1942 年 8 月 19 日，第 2、590 页）。从这个角度来分析帝国主义，其实也不无所见。
③ ⑤ 《退想斋日记》，1906 年 3 月 10 日，第 149 页。
④ 《退想斋日记》，第 168 页。

这样的字眼，在刘氏日记中也是 1903 年才出现，专指 1901 年及其后的"变法"。① 这就又一次提示我们，戊戌变法在多大程度上影响到全国，恐怕还是一个需要进一步考证研究的题目，很可能其影响主要仅在所谓"洋世界"的范围之内（现刊印的刘氏日记缺光绪二十五、二十六即 1899、1900 两年，所以尚难准确了解戊戌变法对刘氏所居山西民间影响的程度，但他的"新政"一词全指 1901 年或以后的"变法"，完全不涉及戊戌变法，却是无疑的）。

可以看出，刘大鹏观察社会问题的倾向性是明显的，但他也并非全不客观。比如，对于严禁鸦片一条，他就认为是超过以前政策的"新政之最好者"。② 另一方面，刘氏无疑是带有偏见的。当他将所有他最看不惯的新事物和各种新老问题皆归咎于"学堂之害"时，他的不满情绪显然压倒了一个"觇国"之士观风析政时应有的客观。1908 年 9 月，刘大鹏将"学堂之害"总结为三点：一、"老师宿儒坐困家乡，仰屋而叹"；二、"即聪慧弟子，亦多弃儒而就商"；三、"凡入学堂肄业者，莫不染乖戾之习气，动辄言平等自由，父子之亲、师长之尊，均置不问"。③ 从他以前的记述看来，只有第三条可以算是兴学堂以后才发生的事情（这也专指刘氏所在的山西乡村而言，别处讲平等自由并不待兴办学堂）。此点确有可能促进了"读书人士日减一日"的局面：一部分害怕子弟与其讲平等的父兄或即因此而"不愿子弟入学堂，遂使子弟学商贾"，这就与废科举一起强化了第二点的发展趋势。而改蒙馆为学堂不过使第一条发展到极端化。但无论如何，前两点都是在兴学堂之前很久就已

---

① 《退想斋日记》，第 128 页。
② 《退想斋日记》，第 172—173 页。
③ 《退想斋日记》，第 162—163 页。

发生，且早已发展到比较严重的程度了。

刘大鹏之所以会有这样带偏见的看法，与他的基本价值观念颇有关联。他在1914年末总结自己的一生说：

> 予之幼时，即有万里封侯之志，既冠而读兵书；及至中年，被困场屋，屡战屡踬，乃叹自己志大而才疏，不堪以肩大任。年垂四十，身虽登科，终无机会风云，不得已而舌耕度日。光绪季年，国家变法维新，吾道将就渐灭；迄宣统三年，革命党起，纷扰中华，国遂沦亡，予即无舌耕之地，困厄于乡已数年矣。①

这真是一幅近代科举制与内地乡绅关系的清晰写照。他的生活目标、希望、失望，皆系于此一制度，可谓成亦科举、败亦科举。在大致丧失"风云"之机会后，他的主要生活来源仍靠与科举制密切关联的耕读生涯。从科举制的改革、废除到民国代清，刘氏的生存条件和社会地位都每下愈况，最后不得不"困厄于乡"，慨叹"不亦虚生"，以"惭仄曷极"的心态度过余生。

这样，刘氏将他眼中清季民国的主要弊端皆归咎于教育改革，就不难理解了。他在1916年春指出："自光绪庚子以后改设学堂，不数年停止科考，并派学生出洋留学以学洋夷之学……洋学既盛，孔孟之学遂无人讲；中国人士均尚西学，则父子之亲、君臣之义、夫妇之别、长幼之序、朋友之信皆置诸如［无？］何有之乡，遂养成许多叛逆，未越十年，即行返国，凭据要津；至宣统三年，突

---

① 《退想斋日记》，第198页。

然蜂起,革我清之命,改称民国,号曰共和,而乱臣贼子乘势行其素志。"以后的变化,都是"以贼攻贼、以暴易暴",造成"民不聊生"的状况,"岂非孔孟之学不行而洋学是尚之所致乎"!①

刘氏眼中的"叛逆",显然包括了我们平常所说的"立宪派"和"革命派",这似乎提示着我们学术界过去多看见这两派的异,而忽略了它们之间的同。至少对刘氏这样的内地儒生型乡绅来说,两者之间的同多于异。在强调两派共性的前提下,刘氏能观察到新学所造成的"叛逆"在辛亥革命之前实际上已"凭据要津",这一洞见是超过许多时人和后来的研究者的。的确,如果细观近代中国各派政治势力的兴衰,后起的政治势力往往是在前者执掌政治权势时已隐据思想论说领域的权威,先造成有道伐无道的声势,然后以弱胜强,取代前者。②

如果抛开刘氏出自清遗民的成见,不计较其某些情绪化的表述,而从文化竞争即"学战"的视角看,他最后的结论,也不无所见。余英时先生最近提出:"从长期的历史观点看,儒学的具体成就主要在于它提供了一个较为稳定的政治和社会秩序。"他赞同陈寅恪先生关于"二千年来华夏民族所受儒家学说影响最深最巨者,实在法律制度公私生活之方面"的论断,并进而指出:传统中国"从个人和家庭伦理到国家的典章制度"都不同程度地体现了儒家原则。③ 换言之,这一儒学支配下的秩序是一个全面的体系。

---

① 《退想斋日记》,第227页。
② 北伐就是一个显例,参见罗志田:《南北新旧与北伐成功的再诠释》,《新史学》,5卷1期(1994年3月)。
③ 余英时:《现代儒学的回顾与展望——从明清思想基调的转换看儒学的现代发展》,《中国文化》,第11辑(1995年7月),第1、15页。

一旦"孔孟之学不行而洋学是尚",整个体系即走向崩溃。刘氏虽处乡间,其切身的体会与后之大儒的系统诠释颇相契合,正体现了儒学贯穿于人生日用之细行与国家兴亡之大道这一无所不在的特征。

近代中国最根本的变化,仍是文化竞争的失败。中国士人引进的西方思想,总体倾向着重于"争",不仅要"外竞",而且实际上更多是提倡"内竞",故对中国既存的政治和社会秩序多取挑战的态势。这样一种大趋势或者真有利于中国的"现代化"和"进步",这且当别论,但其客观上无疑造成了许多人(不仅仅是士人)的生活困难和不安宁,而"民不聊生"这个现实又是对任何既存政治权势的最根本威胁;结果,晚清政府的变法在失去自身文化立足点的前提下,建设不足,破坏有余,无意中走上一条自毁之路。①

可以看出,儒生型乡绅刘大鹏当时记录下来的种种观点,从不同的方向和层面提示着一个问题:我们关于中国近代史许多耳熟能详的论断,在刘氏所处的"世界"中,或者不同时,或者不同义;这是否也说明我们的近代史研究到今天仍然是侧重某些层面,而忽略了另一些层面呢?假如是的,刘大鹏日记在近代史研究方面给我们的启示,就不止在科举废除引起的社会变化了。

原刊《清华学报》(新竹)新 25 卷 4 期(1997 年 4 月)

---

① 反之,也可以看出,从皇室到大臣的清季主朝政者所考虑的,应不完全仅是维护其统治(这当然是他们最主要的关怀)。有相当部分的变法措施,明显不利于家天下的统治,但在位者相信其有利于国家,故此得到推行。假如这些最终导致清室失位的政策真促进了中国的发展,对这些末世的改革者来说,也可算是求仁得仁,虽以悲剧告终,倒也不失为悲壮。这个问题涉及太宽,这里无法展开讨论了。

科举制废除在乡村中的社会后果

百年前的清光绪三十一年（1905年），对中国而言真可以说是多事之秋。那一年发生了许多大事，其中一件影响深远的大事，就是至少实施千年以上的科举制被废除了。以前对科举制尤其八股取士方式颇有微词的严复在废科举的第二年说："此事乃吾国数千年中莫大之举动，言其重要，直无异古者之废封建、开阡陌。造因如此，结果何如，非吾党浅学微识者所敢妄道。"①

废科举的直接推动者张之洞、袁世凯等疆臣认为：中国在对外竞争中的失败，是因其教育无当。若科举不停，则学校不广，故士心不坚，民智不开，难以进化日新。欲补救时艰，必先停科举以推广学校。可知科举制至少在负面已得到相当的重视，但他们似未看到其正在倡导一项可能是"数千年中莫大之举动"。②

的确，科举制是一项集文化、教育、政治、社会等多方面功能

---

① 严复：《论教育与国家之关系》（1906），《严复集》，王栻主编，中华书局，1986年，第一册，第166页。此"大举动"之说或借鉴梁启超，梁氏稍早曾说：王安石当年"议建学校，变贡举，罢诗赋，问大义，此三代以下一大举动也"。参见梁启超：《变法通议·论科举》（1896年），《饮冰室合集·文集之一》，中华书局，1989年，第24页。
② 说详罗志田：《数千年中大举动：科举制的废除及其部分社会后果》，《二十一世纪》2005年6月号。

的基本建制,上及官方之政教,下系士人之耕读,使整个社会处于一种循环流动之中,在中国社会结构中起着重要的中介和维系作用。① 这样一种基本建制的废除,不啻给予其相关的所有成文制度和更多约定俗成的习惯行为等都打上一个难以逆转的句号。当时就有人指出:此举"关系于社会者至深。社会行科举之法千有余年,其他之事,无不与科举相连。今一日〔旦〕举而废之,则社会必有大不便之缘"。② 这样一种划时代的体制变更,产生了涉及各层面的广泛社会后果。③ 本文仅就废科举对乡村教育的影响,以及与此密切相关的城乡疏离、乡村中士绅成分的转换等面相进行一些简略的探讨,较多注重那些反映趋势或倾向的现象。

一、 对乡村教育的影响

张之洞、袁世凯等疆臣其实也知道:"就目前而论,纵使科举立停,学堂遍设,亦必须十数年后人才始盛。"他们不过以为,"如再迟至十年甫停科举,学堂有迁延之势,人才非急切可成,又必须

---

① 参见余英时:《试说科举在中国史上的功能与意义》,《二十一世纪》2005 年 6 月号;罗志田:《中国文化体系之中的传统中国政治统治》,《战略与管理》1996 年第 3 期;Benjamin A. Elman, *A Cultural History of Civil Examinations in Late Imperial China*, Berkeley, Los Angeles & London: University of California Press, 2000.
② 《论废科举后补救之法》,《中外日报》乙巳(1905)年八月十二日,录在《东方杂志》第 2 年第 11 期(光绪三十一年十一月),第 251 页(栏页)。北京大学的杨琥先生告诉我,此文是夏曾佑所作。
③ 罗志田:《科举制的废除与四民社会的解体——一个内地乡绅眼中的近代社会变迁》,《清华学报》(新竹)新 25 卷 4 期(1995 年 12 月);《清季科举制改革的社会影响》,《中国社会科学》1998 年第 4 期;Elman, *A Cultural History of Civil Examinations in Late Imperial China*, chapter 11.

二十余年后，始得多士之用"。为了使士人不存"侥幸得第之心"，民间放弃"观望"心态以参与私立学堂的建设，故不能不立停科举。①

新学堂是否培养出"国家"所需的多士，确须从一二十年以上的长程进行考察，甚或可以不必论清廷本身的存废。而民间是否能如其所愿，因废科举而积极参与私立学堂的建设，也还可以推敲。当时即有很乐观的预测，以为"科举废矣，学堂其必勃然兴"。盖上可"以用于科举之费而用于学堂"，下则"以求于科举之人才而求于学堂"，学堂之经费和学生都会"顿增无数"；更因此后"出身皆在学堂之内"，故办学堂者和入学堂者皆"不患其不多"。②

预测者陈冷（字景韩）后来成为著名报人，那时或尚有些"少不更事"，因为其所想象的"用于科举之费"实在是个很小的数目。中国传统政治基本是一个不特别主张"作为"的"小政府"模式，因"作为"方面的要求不高，故产生与此配合的轻徭薄赋政策，不提倡政府与民争利；而教育体制也与此行政、税收取向配套，大致符合以农业为主的生产方式，全无须高投入；不仅民间许多人家可以负担，政府支出的份额亦甚少。候补内阁中书黄运藩在废科举后不久曾说：

> 科举办法，士子自少至壮，一切学费，皆量力自为，亦无一定成格……乡间书塾，每省辄盈千万。官所经营，仅书院数十区；修脯膏奖，率多地方自筹；少而易集，集即可以持久，

---

① 袁世凯等：《奏请立停科举推广学校折》（光绪三十一年八月初二），《故宫文献特刊·袁世凯奏折专辑》，台北故宫博物院，1970年，第1991页。
② [陈]冷：《时事批评》，《时报》1905年9月6日，1张2版。

无劳岁岁经营。①

基本上，科举体制下的读书系统是以民间为主的，政府参与不多，支出亦少；而民间也正因耗费不多，才有"乡间书塾，每省辄盈千万"的可能。同时，这样一种低成本的投入，却可能在社会地位方面获取较高的回报。废科举当年，夏曾佑便指出：

> 中国之民素贫，而其识字之人所以尚不至绝无仅有者，则以读书之值之廉也。考试之法，人蓄《四书合讲》《诗韵》并房行墨卷等数种，即可终身以之，由是而作状元宰相不难。计其本，十金而已。以至少之数而挟至奢之望，故读书者多也。②

虽然在科举考试中实际获得功名者是极少数，但体制的开放性仍在民间士子可望亦可及的程度之内。重要的是，中国传统教育所需投资甚低，这是个不容忽视的关键因素。但新学制的教育成本则空前提高，可能远超出当时中国社会习惯的负荷。如夏曾佑所说：

> 今一旦废科举而兴学校，其所学者必科学也。一器之费千万金，一师之俸数千金，此断非数家之力所能及（此从乡曲多数立论，非指少数之人与地也），不能不合一县之力成之。而今之县，稍有余力，均已尽于赔款，盖有欲兴一小学堂而不可

---

① 《候补内阁中书黄运藩请变通学务、科举与科学并行、中学与西才分造呈》，《清末筹备立宪档案史料》，中华书局，1979 年，下册，第 982 页。
② 夏曾佑：《论废科举后补救之法》，《东方杂志》第 2 年第 11 期，第 253 页（栏页）。

得者。即兴一小学堂，而其力亦不足以养多人（所收学费不能不十倍于平时乡塾之费）。即以官力助之，今之官力亦能有几？①

黄运藩已指出，过去的乡村书塾皆民间自办，并不倚靠官力。而操办地方塾馆（对应于官立或公立学堂的"私塾"是后起的称呼）多为自愿或半自愿的私人事业，往往以创办者出资为主，而伴读或借读者所交束脩多带补充性质，贫富的负担通常是有差别的；且还有宗族或地方的各类公田及"宾兴"等民间建制，对贫寒而真能读书者而言，上升性社会变动的机会始终存在。新式学堂则较前花费大得多，特别是平白增添了可能是专职的管理人员，资金乃成大问题。更重要的是办学已成集体或官方之事，这一由私向公的转变可能减弱民间的积极性。

从光绪初年起长期在京师和地方为官的何刚德说："科举时代，悬一格以为招，人人各自延师，各教子弟，国家亦不必人人为之延师也。学堂制兴，官立学堂，是官为之延师也。官力不足，失学者多，于是合群力而为私立学堂，是私人代为之延师也。"② 他这里所说"合群力而为"的"私立"，恐怕更多是指晚清的"公立"学堂，非纯粹私立者。③ 不论"官立"还是"公立"，都非读书之家"自延

---

① 夏曾佑：《论废科举后补救之法》，《东方杂志》第 2 年第 11 期，第 253 页（栏页）。
② 何刚德：《客座偶谈》，收入其《春明梦录·客座偶谈》（以下简作《客座偶谈》），上海古籍书店，1983 年影印，卷二，页 8B。
③ 1902 年的《钦定蒙学堂章程》，规定以原有义塾改办并有常年经费者，名为"公立"；以家塾扩充或塾师设馆招生改办的，名为"自立"；皆收束脩之费。而《钦定小学堂章程》，则州县所设为"官立"，地方绅商所设为"民立"，后者可借用地方公所祠庙，"官立"者五年内不收束脩。1904 年初的《奏定小学堂（转下页）

师",而是他人"代为之延师",求学办学的主动性是有差别的。

山西五台县的马儒行后来也说:"往昔村塾,起于村中有士之热心倡导,及旁人之钦仰,全系自动的设立,而应乡间之须要;范围虽小,然富内在精神。……及晚清初办学堂,因系出自村人热心提倡,故亦富活泼精神;民初尚有生气,及后官府督责加紧,强迫亦力,初时固若进步;然戕贼活气,外力一退,从而衰颓不振。"盖"学校归村公办,成为照例的故事,与村人无亲切之意味",导致"热心者亦怠于提倡,即提倡人亦疑畏不前",终不能不日渐衰颓。① 这虽只是一个村的经验,但其关于办学动力内在和外在的区分,与何刚德所说的自延师和代为延师,可相印证。

后来也有学者对那时士绅办学的积极性进行了"理性"分析,如市古宙三认为,本来反对废科举的士绅此后则颇识时务,另辟办学堂之途以保存其特权,对此非常热衷,甚至不惜自己出钱办学。②

（接上页）章程》则规定州县及大镇所设为"官立",以义塾或地方公款、捐款等所办者为"公立",一人出资设立,或以家塾扩充或塾师设馆招生的名为"私立","官立"者永不收学费。各章程均收入朱有瓛主编:《中国近代学制史料》,第2辑上册,华东师范大学出版社,1987年,第157—158、163—164、175—176页。

① 马儒行:《述吾乡之小学教育及民众教育——山西五台县永兴村二十余年来之新教育》,《乡治》2卷2期(1931年6月18日),第2—3页。

② 市古宙三:《1901—1911政治和制度的改革》,费正清、刘广京编:《剑桥中国史》,第11卷,中国社会科学出版社,1993年,第440—441页。按这是市古先生持续的看法,他曾从清末绅权扩张的视角论证当年士绅颇能抓住新的机会,故废科举后不仅未受大影响,且日子比以前似还更好过,且直到1949年都基本维持其原有的社会地位。参见 Ichiko Chuzo, "The Role of the Gentry: An Hypothesis," in Mary Wright, ed., *China in Revolution: The First Phase, 1900 - 1913*, New Haven and London: Yale University Press, 1968, pp. 297 - 317. 不过,该书的编者芮玛丽当时就表示,虽然市古先生的论点表述十分得体,但她本人所见史实并不支持这一见解。参见 Mary Wright, "introduction," in idem ed., *China in Revolution*, p. 40。

当年的士绅群体是否能将"保存特权"提升到意识层面，及其是否有基本一致的群体行动，我尚存疑；更可能是其中的一部分反对废科举，一部分支持办学堂。一些人确曾一度积极参与办学①，唯其热情似乎仅维持了很短一段时间。几年后有人"证诸各地实在状况"总结说，废科举次年，兴学之风"大盛，各处学堂，以是年创设者，不可屈指计。以今观之，自兴办学堂以来，此年之进步，可谓一跃而至极点矣。自是至今，细察各处学堂之状况，则着着退步，大有一落千丈之势"。②

而其所列学堂衰落的第一原因即"办学经费之无从筹措"，与陈景韩的预测大相径庭。当年除少数官立学堂经费较有着落外，公立者势必涉及地方"公款"的支用。私立者除换汤不换药一类学塾改办者外，真正要达到官府规定的水准，开办费至少需银数千两③，

---

① 参见桑兵：《晚清学堂学生与社会变迁》，学林出版社，1995年，第139—146页；赵利栋：《1905年前后的科举废止、学堂与士绅阶级》，《二十一世纪》2005年6月号。
② 本段与下段，《论我国学校不发达之原因》，《申报》，1909年5月24日，1张3版。这位观察者并对新旧书商进行了调查，卖书者说，"各种教科书之销路，以丙午之春（即停科举之翌年）为最佳，自是至今，江河日下，大有不可终日之势"。而《论语》《孟子》等旧书，在兴学堂后本"销路大减，至停罢科举后，其减益甚；一二年前稍稍增多，年来已复其旧矣"。书籍销售情形与学堂的盛衰大致相符。
③ 当年办学相对奢侈，四川总督赵尔巽在宣统二年正月致函学部说，"从前初办学务，多于表面上注意"，糜费甚多，若不纠正，"不独将来学务无自扩充，即已成立之学堂，亦有不能持久之势"。故他已饬四川学司拟定整理学堂收支章程，经其"酌量裁节"后的学堂建筑经费，仍为"各初小学堂之建筑费，至多不得过二千两，高等小学堂不得过三千两，高初两等同设不得过四千两，中学堂及与中学同等之学堂不得过八千两"。可知当年开办一学堂至少需银数千两。见"川督赵尔巽致学部函"，宣统二年正月二十四日；及所附"督部堂赵限制各学堂建筑及岁修各费不得任意滥用令（附简章）"，宣统元年八月，赵尔巽档案，中国第一历史档案馆藏，卷宗号474。此条材料承徐跃提示。

用于平时开支的"每年经常费至少必一二千"两。以这样的规模言，有能力"不惜自己出钱"的士绅恐怕屈指可数。通常也只能是先集资创办，后因无力维持，"遂不免要求地方公费之补助。但地方公费各有所归，必无闲款可以指拨；即有可归学务上动用者，亦已为官立、公立各学堂所挹注，必无余力再及于此。其结果遂以无补助而至停办"。

地方公费的处理是转型社会中最为敏感的问题之一。近代公田各地皆有，比例不一；受到外来冲击相对少的地方，公田比例可能很高，如毛泽东1930年调查的寻乌县，那时公田比例仍高达全部耕地的40％，其中60％为族产，20％为与信仰相关的庙产，10％为学田，还有10％为桥会、路会、粮会一类的社会公益田地。① 这类田产的收支有"公堂"一类机构处理，过去多由士绅管理，但其用途也已大致固定，要大量转用以办新学堂，很容易引起纠纷；后来频繁发生的"毁学"事件多半因此而起，大致也是导致新学堂发展停滞的一个因素。②

另一项陈景韩的想象性预测，即来学者众，也未必如其所想。官立学堂及待遇同官立的公立学堂，想入学者往往趋之若鹜。但那毕竟是少数，容量有限。且也有例外，主政陕西的樊增祥于废科举后两年说，西北办学堂有两难：一无教习，"既改书院为学堂，则

---

① 毛泽东：《寻乌调查》（1930年），《毛泽东农村调查文集》，人民出版社，1982年，第105—112页。按寻乌的情形可能有些特殊，如兴国县的永丰区，此时公田的比例就仅占耕地的10％。参见毛泽东：《兴国调查》（1930年），《毛泽东农村调查文集》，第199页。
② 清季大量"毁学"事件，中外论著多所论及，特别阿部洋的《中国近代学校史研究——清末じぉける近代学校制度の成立过程》（福村出版株式会社，1993年）的第4章对清末各地毁学情形进行了细致的分析。

乡塾师不任教育，当取稍习时务者为之师。而天文、舆地、西文、西语，就地取材，百不获一；聘之远方，无此力量"；二乏学生，"通都大邑，招考诚不乏人；若荒僻小县，秀才犹不知书，而况童稚"。① 若一般私立小学堂，则即使不收费，有时也存在生源不足的问题。

有位关心学务的观察者于光绪三十四年冬调查了南方某县乡间的办学情形。经费不足是明显的，但更大的困难是招生。学校初设时，"亦尝贴广告于通衢，招人就学。乃待之许久，初无来校报名之人。校董不得已，则择其家有子弟、而其力又足使之就学者，亲往敦劝，许以不收学费。然犹应者十一，拒者十之九"。这些不欲子弟读书者约分三类，或以为"科举已废，吾家子弟可不必读书"；或怀疑"君等开设洋学堂，殆将引诱我家子弟，使吃洋教"；还有的担心初以不收学费相引诱，到第二年即会要求出学堂捐。虽顾虑各异，"而其不愿子弟就学则尽同"。由于此校董乃"乡中董事，颇有势力。乡人仰仗之处正多，不敢过拂其意"，结果招致学生二十余人，"然推其本心，乃迫不得已，特以此为酬应校董之举"耳。②

可知对读书前景的失望和对新体制不信任是家长不欲子弟上学的重要原因。稍后也有人观察到，当时很多人对新学堂"猜疑不信"，尤其对那些与前不同的教学方法有所疑虑，故将新学堂"目之为洋学堂"，而将其教法"名之曰洋教法"。甚至以为"习体操也，谓将练习飞檐走壁，以为窃盗之预备；学唱歌也，谓将练习吹

---

① 樊增祥：《批郃阳县仇令禀》，《樊山政书》，宣统庚戌（约 1910）刊本，无出版地，卷十，页 17。
② 问天：《述内地办学情形》，《教育杂志》第 1 年第 7 期（宣统元年六月），台湾商务印书馆 1975 年影印，第 620 页。

弹演唱，以为优伶之预备；信口诋谤，无所不至"。尽管子弟入学堂的总数"逐渐稍增，亦以大势如此，不得不然耳"。有些人"子弟虽在学堂，而其诋毁学堂仍如故"。①

清季设学堂时，对各级毕业生都有相应的"奖励"措施，可授以适当的功名，学历高者尚可能得到实职。但或者这些条款宣传得不够广泛，或者乡民对新政缺乏实际的信任，以中国传统对读书的重视，一些乡民竟然谢绝免费读书的机会，科举制废除对社会及大众心态的冲击强度，似乎还在我们过去认知之上。或因民间有这样的心态，废科举不过几年，学堂与私塾竟又形成竞争局面，有时私塾还略占上风。宣统三年即有人注意到："昔之学生，大抵出私塾而入学堂；今之学生，乃有出学堂而入私塾者。"②

大约同时《申报》一文也说：在学堂与私塾的竞争中，"入学堂者既多，私塾自归消灭，此固一定不易之理。但默察近年来情形，则有大不然者。即学堂日渐退步，而私塾反日渐进步"。有些塾师原已"翻然变计，阅新书、学师范，投入学界而掌教学堂"，但"近年来因学堂日见减少，教习之人浮于事也，亦有仍退居私塾者"；学生也不乏"原在学堂者后亦改入私塾"。这还是"就苏、常诸郡风气早开之地言之，其他荒僻之地，更不知何如"。而"私塾之

---

① 《论我国学校不发达之原因》，《申报》，1909年5月24日，1张3版。按体操、唱歌等是体现当年学堂之"新"的象征性学科，不同地方不同的人反应不一，如山西举人刘大鹏就把体操课视为"师弟无等级，将读书气象全行扫除"的表征；而钱穆所在的无锡荡口镇之果育学校，"老师教文史者，初不太受人特别重视"，而"体操、唱歌先生，则尤为一校乃及一镇之众望所归"（刘大鹏：《退想斋日记》，乔志强标注，山西人民出版社，1990年，1907年8月25日，第162页；钱穆：《八十忆双亲·师友杂忆》，生活·读书·新知三联书店，1998年，第45页）。
② 又人：《教育杂感》，《教育杂志》第3年第3期（宣统三年三月），第2526页。

所以受社会之欢迎",也因办学较具弹性,其"善趋时尚者",教学内容"亦添入算学、图画等科"。这类"不新不旧之教法",颇"能迎合多数人之旨趣"。而新学堂则遵循西式作息制度,又收取各类额外杂费,乃"大招社会一般人之厌恶",反助私塾"日渐发达"。①

这样一种亲私塾远学堂的风气至少在农村是长期延续的,20世纪20年代毛泽东看到的湖南农民,对"洋学堂"仍然是"一向看不惯"。因为"乡村小学的教材,完全说些城里的东西,不合农村的需要。小学教师对待农民的态度又非常之不好,不但不是农民的帮助者,反而变成了农民所讨厌的人。故农民宁欢迎私塾(他们叫'汉学'),不欢迎学校(他们叫'洋学');宁欢迎私塾老师,不欢迎小学教员"。②又约十年后,有人对江苏江宁县淳化镇进行调查,农民仍然认为"新式学校是洋学校,所读的书是洋书,多不适合他们的需要",故许多人宁愿把孩子送入私塾。③

而废科举者最关注的人才培养,至少在从政方面,其后几年间的成效也不理想。梁启超在1910年指出,当初废科举,乃"欲举天下之仕者尽由学校,意诚善也。然以今日教育现象论之,欲求完全之大学卒业生以为用,未知期以何年"?为更有效地选任官吏,梁氏乃"悻然曰:复科举便"!当然,其实际的建议是采取一种类

---

① 《论我国学校不发达之原因》,《申报》,1909年5月24日,1张3版。按学堂与私塾并非只有竞争的一面,有时也有互补的一面,民初不少新人物也常进出于学校和私塾之间。
② 毛泽东:《湖南农民运动考察报告》,《毛泽东选集》(一卷本),人民出版社,1968年,第39—40页。
③ 乔启明:《江宁县淳化镇乡村社会之研究》,金陵大学农学院,1934年,第17页。转引自马俊亚:《民国时期江宁的乡村治理》,收入徐秀丽主编:《中国农村治理的历史与现状:以定县、邹平和江宁为例》,社会科学文献出版社,2004年,第352页。

似科举的开放性考试选官制度。① 这也提示出,尽管清廷在废科举后采取了一系列措施安置既存有功名者,这类举措似乎并不成功。

与前引严复所论相比,梁启超对科举制的重新反省要彻底得多。② 中国传统政治从思想观念到实际治理的方式都有其发生发展的统系,且有其社会基础。古人以为,实际的政治管理必须在教化可及的基础上。即贾谊所说的"有教然后政治也,政治然后民劝之"。同时,由教及政的观念也逐渐社会化,成为上升性社会变动的主要途径。落实在体制上就是从汉代发端到唐宋成熟的通过考试选官的科举制,任何编户齐民只要能通过一定层次的考试就可以担任一定级别的官员,这样一种"布衣卿相"的梦想曾经是四民之首的士和可望进入士阶层的乡村农业中产阶级的持续追求,可以说是典型的"中国梦"。③

当然,科举制的开放性很多时候是理想大于实际的;且随着中试者的积累,获得举人以上的士人中也只有一小部分人真能得官。但正如前引夏曾佑的文章所说,这样明知有些侥幸的体制"足以相安千余年而不见其不可终日者,则以若辈虽多终身不得之人,而要

---

① 参见梁启超:《官制与官规》(1910年),《饮冰室合集·文集之二十三》,第63—69页,引文在第64、68页。
② 可比较梁启超自己早年所说:像"废八股为策论",甚或他日"废科举为学堂"一类作为,虽可以算"改革",但也不过是"补苴掇拾一二小节";要解决中国的问题,必须实行他所谓"从根柢处掀翻,廓清而辞辟之"那种"大变革",亦即英文 Revolution 之意。梁启超:《释革》(1903年),《饮冰室合集·文集之九》,第41—44页。
③ 布衣卿相的梦想常常更简单也更理想化地表述为"耕读",反映出农耕是以"衣冠礼乐"为表征的整体性华夏"声教"的最重要基础。即使在通常被纳入华夏文化圈的东南,在农耕非主要生产方式的一些沿海地带,其上升性社会变动的选择就比通常向往的"耕读"要宽,似乎也不时伴随着比一般农耕区域更强的怪力乱神成分,详另文。

无日不有可得之理，故其希望之心不绝。即此希望之心，彼乃借此以养生尽年，而得以悠游卒岁矣"。① 伴随着不甚高之教育投入的是上升性社会变动的不绝希望，正是科举制保障了这一梦想的持续，并以一定数量的成功范例鼓励之。

我们切勿低估这样一种体制保障带来的社会后果，据毛泽东在1930年以口述采集的方式进行的调查，江西寻乌县的教育水平相当高，全县识字率达40%，因女子基本不识字，男子识字率可能高达80%。到1930年时全县虽仅有举人一人，却还有四百个秀才，即平均每千人中有秀才四个；且其分布相对较均衡："南八区车头乡二千人中有秀才九人，也算是很多的；南八区龙图乡一千四百人中有秀才二个，则算是少的。"可知秀才多的地方也不过略高于平均数而已。这里的新教育也有一定成效，全县十万人口中有初小学生五千人（5%）、高小学生八千人（8%）、中学生五百人、大学生三十人，还有六个出洋学生。②

寻乌这样的教育水平部分或因其公田比例甚高，似有些世外桃源的感觉。另一湖南人杨开道在1927年曾说，中国"一百个农民里头，不过有五六个人能识字；至于受过普通教育的人，则不过一个二个罢了"。故"农村社会里面的人民，多半没有知识"。③ 杨氏是专门研究农村的社会学家，其所说与寻乌的现象相去太远，究竟

---

① 夏曾佑：《论废科举后补救之法》，《东方杂志》第2年第11期，第251—252页（栏页）。
② 毛泽东：《寻乌调查》，《毛泽东农村调查文集》，第159—163页。关于男子识字率是采信毛泽东文字表述得出的比例，不排除他可能有笔误，若是那样，40%仅指男子的识字率。
③ 杨开道：《我国农村生活衰落的原因和解决的方法》，《东方杂志》，24卷16号（1927年8月25日），第5—6页。

应采信何者呢？一方面，应充分考虑中国的"地大物博"，尤其在公路和铁路尚少、机动车仅为少数人使用的时代，各地情形可能很不一样，区域性的差异和多样化是非常实在的。另一方面，像杨氏这样的留学生常据其所学的西方数据来认识中国社会，实际仅处理有限的区域，复推而广之，故其所论未必具有代表性。

更接近实际的状况或许是，像寻乌这类地处赣、闽、粤三省交界处的偏远地区，一般或视其为"落后"的典型，但在大变动的时代，反可能是一个"礼失求诸野"的代表，即表现出那些交通更便利的地区一二十年前的状况。也就是说，在很多乡村，识字率虽未必低到百分之五六，但读书人的数量日益减少、平均识字率逐渐降低应是一个相对普遍的倾向。寻乌的初小学生人数大大低于高小学生，也提示着一种可能性，即别处已发生的情形开始在这里重复了。① 这一倾向的形成，与废科举是有一定关系的。

梁启超说，科举制"实我先民千年前之一大发明也。自此法行，而我国贵族、寒门之阶级永消灭；自此法行，我国民不待劝而竞于学"。② 但随着"布衣卿相"梦想的保障不再，而新式教育的投入又日益昂贵，乡村中人读书的愿望减低（如前述一些家庭宁愿放

---

① 例如，据1920年初出版的《山东各县乡土调查录》，地处交通要道的山东泰安县约60万人，在国民小学和代国民小学就读的学生约一万二千人，其总数约与寻乌县的小学生持平，而其人口则是寻乌县的六倍，受教育的比例就差得远了（转引自陶飞亚：《中国的基督教乌托邦——耶稣家庭（1921—1952）》，香港中文大学出版社，2004年，第19—20页）。又如，应更发达的江苏江宁县，据20世纪30年代县政府的《江宁县政概况》，常住人口中，男性文盲为82.2%，女性文盲为98.7%。外出人口中，男性文盲为63.9%，女性文盲为87.7%（转引自马俊亚：《民国时期江宁的乡村治理》，收入徐秀丽主编：《中国农村治理的历史与现状：以定县、邹平和江宁为例》，第353页）。
② 梁启超：《官制与官规》，《饮冰室合集·文集之二十三》，第68页。

弃免费读书的机会），而读书的代价则增高，那些仍希望走此路的寒门之家比过去更困难了：清季官立学堂虽不收费，但办学层次较高，数量亦少；而民间之塾馆改为学堂者，基本是收费读书，且因变为他人"代为之延师"，就学者的花费多是平均分摊的。①

何刚德看到了今昔的重大差别："从前寒士读书，无所谓学费也。且书院膏伙，尚可略资以津贴家用。今则举学中田产，悉数归入学堂；而学生无论贫富，一律取费；且膳宿有费，购书有费，其数且过于学费。"据其观察，因学制转换而造成的中国人"失学之数，至少亦在百与五之比例。此九五之数，国家欲扩充学堂，徐补此阙，力必不足；若用强迫手段，使此九五之数各自谋学，势更不行"。即使还有出洋留学一途，然"出洋之由于官费者，寥寥无几；其自费之费，即千金之家，亦必裹足"，一般寒士是难以企及的。②

这样，新学制最大的问题，就是贫寒而向学之家的子弟失学愈来愈普遍。还在废科举前两年，陈黻宸在和孙宝瑄论及拟议中的废科举时就说："学校兴办不善，科举岂可骤废。科举废，天下更少读书人矣！今之学校，非强有力者、广通声气善钻营者，往往不能入。此种学校何益天下！使并科举废之，而天下寒贱之士缺望，将皆废书不观矣。"③ 废科举后，举人李蔚然也指出，科举诚多弊端，

---

① 只有在民间调适力量较强的乡村社会或仍可调剂之，如民初山西五台县永兴村的学费便"仍照旧例，按贫富出钱。先规定某年级若干，次以贫富增减之"。其"学费多寡，由村长、学董所定"。学生家庭"较丰者出三四元，贫寒者一元上下"。参见马儒行：《述吾乡之小学教育及民众教育》，《乡治》2卷2期，第2页。但这主要取决于当地民间的社会调适力量，各地差距可以甚大，有较强的偶然性。
② 何刚德：《客座偶谈》，卷二，页8B—10B。
③ 孙宝瑄：《忘山庐日记》，上海古籍出版社，1983年，光绪二十九年闰五月初三日，第700—701页。

但尚能"公平"对待贫富。而"今学堂学生，近城镇者入之，僻远不与；有势力者入之，寒微不与"。① 两人皆观察到新学制对贫寒之家的实际排斥现象，而李蔚然更预见到后来日渐明显的城乡差别。

二、城乡疏离与乡居菁英的流向城市

废科举一个影响深远的社会后果即中国的城乡渐呈分离之势。传统中国士人以耕读为标榜，多数人是在乡间读书，继而到城市为官。旧制做官的读书人，或候缺或丁忧或告老，多半要还乡。新制则"学生"与城市的关联越来越密切，而与乡村日益疏远；大学（早期包括中学）毕业基本在城市求职定居，甚至死后也安葬在城市，不像以前一样要落叶归根。前者不只是人员的流通，它还意味着信息、资金等多渠道的流通，使整个社会处于一种循环的流动之中。后者实际意味着以前整个社会的循环流动在很大程度上逐渐衰歇，并走向中止（这当然有个过程，且各地情形不一）。

废科举后不久，即有人担心，"吾国官无大小，所居者城市也。今日大声疾呼争权利以兴学者，皆城市之民也"。官立和层次较高的公立学堂也多在城镇，即使"偶有一二富乡，搜集种种捐款，建设一二学堂，所教者绅族也、富室也；林林万众，裹足不入"。若"长此不改，一二年后，城市大乡，贵族学校林立，官可以报绩，绅且据以自豪"，而乡间恐怕"除百一绅富家外，大多数学龄童子皆将不识一丁"。乡村"读书种子既绝，而市民、非市民之阶级，由此永分：市民之学堂日益增多，非市民之负担日益增重；市民有

---

① 《举人李蔚然请变通整顿学务呈》，《清末筹备立宪档案史料》，下册，第985页。

权利而无义务,非市民有义务而无权利";其潜在的祸患难以量计。① 这一担忧与前引举人李蔚然的观察是吻合的。

二十多年后,黄炎培总结说,科举制在历史上的好处,即在使"贵族教育移到平民教育身上";科举既废,教育本应更加平民化,然兴学校的结果,"转不免带多少贵族教育的意味",为"科举时代所料想不到"。主要即体现在"学校的设置既偏于都市,学费的征取更足使中等以下社会人家无力送他的子女就学"。② 教育的城乡差别当然并非只有负面的结果,有些人反可能从中获益。安徽乡间私塾尚未沾染口岸风气的传统蒙学教育,对少年胡适就曾大有帮助,使他得以在上海的新学堂连续跳级。③ 但多数人对新学堂的体验似不那么理想。

传统教育不仅投资极低,其"应用"亦甚广,低层读书人多可留在本地任塾师或从事一些地方事务。而新学制不仅教育成本激增,产出之学生却多显得"无用"。民初山西五台县永兴村的乡民即说:

> 民国的书房,真是讨厌!娃们念的书,今年这样,明年那样,换的真热闹,也不见念成一个。看人家前清时候,书房里念的书,不只是哥哥念了兄弟还能念,就是爹爹念了儿还能念,爷爷念了孙子还能念哩。书老不换,人家还进秀才、中举人;现在书倒换的勤,也不见念成一个呀!④

---

① 胡尔霖:《拟上学部条陈》(1908年),收入朱有瓛主编:《中国近代学制史料》,第2辑上册,第277页。
② 黄炎培:《中国教育史要》,商务印书馆1939年万有文库本,序言第6、144页。
③ 参见罗志田:《再造文明的尝试:胡适传》,中华书局,2006年,第41—45页。
④ 马儒行:《述吾乡之小学教育及民众教育》,《乡治》2卷2期,第1页。

也许新学堂教科书的更换频繁这个现象在山西特别明显,太原前清举人刘大鹏更早就注意及此,他说:"乡村之学堂,现名为国民小学校。儿童所读者,皆是教科书。然教科书之本,亦无一定标准,年年更改。"① 刘成禺所见则相反,在他眼中,后来的新学校才是"无论贫富雅俗,小学课本,教法一致";传统童蒙教育的内容却是有差别的:各蒙馆最初多授以《三字经》《千字文》等,但书香世家此后就开始传授"四书"白文,逐渐过渡到八股试帖一类"举业";而"市井乡村贫穷儿童"等则继之以《四言杂字》一类,期"能识日用字,写柴米油盐账而已"。②

这些不同的观察不排除地区差异的存在,但在很多地方,教育是否那样重实用也还值得进一步考察。前引《申报》之文就指出,旧时蒙馆所教读者,从方块字、《三字经》到五经古文等,"读书数十种,费时五六年",多为"所学非所用之物",除"号为士者,尚称有用"外,其余"为商为工为农者,则于此等书籍毫不相关"。作者认为,如此"误人子弟之教法,一经道破,无有不恍然思返者";但实际的情形是,由于"相沿已久,人竟深信不疑,绝不究其实效之如何"。该文将此归咎于"科举之锢习,深入人心已数百年",非一朝一夕所能"划除而悉去之"。③

其实恐怕不是那么简单。中国古有"远人不服,则修文德以来之"的说法。究竟何谓"文德"固可以有各种解释,但多少总带点儿"知识就是力量"那一西谚中"知识"所具的"力量"之意味。

---

① 刘大鹏:《退想斋日记》,1921年2月16日,第286页。
② 参见刘成禺:《世载堂杂忆》,辽宁教育出版社,1997年,第2—3页。
③ 《论我国学校不发达之原因》,《申报》,1909年5月24日,1张3版。

在真正"士为四民之首"的时代，如刘大鹏所言，士人"平居乡里，所言所行，使诸编氓皆有所矜式"；① 身为楷模的士人观念对追随的大众具有相当的权威性，士人推崇的"知识"对老百姓未必很实用，却得到他们的承认，因而也具有影响力。②

民国《霸县新志》说："二十年前乡间子弟得一秀才，初次到家，不特一家人欢忻异常，即一村及邻村人皆欢迎数里外。从此每一事项，惟先生之命是从。先生一从都邑回家，则必聚而请教。即先生有不法事项，亦无敢与抗者。自科举停，功名人不出，其视旧功名人又如彝鼎图书，以为不可多得，亲敬更甚于前。"至于"一般新界人，其自命亦颇觉与旧功名人相抗"，然一般乡民对其"敬心终不若"，盖"不知其读书与否，故其心常不信服也"。③ 这里"不知其读书与否"一语颇具深意，通常"新界人"多是受了些教育的，但地方老百姓恐怕不承认其所学为"读书"。

彭湃在 1926 年也注意到，乡村私塾中的八股先生教小孩读"关关雎鸠""子程子曰"等，"不会念的就罚跪、抽藤条、打手板、夹手指等酷刑，简直只有把这小孩们快点弄死罢了。然而农民们不但不以为怪，并说这个先生明年还要请他再干"。到县教育局将其换为师范生或中学生，"今日教什么算学，明日教什么格致，再教什么历史、地理、古文、体操；废止了野蛮的酷刑，而用文明的面壁、记过和扣分。表面上多么好看"，结果念书的小孩们反而怀念

---

① 刘大鹏：《退想斋日记》，1897 年 2 月 16 日，第 69 页。
② 而且，在四民"分工"意识被实际接受的社会里，读书多为求仕途之"上进"，无意此途的农民通常缺乏需要识字、算账的"自觉"，而将此功能划归读书人。这是民初乡村教育总不那么成功的一个重要原因，详另文。
③ 《霸县新志·礼俗》，1934 年铅印本，转引自魏光奇：《官治与自治——20 世纪上半期的中国县制》，商务印书馆，2004 年，第 362 页。

以前的私塾，以为那时"没有这样多麻烦和苦恼"。①

约十年后，有人到乡村中实地考察"现在一般未曾受过教育的人对于知识阶级所抱的"态度后说："过去乡村中，秀才先生或书塾老师有极大的潜势力。他是一乡中的审判者，一乡中的号令者，一乡中的指挥者；他是一乡中所'佩服'的人；假如这位秀才先生或乡塾老师，果真是道德高尚，则他的话差不多即可成为号令。"村中如有争议，"往往请求他去批判"；有"新事情发生了，则一般民众大都不约而同去听受他的意见"。后来学校毕业的学生则不然，"虽则现在一般知识界的学问、理解力较之过去均属优良，但乡村中人士对于他们却全抱着不信任的态度、怀疑的心情；不但不愿听他们的话，简直亦不敢听他们的话"；实即乡民"怀疑知识界，不信任知识界"。② 在作者的新眼光中比过去更优良的"知识界"，却得不到一般乡民的信任。

乡民对新学的不敬有时也因物质方面的不满，如彭湃所注意到，与县教育局派来的新教师相伴随的，是"增加了学生的学费，附加了什么农产品的捐税"。③ 另一方面，新学堂改体罚为记过、扣分等方式不受农民青睐的原因似更复杂。前引晚清的观察说，由于家长视子弟读书为虚应故事，或酬应校董，则学生来学本非自愿，

---

① 彭湃：《海丰农民运动报告》（1926年），《彭湃文集》，人民出版社，1981年，第110页。按《海丰农民运动报告》至少有两种版本，文集称其所据是广东省农民协会1926年10月出版的单行本，本文所引这段叙述在稍早《中国农民》刊出的《海丰农民运动报告》中尚不存在。

② 鲍祖宣：《国难时期的妇女教育》，《女子月刊》，4卷1期（1936年1月），第26页。王奇生在其《民国时期乡村权力结构的演变》中已引用此文部分内容，收入周积明、宋德金主编：《中国社会史论》，湖北教育出版社，2000年，下卷，第558页。

③ 彭湃：《海丰农民运动报告》，《彭湃文集》，第110页。

而教书职位却是教习的饭碗,遂形成一种"教员对于学生,方煦妪拊循之不暇,奚敢开罪学生"的新现象。① 在此情形之下,由来已久的"尊师"传统势将难以为继,也不排除有农民将废体罚视为教师有求于人而不得不"示弱"的表现。

如马儒行所说,过去塾馆的老师是请来的,"东家待师隆重,徒弟对师恭敬,先生亦感快愉"。且"生徒之成绩佳否,即知先生之教训勤惰。所赚束脩,不过应得之报酬,非其主要目的为赚钱也。社会上对之,亦甚隆礼。其人人格正直,则赚钱虽少,人亦优礼看顾"。自学校归村公办,即他人代为延师,"先生成为雇工,学生本强迫而来",师徒关系通过中介的"学校"而建立,与前大异。因"待师之礼既薄",老师"教生之心自冷",也不如从前负责了。②

我要重申,中国的地大物博非常实在,不同地区可以差异很大。钱穆在无锡荡口镇果育学校读书时,全镇之人"对果育诸师长皆备加敬礼"。且此尊敬是从私塾延伸而来,"其时科举初废,学校初兴,旧俗对私塾老师皆知敬礼,今谓新学校尤高过旧私塾,故对诸师敬礼特有加"。新尊敬超过以往的一个例子是:该校唱歌先生华倩朔每周往返于苏州无锡间,每当其归舟驶过全镇时,"镇人沿岸观视,俨如神仙自天而降,其相重视有如此"。③

但在其他很多地方,乡民对新旧教育的"信任"的确不同。彭湃在1926年说:"农民的思想一半是父传子子传孙的传统下去,一半是从戏曲的歌文中所影响,而成了一个很坚固的人生观:以反抗

---

① 问天:《述内地办学情形》,《教育杂志》第1年第7期,第621页。
② 马儒行:《述吾乡之小学教育及民众教育》,《乡治》2卷2期,第2—3页。
③ 钱穆:《八十忆双亲·师友杂忆》,第54页。本文两引钱穆的见闻,皆与他处不同,钱先生对中国传统文化的感觉比一般时辈更好,或也来自其与众不同的经历乎?

（革命）为罪恶，以顺从（安分）为美德。"就教育而言，"旧教育（如满清时的八股先生）教其安分守己、顺从地主、尊崇皇帝，为农民所最欢迎；如新教育反抗命运风水……等时，都为农民所讨厌"。①

新学在乡间得不到"信任"，自容易导致新学生在乡村中不受重视。胡适在1918年注意到："如今中学堂毕业的人才，高又高不得，低又低不得，竟成了一种无能的游民。这都由于学校里所教的功课，和社会上的需要毫无关涉。"② 这个状况是持续的，约三十年后，傅斯年仍说：往昔科举制也造游民，然为数不多；今"学校承袭科举制造游民，效能更大。学校越多，游民越多；毕业之后，眼高手低，高不成，低不就，只有过其斯文的游民生活，而怨天怨地"。③ 如果一个中学生什么都不能做（有些事或亦其不愿做④），便不能不追求更高的学历或到外头去讨生活。⑤

废科举后二三十年间，乡村新式读书人离村的现象是明显的。

---

① 彭湃：《海丰农民运动报告》，《中国农民》，第1期（1926年1月），第59页。刘大鹏几乎同时的观察很能印证这一见解：该乡的官道社演唱傀儡小戏，"每户出钱至三元、五元不等，率皆情愿"；而由村公所分摊捐款，"每户一元、两元，上户则七八元、十数元不等，乃竟未免有怨声"，村长不得不寻求他这样的士绅来帮助解决困难。刘大鹏：《退想斋日记》，1927年5月2日，第353页。
② 胡适：《归国杂感》（1918年1月），《胡适文存》，上海亚东图书馆，1920年，卷四，第10页。
③ 傅斯年：《中国学校制度之批评》（1950年），《傅斯年全集》，联经出版公司，1980年，第6册，第98页。
④ 何刚德就说，科举时代，"秀才训蒙学，资馆谷以终身；卒未闻大家有闹饭者。知吃饭之人必须安分，否则未闻有不乱者也"。他任江西建昌知府时，"盱江书院生员膏伙月六百文，童生三百文。余嫌其太薄也，乃捐廉加倍给之；汝们月得千二百文，或六百文，皆喜形于色，优游过日"。到"民国元、二年，机关林立，学生得事较易，而俸薪皆百数十元不等"。结果大大提高了学生的期望值，后来虽已"事少人浮，而谋事者仍不肯贬格小就"；对每月"十余元馆地，个个以为不满意"，仍"非百数十元不可"。何刚德：《客座偶谈》，卷二，页12B、7A—8B。
⑤ 此点承王汎森兄提示。

彭湃在1926年说:"廿年前,乡中有许多贡爷、秀才、读书六寸鞋斯文的人。现在不但没有人读书,连穿鞋的人都绝迹了。"① 杨开道大约同时也观察到,一方面是农村最缺"领袖人才",而乡村读书人向城市浮动已成"普通潮流":"一般有知识的人,能作领袖的人,都厌恶农村生活,都抛弃农村生活到城市里去。农村社会费了金钱来教育他们的优秀分子,本想他们来作农村社会的领袖,来作农村社会的改造者;但是他们放弃了他们的责任跑了,剩下一班没有知识的农民,教他们怎么样能改善他们的生活?"②

梁漱溟1929年从广州北上,考察了江苏昆山、河北定县及山西太原等地,他也发现:"有钱的人,多半不在村里了。这些年内乱的结果,到处兵灾匪患,乡间人无法安居,稍微有钱的人,都避到城市都邑,或者租界。"同时,"有能力的人亦不在乡间了,因为乡村内养不住他,他亦不甘心埋没在沙漠一般的乡村,早出来了"。③ 因内乱离村只是原因之一,更多人可能是到城市去寻求发展的机会。这些人当然不尽是读书人,但读书人的比例较高,如前引江苏江宁县的统计,常住人口中男性文盲为82.2%,外出人口中男性文盲仅为63.9%,便可见一斑(此数字未必准确,但同一统计者据同一标准所得到的比例,应可借鉴)。

当时上海《民国日报》的一篇文章说,尽管不少读书人人喊着到"到民间去!到乡间来!"的口号,实在的现象却恰相反,"年年

---

① 彭湃:《海丰农民运动报告》,《中国农民》,第1期(1926年1月),第54页。
② 杨开道:《我国农村生活衰落的原因和解决的方法》,《东方杂志》,24卷16号,第5—6页。
③ 梁漱溟:《北游所见记略》(1929年),《梁漱溟全集》第4卷,山东人民出版社,1991年,第896页。

大批的毕业学生自乡村跑进都会,不见一个返到乡间",甚至"乡村小学的教师宁愿来都市为书局报馆抄写";致使乡村颓败,"只剩下少量的具有18世纪头脑习惯的人在过着18世纪的生活,用中古的技术求得生产来供给自己"。问题是,不但全社会"没有一人关心及乡村,总集团于都会",这些18世纪的村民"还要供给都市"。作者认为,"这样畸形的偏重的趋势再不能继续下去",各方面的人都应到乡间去工作,以"造成美丽的安适的丰富的乡村",更要"让乡村与都市平行的前进"。①

杨开道此前也提出,"农民缺乏知识,是我国农村生活衰落的一个主要原因";故"一班优秀分子不应该跟着普通潮流,去过城市的生活,而厌弃农村生活",反而应该"到农村社会去服务"。②1932年11月,《申报月刊》组织上海一些教育家举行以"今日青年的烦闷与出路"为题的讲谈会,江苏省立教育学院教授俞庆棠就说:

> 青年的职业,不应该专向城市里去找。因为城市里面粥少僧多,时闹失业恐慌;青年要在城市里找职业,恐有登天之难。近年来我国乡村的衰落及离村问题极为严重,我们希望城市里的青年们应该回到乡村里边去,作归农运动,帮助农民改造乡村,建设乡村。③

---

① KL:《乡村颓败了,到乡间去!》,《(上海)民国日报》,1930年1月12日,3张4版。此文部分内容已为王奇生《民国时期乡村权力结构的演变》一文引用。
② 杨开道:《我国农村生活衰落的原因和解决的方法》,《东方杂志》,24卷16号,第5—6页。
③ 《今日青年的烦闷与出路》,《申报月刊》2卷1号(1933年1月),第53页。

前引胡适所看到的中学生高不成低不就的现象，恐怕更多是他们进入城市的情形，与俞庆棠所见相同，说明城市也未必"需要"和接纳这些知识青年，而新式大学的花费又不是一般家庭所能支付的，故这些人的"烦闷与出路"确已成一大社会问题。俞氏提出的一些具体建议当然充满城市人对农民和乡村的想象①，但她和其他许多人所共见的读书人"离村问题"确实存在。

重要的是乡村读书人心态的转变，庄俞早在清末就注意到，新学堂教育出来的学生"骄矜日炽，入家庭则礼节简慢，遇农工者流尤讪诮而浅之"。② 在耕读相连的时代，四民虽有尊卑之分，从天子到士人都要对"耕"表示相当的尊敬；在耕与读疏离之后，乃有这样的新现象。如黄炎培所说，包括乡村教育在内的平民教育，"不但没有造福平民，且给平民前途以很大的危险"；即"在教育还没有能造成好环境时，早早诱导平民脱离他们的固有生活；即使事实上一时不得脱离，先养成他们厌弃固有生活的心理"。③

故章太炎指出："自教育界发起智识阶级名称以后，隐然有城市乡村之分。"所谓"智识阶级"，其实就是新教育建制的产物。章太炎敏锐地认识到，由于"城市自居于智识阶级地位，轻视乡村"，进而产生了整体性的城乡"文化之中梗"。④ 后来逐渐引起世人注意

---

① 如她希望青年到乡村去"作农民的喉舌，说农民心里要说而达不出的话；作农民的手脑，介绍科学方法，减少农民的劳作；作农民的耳目，将国内外各种问题传递给农民，使农民知道怎样去应付。一方面乡村情愿愿的供给青年生活上的需要，同时乡村可以得到许多进步"（同上注）。
② 庄俞：《论小学教育》，《教育杂志》第 1 年第 2 期（宣统元年二月），第 112 页。
③ 黄炎培：《中国教育史要》，第 144—145 页。
④ 章太炎：《在长沙晨光学校演说》（1925 年 10 月），转引自汤志钧《章太炎年谱长编》，中华书局，1979 年，下册，第 823 页。

的读书人之"脱离群众",部分即因传统的耕读生涯中止所致;民初的读书人学西人提出"到民间去"的口号,虽未必皆去乡村,多少仍提示出城乡的分离。

在科举制废除后,传统士绅的数量只能日渐减少,而新学生又往往离村,则所谓"乡绅"的成分便可能出现变化,乡村中的权势也可能出现转移。毛泽东1930年在江西兴国县永丰区看到,当地管理公田的"公堂",仍"多数把持在劣绅手里"。他们"不是富农也不是地主",而"大半家里有些田,但不够食"。因其田产"不够食,所以要把持公堂,从中剥削"。在该区的第一、二、四乡,公堂由"劣绅管的占十分之六,富农管的占十分之四"。但在第三乡则出现了有意思的变化:"民国以前,劣绅管的最多,因为那时公堂要有功名的才能管得。民国以后,富农管的最多。与第一、二、四乡恰好相反,十分之六是富农管,十分之四是劣绅管"。①

文中所说的"劣绅",恐怕更多是泛指有功名的传统士绅,盖文中并未出现和"劣绅"对应的"正绅"或"良绅"等。永丰区地处兴国、赣县、万安三县交界处,第三乡是其中自然条件最好的一乡,通常无水旱灾,地租的比例也比第一、二、四乡要高10%。可知"劣绅"在自然条件较差的多数地区尚能继续维持权势,但也已受到没有功名的"富农"之有力挑战;在相对富庶的第三乡,"公堂要有功名的才能管"这一规则已失效,呈现出明显的权势转移。

---

① 本段与下段,毛泽东:《兴国调查》(1930年),《毛泽东农村调查文集》,第202、201页。

河北濮阳（现属河南）某村的一位读书人在 1935 年也观察到，该村因花生、盐等商品生产的兴起而导致村政权势的转移。作者说，1920 年以前，"村政完全掌握于旧式知识分子、家族长及一小部分地主的手中"。后来当地兴起花生业、枣业及小盐业等商业化经营，一些地主、富农、绅士及知识分子也参与其中，其"不营商业者，都因贫困化而丧失了固有权威"。结果出现"商人阶级掌握村政"的现象："现在的村长佐、里排长，百分之八十以上都是花生行、枣行、盐行的东家、小股东及经纪人。"该村"近年以来的政治中心，已经由秀才、举人及家族长的宅第，转移到地主、商人及高利贷者所组成的三位一体的商店之中"。①

在这两处乡村的基层权势转移中，都未曾看到新学生的身影，与旧式读书人衰落相伴随的，是"富农"和经商者的兴起。如果这些新兴的掌权者也逐渐纳入下层乡绅的范围，则乡绅的受教育成分显然降低，而其行为也可能会出现相应的转变。

早在废科举当年，夏曾佑即预言："废科举设学堂之后，恐中国识字之人必至锐减。而其效果，将使乡曲之中，并稍识高头讲章之理之人而亦无之。遂使风俗更加败坏，而吏治亦愈不易言。"② 鲁迅在 1907 年便观察到"事权言议，悉归奔走干进之徒，或至愚屯之富人，否亦善垄断之市侩，特以自长营捃，当列其班"的现象。古所谓专制统治不过一独夫，今则"顿变而为千万无赖之尤。民不

---

① 纪彬：《农村破产声中冀南一个繁荣的村庄》，《益世报·农村周刊》（天津），1935 年 8 月 17 日，11 版。不过，作者也指出，他所在村的情况并非华北农村的常见现象，更可能是特例。
② 《论废科举后补救之法》，《东方杂志》第 2 年第 11 期，第 252 页（栏页）。

堪命矣",遑论"兴国"!①

山西举人刘大鹏有切身体会,他在1913年听人说:"各村董事人等,无论绅学农商,莫不借执村事从中渔利,且往往霸公产为己产,肥己之家。村人多陋劣,敢怒不敢言。其中有狡黠之辈,非入其党即与抗争,往往大起衅端,赴县构讼。官又以若辈办公,且为袒庇。"② 十多年后,他得出了自己的判断:"民国之绅士多系钻营奔竞之绅士,非是劣衿、土棍,即为败商、村蠢。而够绅士之资格者,各县皆寥寥无几。"再后来,连"绅士"的资格和标准也混乱:"绅士而反成痞棍,痞棍而竟成绅士。"③

类似的记载充斥于他那一二十年的日记,此不赘。应该说,刘大鹏对"民国"本身及其世风是有些偏见的,他自己在当地其实也受到相当的尊重,只是未达其所希望的程度而已。到1928年末,他"赴县成立严禁洋烟大会,系绅学农工商所组成,会员凡五十余人"。④ 这里的"绅、学"分列值得注意,若非因其个人好恶而视新学界之人为"学",而是转述,则"绅"与"学"当时已被视为两类人,正体现出乡村中"绅"与"士"的疏离。

刘氏那样的旧士绅尚长期居于乡村,但在广大地区,新读书人"离村问题"确实是严重的。这一现象曾引起李大钊的注意,他在1919年就认为"中国农村的黑暗,算是达于极点"。究其缘故,"都

---

① 鲁迅:《文化偏至论》,《鲁迅全集》,人民文学出版社,1981年,第1卷,第46页。
② 刘大鹏:《退想斋日记》,1913年5月13日,第181页。
③ 刘大鹏:《退想斋日记》,1926年8月14日、1936年8月17日,第336、497—498页。
④ 刘大鹏:《退想斋日记》,1928年11月30日,第377页。

是因为一般知识阶级的青年，跑在都市上；求得一知半解，就专想在都市上活动，都不愿回到田园；专想在官僚中讨生活，却不愿再去工作。久而久之，青年常在都市中混的，都成了鬼蜮；农村中绝不见知识阶级的足迹，也就成了地狱"。①

正如夏曾佑所预计的，乡村基层权势的转移直接影响到地方的风俗。上引濮阳某村的观察者注意到，在乡村传统士绅丧失"固有权威"的同时，那些"伴随着商品生产发达"而进入新"政治中心"的"经纪人"，自己"四季不事生产"，在生活方式上则颇具影响力。有大量青年农民"受其引诱，渐趋于游手好闲"（该村共约两千人，这类青年农民近三百人）。因此，当地"质朴之风俗大坏，流风渐趋淫荡"。②

应该说，民初读书人眼中的"乡村"，既是实在的，有时也是一个承载着多种想象的象征符号。当年那些尝试新村和菜园一类自食其力的"互助"生活者，就曾把乡村视为未受或少受污染的清纯处所，想象着与纯洁农夫共同劳作、打成一气的新生活。③ 到1922年，顾颉刚等学术菁英在探讨学术界生活独立问题时，郑振铎便主张"淡泊自守，躬耕自给，弃都市之生活，专心去乡村读书"；沈雁冰更提出一种现代"躬耕读书"法，集合同志二十人组织"合股公司"，因乡村没有图书馆不便治学，还要集资买书带去"大家公用"。只有常乃德认为这种乡村纯洁的想象是"中了古人的毒"，其

---

① 李大钊：《青年与农村》（1919年2月），《李大钊文集》（2），李大钊研究会编，人民出版社，1999年，第288—289页。
② 纪彬：《农村破产声中冀南一个繁荣的村庄》，《益世报·农村周刊》（天津），1935年8月17日，11版。
③ 参见李新、陈铁健主编：《中国新民主革命通史：1919—1923，伟大的开端》，上海人民出版社，2001年，第226—241页。

实"乡村的环境并不比城市好,恐怕还要坏一点"。①

经常返乡的李大钊或比这些人更了解乡村的实际,故看到其"黑暗"的一面。在乡村读书人渐养成"厌弃固有生活的心理"之同时,胡适和俞庆棠皆已注意到城市未必接纳来自乡村的中学生。故李大钊看到的"受害者"是双向的:常在都市中游荡的知识青年固然成了"鬼蜮",而失去知识阶级的农村也变成了"地狱"。两者都极大地影响了后来中国的发展,特别是双方的结合为后来中国的政治革命提供了最主要的人力资源。②

三、余论

《汉书·食货志》给四民社会中的"士"下了一个界说,即"学以居位曰士"。这里的"位"当然包括士向"大夫"的发展路向,同时也意味着士在基层社会中的核心地位。从孔子以来,中国士人最向往的政治模式可以说是一种"士治"的秩序:不仅因为各级"大夫"多从士来,由于小政府的传统,基层地方大多在官督之下实行自治,起着关键作用的乡绅之核心成分就是士人,故"士治"在很大程度上是相当实际的。

---

① 参见"学术界生活独立问题讨论",《教育杂志》14卷5号(1922年5月)、14卷6号(1922年6月),第19895—19901、20033—20035页。
② 瞿秋白说:帝国主义的侵入破坏了中国的宗法社会制度,"科举的废除,世家的颓败,所谓'士绅阶级'日益堕落;外货充斥,原料输出,农民阶级更破产得不了。于是社会上发生两种游离份子:'高等流氓'与'下等兵匪'——都是造成军阀政治绝好材料"。秋白:《政治运动与智识阶级》,《向导》18期(1923年1月31日),人民出版社1954年影印向导周报社汇刊本,第147页。其实,读书人中层次较低的"游离份子"和农民中"破产"之人往往也是革命的主要人力资源。

郑振铎曾说，中国传统的"治人阶级"分为直接统治者（约指皇帝）和"帮治者阶级"，后者便是士人。① 但"帮治者"在"通上下"时亦有其立场，即"公正绅士"须同时具有"地方观念"和"国计民生思想"：应当"思为地方除害，俾乡村人民受其福利"；而不能"借势为恶，媚官殃民，欺贫谄富"。② 若其交通官吏，夺民之利，乃是苛政之"帮凶"，已失"士治"之本义。

当清季学外国图富强，小政府不得不行使大政府的职能时，不仅会与民争利，且呈现出变"士治"为"官治"的倾向。唯因当时学西方立宪，又推行新式的"地方自治"。中外新旧两种"自治"的对立一面是明显的，却也有着未必是主动的"配合"：官方仍像以前一样将地方事务责成士绅操办，这等于让士人"自改革"以调整"士治"。科举制废除后，甚至可能变"士治"为"绅治"。假如清廷的统治时间更长，随着乡绅成分的转化，"士治"与"绅治"的紧张和冲突势不能免。

民国代清之后，这些问题就遗留给新政权来处理。北洋政府在很大程度上——特别是办事的思路和方式上——延续了清季的模式，大体是"士治"向"官治"过渡，而以"绅治"为补充。国民党则不同，其在广州已尝试推行一种结合英美与苏联的政治模式，上层权力日益集中，在基层也力图实现近于"官治"的"党治"。③

---

① 郑振铎：《且慢谈所谓"国学"》，《小说月报》20卷1号（1929年1月），第10页。
② 刘大鹏：《退想斋日记》，1926年4月24日，第322页。
③ 王奇生称之为"国家政权的下沉"（参其《民国时期乡村权力结构的演变》，《中国社会史论》，下卷，第574—587页），然"党"与"国"之间除共性外，也还有紧张的一面。

故国民党当权后乡村的问题较前更复杂，在士人大体从乡村权势淡出后，往往体现为"官治"与"绅治"的冲突。①

可以看出，中国传统是一多层面的体系，表面看去似不怎么紧密相连，实则内在联系丝丝入扣。晚清到民初各社会群体间这样的竞争与互动，还需要从基层进行具体的区域性探索和重建。应说明的是，在公路和铁路尚少，机动车为少数人所使用，以报刊为表征的舆论之涵盖面和时效都相对有限的时代，乡村本不怎么互通，中国"地大物博"的多样化和歧异是非常实在的。故城乡差别的最后确立和士人从乡村权势中淡出，皆有一个过程，且各地可以很不相同。

科举制废除的一个重要社会后果即乡村中士与绅的疏离，"乡绅"的来源逐渐改变，不再主要由读书人组成，特别是下层乡绅中读书人的比例明显下降，乡绅与读书的疏离可能意味着道义约束口减，其行为也可能会出现相应的转变，容易出现所谓"土豪劣绅"。结果是"劣绅"及其伴随的"土豪""土棍""地棍""土劣"等用语日渐普及，从一"独夫"的帝王统治变为"千万无赖之尤"的混治，恐怕是导致后来所谓"社会矛盾激化"的重要原因之一。

其实，废科举不过是20世纪一系列"斯文扫地"活动的开端。当乡村社会的斯文扫地渐成定式之时，各类新型的乡绅也会成长起来，其中固然包括使乡村"黑暗"的劣绅，也会产生出一些不代表"斯文"但行使着传统乡绅之基本正面功能的人，例如"修桥补路"一类社区事务的组织（通常也包括民间信仰方面的组织）。随着

---

① 在国民党涉及地方的档案文献中，"土劣"一词出现非常频繁，最初或不过是"土豪劣绅"的缩写，后来则不免带有土著的"地方性"含义，多少反证出"党治"人员那外来异客的特点。

"乡绅"的来源逐渐改变，基层的"士治"可能变为新型的"绅治"。在整个世纪的系列斯文扫地活动之后，乡村既遭受了疏离于"知识"的痛苦，也会开始真正尝试一种无士的自治生活。①

原刊《中国社会科学》2006年第1期

---

① 从根本上言，与废科举相关的近代社会重构固然产生出大量的社会问题，同时也给包括读书人在内的各社群带来了一些发展的新机，无士的乡村自治生活恐怕就是一个集正负两面于一身的"发展中"现象。

近代中国社会权势的转移：
知识分子的边缘化与边缘知识分子的兴起

胡适在1932年曾说：我们中国这六七十年的历史所以一事无成，中国的民族自救运动之所以失败，"都只因为我们把六七十年的光阴抛掷在寻求建立一个社会重心而终不可得"。① 由于过去各专门史之间畛域明晰，互不越雷池一步，胡适这个观点不甚受人注意。其实，把所有问题都归结于社会重心的缺乏固然太过宽泛，但若能跨越各专门史的藩篱，从社会方面探索思想和政治演变的造因，并反观思想演化对社会变迁的影响，似为今日值得进一步探索的途径。

近代中国何以未能建立一个社会重心？胡适以为是因为中国离封建时代太远、一般人对君主制的信念又因晚清的堕落而毁坏，再加上科举制度使社会阶级太平等化、人民穷而无资产阶级，以及教育不普及，也不存在有势力的智识阶级，等等。这些见解大多有所见，也都有点纸上谈兵的味道，不十分切题；且有些理由如科举制度，恐怕正是传统社会之所以能有社会重心的重要因素。

不过，胡适注意到的"不存在有势力的智识阶级"一点，却是

---

① 本段与下段，参见胡适：《惨痛的回忆与反省》，《独立评论》，第18期（1932年9月18日），第10—13页。

近代中国才出现的新社会现象,这就提示了认识这一问题的一个取径。这个问题近年由余英时先生做出了进一步的解答,其中一个根本原因就是从传统的士到现代的知识分子的社会大转变。余先生并提出知识分子这一群体在近代中国社会日益边缘化的观点,开启了研究和诠释这一问题的新思路。①

可以说,前近代中国社会的重心正是处于社会结构中心地位而居"四民之首"的士,这一社会重心的制度基础就是从汉代发端到唐宋成熟的通过考试选官的科举制。近代国人在西潮冲击之下,常爱说"数千年未有的大变局"。如果当时中国的确存在划时代的体制变动,科举制的废除可以说是最重要的变动之一。

科举制使政教相连的传统政治理论和耕读仕进的社会变动落在实处,是一项集文化、教育、政治、社会等多方面功能的基本体制(institution),其废除不啻给予其相关的所有成文制度和更多的约定俗成的习惯行为等等都打上一个难以逆转的句号,必然出现影响到全社会各层次多方面的后果。但清季人在改革和废除科举制时基本只考虑到其教育功用(这样的认知本身就是传统中断的一个表征)并试图加以弥补,科举制的其他重要社会功用一般不在时人考虑之中,自然也谈不上填补,其社会后果却是长远的。

废科举最深远的影响是导致以士农工商四大社会群体为基本要素的传统中国社会结构的解体,而在此社会变迁中受冲击最大的,则是四民之首的士这一社群。废科举兴学堂的直接社会意义就是从

---

① 参见余英时:《中国知识分子的边缘化》,《二十一世纪》,第6期(1991年8月);更系统的论述参阅 Ying-shih Yu, "The Radicalization of China in the Twentieth Century," *Daedalus*, 122:2 (Spring 1993), pp. 125 – 150。本文的思路受益于此两文者甚多。

根本上改变了人的上升性社会变动取向，切断了"士"的社会来源，使士的存在成为一个历史范畴，而新教育制度培养出的已是在社会上"自由浮动"的现代知识分子。士的逐渐消失和知识分子社群的出现是中国近代社会区别于传统社会的最主要特征之一。四民社会的解体使一些原处边缘的社群（如商人和军人）逐渐进据中心，更可见边缘知识分子这一特殊社群在政治上的明显兴起，而知识分子在中国社会中则处于一种日益边缘化的境地。

本文拟将中国传统社会中原居四民之首的士在近代向知识分子的转化、知识分子在社会学意义上的边缘化以及边缘知识分子的兴起这一连续、相关而又充满变化的社会进程纳入中国社会发展的内在理路和西潮冲击下整个近代中国的巨变这一纵横框架中进行考察分析。在缺乏大量个案研究的情形下，本文只能尝试提出一个走向框架性诠释的思路。由于现存社会统计资料的不足和不准确，本文在研究取向方面，特别注重思想演化与社会变迁的互动关系，从当时人的心态变化入手来反观社会的变动，希望能有进一步的认识。

一、从士到知识分子的社会转化

在传统的四民社会中，"士大夫"已成一个固定词组；由于士是"大夫"即官吏的基本社会来源，道统与政统是一体的。人的上升性社会变动虽然可以有其他的途径和选择，从士到大夫仍是最受推崇和欣赏的取向。换言之，士与大夫的内在逻辑联系恐怕是其最主要的社会吸引力。一旦科举制被废除，道统与政统即两分，人的上升性社会变动（social mobility）取向也随之而变。与这一社会变动过程相伴随的，是从改科考、兴学堂到废科举的制度改革进程。

清季从改科考到废科举，取士的标准有一个变化的过程。废科举前的十余年间，取士的标准已是鼓励新旧学兼通。我在前面关于刘大鹏一文中引述过，汪康年于光绪十五年应乡试，本不合科场程式，依例应不取；却因能用"最新天文家言"解《中庸》文字，被主考官认为"新旧学均有根柢"，而以第六名中试。① 科场程式尚不熟，竟能以高名取，可知实以"新学"中试。以晚清中国各地发展的不同步及不同考官掌握评卷分寸的伸缩余地，这当然不一定能代表全国的情形。但揆诸后来的发展，以经世学为开端的"新学"兴起后，其影响会逐渐延伸到科考之上，似为必然的趋势。

　　早期的取士标准变化可能更多是无意识的，但清季士人中不乏对科考的社会功能认识颇深而主动运用其功能者。梁启超在光绪二十二年（1896）时就曾致书汪康年，希望他敦促新任湖南学政的江标以新学课士，尤其"于按试时，非曾考经古者，不补弟子员，不取优等；而于经古一场，专取新学，其题目皆按时事"。梁以为："以此为重心，则利禄之路，三年内湖南可以丕变"；而湖南若能"幡然变之，则天下立变矣"。② 江标果然以其控制的校经书院为基地，在那里设实学会，以史学、掌故、舆地、算学、交涉、商务六门课士，其中史学、掌故、舆地、算学更与经学和词章并列为全省考试科目。③ 这一自上而下的引导，的确造成湖南学风相当大的

---

① 事见汪诒年纂辑：《汪穰卿先生传记》，收在章伯锋、顾亚主编：《近代稗海》，第12辑，四川人民出版社，1988年，第194页。
② 梁启超致汪康年，《汪康年师友书札》，上海古籍出版社，1986年，第2册，第1843页。
③ 《湖南学政奏报全省岁科两试完竣情形折》，《湘学新报》，台湾华文书局，1966年影印本，第1册，第47—48页；李肖聃：《湘学略》，岳麓书社，1985年，第222—223页。

转变。

科举取士的标准改变，士人所读之书即随之而变。传教士早注意到，自江标在湖南以新学考士，读书人"遂取广学会译著各书，视为枕中鸿宝"。《泰西新史揽要》和《中东战纪本末》等遂成为"谈新学者皆不得不备之书"。① 湖南举人皮锡瑞即颇能领会改科举的社会含义，他在光绪二十四年初得知科举可能要变，立刻想到"此间闻变科举之文，西学书价必大涨"，当即取阅"梁卓如所著《西书目表》，其中佳者，将购数册阅之"。次日便与其弟其子等一起赶在涨价前到矿务局和豆豉店购新书报（新学未大兴前新书报在矿务局和豆豉店出售，也殊有意致）。②

买书者如此，卖书者亦然。戊戌年五月，朝旨废八股，江西书商晏海澜立刻慨叹"废时文去二千金赀本矣！"可知刻书卖书者当下就要受影响。但他们也跟得甚快，两月后晏氏检随棚书至考试处出售时，已"多算学、医书，而八股、诗、赋、楷法，皆弃不用"。当五月时，有人劝晏将已改废科目之书"留之以待复旧"，皮锡瑞以为"其在十二万年后乎"？主张不必留。晏氏幸亏未听皮言，他后来发现"经学书犹有人买，是为五经义之故也"。③ 由于尚有"五经义"这一科目在，晏的损失当不如以前估计之大。但戊戌政变后科举果然复旧，晏在新学书籍上的投资又面临当下的损失（即使他有远见将新学书保存到几年后再次改科考时，资金的回收期也太

---

① 《三湘喜报》，《万国公报》，第90卷（光绪二十二年六月），收中国史学会主编：《戊戌变法》，上海神州国光社1953年，第3册，第376页。
② 皮锡瑞：《师伏堂日记》（1897—1900年的皮锡瑞日记分四次选刊在《湖南历史资料》1958年第4辑、1959年第1—2辑、1981年第2辑，以下仅引年月日），光绪二十四年一月二十日、二十一日。
③ 皮锡瑞：《师伏堂日记》，光绪二十四年五月二十日、七月二十日。

长），改科考对书商的直接影响是很明显的。

对应试者来说，考试以新学是尚意味着中国腹地的读书人可能因买不到"新学"书籍，或买到而熟悉程度不够而竞争不过久读新学书籍的口岸士子。山西举人刘大鹏即大约到 1895 年赴京应试后，才了解到口岸士人读的是什么书。在集中补习新买回的新学书籍后，他终于醒悟到"当此之时，中国之人竟以洋务为先，士子学西学以求胜人"。这最后一点是关键性的：如果不学西学，就很难"胜人"。1902 年，清政府又一次废八股而改试策论。次年刘大鹏到河南开封再次应会试时，发现在山西还不多见的"时务等书，汗牛充栋，不堪枚举其名目"。应试者"皆到书肆购买时务诸书，以备场中查对新法"。可知新学的传播呈现出显著的区域性，读不同书籍的士人已不在一条起跑线上，科举考试的公平性和选出之人的代表性均已不及以往。①

这样，不论是为了实行以澄清天下为己任的志向，还是为了做官光宗耀祖，甚至纯粹就是想改变生活状况，只要想走仕进之路（以及获得与此相关的教职），任何士人都必须转向以西学为主流的新学。山西举人刘大鹏是被动追随者的一个显例，而湖南举人皮锡瑞则是一个主动追随者，他在光绪二十四年初决定加入南学会时自述说："予入学会，特讲求新学。考订训诂，恐将束阁，不复有暇著书。"皮氏家境不丰，以教馆为生，他的趋新可见明显的社会层面的动机。他那时曾与偏旧而家有恒产的湘籍学者叶德辉交谈，颇感叹叶之所以能"不喜新学"，即因其"进退裕如，故不需此"。此

---

① 说详罗志田：《科举制的废除与四民社会的解体——一个内地乡绅眼中的近代社会变迁》，《清华学报》（新竹），新 25 卷 4 期（1995 年 12 月）。

语殊可玩味,不能"进退裕如"的皮氏自己,就不得不放弃自己原来所长的考订训诂而讲求并不熟悉的新学,以迎和当时湖南地方官正在推行的新政而取得馆地。①

在四民社会晚期,"耕读"为业本已越来越成为一个象征,许多读书人并不真的耕种土地,而是实行所谓"笔耕"。教书的馆地对不能做官的读书人来说不啻生活的保障,科考的转变直接影响到何种人才能得到教职。当戊戌年湖南新政勃兴时,有一位"在沪上方言馆多年,通西国语言文字"的师璜,即"闻湖南兴西学,归谋馆地"。那年五月,江西有位趋新士人雷见吾来请皮锡瑞代谋职,皮即指出"既停八股,或者谋事不难"。可知兴西学即为通西文者开放馆地,而停八股则新人谋事不难。到戊戌政变后科举复旧,前此"各处书院求山长"的现象"今无闻焉"。同样的人在不同政策之下当即可见境遇的判然两别,科举改革真是有人欢喜有人愁。②

如果仅是考试内容改变,讲旧学者尚有一些选择余地,因复旧并非不可能,社会上也确实存在如此估算之人。到科举一废,不会新学者就只能失馆,已不仅是束脩厚薄的问题了。"士为四民之首",本多受社会供养,但那是总体言之。对个体读书人而言,自己能够谋生是必要的基础。这才是几千年未有的大变局:从耕读到政教的传统之路已不通,意味着上升性社会变动途径的整体转向。新办的学堂不论从制度上和数量上,均不足以满足众多期望在社会

---

① 皮锡瑞:《师伏堂日记》,光绪二十四年一月二十日,光绪二十三年十一月十四日。
② 皮锡瑞:《师伏堂日记》,光绪二十四年闰三月一日、五月十五日,光绪二十五年十一月二十三日。

阶梯上升等之人，社会动荡的一个重要造因已隐伏在那里了。

清季兴学堂之举，就值得再作考察。① 清政府在改革科举之时，已开始兴办学堂来填补科举制的教育功用，这本是很有见识的举措。但一种新教育体制并非一两纸诏书在短期内便可造成，而清季举国都已有些急迫情绪，终于不能等待学堂制的成熟就将科举制废除。旧制既去，新制尚不能起大作用，全国教育乃成一锅夹生饭。新学堂确实培养了不少"新人物"，却未必养成了多少"新学人"。学子无学，是后来其社会地位逐渐下降的一个重要原因。

据章太炎在1897年的观察："浙中风气未开，学堂虽设，人以儿戏视之。"② 以浙江靠海之近，而风气尚未开，学堂不过被视为儿戏，余处概况可以想见。几年后，风气已大开，但学堂的教育质量仍不高明。1903年有人调查了江南的教育界，发现"仕宦中人，竞言开学堂，不知学堂为何事也；地方绅士，竞言开学堂，则以学堂为利薮也；士林中人，竞言开学堂，只以学堂为糊口也"。③ 观此可知上有所好，下必趋奉；诏书一下，人人皆竞言开学堂。但事前并无人才物质的充分准备，许多新学堂也就难以起到原设计的建设性功用。

真要广泛推行新学，还有许多实际的困难。早在从八股改试策论时，就不仅许多考生不会做，更缺乏合格的阅卷者。这在戊戌时

---

① 这方面许多相关史实可参见桑兵：《晚清学堂学生与社会变迁》，学林出版社，1995年。
② 章太炎致谭献，转引自姜义华：《章太炎思想研究》，上海人民出版社，1985年，第63页。
③ 侯生：《哀江南》，《江苏》，一（1903年4月），张枬、王忍之编：《辛亥革命前十年间时论选集》，生活·读书·新知三联书店，1960年，卷一下，第537页。

的湖南一直是使趋新士人焦虑而未能根本解决的问题，他们后来不得不在《南学会章程》中"添入愿阅课卷一条"。① 改策论已师资不足，遑论新学西学。故南京、苏州、上海等地"最著名大学堂"的情形是："陆师学生派充师范，八股专家支持讲席；以格言语录为课本者有之，以夏楚击碎学生首者有之。禁阅新报、禁谈自由。"而"各府州县之中小学堂以及私设之蒙学堂，则分科教授，目录未知；官样文章，胡卢未肖"。②

在办学堂最着力的张之洞长期管辖的两湖地区，在 1903 年时也甚感"苦无教习"，最多只能办不太合格的中等学堂。当地的留日学生观察到："今日欲聘教习，求之中国，能教英文、算学者则有之矣，能教物理、化学者则未之闻也。"如果想聘请留学生，则"留学生之卒业者，寥寥无几。即间有一二，亦不易于招致"。若聘外国人，则"言语既苦其难通，薪俸又嫌于过重"。结果，湖南的新兴学校里，教习"无非调剂老朽之举贡编修"。可知两湖地区的情形与江浙基本相近。梁启超认为这是那时全国普遍的现象。他在《新民说》中指出：当时各省虽"纷纷设学堂矣，而学堂之总办提调，大率最工于钻营奔竞、能仰承长吏鼻息之候补人员也；学堂之教员，大率皆八股名家弋窃甲第武断乡曲之巨绅也"。③

教员如此，学生自然高明不到哪里去。梁启超在戊戌年曾希望"异日出任时艰，皆［时务］学堂十六龄之子"。叶德辉即反驳说：

---

① 参见皮锡瑞：《师伏堂日记》，光绪二十四年三月五日、十八日，闰三月三日、四日、六日、十一日。
② 侯生：《哀江南》，第 537 页。
③ 《与同志书》、《劝同乡父老遣子弟航洋游学书》，《游学译编》，七（1903 年 5 月）、六（1903 年 4 月），《辛亥革命前十年间时论选集》，卷一上，第 396、385 页；梁启超：《饮冰室合集·专集》之四，中华书局，1989 年影印，第 63—64 页。

"天津水师学堂、上海方言馆、福州船政局,粤逆平定后即陆续创开,主之者皆一时名臣大僚;三十年来,人材寥落。岂今日十六龄之子异于往日十六龄之子?亦岂今日之一二江湖名士异于往日之名臣大僚?然则人材与学堂,截然两橛,概可知矣;然则学堂与书院弊之一律又可知矣。"①

如果说叶德辉是因守旧而多见新学之不足,长期主持北洋学堂的新派人物严复也赞同此看法,他指出:"旧式人才既不相合,而新者坐培养太迟,不成气候。既有一二,而独弦独张,亦无为补。复管理十余年北洋学堂,质实言之,其中弟子无得意者。"除伍光建"有学识而性情乖张"、王劭廉"笃实而过于拘谨"两人外,"余虽名位煊赫,皆庸材也。且此不独北洋学堂为然,即中兴诸老如曾左沈李,其讲洋务言培才久矣,然前之海军,后之陆军,其中实无一士。即如王十珍、段祺瑞、冯国璋,皆当时所谓健者,至今观之,固何如乎?"②科举已去,学堂又不能培养出人才,读书人"无用"的潜台词已呼之欲出了。

其实严复所在的水师学堂还算条件较好者,前引"陆师学生派充师范"这一现象表明,晚清走强兵之路,其本身的成就固然有限,但各军事学校因所学科目较新而办学认真,渐成为清季新学人才的重要甚而是主要来源。我们只要看从严复到周树人、周作人兄弟等都曾是军校学生,就可见一斑。实际上,从"新学"角度言,陆师学生任教习是远比八股专家更合格的。不过,军校毕业生本身

---

① 叶德辉:《郋园书札·与刘先端黄郁文两生书》,长沙中国古书刊印社 1935 年《郋园全书》版,第 7 页。
② 严复:《与熊纯如书》(1918 年 5 月 17 日),《严复集》,中华书局,1986 年,第 3 册,第 687 页。

也有限，短时间内仍不符当时全国各省府州县都竞开学堂的大趋势。

当时的论者即以为，以"举贡编修、八股名家"这样的"老朽无学之人"来教书，只能误人子弟。其实这里所谓的"无学"，是指无西学。若以其授西学，大约真会误人子弟。但如果他们只传授旧学，结果又如何呢？而且，当时留学生的西学程度，是否像一般人认知的那样高呢？少年胡适所受教育之新与旧，很能给我们一些其所处时代的启示。

胡适在家乡安徽绩溪上庄受过九年传统的私塾教育，转入上海的新学堂梅溪学堂，六个星期后即因能纠正老师的"国学"错误而一日之中跳升了四班。后来到更有名的澄衷学堂，一年中仍能跳升四班。靠着国文的优势，他得以把主要的功夫下在英文算学之上，两年后考入号称"中国第一所私立大学"的中国公学，同学皆为因抗议而返国的留日学生，但胡适在学校里竟然以英文好著名，算学也"毫不费力"，反而将功夫用在做旧诗和写白话文章之上。①

胡适的经历提示我们对当时的教育恐怕要重新认识。首先是上海新学堂的国文不如绩溪上庄的私塾。胡适除了在中国公学时外，一向是以国文占优势的。但他的"国学"，在那时其实并不很高明。他对"经义"，起初就根本不知是怎么回事。对国学的重要组成部分"小学"，他的功夫也相当差。但这样的胡适在上海却一向以国文吃香，可知那时十里洋场的国文已大衰。但上海学堂的"新学"水准，则还是相当不错的。胡适在中国公学竟然以英文和算学见

---

① 本段及下四段，参罗志田：《再造文明之梦——胡适传》，四川人民出版社，1995年，第51—78页。

长，可见那时许多留学生，也只是徒有虚名而已。至少从日本回来的许多留学生在"新学"方面的知识水准实际上远不如上海有些私立中学校的学生，而这些留学生恰多是在各地新学堂受过训练者，则同为新学堂，其间的差距也可以相当大。

实际上，可以说正是清末的城乡差别，特别是安徽乡间私塾尚未沾染口岸风气的传统蒙学教育造就了后来被认为是启蒙大师的胡适。在西潮入侵之后中国许多口岸地方，传统的教育方式已大大式微，其一个后果就是传统教育最讲究的"读书写字"的基本功已较前薄弱。那种眼睛盯着少数不世出的精英分子的中国传统教育，只有在与口岸没有怎么"接轨"的乡间还基本存在。而胡适正靠着乡间"国文"的训练，在那"邯郸学步，反失其故"的上海新学堂，打出了自己的天下。也是靠着旧学的基础，再加上澄衷学堂的英文训练，他就能击败全国各地的许多学子，一举步入了庚款留学生这一真正全国性的少数精英群体。

胡适的经历同时体现了近代中国人的上升性社会变动取向的转变。早期留学生多边缘人物而少"良家子弟"，到科举改革时，留学已渐成学子的众矢之的。严复在1902年观察到："近今海内，年在三十上下，于旧学根柢磐深，文才茂美，而有愤悱之意，欲考西国新学者，其人甚多。上自词林部曹，下逮举贡，往往而遇。"[①] 胡适自己在1910年赴京考试前给母亲的信中就曾说："现在时势，科举既停，上进之阶惟有出洋留学一途。"这种心态到民国后已成普遍现象，民国"以官费留学为赏功之具"（许多人愿领此赏，就最

---

① 严复：《论教育书》，《外交报》（1902），《辛亥革命前十年间时论选集》，卷一上，第113页。

说明问题)。胡适在美国读书时"留学界官费者居十之六七",他注意到:今日"国内学生,心目中惟以留学为最高目的",他们"以为科举已废,进取仕禄之阶,惟留学为最捷"。那时一旦得一本科学位归,即被"尊之如帝天"。世风的转变是极为明显的。

上升性社会变动取向的转变提示着近代中国更深层次的社会结构大变,即四民之首的"士"这一旧的社会群体的逐渐消失和在社会上自由浮动的"知识分子"这一新的社会群体的出现。"士"的消失意味着四民社会已成为历史,而四民社会的解体本身也是现代知识分子不得不在社会上自由浮动的造因之一,两者之间是一种互为因果的互动关系。

士的来源既因社会变迁而中绝,其在社会上的领导作用也就空出。传统的士作为四民之首这一社会角色的一个含义就是士为其他三民的楷模,分配给大众的社会角色是追随。如刘大鹏所言:士"平居乡里,所言所行,使诸编氓皆有所矜式"。① 榜样与追随者的社会分工能够为双方接受并维持,各社会群体间就保持着一种相对稳定的有机联系,双方都不存在要辨明地位高下的必要。随着四民社会的解体和新观念的引入,传统的社会分工遭到质疑,过去认为不言而喻的事情现在却需要论证了。林白水在1904年时指出:"现在中国的读书人,都是以上流社会自命的;凡不读书的人,如工农商兵、共会党里面的人,都说他是下流社会。"② 以是否读书分上下流,本是传统的观念,但必须加以强调,则是社会已在变动的表征。

---

① 刘大鹏:《退想斋日记》,乔志强标注,山西人民出版社,1990年,第69页。
② 林懈:《论合群》,《中国白话报》,1904年,《辛亥革命前十年间时论选集》,卷一下,第909页。

"读书人"正是过渡时代的士与知识分子的共同点。从士转化为知识分子那一两代人，在身份转换时确有某种困境。由于新学先已成课士考士之途，清季最后十年科举考试产生出来的近代中国最后一代社会学意义上的士，在思想上和心态上恐怕已与传统的士大不一样；反之，这一代士人与中国最早一代的知识分子，其社会存在虽有根本的不同，在思想和心态方面，却每有相近之处。当读书人的主体已是知识分子之时，上一代的"遗士"有时也不免为知识分子的社会角色所覆盖。反过来，早期知识分子的心态和行为上，也处处可见士的余荫。

士与知识分子的一个根本区别就是参政与议政。士集道统与政统于一身，有务本的责任，故要有远虑；对于眼前的国是，也必须有以因应。对他们来说，"澄清天下"同时落实在"人心"和"世道"两方面，即不仅意味着作"社会的良心"，而且必然包括实际政治活动的参与。一句话，他们必须既议政又参政（议政与参政的区分也是一种"现代"的区分，对传统的士来说，议不过是参的一种形式而已）。

民初知识分子大体上认同于士这一社会角色，也力图继承士的社会责任；但他们相对要超然一些，多数是像胡适一样倾向于"讲学复议政"，即停止在议政阶段，作"社会的良心"，把直接参政置于第二位。更有人试图将学术与政治分开，干脆钻进象牙塔，像胡适所说的"回到故纸堆中去"，不问世事（这恐怕更多是一种无可奈何的选择）。故他们对政治可议而不参，也可视而不见，完全不议。前者是新文化运动诸人所一意提倡，后者虽被鲁迅视为"新思想中了'老法子'的计"，但确实是五四之后几年间许多知识分子

"自己愿意"的。①

当然，个别趋新士人如蔡元培，专门提倡读书人不做官不议政（虽然他实际上既议政又做官），多少表现了时代的变化，即士的逐渐消失和知识分子越来越居读书人的主流。像章太炎和梁启超这样最后一代的士，早年处于思不出其位的时代，所谓"不在其位，不谋其政"，那时的议政就是参政。他们晚年都基本以讲学研究为主，看上去很像知识分子。实际上，他们像传统士人一样，是参政不成之后才做学问。但社会既然已大变，他们到底也只能是议得多而参得少。章、梁等不得不议政多于参政，甚而有时不问政治，都体现了从士的时代转化为知识分子时代的社会大潮；他们在思想上仍欲为士，但社会存在却分配给他们一个越来越近于知识分子的社会角色，给这批人的生涯增添一笔悲剧的色彩。

这一点最为对章、梁具同情态度（不是陈寅恪所谓的"了解之同情"）的研究者所忽视，他们常以自己后起的知识分子心态去解读传统士人，以为章、梁晚年专意讲学是已由政治活动中"觉悟"出来，故投入更长远的思想文化之中；而对其终不能完全脱离实际政治，每表示惋惜。② 须知主张学术与政治分流、以为实际政治"肮脏黑暗"，都不过是现代知识分子才有的固定认知，对传统的士来说，政治本应该是"清明"的，其出现"肮脏黑暗"的现象恰因

---

① 鲁迅致徐炳昶，1925年3月29日，《鲁迅全集》，人民文学出版社，1981年，第3卷，第25页。
② 陈寅恪就注意到：论者每惜梁启超"与中国五十年腐恶之政治不能绝缘，以为先生之不幸"；其实，"先生少为儒家之学，本董生国身通一之旨，慕伊尹天民先觉之任，其参与政治，乃'势不得不然'，'实有不获已之故'"（《读吴其昌撰〈梁启超传〉书后》，《寒柳堂集》，上海古籍出版社，1980年，第148页）。自称思想滞留在曾国藩、张之洞之间的陈寅恪，对梁启超确有"了解之同情"。

"道"不行于天下所致，士人本身先负有一定的责任，更有纠而正之的义务。对他们来说，学问本身就是为政治而做，专意学术只是参政不成之后的退路。

所以对胡适这样的知识分子来说，参政甚而只议政，都多少存点耽误了学术功夫的遗憾。而章、梁等虽也常常被迫回归学术，却是作为天下无道、不得不退隐以挽救人心的被动选择；他们要想参政那种"待时而起"的传统情结一直都在，且"出仕"的愿望到老并不稍减。故其并不专意于学术，总是又议政又参政，一有机会甚至一有可能，他们仍旧要"出山"身与直接挽救世道的努力。北伐之时，久已不谈政治的章、梁二氏都突然异常活跃，不仅大发政论，更或直接或间接奔走于各势力之间，只是到后来发现其想认同的北方已无希望，才渐渐歇手。①

梁启超在1927年5月给他儿女的一封信，颇能表现过渡时期士与知识分子心态的异同。他自称那时"天天在内心交战苦痛中"，盖不少朋友敦促他出山组党，而他又讨厌政党生活。"因为既做政党，便有许多不愿见的人也要见，不愿做的事也要做，这种日子我实在过不了。若完全旁观畏难躲懒，自己对于国家，良心上实在过不去。"梁氏最后拟取妥协的办法，就是对政治议而不参。可是新一代的读书人丁文江，却主张梁"全不谈政治"，专做学问。梁启超又觉得"这样实在对不起我的良心"。② 丁文江所说，其实只是他对梁在学术上发展的一种希望，因为丁氏自己那时就在直接参政。

---

① 参见罗志田：《中外矛盾与国内政争：北伐前后章太炎的"反赤"活动与言论》，《历史研究》1997年第6期。
② 梁启超：《给孩子们的信》（1927年5月5日），收在丁文江、赵丰田编：《梁启超年谱长编》，上海人民出版社，1983年，第1130页。

胡适晚年自述说:"我对政治始终采取了我自己所说的不感兴趣的兴趣。我认为这种兴趣是一个知识分子对社会应有的责任。"① 梁、丁、胡三人对政治参与的态度,正可见身历从士到知识分子过渡的当事人心态转变的痕迹。

简言之,清季民初读书人在社会学意义上从士转化为知识分子似乎比其心态的转变要来得彻底。士与知识分子在社会意义上已截然两分,在思想上却仍蝉联而未断。民初的知识分子虽然有意识要扮演新型的社会角色,却在无意识中传承了士以天下为己任的精神及其对国是的当下关怀。身已新而心尚旧(有意识要新而无意识仍旧),故与其所处之时代有意无意间总是保持一种若即若离的状态。这是民初知识分子的许多行为在当时即不全为时人所理解接受,在今人看来也充满"矛盾"的一个根本因素。作为一个在社会上自由浮动的社群,知识分子可以与其他各社群都有所关联,但其浮动性本身在某种程度上也意味着与其他社群的疏离,而疏离的结果就是自身的边缘化。

二、 知识分子的边缘化

章太炎在1918年时说:"六七年来所见国中人物,皆暴起一时,小成即堕。"因为近人"不习历史,胸襟浅陋",所以其得势就如"无源之水,得盛雨为潢潦",当然不能持久。既然"一国人物未有可保五年之人,而中间主干之位遂虚",造成"一国无长可依赖之人"的局面。② 章太炎的话提示着一种"时势造英雄"的含义:

---

① 唐德刚译注:《胡适口述自传》,华东师范大学出版社,1993年,第36页。
② 章太炎:《对重庆学界演说》,重印于《历史知识》1984年第1期,第44页;《救学弊论》,《章太炎全集》(五),上海人民出版社,1985年,第96页。

民初社会政治都呈乱象,所以"盛雨"频仍,"暴起一时"的人物确实不少。而类似新文化运动那样新旧分明的"盛雨",在促成新的"潢潦"之时,显然还要冲去一些"旧人物"。

以章太炎自己而论,他的学养和"历史"知识,当世可说不作第二人想,但也只在清末革命时"暴起",民国建立后几年间,不但没有成潢潦的迹象,反已有过时之虞。当胡适在五四前后以少年而"暴得大名"之时,昔日也是少年成名的章太炎其实仍在壮年,但在民国后的思想界已基本处于较边缘的地位了。在士大夫一身而兼"道统"和"治统"两者重心的时代,像曾国藩这样的士人不论居庙堂还是处江湖,都可久居主干之位。道治二统的分离及知识分子与大众的疏离,正是历史知识绝不逊于曾国藩的章太炎就连在道统中也不能久居"中间主干之位"的根本原因。

而胡适这一辈对章太炎等人的退居边缘也起过直接的作用。胡适自己曾深受章太炎的影响,在其1922年写的《五十年来中国之文学》中,认为章的《国故论衡》足以"成一家言",是两千年来中国可称得上"著作"的七八部书之一,评价不可谓不高。但他同时宣布,"这五十年是中国古文学的结束时期",而章太炎正是代表"这个大结束的人物"。在进化论影响下的近代中国,这等于是宣判了章在思想界的"死刑"。故胡对章捧得虽高,封杀得也不留丝毫余地。在他笔下,颇有"成绩"的章太炎终因其"反背时势"而不能脱"失败"的结局。①

这样,知识分子有意无意间也对其自身的边缘化做出了"贡

---

① 胡适:《五十年来中国之文学》,《胡适文存二集》,上海亚东图书馆,1924年,卷二,第147—157页。

献"。由于尊西崇新已成清季民初的主流，新兴知识分子与遗留的士两者之间如果出现竞争，通常是前者取胜。但当知识分子将传统的士挤到社会边缘时，他们实际上也促成了整个读书人群体的边缘化。士为四民之首意味着士在社会上扮演领导角色，四民社会解体后知识分子因其浮动性和边缘化却未能完全接替这一社会的领导角色，近代知识分子在整个社会的地位实明显不如当年的士。

科举制废除所造成道治二统两分的直接后果就是其载体士与大夫的分离。清季所设学堂，最初不过是要养成新型的"大夫"以应付新的局势。特别是京师大学堂，入学者本是官员，在功能上近于新型翰林院。且清季士人心态已变，张百熙为管学大臣时就主张读书不为做官。他在1904年对新进士金梁说："京师人才所萃，来者皆志在得官。君当以求学问为先，官岂可求，惟学问必求而始得尔。"① 可知彼时不仅政治中心与论说中心两分，而主事者竟然以为分开才是正常，士人观念已大转。民国后学生已平民化，蔡元培长校后更要驱除"科举时代思想"，提出"大学为纯粹研究学问之机关，不可视为养成资格之所"。②

但问题的另一方面是，若大学仅为学术研究之机关，而不再是官吏养成之地，则有良好训练的官吏又从何而来？从清季到民国的政府及彼时读书人，显然未能认真考虑此一重大问题。科举之时，士是大夫的来源，大夫也是士的正当职业。如今士与大夫分离，前者变成主要议政而不参政的职业知识分子，则势必出现新的职业

---

① 金梁：《光宣小记》，章伯锋、顾亚主编：《近代稗海》，第11辑，四川人民出版社，1988年，第286页。
② 蔡元培：《北大一九一八年开学式演说词》（1918年9月20日），高平叔编：《蔡元培全集》(3)，中华书局，1984年，第191页。

"大夫"即职业官吏。科举既去,又无新的官吏养成体制,意味着为官不复要求资格。民国官场之滥,即从此始;国无重心,亦因官场之滥而强化。中间主干之位既虚,遂给边缘人造成机会。由于缺乏新的职业官僚养成体制,使政统的常规社会来源枯竭,原处边缘的各新兴社群开始逐渐进据政统。近代军人、工商业者和职业革命家等新兴权势社群很快因"市场规律"的需求而崛起。

在中国的选官制度已去,而又没有真正引进西方的选举制度时,新的大夫渐渐只能如梁启超所说,多从不事生产的社群中来。大夫既然不从士来,传统的官吏生成方式即只剩"出将入相"一途。军人在近代中国的兴起,似乎已成必然之势。费行简所说的"民国成立,军焰熏天",便是时代的写照。有人曾与报人王新命谈选女婿的标准,要"三十岁以下,又成名又成业者,且非军人"。王回答说:"在科举已废的今天,三十岁以下能够成名成业的非军人,实不可多得。"[1] 这正是典型的时代认知。

不过,将并非都能相,"出将入相"也终非正途。王新命的话,其实也不无士大夫意识的残存。不论是有意还是无意,他显然忽略了近代从边缘走向中央的另一大社群——工商业者,特别是近代渐具独立身份认同的绅商。[2] 在革命已成近代中国的伴生物的时代,更出现了像孙中山那样的职业革命家这一新的社群。[3] 不管读书人主观上是否有与这些新兴社群争夺社会权势的愿望,它们的兴起在

---

[1] 沃丘仲子(费行简):《民国十年官僚腐败史》,荣孟源、章伯锋主编:《近代稗海》,第 8 辑,四川人民出版社,1987 年,第 17 页;王新命:《新闻圈里四十年》,海天出版社,1957 年,第 136 页。
[2] 参见马敏:《官商之间:社会剧变中的近代绅商》,天津人民出版社,1995 年。
[3] 从社会史或社会学取向来研究职业革命家者,我尚未见到,其实也是大可开拓的领域。

客观上促进了读书人在中国社会中处于一种日益边缘化的境地。

"官不如绅"的现象在晚清已渐出现,咸同时办团练是一个"上进"的捷径,而团练是地方性的,只能由在籍的绅士办理。也就是说,这条路对没有转为绅的官吏是不通的。太平天国时期军事行动的飘忽无常以及一些团练的官方化,使得官府在所谓地方公事方面也不得不经常依靠绅士的配合。在教育方面,书院虽由地方官控制,但山长却必须由士绅担任。从社会层面言,后者所得是实利。到清季实行新政时,更常常是任用绅士多于任用官员。据冯友兰回忆,他的父亲清季在武昌为官时,就有朋友"劝他辞去湖北的官,回河南当绅,说绅比官更有前途"。这已渐成一种时代认知,所以"当时有不少的官,跑到日本去住几个月,回原籍就转为绅了"。①

在科举制废除之后,绅的地位更增,其中商人又是一个越来越重要的成分。到民国时,商人地位的上升更明显伴随着一种"思出其位"的强烈政治参与感。杨荫杭在20世纪20年代初观察到:"民国以来,官之声价低,而商之声价增。于是巧黠之官僚皆加'办实业'之虚名,犹之前清买办皆捐'候补道'之虚衔也。"这样就出现了一种他称为"商客"(相对于政客)的新群体,他说:"中国真正之商人,皆朴实厚重,守旧而不与外事。其周旋官场、长于奔走开会者,大率皆商客也。故商客有二种:一曰官僚式之商客,一曰流氓式之商客。"②

前者前清已有,即商人之捐候补道者,周旋于官场;民国后此

---

① 冯友兰:《三松堂自序》,生活·读书·新知三联书店,1984年,第34页。
② 本段与下段,参见杨荫杭:《老圃遗文辑》(原文刊1921年9月27日《申报》),长江文艺出版社,1993年,第420—421页。

类仍有之,并出现"自官而商"的新类型:"军阀官僚一朝失职,以刮地皮所得,放之破产政府,盘剥重利,尚不失为时髦之财阀。此类变相之官僚机器附属品,亦所谓商客也。"而"流氓式之商客,为民国特产,在前清无发展之余地。此其人本与商业无关,充极其量,不过有数纸股票。然开会时之口才优于真正之商人,选举之运动力强于真正之商人。凡商人举代表见官长,无一次不挺身而出。凡商人打电报有所陈述,无一次不列名"。这些人"形式非政客而精神为政客",有时甚至"口骂政客而实行政客之行为"。

　　杨氏虽留学生,显然仍存传统士人的优越感,对商人"思出其位"这一新现象颇不满。但他敏锐地观察到这与当时新兴的社会行为方式甚而新的上升性社会变动取向相关:民国以来,"朝开会,暮开会;坛上之言,皆名言也,然从此而止,下坛后未尝有所行。朝打电,暮打电;电文之言,皆名言也,然从此而止,电报外未尝有所行"。这已渐成一种职业:"更有一种新人,吃一种新饭,谓之吃会饭。盖其人本无职业,专以开会为职业。其人非无伎能,但其毕生所有之伎能,尽用于开会。试举其特长:一曰能演说,声音嘹亮;二曰能拟电稿,文理条畅;三曰能算票数,若干人得若干张;四曰能广告,使大名出现于报章。"①

　　他进而分析说:"吃会饭者,分为二类:一曰官派,一曰民派。官派之吃会饭者,即议员也,今日不甚通行。通行者为民派。此其会名,虽千变万化,随时势为转移,然其会中人物,万变而不离其宗。"这些人"终日仆仆,可谓忙矣,然未尝成一事。仅为电报局

---

① 本段与下段,参杨荫杭:《老圃遗文辑》(原刊1922年2月26、28日《申报》),第530、532—533页。

推广营业，为报纸扩充篇幅"。故"开会之消磨人才，与科举等"；同样，"集会结社之长，等于终南之捷径"。杨氏虽意在挖苦，却无意中触及了问题的实质：开会既与科举类，则此"终南之捷径"即上升性社会变动的一种新途径，亦与科举等，正体现出社会的新变化。这大约是后来"开会文化"的滥觞，其社会功能在于既为电报局和报纸制造了就业机会，更确保了"吃会饭者"的存在与发展。

这其中尤以商界地位的上升和商人参与意识的增强最为明显，故"民国以来，有两机关最忙：一曰电报局，一曰商会。遇有问题发生，此两机关几无不效劳者，殆药中之甘草欤？"以前商人见面，皆说本行之事。如今则"身为商人，偏喜谈官场之事；身为洁白之商人，偏欲干预官场龌龊之事"。官吏之除授，"商人为之挽留、为之拒绝"；官职之设废，"商人出而建议、出而攻击"。与新社会行为伴随的是在此基础上产生出新的价值观念："昔人以市井为小人，今日以市井为圣人。圣之则拜之，拜之则效法之。于是举国上下，皆以市道行之。宣传者，广告也，市道也。商贾谓之广告，不商不贾而登广告，谓之宣传。"①

如果杨氏所说的宣传与广告的关系可确立，则商人参与政治恰给民国政治行为打上了他们特殊的烙印。以政治兴趣为主的"商客"这一政商之间边缘小社群的出现是民国社会（以及政治）非常值得研究而尚乏关注的现象。开会发电报等新行为可以成为一些人社会地位上升的凭借，尤其具有提示意义。从杨氏挖苦的口吻中不难看出科举制废除后原来与读书人关系最紧密的政治现在却成为一

---

① 杨荫杭：《老圃遗文辑》（原刊1920年7月7日、1922年4月5日《申报》），第49、564页。

些商人的兴趣所在,且至少部分为商人所盘踞;而逐渐开始退居社会边缘的读书人对此不仅感到不习惯,更甚不满意。

四民社会本是一个有机组合,士的消失与其他三民的难以维持其正业有相当程度的关联。商人与军人等传统边缘社群的兴起只是"正统衰落、异军突起"这一近代中国的显著特征在社会结构变迁之上的部分体现,与此同步的还可见一些居于各民之间的新边缘社群的出现。同时,伴随这些社会变迁的还有一个非常重要而迄今未得到足够重视的现象,即原有的政治、军事群体的社会组成及其行为都逐步呈现非常规化。比商人和军人的积极政治参与更加突破常轨的,是"游民"和"饥民"这类新边缘社群对政治军事的参与。

科举制刚废除时,刘大鹏已经注意到"世困民穷,四民均失其业"的现象,他也已提出"四民失业将欲天下治安,得乎?"的问题。① 约二十年后,杨荫杭发现当时的情形已更严重:"有土而不能农,有巧而不能工,有货而不能商。"鲁迅在 1907 年已观察到,"事权言议,悉归奔走干进之徒,或至愚屯之富人,否亦善垄断之市侩"。杨氏更发现"人民无事可为,于是乎多游民;人民生计断绝,于是乎多饥民。饥民流为盗贼,盗贼编为军人,军人兼为盗贼。游民流为地棍,地棍选为议员,议员兼为地棍"②。既存社会结构已解体,而新的社会结构尚未稳固确立,整个社会遂渐呈乱相。

科举制本具有"通上下"这一重要的社会功能。在传统的士农工商四民社会中,士为四民之首的最重要政治含义就是士与其他三民的有机联系以及士代表其他三民参政议政以"通上下",而科举

---

① 刘大鹏:《退想斋日记》,第 155、157 页。
② 杨荫杭:《老圃遗文辑》(原刊 1925 年 9 月 25 日《时报》),第 898 页;鲁迅:《文化偏至论》,《鲁迅全集》,第 1 卷,第 46 页。

制正是士与其他三民维持有机联系的主要渠道。传统中国士人是以耕读为标榜的，多数人是在乡间读书，然后到城市为官。而做官之人或候缺或丁忧或告老，多半要还乡。人员的流通意味着信息、资金等多渠道的流通。概言之，科举制在中国社会结构中实起着重要的联系和中介作用，它上及官方之政教，下系士人之耕读，使整个社会处于一种循环的流动之中。在新教育体制下，大学（一段时间内也包括中学）毕业基本在城市求职定居，甚至死后也安葬在城市，不像以前一样要落叶归根。这意味着以前整个社会的循环流动在相当大程度上已经中止，其一个影响深远的社会后果，即中国的城乡渐呈分离之势。

据章太炎所见，因读书人不返乡造成的近代城乡之别也始于兴学堂。盖兴学堂主之最力者为张之洞，他在湖北设学校，"讲堂斋庑，备极严丽，若前世之崇建佛寺然"，而他省效之。章太炎以为："学者贵其攻苦食淡，然后能任艰难之事，而德操亦固。"给学生以优厚待遇的本意在劝人入学，但"学子既以纷华变其血气，又求报偿，如商人之责子母者，则趣于营利转甚。……以是为学，虽学术有造，欲其归处田野，则不能一日安已。自是惰游之士遍于都邑，唯禄利是务，恶衣恶食是耻"。不仅不能任艰难之事，其"与齐民已截然成阶级矣"。①

可知后来逐渐引起世人注意的读书人之"脱离群众"，部分也因传统的耕读生涯的中止所致。而章太炎最敏锐最深入的观察，则是我曾引述过的"自教育界发起智识阶级名称以后，隐然有城市乡村之分"；更由于"城市自居于智识阶级地位，轻视乡村"，就产生

---

① 章太炎：《救学弊论》，第100页。

了城乡"文化之中梗"。① 作为教育改革的产物,"智识阶级"不仅自成一个社群,并成为一种象征,反映出近代空间格局的转变,以及相应的从资源分配到社会心理的转移,也代表了一种因应此类转变的群体人为选择,隐喻着全方位的城乡文化差异。民初的知识分子学西人提出"到民间去"的口号,正是那时城乡已分离的明证。但这个问题在很长时间内并未得到时人的重视,也没有产生出什么对应的措施。

城乡分离使社会情形更趋复杂,读书人既然留居城市而不像以前那样返乡,乡绅的社会来源遂逐渐改变。乡绅中读书人比例的降低意味着道义的约束日减,而出现所谓"土豪劣绅"的可能性转增,这是乡村社会秩序动荡的一个重要原因。刘大鹏在1926年注意到:"民国之绅士多系钻营奔竞之绅士,非是劣衿、土棍,即为败商、村蠹",真"够绅士之资格者,各县皆寥寥无几"。②

一般而言,民初中国的土地兼并仍不算特别厉害。然而中国乡村本不怎么互通,经济剥削和社会压制在不同地区可能有很大差异。在"天高皇帝远"的边远(离县城远也是一种边远)地区,或出现非常势力的地区(如大军阀的家乡),不讲规矩的土豪可能偏多,的确存在剥削或压制特重的事例。在这样的地区,农民在经济上和社会待遇上被逼向边缘者必众。

有些地方的民间社会自有其制衡约束的体制,如四川的袍哥便很起作用,故四川贫困地区的农民当兼职土匪(棒老二)的不少,

---

① 章太炎:《在长沙晨光学校演说》(1925年10月),转引自汤志钧编:《章太炎年谱长编》,中华书局,1979年,下册,第823页。
② 刘大鹏:《退想斋日记》,第336页。

参加红军的却不多。但在民间社会制衡不能起到有力作用时，那些地区反对既存秩序和既存体制的情绪必强，正所谓革命的温床。即杨荫杭看到的"不逞者乌合，即可揭神圣之旗"。① 在这些地方，闹革命（革命而曰"闹"，尤具启发性）的主张实最有吸引力。与城市的新兴社群及新社会行为一样，乡村这些变化也是整体社会结构紊乱的后果。

杨荫杭以为："民国之事，败于营棍子老卒者半，败于土棍地痞者亦半。土棍地痞，不配言自治自决，犹之营棍子老卒，不配言国权威信。"② 他观察到的 20 年代中国总体社会景象是：各级当权者是政客军阀和土棍地痞，自不可恃；社会上具道德廉耻者多隐遁，老百姓又无心于国事，商人中有"商客"，读书人已处边缘，且学人中复有"学客"（详后）。这一片乱象的症结恰在于章太炎所看到的中国已无社会重心这一问题。

杨氏自己也注意到这一点，他指出："国家固应有柱石，所谓中心势力也。共和国家以大多数之民意为柱石。即降而至于军阀国家，亦有统一之武力为之柱石。"但当时"民意既弃如弁髦，各藩镇有'大者王、小者侯'之势，中央政府则自认为空空洞洞、飘飘荡荡之物，是虽有'国家'而无'柱石'也。无柱石，是无国家也。"在这样的社会中，谁来解决中国的问题？杨氏的方案是"造成一种中心势力，以大多数之民意为基础"③，但那显然只能是一种美好而遥远的理想，在这样的中心势力未能造成之前，失去的社会重心总要有人来填补。剔去营棍、土棍、商客、学客等在杨氏眼中

---

① 杨荫杭：《老圃遗文辑》（原刊 1925 年 9 月 25 日《时报》），第 898 页。
② 杨荫杭：《老圃遗文辑》（原刊 1921 年 9 月 19 日《申报》），第 414 页。
③ 杨荫杭：《老圃遗文辑》（原刊 1920 年 11 月 30 日《申报》），第 141 页。

的贬义,他们无非体现出一些新兴社群从边缘走向中心的愿望和实际的努力。在众多边缘社群中,边缘知识分子恐怕是既有参与意识也最有竞争力的一个。

三、 边缘知识分子的兴起

近代中国特别是民国初年的各边缘人集团中,介于上层读书人和不识字者之间的边缘知识分子是最值得注意而迄今尚未得到足够注意者。清季教育改革、特别是科举制的废除,即大量边缘知识分子出现的一个直接原因。在科举时代,读书人"向学"之心从少到老不疲,清代便有百岁童生的盛况。但新学堂收生则有年龄限制。起初虽不乏二十岁上下的中小学生,但过三十者即极少见,以后入学年龄限制更越来越小。换言之,科举制废除的当时就断绝了已成年而尚未"进学"的大量读书人成为士的可能。在新教育体制下,任何读书人到了一定年龄还未跨入知识分子阶层,就已不再有希望。从清季到今天,中国高等教育机构的容量与同时期中等教育的毕业生数量相比,一直相当微小。从这个视角看,近代教育的开放性是不及以往的。在传统的读书做官心态影响尚大(意味着大量的人要走读书之路),而高等教育机构的容量又甚小的情形之下,势必产生大量的边缘知识分子。

近代知识分子和边缘知识分子的产生几乎是同时的。当然,早期的学校和学生的程度都相差甚远,同一学校的学生有时已不可同日而语,异地异校的学生更不能一概而论。由于或主观或客观的原因,有的人继续深造,乃成为知识分子;有的人不愿或无缘长期受教,便成为边缘知识分子。同时,在近代中国的特殊语境中,有一些正在受教育过程中的知识青年,其最后是否会成为知识分子尚属未定,但又已参与社会事务的讨论,本文在技术处理上将其未受完系统教育时的言论均纳入边缘知识分子的范畴;对那些继续深造者,则将其已受完系统教育时的言论纳入知识分子的范畴。

大约从1903年起,近代知识分子和边缘知识分子的自觉意识已萌芽。那年一月《湖北学生界》杂志的创刊,就颇有些象征意义。从该杂志的内容看,里面的"学生"显然已不是清代科举中人的谦称,而是一个开始独立的、有自觉意识的社会群体。特别是该刊第二期发表的李书城《学生之竞争》一文,很能反映新型读书人要主动异化出"士"这一传统读书人群体的自觉意识。李氏将学生列为一个单独的社群,居于由士大夫组成的上等社会和基本不识字的下等社会之间。并明确指出上等社会已崩溃决裂而不能救国,只能"待继起者收拾之";下等社会则因不知祖国历史地理而使爱国之心无由产生。"学生介于上等社会、下等社会之间,为过渡最不可少之人。"不但要肩负起救国重任,而且要为"下等社会之指向针"。①

正像许多晚清士人反清是因认为清廷不能救国一样,新兴的学生社群之所以要主动从士大夫中异化出来,也是因为他们认为士大夫已不能承担救国的使命。李书城不仅强调"重哉学生之位置",而且提出学生应先注目于"内界之竞争":一是"权利之争",即争参政议政之权利;二是"势力之争",要争在国是上的影响力。

1903年,杨笃生撰《新湖南》,专对湖南"中等社会"说法,

---

① 本段与下段,参看李书城:《学生之竞争》,《湖北学生界》,二(1903年2月),《辛亥革命前十年间时论选集》,卷一上,第452—459页。

也认为中等社会诸人是"下等社会之所托命而上等社会之替人也",其责任正在"提挈下等社会以矫正上等社会"及"破坏上等社会以卵翼下等社会"。同时,他又暗示这"中等社会"实指"湖南之青年军",可知多半是针对学生社群而言。① 留美学生许肇南就主张一国命脉在中等社会。胡适有诗记许氏的观念说:"诸公肉食等狐鼠,吾曹少年国之主。……愿集志力相夹辅,誓为宗国去陈腐。"② 留日学生张继也强调:"学生为一国之原动力,为文明进化之母。以举国无人之今日,尤不得不服于学生诸君,而东京之留学生尤为举国学生之表率。"③

当然,这里的学生,主要还是指学问的载体。在某种程度上甚至也可看作尚未成为"大夫"的"士"要与"大夫"决裂之意,隐约可见道统与治统分离所造成的困惑。其基本的出发点,虽然仍是士的以天下为己任的传统精神,却并不认同于传统的士;既不以士自居,也不自诩为道统的载体。留学生当然不全是边缘知识分子,许多已进入真正的"中等社会";但同在中等社会之中,肉食的"诸公"与"吾曹少年"显然是两个社群;而后者也已将前者视为"陈腐",要誓为宗国去之。这些言论处处呈现一种过渡与萌芽的特征,但独立与疏离的倾向是明显的。

新学堂中人的独立身份认同逐渐得到社会的认可,不久即成为时代的共识。杨荫杭回忆说:"清季学堂初开,凡称学界中人者,

---

① 杨笃生:《新湖南》(1903年),《辛亥革命前十年间时论选集》,卷一下,第615页。
② 《胡适日记》(本文所用为亚东图书馆1939年的《藏晖室札记》,以下只注年月日),1914年8月14日。
③ 自然生(张继):《读"严拿留学生密谕"有愤》,《苏报》(1903),《辛亥革命前十年间时论选集》,卷一下,第685页。

自成一阶级",民间则呼为"吃学堂饭者"。① 随着"学界中人"数量的增加,渐渐分化出老师和学生两个独立的社群;前引章太炎所述"自教育界发起智识阶级名称以后,隐然有城市乡村之分"一语,或者即是两者分开的一个表征。盖"智识阶级"这一名称的兴起,显然有与"学生"区分的隐义。很可能正因为"学生"这一身份名称原先更多是代表尚处产生过程中的"智识阶级"(或今日常用的"知识分子")以区分于"旧"读书人,后来却仅指今日意义的在校念书者,才导致"智识阶级"这一名称的出现。

而"智识阶级"或"知识分子"是否包括数量渐增的学生,也越来越成为一个问题。过去有些学者不免将其放得甚宽,如周策纵先生不仅将五四前后的初高中学生纳入知识分子的范围,而且将第一次世界大战时旅欧华工中的识字者也归入知识分子社群。美国学者朱丹(Donald Jordan)则将20年代的中学生列入"上层精英"(elite)之中。② 这样的分类,不论以中西当时和现在的标准,恐怕都有些勉强。但这些学者之所以不得不如此,既从一个侧面凸显了边缘知识分子这一社群在近代中国的重要性,也说明这一社群在身份认同上的模糊。对这样一种社群的界说,传统中国的士农工商既不适用,近代西方的社会分类标准也觉勉强,倒不如明确其为边缘知识分子。

近代以还,由于上升性社会变动的途径多在城市,边缘知识分

---

① 杨荫杭:《老圃遗文辑》(原刊1922年2月28日《申报》),第532页。
② Chow Tse-tsung, *The May Fourth Movement: Intellectual Revolution in Modern China*, Cambridge, Mass., 1960, pp. 9, 38; Donald Jordan, *The Northern Expedition: Chinese National Revolution of 1926 – 1928*, Honolulu, 1976, pp. 17 – 18.

子自然不愿认同于乡村；但其在城市谋生甚难，又无法认同于城市，故其对城乡分离的情势感触最深。他们不中不西，不新不旧；中学、西学、新学、旧学的训练都不够系统，但又初通文墨，能读报纸；因科举的废除已不能居乡村走耕读仕进之路，在城市又缺乏"上进"甚至谋生的本领；既不能为桐城之文、同光之诗而为遗老所容纳，又不会做"八行书"以进入衙门或做漂亮骈文以为军阀起草通电，更无资本和学力去修习西人的"蟹行文字"从而进入留学精英群体。他们身处新兴的城市与衰落的乡村以及精英与大众之间，两头不沾边也两头都不能认同——实际上当然希望认同于城市和精英一边而不太为其所接受。

这样的尴尬困境早在清季兴学堂时已可见到。后来参加自立军起事的湖南学生林圭留下了一些他将入时务学堂前几个月的文字，颇能体现那时边缘少年读书人感觉事事不如意的心态。他在论中西医之别时比较中西人的生活，认为中人"劳顿一生，无日不在忧患；欲行一事，未见有畅行无阻者。故郁字之病甚，至有极郁而不顾风寒湿热之内外交攻，伤生多矣！无郁则脑舒，郁则脑伤。……郁病不除，则脑不灵；脑不灵，则体魄虽存，以〔已〕成废物"。这里对中人生活的描述，未必就会为那时一般中国人所接受，倒最能体现那些尚处边缘的少年读书人在"倾念身世，将何处从"这一内外交困大环境下"浮沉人世，积郁难消；名不能成，身无以立"的心态。①

此时林圭尚不知能否进入时务学堂，他那种上下求索的烦恼焦

---

① 本段与下两段，参见林圭致黄奕叟（三信），约光绪二十三年岁末、光绪二十四年三月二十八日、光绪二十四年六月二十五日，《湖南历史资料》，1981年第1辑，第35—38页。

虑在一封给家乡的老师谈读书的信中表述得特别清晰：林氏承认，读书不能"耐烦"是他近来"大病"。他在家乡本治史论，但觉得"功已不及"，遂"弃难从易，故又作词章。计稍暇，即翻阅书籍，寻源溯流，摩词揣意"。然而词章似乎也难速成，回顾原来下了功夫的"古业"，不免"又爽然若失"。后来"有友从旁晓之者，谓词章不佳，非徒无益，且有害焉；不如专攻文艺，进取犹易耳"，于是他又决意"废前功而专此道，每日读四子"。他自己总结，"凡此皆不能耐烦之病"，盖先有"求速之心"在，结果"功愈急心愈纷，似有大气团格于胸，乱突于上下，怦怦然，终日不能一得也"。

甲午后国势日亟，读书人皆急欲用世救世。而丁酉戊戌年间湖南学政江标和巡抚陈宝箴正从事教学内容与考试科目的改革，学子都有个因应的过程。林圭从史论到词章再到文艺，在短时间内几次"弃难从易"，凸显出一股强烈的"求速之心"。正如他自己那时所感叹的："嗟夫！盛时不再，尘海难濡。欲肆志新学，堂奥苦深；欲静守天命，生涯无藉。"他考入时务学堂后，面对的即将是"堂奥苦深"的新学，仍难速达。故即使没有戊戌的政变，像他那样的少年读书人恐怕也难读毕业，终会因这样那样的机缘投身实际政治。

林圭留下的文字生动地再现了早期边缘知识青年的困境及其迫切的心态，类似的状况到民国后越来越明显。生于1902年的另一位湖南革命家黄克诚，家境贫寒，十九岁以前没穿过棉衣，但被选中为家族共同负担的读书人。他不负众望，每次考试都得第一名。到考入省立第三师范后，却因那里"看重英文和数理化"，原"所熟悉的古文"不受重视而"逐渐产生了自卑感"。新学的"堂奥苦深"对他产生的心理压力是明显的，再加上国家的内外交困局面日甚,黄克诚对学业的兴趣渐淡,转而"深入地探索国家、民族、社会、阶级等问题"。阅读各种报刊后,他认识到"不光是我一个人苦于无出路,整个中华民族都处在水深火热之中",于是"由过去为个人寻找出路变为立志为国家、民族、社会寻找出路"。在参加了国共合作时的国民党后,"思想上似乎有了寄托,一扫过去那种苦闷消沉的精神状态"。最后因感觉三民主义"不能从根本上解决中国社会诸问题",进而"在国际的各种思潮之中选定了马克思主义无产阶级革命的道路"。①

从林圭到黄克诚的事例可以看出,边缘知识分子对社会承认的期望不比任何社群差,但他们却无法像鲁迅那样有固定收入可以抄碑帖排遣意绪,也不能像胡适那样可以在大学获取有面子的高薪教职。与鲁、胡一样,他们每日目睹中国在西潮冲击下的败落;与鲁、胡不同,他们同时看见自己生涯的无望。这样的双重失意惆怅,使边缘知识分子比别人多一层烦恼焦虑,因而也就更迫切需要寄托于一种较高远的理想,以成为社会上某种更大的事业的一部分。即使生活改善不多,到底是为一种更大更高的目标而生存,而奋斗。所以他们对社会政治等的参与感和实际的参与都要比其他许多社会群体更强。

作为一个群体,边缘知识分子实继承了"学生"社群初起时的"中间"或"过渡"特征。由于他们不论身心都徘徊在城与乡、精英与大众之间,其在一定程度上也就起到了联系和沟通城乡及精英与大众的功用。所谓边缘,本是双向的,即一脚踏在知识分子一边,一脚踏在不能读写的大众一边。这样一种两可的特性使其有时

---

① 黄克诚:《黄克诚回忆录》(上),解放军出版社,1989年,第1—19页。

恰更容易被双方接受。知识分子可见其知识的一面，大众则见其通俗的一面。

近代中国既然是走在所谓现代化的路上，其大方向总的来说是在向西走。而知识精英的西向程度是远超过大众的。钱穆就从义和团事件中看出上层知识分子与大众在民族主义方面的疏离，他说：近代中国知识分子"天天把自己从西方学到的许多对中国民众并非切肤之痛的思想和理论来无条件地向他们炫耀夸扬。外国的件件对，中国的件件不对"。实际上，民族主义情绪更强的一般民众，对此"是会发生很大反感的"。① 这里面的关系当然还更复杂。知识精英所表现出的民族主义情绪，或者不是那么强烈，但其内心深处实际的民族主义关怀，实不稍让于大众。但一般民众认知中的知识精英，当然只能来自其表现出来的部分。钱氏观察到的现象确实存在。

胡适还是一个边缘知识分子时，虽然自己一直在下大功夫学英文，却也在《竞业旬报》里鼓励世人要"使祖国文字，一天光明一天。不要卑鄙下贱去学几句爱皮细底，便稀奇得了不得。那还算是人么？"② 可知当时学了几句 ABCD，确实可以"稀奇得了不得"。这里流露出的对那些能说 ABCD 者既羡慕又怨恨的边缘知识分子心态，是非常传神的。胡适后来成了知识精英，心态为之一变，也曾用"几句爱皮细底"去"威慑"章太炎那样的国学家。但近代多数没能学会"蟹行文字"的边缘知识分子，确实是在追逐西潮的同时对西化精英有某种不舒服的感觉。而西化知识精英与一般民众之间

---

① 钱穆：《中国思想史》，香港新亚书院，1962年，第177页。
② 铁儿（胡适）：《爱国》，《竞业旬报》第34期。原报承翁飞、杨天宏先生代复印，特此致谢。

的疏离,显然还更宽。这对非常认同"与一般人生出交涉"这一取向,并将其视为"中国文学革命的预言"[①]的新文化诸贤来说,不能不说是一个诡论性的结局。其原因,恰蕴涵在文学革命自身之中。

近代士人讲开通民智,以白话文来教育大众早已不断有人在提倡,陈独秀和胡适都曾身与清末的白话文活动。但是,晚清和民初两次白话文运动,也有很大的区别。胡适说,前者的最大缺点是把社会分作两部分:"一边是应该用白话的'他们',一边是应该做古文古诗的'我们'。我们不妨仍旧吃肉,但他们下等社会不配吃肉,只好抛块骨头给他们去吃罢。"余英时先生以为,胡适答案中关于"我们"和"他们"的分别,"恐怕也包括了他自己早年的心理经验"。但胡适"在美国受了七年的民主洗礼之后,至少在理智的层面上已改变了'我们'士大夫轻视'他们'老百姓的传统心理"。[②]

余先生这里强调的"理智的层面"是一个关键。在意识的层面,胡适的确想要借"国语的文学"这一建设性的革命达到合"他们"与"我们"而熔铸中国之"全国人民"的目的。但其潜意识仍不脱"我们"的士大夫意识;他要为"国人导师"的自定位决定了他最多不过做到变轻视"他们"为重视"他们"(没有做到当然不等于不想做到)。关键在于,一旦"与一般人生出交涉"成为宗旨,什么是活文学便不是胡适等所能凭一己之爱好而定,而实应由"一般人"来定。面向大众成了目标之后,听众而不是知识精英就成了

---

① 胡适:《五十年来中国之文学》,第164—165页。
② 胡适:《五十年来中国之文学》,第192页;余英时:《中国近代思想史上的胡适》,收在胡颂平编:《胡适之先生年谱长编初稿》,联经出版公司,1990年修订版,第1册,第26—27页。

裁判。在胡适等人的内心深处，大约并未将此裁判的社会角色让出。胡适关于历代活文学即新的文学形式总是先由老百姓变，然后由士人来加以改造确认即是保留裁判角色的典型表述。

这就造成了文学革命诸人难以自拔的困境：既要面向大众，又不想追随大众，更要指导大众。梅光迪、任鸿隽、林纾都在不同程度上意识到这一点。梅氏以为，如用白话，"则村农伧父皆是诗人"。任鸿隽有同感，他在给胡适的信中说："假定足下之文学革命成功，将令吾国作诗者皆京调高腔。"而林纾则对"凡京津之稗贩，均可用为教授"这种潜在可能性深以为戒。①

在这一点上，"旧派"比"新派"更具自我完善性。传统士大夫的社会角色本来就是一身而兼楷模与裁判的，分配给大众的社会角色是追随；追随得是否对，仍由士大夫裁定。两造的区分简明，功能清晰。但对民初的知识分子——特别是有意面向大众的知识分子——来说，事情就不那么简单了。所有这些士大夫的功能，现代知识分子似乎都不准备放弃；而他们同时却又以面向大众为宗旨。这里面多少有些矛盾。关键在于，大众如果真的"觉醒"，自己要当裁判时，知识分子怎样因应。假如稗贩不再是"可用为教授"，而竟然"思出其位"，主动就要做教授，那又怎么办？林纾已虑及此，新文化人却还没来得及思考这一问题。

过去研究文学革命，虽然都指出其各种不足，但一般尚承认其在推广白话文即在试图"与一般人生出交涉"方面的努力和成功。其实恰恰在这一点上，文学革命只取得了部分的成功。胡适自称：

---

① 《胡适日记》，1916年7月22日，24日；林纾：《致蔡元培函》，收入《蔡元培全集》(3)，第274页。

"在短短的数年之内,那些〔白话〕长短篇小说已经被正式接受了。"① 实际上,最接近"引车卖浆者流"的读者反而在相当时期内并不十分欣赏白话文学作品,张恨水就同样用古文写小说而能在新文化运动之后广泛流行,而且张氏写的恰是面向下层的通俗小说。这很能说明文学革命在白话方面的"成功"其实还应做进一步的分析。如果从销售的数量言,二三十年代文言小说恐怕不在白话小说之下。美国学者林培瑞已做了很大努力去证实读文言小说的那些人就是与以上海为中心的"鸳鸯蝴蝶派"早已生出交涉的"一般人"。②

不过,文言小说在相当时期里的风行虽然可用统计数字证明,文学革命许多人自己的确没有认识到,恐怕也不会承认,他们在"与一般人生出交涉"方面竟然成功有限。很简单,他们自己的文学作品也确实很能卖,同样是不断地再版。这就提出一个新的问题,文学革命者们到底与什么样的"一般人"生出了交涉呢?或者说,究竟是谁在读文学革命者的作品呢?后来的事实表明,在相当长的一段时间里,接受白话小说者只是特定的一部分人。他们中许多是从林译文言小说的读者群中转过来的,有的更成了后来的作者(如巴金)。另一些大约也基本是向往新潮流或走向"上层社会"的知识青年。鲁迅当然也曾见过以带着体温的铜圆来买新小说的电车售票员,但他似乎也就只见到那一个。

但鲁迅毕竟比一般新文化人要深刻。他其实已认识到"民众要看皇帝何在,太妃安否",向他们讲什么现代常识,"岂非悖谬"。

---

① 唐德刚译注:《胡适口述自传》,第 164 页。
② Perry Link, *Mandarin Ducks and Butterflies: Popular Urban Fiction in Early Twentieth-Century China*, Berkeley and Los Angeles, 1980.

正如汤茂如在1926年所说："梁启超是一个学者，梅兰芳不过是一个戏子。然而梁启超所到的地方，只能受极少数的知识阶级的欢迎；梅兰芳所到的地方，却能受社会上一般人的欢迎。"所以鲁迅干脆主张"从智识阶级一面先行设法，民众俟将来再说"。①

孔子说，我欲仁而斯仁至。从接收者一面看，那些关心"皇帝太妃"也欢迎梅兰芳的"一般人"，因其本不向往新潮流，也就不怎么感受到文学革命的"冲击"，自然也就谈不上什么"反应"了。可以说，原有意面向"引车卖浆者流"的白话小说只在上层精英知识分子和追随他们的边缘知识分子中流传，而原被认为是为上层精英分子说法的古文却在更低层但有阅读能力的大众中风行，这个极具诡论意味的社会现象说明胡适提出的"白话是活文学而文言是死文学"的思想观念其实是不十分站得住脚的。

这就揭示了胡适等人在有意识的一面虽然想的是大众，在无意识的一面却充满精英的关怀。文学革命实际上是一场精英气十足的上层革命，故其效应也正在精英分子和想上升到精英的人中间。新文化运动领导人在向着"与一般人生出交涉"这个取向发展的同时，已伏下与许多"一般人"疏离的趋向。这个现象在新文化运动时已隐然可见了。

但是，从另一方面看，对于民国初年那些介于上层读书人和不识字者之间，但又想上升到精英层次的边缘知识分子来说，以白话文运动为核心的文学革命无疑适应了他们的需要。陈独秀当时就已指出："中国近来产业发达，人口集中，白话文完全是应这个需要

---

① 鲁迅致徐炳昶，1925年3月29日，《鲁迅全集》，第3卷，第24—25页；汤茂如：《平民教育运动之使命》，《晨报副刊》，1927年1月25日，第10—11页。

而发生而存在的。适之等若在三十年前提倡白话文,只需章行严一篇文章便驳得烟消灰灭。"① 若仔细观察,陈独秀所说的白话文的社会背景,实际上就是那些向往变成精英的城镇边缘知识分子或知识青年。

自己也从基层奋斗到上层的胡适非常理解这种希望得到社会承认的心态。他在后来写的《中国新文学大系·建设理论集》的"导言"中说:"小孩子学一种文字,是为他们长大时用的;他们若知道社会的'上等人'全瞧不起那种文字,全不用那种文字来著书立说,也不用那种文字来求功名富贵,他们决不肯去学,他们学了就永远走不进'上等'社会了!"②

像孔子一样,胡适希望能够向学的人都有走进上等社会的机会,所以他特别注重教育与社会需求的关联。他刚从美国回来时就注意到:"如今中学堂毕业的人才,高又高不得,低又低不得,竟成了一种无能的游民。这都由于学校里所教的功课,和社会上的需要毫无关涉。"③ 且不管胡适所说的原因是否对,他的确抓住了城市社会对此类中学生的需要有限这个关键。高低都不合适,正是边缘知识分子两难窘境的鲜明写照。

这些人的确最支持白话文运动。正如胡适所说,文学革命能很容易取得成功的"最重要的因素"就是"白话文本身的简捷和易于教授"。他更明确指出,文学革命就是要把"大众所酷好的小说,升高到它们在中国活文学史上应有的地位"。小说的地位升高,看小说的"大众"的地位当然也跟着升高。胡适并有意识地"告诉青

---

① 转引自余英时:《中国近代思想史上的胡适》,第 25 页。
② 收在姜义华主编:《胡适学术文集·新文学运动》,中华书局,1993 年,第 239 页。
③ 胡适:《归国杂感》,《胡适文存》,上海亚东图书馆,1920 年,卷四,第 10 页。

年朋友们,说他们早已掌握了国语。这国语简单到不用教就可学会的程度"。因为"白话文是有文法的,但是这文法却简单、有理智而合乎逻辑,根本不受一般文法转弯抹角的限制",完全"可以无师自通"。简言之:"学习白话文就根本不需要什么进学校拜老师的。"实际上,"我们只要有勇气,我们就可以使用它了"。①

这等于就是说,一个人只要会写字并且胆子大就能作文。这些边缘知识分子在穷愁潦倒之际忽闻有人提倡上流人也要做那白话文,恰是他们可以有能力与新旧上层精英竞争者。转眼之间不降丝毫自尊就可跃居"上流",得来全不费工夫,怎么会不欢欣鼓舞而全力支持拥护!到五四运动起,小报小刊陡增,其作者和读者大致都是这一社会阶层的人。从社会学的层面看,新报刊不也是就业机会吗?他们实际上是自己给自己创造出了"社会的需要"。

据邓广铭先生回忆,1923—1927年间他在济南山东第一师范念书时,参加了"书报介绍社"。该团体"主要是售书,但出售的都是新文化方面的书,如北边的新潮社。北新书局、未名社,南方的创造社、光华书局出的书,我们都卖。我自己每天或隔一天利用业余时间在校门口卖书两点钟"。这就是"新文学"的读者群。邓先生也因此"对北大特别崇拜,特别向往",最后终于辗转考入北大念书,但这些趋新边缘知识青年中未能考上大学的当大有人在。②白话文运动对这些人有多么要紧,而他们的支持拥护会有多么积极,都可以不言而喻了。

---

① 唐德刚译注:《胡适口述自传》,第166、229、163页。应该指出,胡适的"最重要"是数个并列,而不是通常的唯一之"最"。
② 邓广铭:《我与胡适》,收在耿云志主编:《胡适研究丛刊》,第1辑,北京大学出版社,1995年,第213页。

胡适的主张既然适应了民国初年社会变动产生出的这一大批边缘知识分子的需要，更因为反对支持的两边都热烈参与投入，其能够一呼百应（反对也是应）、不胫而走，就不足为奇了。而且，胡适写文章是有心栽花。他"抱定一个宗旨，做文字必须要叫人懂得"，为此而改了又改，就是"要为读者着想"。胡适关怀的不只是他自己是否懂，而且是"要读者跟我的思虑走"。这样努力使自己的文章"明白清楚"的结果是"浅显"，而浅显又适应了边缘知识青年的需要。同时，他作文既然不是"只管自己的思想去写"，而是"处处为读者着想"，有时或不免因为想象中的读者的缘故要收束或张大"自己的思想"，这或者使胡适所表述的未必总是完全代表他的本意（应至少代表了大意）。但这样与一般作者不同的一心一意从读者角度出发的苦心，在民初思想接收者渐居主动地位时，就给胡适带来了意想不到的正面回馈。①

的确，正是向往"上层"的边缘知识分子才是西向知识精英的真正读者、听众和追随者。蔡和森在1920年夏天就观察到，他"所见高明一点的青年多带一点中产阶级的眼光和国家的色彩"。②蔡氏当时正在法国勤工俭学，他能看到的"高明一点的青年"，大致不出边缘知识分子范畴。值得注意的是，这些人却"多带有中产阶级眼光"。此时与清季的社会构成已很不相同，而各社群的自我定位尤与前相异，边缘知识青年这时已未必自视为"中产阶级"

---

① 胡颂平编：《胡适之先生晚年谈话录》，中国友谊出版公司，1993年，第23、240、66页；唐德刚：《胡适杂忆》，华文出版社，1992年，第70页；胡适：《四十自述》，上海书店影印亚东图书馆1939年版，第123页。
② 蔡和森并不认同于这些青年，他"将拟一种明确的提议书，注重'无产阶级专政'与'国际色彩'两点。参蔡和森致毛泽东，1920年8月13日，《新民学会资料》，人民出版社，1980年，第131页。

(这一点遍观《新民学会资料》中的通信随处可见)；正由于其有意追随精英，所以才"思出其位"，具有与其实际地位不那么相当的"眼光"。

文学革命无疑给边缘知识分子提供了方向和出路。当他们从茫然走向自觉时，也必定要想发挥更大更主动的作用。作为西向知识精英的真正追随者，向往"上层"的边缘知识分子在知识精英面前代大众而为一种想象的听众；而他们在大众面前有时又代精英执行士的社会领导作用，并将其所接收的再传布给大众。这样的中介功用至少部分弥合两者的疏离，但有时也可能造成双方虚幻的接近感。

边缘知识分子在对大众立言之时，其口号仍基本是从知识精英那里传承来的西向口号，这是近代中国全社会或多或少都有尊西倾向的一个重要原因。但是，边缘知识分子也有自己的思想，故在沟通双方时有意无意间将自己的愿望和观念转移到两造身上。更因其中介功用的不可或缺，结果不但影响双方，更有因替代而成真的情形。钱穆观察到的精英往西走而大众民族主义情绪尚强的现象，部分也有边缘知识青年的作用。盖西化口号下所包含的实际内容，经边缘知识青年转手后，到一般民众那里已大为淡薄。如果说近代中国人表露出的民族主义情绪有一个自下而上逐渐淡化的现象，可以说其西化倾向也有一个自上而下的淡化过程。这里面边缘知识分子的中介作用是有特殊意义的。

而且，正因为边缘知识分子所掌握的中西学均有限，反容易自以为"已学通"而行动更大胆活泼。他们的行动能力的确是超过知识精英的。林白水在1903年说："你看汉高祖、明太祖是不是读书人做的？关老爷、张飞是不是书呆子做的？可见我们不读书的这辈英雄,倘然一天明白起来,着实利[厉]害可怕得很。"不过,林氏马上又指出:"书虽然来不及去读,报却是天天要看的。"① 这透露出林氏所针对的,正是那些不太算得上"读书人",却又还能看报者。正因为边缘知识分子胆大肯干,一般民众渐得出他们在"干"而知识精英只会"说"的认知。

这样,中国传统中的反智倾向也得到某种程度的"现代复兴"。梁启超在《新民说》中已点名攻击读书人说:"谓其导民以知识耶?吾见读书人多而国民愚也。谓其诲民以道德耶?吾见读书人多而俗日偷也。"这些人"事无廉耻而嗜饮食,读书人实一种寄生虫也。在民为蠹,在国为虮"。②

梁氏的观念很得林白水的同感,林氏也指出:"我们中国最不中用的是读书人。那般读书人,不要说没有宗旨、没有才干、没有学问,就是宗旨、才干、学问件件都好,也不过嘴里头说一两句空话,笔底下写一两篇空文,还能够干什么大事呢?"他特别指出,以前的读书人也还是有用的,"但是现在的读书人比不得从前"了。林氏本有替国民立说之志,他在1904年写的《国民及其意见》中说:"你道这意见是我一个人的意见么?大家是国民,便大家都有这一番的意见,我白话道人不过替你们大家发表发表罢了。"以前的士人是代圣人立言,现在林氏要代国民立言。立场一移,他就理直气壮地代国民断言说:"现在中国的读书人没有什么可望了。"③

---

① 林懈:《中国白话报·发刊词》,1903年12月19日,《辛亥革命前十年间时论选集》,卷一下,第605页。清初的曾静说,以前的皇帝都让世路上的英雄做了,其实皇帝合该我儒生做。与林的认知恰相反。
② 梁启超:《新民说》,《饮冰室合集·专集》之四,第89—90页。
③ 林懈:《发刊词》、《国民意见书》(1904年),《中国白话报》,《辛亥革命前十年间时论选集》,卷一下,第603—605、894页。

到1915年北京政府被迫接受日本"二十一条"的大部后，梁启超重申他对中国读书人的谴责说："今日国事败坏之大原"，即种因于士大夫之恶劣。因为蠹国之官僚、病国之党人，皆士大夫也。"劝老百姓爱国者，士大夫也；而视国家之危难漠然无动与中者，即此士大夫也；利用老百姓之爱国以自为进身之径谋食资者，亦即此士大夫也。"不过梁仍主要是自责，他还是认为"一国之命运，其枢纽全系于士大夫。"所以，"欲国耻之一洒，其在我辈之自新。我辈革面，然后国事有所寄"。① 这已是民国初年，梁启超仍存以天下为己任的传统士大夫观念，但他所说的"士大夫"，在社会学意义上已不存在，只能是"读书人"的同义词而已。

又几年后，杨荫杭说："魏何晏粉白不去手，行步顾影；宋王安石囚首丧面而谈诗书，二者皆失也。中国旧学家，以囚首丧面者为多；今之欧美留学生，以粉白不去手、行步顾影者为多。"所谓"凡诚于中者，必形于外。行步顾影之留学生，有如花鸟，仅可以供观赏家之陈设。囚首丧面之老学究，有如骨董，仅可以供考古者之研究。其不切于实用则一也"。② 这是林白水读书人无用论的发展，既然新旧学者都不能适应时代的需要，读书人与社会的脱节就得到进一步的强调。

在清季民初的新旧之争中，当新旧精英的任意一方稳坐主流或保持控制时，另一方便无多少号召力；当新旧任意一方的观念学说能够得到广泛的常规传播时，另一方也没有多少号召力。但如果一统局面被打破而任何一方尚未取得完全控制的形势时，多少受过一

---

① 梁启超：《痛定罪言》，《饮冰室合集·文集》之三十三，第1—9页。
② 杨荫杭：《老圃遗文辑》（原刊1921年11月1日《申报》），第458页。

些教育的边缘知识分子就可以向任何更具吸引力的一方倾斜。由于既存的旧体制实不能给边缘知识分子一席地,旧派当下也确实提不出多少救亡图存的办法,而"新"的不可知性使其提供的未来至少有可能是光明(包括个人的和国家的),则边缘知识分子选择趋新的一面,几乎是自然而然的。更因边缘知识分子的量大,并能逐渐对自己这一社群的潜力有所认识,新胜旧在社会层面几乎已成定局。由于追随者在新旧之争的胜负中扮演着重要的甚至是决定性的作用,其地位就不同寻常了。

而且,"旧学家"本欲与大众有所距离,故其对缺乏追随者或有一定程度的心理准备。对非常认同"与一般人生出交涉"这一取向的新文化诸贤来说,与大众的疏离却不能不说是一个诡论性的结局。现代知识精英既然连与大众沟通都困难,自难以充分填补因士的来源中绝而出现的社会领导空缺,而胆大肯干的边缘知识分子反能部分取代知识精英以填补此社会领导地位的空缺。如果把民初新战胜旧这一现象看成一座冰山,则其水面之下隐伏着远更宽广的社会变迁。换言之,思想方面新旧之争的表面胜负之下实隐伏着更深层次的社会权势转移。

少年"暴得大名"的胡适在1918年写的一篇文章中,以上海大舞台为"中国的一个绝妙的缩本模型",指出在台上支撑场面的"没有一个不是二十年前的旧古董"。古董而且旧,其过时自不待言。据胡适在那时的看法,这是因为中国"时势变得太快,生者偶一不上劲,就要落后赶不上了"。[①] 的确,民初中国思想界的激进化真是一

---

① 胡适:《归国杂感》,《胡适文存》,卷四,第2页;胡适致高一涵等(稿),1919年10月8日,《胡适来往书信选》,中华书局,1979年,上册,第72页。

日千里，从新变旧有时不过是几年甚至几个月之事。胡适曾以龚自珍的"但开风气不为师"与章士钊共勉，因为他们"同是曾开风气人"。但各种"曾开风气人"又大都在开风气之后不久就被其追随者视为保守而"落伍"，不过梁启超和章士钊的落伍又有所不同。

以温和著称的胡适自谓他少年时"受了梁先生无穷的恩惠"，曾是梁的追随者。但他又遗憾地指出："有时候，我们跟他走到一点上，还想望前走，他倒打住了，或是换了方向走了；在这种时候，我们不免感觉一点失望。"不过，胡适也不否认梁启超"这几年颇能努力跟着一班少年人向前跑。他的脚力也许有时差跌，但他的兴致是可爱的"。梁所跟着跑的"少年"，正是胡适等人，当然"可爱"。章则不然，他不但不跟着少年跑，且攻击"梁任公献媚小生，从风而靡，天下病之"。故胡适说章甘心落伍而不甘心落魄，不得不站到反对的一边去做首领。①

其实，梁的落伍，部分也因为他并不仅仅是跟着跑。钱基博说，胡适归国，"都讲京师，倡为白话文，风靡一时"。梁启超"乐引其说以自张，加润泽焉。诸少年噪曰：'梁任公跟着我们跑也。'"但"梁出其所学，亦时有不'跟着少年跑'而思调节其横流者"。一个人是否落伍即在于是否"跟着少年人跑"，颇能提示那时的时代风尚。具有诡论意味的是，在这样的时代，要想"调节其横流"，必先"跟着少年跑"；如果不"跟着少年跑"，也根本就无法"调节其横流"。但若"调节其横流"的苦心超过了"跟着少年跑"的努力，仍要落伍。

---

① 本段与下段，参见胡适：《四十自述》，第100页；《老章又反叛了》，《胡适学术文集·新文学运动》，第164—168页；钱基博：《现代中国文学史》，台北文海影印1936年增订版，第354页。

近代中国不论思想社会，总之都呈正统衰落、边缘上升的大趋势。社会变迁既是思想演变的造因，也受思想演变的影响。西潮冲击之下的中国士人，由于对文化竞争的认识不足，沿着西学为用的方向走上了中学不能为体的不归路。自身文化立足点的失落造成中国人心态的剧变，从自认居世界文化的中心到承认中国文化野蛮，退居世界文化的边缘。结果，从思想界到整个社会都形成一股尊西崇新的大潮，可称作新的崇拜。① 一般而言，所谓过时、落伍，即立说者不能适应时代的需要、解决时代的问题。但在正统已衰落、边缘正兴起的民初中国，这很可能更多意味着别的意思。

崇新自然重少。从逻辑上言，中国传统既然黑暗，则越年轻当然受害越少也越纯洁，故少年才代表着中国的未来和希望。所以鲁迅宁愿自己来肩负那"黑暗的闸门"，让青年少读或不读中国书；而钱玄同更主张将四十岁以上的人全杀掉；他们无非都是盯着那较纯洁的年轻一辈。在此重少的流风覆盖下，出现听众的拥护与否决定立说者的地位、上层知识分子反向边缘知识分子靠拢这样一种特殊的社会权势再转移。

新文化运动之所以能不胫而走、风行全国城镇区域，形成时代的"潢潦"，有一个思想以外的根本社会原因，即大批知识青年的追随。胡适的"暴得大名"，本来是因部分适应了新兴的边缘知识"少年"的需要。后来胡适也自觉不自觉地一直"跟着少年跑"，但他终因不时"思调节其横流"，结果仍未跳出"暴起一时，小成即堕"的循环规律之中，不久也重蹈梁启超的覆辙。

不过几年后的北伐之时，年仅35岁的胡适自己也被视为新文

---

① 参见本书《新的崇拜：西潮冲击下近代中国思想权势的转移》。

化运动的"老少年",已"中止其努力"了。少年而老,其"落伍"的象征是明显的。新文化运动的追随者责备胡适一辈说:"这些老少年们还没有做完他们前驱的工作,还没有把一班人带上了新时代的坦途上,他们便撒手不管了。"其想法思路与胡适当年责备梁启超未尽带路之责如出一辙。而新一代人也像胡适一代一样,没有人带仍要走自己的路。既然带路者已不再前进,新一代便明确宣布:"新时代……这个责任便担承在我们青年人的两个肩膀上边。"① 其认带路者已落伍而要疏离于他们的倾向是显而易见的。追随者既离异,从社会学的角度看,胡适的确是落伍了。

有意思的是,梁、胡等人对自己的"过时"都有所认知。梁启超在一战后由政治活动而转入思想学术,既是有感于北洋政府对他的冷漠,也未尝没有因看见知识青年纷纷转入新文化运动麾下而思"争夺"之意。可惜在听众决定立说者地位的时代,一个"落伍"者的此类努力通常都难以成功。北伐时梁已承认青年中同情共产学说的"百分中居九十九",他也只能挽回一个算一个了。② 胡适自己对青年一辈的离异同样深有所知,他在1936年给周作人的信中说:"我在这十年中,明白承认青年人多数不站在我这一边。"③

在某种程度上,能有较长远的政治思虑,也是社会分工上已不再为四民之首,而在思想上多少还能为社会指方向的民初知识分子存在的一项主要社会价值。故在民初的北洋时期,才有些自以为是社会中坚,却因道治二统的分离而独善其身的"好人"出来努力影

---

① 梁叔莹:《思想上的新时代》,《晨报副刊》,1927年2月14日,1—2版。
② 参见毛以亨:《一代新锐梁任公》,河洛出版社,1979年,第120、132页;丁文江、赵丰田:《梁启超年谱长编》,第1130—1131页。
③ 胡适致周作人,1936年1月9日,《胡适来往书信选》,中册,第297页。

响政治，甚至有组织"好人政府"的想法。这正是重心已失，却还有些余勇可贾的时候。但"好人"之必须"出"，实即其已不再居于社会中心的直接表征。"好人政治"的失败本身近一步表明这些"好人"也不能像传统的士那样作政治的重心。知识分子既然已不能为社会指引方向，其存在价值自然就进一步降低，不得不让位给具体做事的边缘知识分子。"好人"们既然自知无用，大家或者学俄国的虚无党"到民间去"；或者如胡适所认知的那样去追赶时势，以"免了落后的危险"。

本来边缘知识分子因在社会变动中上升的困难，就更迫切需要寄托于一种高远的理想，以成为社会上某种更大的事业的一部分，所以他们对社会政治等的参与感要比其他许多社会群体更强。白话文的推广既扩大了边缘知识分子的队伍也强调了他们的影响，白话文本身同时又为日后的标语口号演说等政治行为的兴起埋下了伏笔。故苏俄式的群众政治运动方式尚未引进，其在中国得以风行的土壤已经准备好了。胡适等新文化人提倡在先，边缘知识分子自觉在后；他们一旦自我觉醒，参与意识更强，就要在社会政治生活中起到更大的作用。

五四运动更使社会各界注意到学生力量的重要，京、沪新闻出版界立即开始大量任用大学生，各政党则同时注意在中学生中发展力量。到 20 世纪 20 年代，国家主义派的李璜已在抗议各政治党派驱使利用中学生参政而造成其流血牺牲，鲁迅到广州也发现北伐军中拼命的原来竟是学生辈，① 边缘知识分子无疑已渐成中国政治力

---

① 李璜：《我们为什么要办爱国中学》，《晨报副刊》，1926 年 7 月 27 日；鲁迅：《庆祝沪宁克复的那一边》，《国民新闻》（广州），1927 年 5 月 5 日，重印在《中山大学学报》1975 年第 3 期。

量的主力军。正如杨荫杭所见:"他国学生出全力以求学问,尚恐不及。中国学生则纷心于政治,几无一事不劳学生问津。"① 这样,在中国历史上,边缘知识分子第一次既是政治运动的主力军又部分是其领导中心;而且恐怕是唯一一个参与意识既强,其数量又大到足以左右其所在政治运动的社会群体。20 世纪中国各政治运动的成败,常视其能否吸引和容纳大多数边缘知识分子而定。

杨荫杭观察到:学界中"亦有'客'焉,所办者曰'学务';而无事不提议,无电不列名。则其人固非教育家,不过'学客'而已矣。为求学故入学;乃在求学时代,竟无一事不通晓,无一事不干预,则其人固非学生,不过'学客'而已矣"。虽说国家兴亡,匹夫有责,不能说学界就不问国是,"然教育家之义务,在教育后进以救国;学生之义务,在学成人才以救国"。若"挂学校之招牌,而自成一阶级,自创一政派,则学殖荒矣。若更为政客所利用,东设一机关,西设一事务所,终日不读书,但指天划地,作政客之生涯,则斯文扫地矣"。② 这里"自成一阶级"的"学客",与前述的"商客"一样思出其位而不务其本业。

杨氏注意到:那时的"学生自视极尊,谓可以不必学;且谓处此时世,亦无暇言学。于是教育与政治并为一谈,而学生流为政客"。问题是,"若人人以为不必学,而学校改为政社,浸假而人人轻视学校,不敢令子弟入学",则造成"教育破产",其惨"更甚于亡国"。他进而指出:"学风不良,不能专责学生,当责教职员。为教职员者,凡遇学生校外运动,或加以奖励,或不恤表同情,向当

---

① 杨荫杭:《老圃遗文辑》(原刊 1920 年 12 月 20 日《申报》),第 163 页。
② 杨荫杭:《老圃遗文辑》(原刊 1921 年 9 月 29 日《申报》),第 422 页。

局请愿。此实奇异之举。以此辈司教育,势必反主为客,听学生之指挥。"①

科举制废除本使道治二统分离,学术独立的观念从清季起便颇有士人鼓吹,到民国更成为主流,但民国教育反呈现出比以前更政治化的倾向。"学习救国两不误"本是民国内外交困的特殊语境下出现的口号,自有其时代意义。就是主张学生应专心读书的胡适在1921年也承认,"在变态社会中,学生干政是不可免的"。② 当时的教师也确有难处,倘不声援学生,似乎又显得缺乏"正义"。有些人或会将读书人在政治舞台的活跃看作学界地位的上升及政治参与意识的增强,其实若从社会视角看,读书人在政治活动中看似重要的影响,却是其在社会上日益边缘化后出现的一个特殊现象——"学生自视极尊"及教职员"反主为客",甘愿"听学生之指挥",这样的"奇异之举",正体现出民国知识分子自身走向边缘后"老师跟着学生跑"的时代趋势。

到1946年,闻一多自问道:中国的老师和学生"究竟是谁应该向谁学习"?答案自然是老师向学生学。因为"这年头愈是年轻的,愈能识大体,博学多能的中年人反而只会挑剔小节。正当青年们昂起头来做人的时候,中年人却在黑暗的淫威面前屈膝了"。③ 1948年闻氏的朋友朱自清去世,许德珩在挽联中说:朱氏"教书三十年;一面教,一面学,向时代学,向学生学"。④ 这真是那个时代

---

① 杨荫杭:《老圃遗文辑》(原刊1923年2月3日、6日《申报》),第711、713页。
② 参见罗志田:《再造文明之梦——胡适传》,第254页。不过胡适反对"两不误",他主张或者一心读书,或者完全去干政治。
③ 闻一多:《八年的回忆和感想》,《闻一多全集》,湖北人民出版社,1993年,第2卷,第432页。
④ 转引自谢兴尧:《我编专刊》,《读书》,1995年1月号,第134页。

作教师者"跟着少年跑"的最好写照。

同时，边缘知识青年自身也受时代激进趋势的影响，其激进也随时代而进步；而且他们一旦激进起来，其速度又比老师辈更为迅猛。君不见"问题与主义"论争时，后来的马克思主义者毛泽东此时基本是站在主张研究"问题"这一边的。① 同样，后来非常著名的共产党人恽代英，在五四前后给胡适的信中所表露的思想，就比钱玄同还要温和得多。恽代英主张"与旧势力不必过于直接作敌"。他觉得更有成效的办法是"把孔子的好处发挥出来"以平旧派不正的感情，然后证明旧派其实不合孔子之道。恽氏已认识到那时"所谓新人物不尽有完全之新修养。故旧势力即完全推倒，新人物仍无起而代之之能力"。②

这在当时是极少见的卓识。新派破坏了旧的以后，用什么新的东西来代替呢？胡适和新文化人除了用白话来代替文言这一确切答案，似乎也未准备好其他方面的具体解答。既然不能取代，一味打倒，只会增强中国的乱象。持这样稳健观念的人，竟然不久就成为身与武装革命的领袖，可知边缘知识青年行动起来之后，其激进是远过于其老师辈的。五四时如果要在胡适与陈独秀之间画一条线，很可能毛和恽都会站在更温和的胡适一边。但他们后来在共产党内，都觉得陈独秀右倾（即保守）并努力反对之。几年之间，两代人"进步"的速度已完全不可同日而语了。

北伐时生胡适与死孙文论"知难行易"还是"知难行也不易"，观点虽对立，但都着眼于"行"的青年，恰是"知"和知的载体都

---

① 毛泽东曾在湖南组织"问题研究会"，这样重视"研究问题"的在当时国内还不多见。参见汪澍白等：《青年毛泽东世界观的转变》，《历史研究》1980年第5期。
② 恽代英信引自耿云志：《胡适年谱》，四川人民出版社，1989年，第73页。

已差不多到头，只好让位于"行"和行的载体的一个表征。而行的载体的地位一上升，又反过来影响思想演变的走向。余英时先生观察到：马克思主义一类思想在中国社会上的广泛传播，"最先是大学生受到感染，然后再一步一步地影响到教授阶层"。① 老师向学生学习既然成了终生的目标，则学生喜欢的，老师也不得不学着去喜欢。新文化运动的老师辈从威尔逊向列宁的转移，恰证明这样一个学生影响教授的过程。国人学习的榜样既由英美转向苏俄，中国思想权势又出现新的转移。

可以说，在西潮东渐以前，中国的发展基本上遵循一种"在传统中变"（change within the tradition）的模式。但这样一种发展模式在西潮冲击下的近代中国却已难以维持，因为西方要迫使全世界跟着它变。对中国而言，仅仅是要生存，用当时人的话说，就是要保存中国的种姓和国粹，也不得不至少学习造成西方强大的那些秘诀。一旦中国人接受西方的强大并非仅靠工艺和科技，更重要的是制度和观念这样一种西方思维，其所寻求的改变就只能是向西走的在传统之外变（change beyond the tradition）了。但这样一变，国粹的立足点也就随之而去。

以今日的后见之明看，近代中国士人的包容性和勇气都是惊人的。在国耻发生的当时就提出向敌人学习，通常在政治上是极不"正确"的（做而不说，或做而曲说之，均要"正确"得多）。这可以从一个侧面表明士人此时大致还能掌握社会的方向。但教育体制的改革，特别是废科举，则不啻士人的自毁。没有了社会意义的

---

① 余英时：《中国近代思想史中的激进与保守》，《历史月刊》（台北），第 29 期（1990 年 6 月），第 145 页。

"国粹",也就意味着没有一个社群有资格来界定思想上的国粹,从而就暗藏了后来无国粹可认同的隐忧。虽然具体的学习榜样不时在转换,而所欲学者也越来越具有选择性,"向西方学习"的确是清季以来中国士人的共识。

但不论榜样何在,中国读书人学习西方是为了要建立一个更新更强的国家,最终凌驾于欧美之上。中国人从西方学习到的东西转用以"制夷"者颇众,民族主义即其中之一。外国在华存在已成中国权势结构之一个组成部分这一特殊政治形势,更使所有中国政治运动都带有一定的民族主义性质。从社会学的角度看,民族主义运动有其特殊的吸引力。边缘知识青年在其中找到自身价值的实现,从不值一文的白丁(nobody)变成有一定地位的人物(somebody),国家的拯救与个人的出路融为一体。精英知识分子也在这里发现一个选择,即一条通往回归到与大众和国家民族更接近的路径,在某种程度上也可说是从边缘回归中央的可能。故民族主义运动为知识分子的边缘化和新兴的边缘知识分子都提供了某种出路,其在近代中国形成一股大潮也就是自然的发展了。

原刊《开放时代》1999年第4期

过渡时代读书人的困惑与责任*

身处过渡时代的近代中国读书人,由于社会定位和自定位都出现了变化,一面对新的时世感到困惑,又觉得不能放弃自己的责任,始终在两难的窘境下徘徊、调适并继续努力。本文要讨论的,就是"过渡时代"和"读书人"这两个既相关联又可以独立的大问题。

人人都知道中国近代发生了翻天覆地的巨大变化,当时人就称为"数千年未有的大变局"。但这究竟是一个什么样的巨变,过去的人也有不同的形容。既可以说是"转化"(transformation),也可以说是"革命"(revolution)。两词本有许多相通之处,前些年波考克(J. G. A. Pocock)在试图描述20世纪七八十年代西方政治思想领域的学术激变时,即因"革命"这一术语被持续滥用而变得意义空洞,而宁取"转化"一词。而费正清在陈述近代中国革命时,也曾对究竟使用"转化"还是"革命"甚感踌躇。最后他选择了"革命",因为除在基督教语境中的特殊含义外,"转化"一词难以表现

---

* 这是2008年12月13日担任新加坡2009年度吴德耀文化讲座(The WTY Annual Lectureship in 2009)主讲人的演讲辞,开场白中关于吴德耀先生个人的部分已删略。

近代中国那充满激情活力的一面。① 梁启超所用的"过渡时代",两皆兼顾,更具开放性和包容性,似更适于描述近代中国那种革命性的转化。②

在近代的各种变化中,与人本身关联密切的一个基本变化,就是士农工商四民社会的解体。而四民中身份地位变化最大的,可能是原居四民之首、作为其他三民楷模的读书人。以前读书人在思想上和社会上都处于中心,故其对近代的"过渡"感受最强烈。他们的实际社会变动及其心路历程,处处折射出近代中国的巨大转变。反过来,要理解当时读书人的困惑,还是要先整体考察中国近代的转变。

一、过渡时代说略

把近代中国称作"过渡时代",曾是梁启超十分爱说的话。中国的近代确是一个"过渡时代",其过渡状态恐怕到现在仍在延续之中。而且那是全方位的"过渡",从政治到社会,生活到心态,思想到学术,无不见证着并反映出某种半新半旧、亦新亦旧的状态,多元多歧,而又互渗互动。用梁启超的话说,"过渡相"的特

---

① J. G. A. Pocock, "Languages and Their Implications: The Transformation of the Study of Political Thought," in, idem, *Politics, Language and Time, Essays on Political Thought and History*, Chicago: University of Chicago Press, 1989, pp. 3-4; John K. Fairbank, *The Great Chinese Revolution, 1800-1985*, New York: Harper & Row, 1987, pp. 41-42.
② 清末民初之际,至少到新文化运动之前,影响最大的中国人或非梁启超莫属。他的很多见解,不论"正确"与否,现在都还有着生命力。说详罗志田:《天下与世界:清末士人关于人类社会认知的转型》,《中国社会科学》2007 年第 5 期。

点,就是"互起互伏,波波相续"。后现代学人所乐道的"混成"(hybridization),在近代中国表现得特别充分。①

当梁启超讨论"过渡时代"的时候,他和许多时人一样,不过是预感到大变之将至。他所谓的"过渡时代",是相对于中国数千年来的所谓"停顿时代",同时又是一个目的性明确的表述,意味着以欧洲各国近二百年为模板的主动变革。梁启超当时预测了很多应发生而尚未发生的"过渡",包括政治上的"新政体"、学问上的"新学界"和社会理想风俗上的"新道德",已是全盘的转化。那时梁氏并不想要鼓动更换政权的"革命",但以今日的后见之明看,后来的发展却被他不幸而言中。近代的"过渡",其实就是以共和取代帝制为象征的全方位巨变。②

我之所以把共和取代帝制视为"象征",是强调这一全方位的巨变是个发展的进程。发生在辛亥年的那次"革命"及其带来的政权鼎革,不过是一个象征性的转折点;其相关的转变此前已发生,此后仍在延续。直到今天,中国人似乎仍然生活在一个充满颠覆和根本性变革的时代——商品经济的正面和负面力量还正在显示之中,而"社会主义市场经济"完全称得上是"三千年未有的大变

---

① 本段与下段,梁启超:《过渡时代论》(1901年),《饮冰室合集·文集之六》,中华书局,1989年影印本,第27—30页。
② 史华兹、张灏、林毓生等先生已论及近代中国"普遍王权"(universal kingship)崩溃引发的全盘危机及其在清末民初的表现,参见 Benjamin I. Schwartz, "The Chinese Perception of World Order, Past and Present," in John K. Fairbank, ed., *The Chinese World Order: Traditional China's Foreign Relations*, Cambridge, Mass.: Harvard University Press, 1968, pp. 276 – 288; Hao Chang, *Chinese Intellectuals in Crisis: Search for Order and Meaning, 1890 – 1911*, Berkeley & Los Angeles: University of California Press, 1987; Lin Yu-sheng, *The Crisis of Chinese Consciousness: Radical Anti-traditionalism in the May Fourth Era*, Madison: University of Wisconsin Press, 1979。

局"。正如梁启超当年特别强调的,这是一个希望与危险并存的时段。

当年严复就把废科举视为"吾国数千年中莫大之举动",认为其重要性与秦汉的书同文、车同轨以及废封建等影响深远的转变相等。① 在具体层面,废科举和辛亥政权鼎革当然都可以作为一个独立"事件",置于其发生的当年分别考察。若从较长时段看,两者皆可看作共和取代帝制这一巨变的组成部分;甚至可以说,前者在无意之中成为后者的铺垫。与废科举密切关联的,就是一些趋新士人推动的"去经典化"努力。社会上四民之首的士不复能产生,思想上规范人伦的经典开始失范,演化成一个失去重心的时代②,既存政治秩序的颠覆,也的确可以计日而待了。

在费正清看来,近代中国革命与欧洲革命的区别,正在于其广泛彻底。盖欧洲革命是源于本文化的,大致是一种传统之内的革命,这些革命虽也连带产生经济和社会体系的转变,其含义仍主要体现在政治层面。而中国"不仅经历了政治、经济和社会的革命",其整个文化也发生了根本的"转化"。③ 这一巨变显然受到外来的影响,近代帝国主义侵略的全面性,最后达到芮玛丽(Mary Wright)所谓外国无所不在(the foreign omnipresence in China)的程度。④

---

① 严复:《论教育与国家之关系》(1906年),《严复集》,王栻主编,中华书局,1986年,第1册,第166页。
② 参见罗志田:《失去重心的近代中国:清末民初思想权势与社会权势的转移及其互动关系》,《清华汉学研究》第2辑(1997年11月)。
③ Fairbank, *The Great Chinese Revolution, 1800–1985*, pp. 41–42.
④ Mary Wright, "introduction," in idem ed., *China in Revolution: The First Phase, 1900–1913*, New Haven and London: Yale University Press, 1968, pp. 54–58.

另一方面，中国的对外态度，也可见一个由被动向主动的发展进程。近代朝野逐渐承认并接受一个超出以所谓"朝贡体系"为基本框架的"天下"范围的"世界"，最后更努力要融入这个"世界"（意味着要反过来被外在秩序所承认和接受，为此而不惜对既存的内在体制进行大幅度的、包括一些根本性的修改），并以此为国家民族追求的方向。

国家目标的外倾，是个根本性的转变，充分概括出"近代"与"古代"的一个重大区别。其结果，不仅是中国在"世界"中的地位与原居"天下"之中心大不相同，根本是"中国"本身的内外蕴涵皆与此前有了巨大差别，产生出一个名副其实的"新中国"（中国之"中"原与其字面意义相关，现基本成为一个指称符号）；用清末民初人的话说，即所谓的"少年中国"（Young China）。在当年和以后，这一"新中国"都被时人和后之研究者用来与所谓"老大中国"（Old China）进行对比。

在某种程度上，或可以用"走向世界的新中国"来表述近代中国的一个主流趋向。此后中国与外部世界的关联呈现出日渐密切的趋势，很多内部的变化也体现在这一中外接触的发展进程之中。不过，中国人尝试"走向世界"，既有从被动转向主动的一面，也是一个充满屈辱和挫折感的进程。

由于近代多次中外交锋皆以中国失利告终，焦虑感和急迫感成为几代读书人持续的心态特征，逐渐形成"毕其功于一役"的观念，大家都想一次性地解决所有问题（最好还凌驾于欧美日本之上）。此意孙中山最乐道之，但类似观念却不仅见于孙氏这样的革命者。早在戊戌维新期间，张之洞论及动员地方资源办理学堂时就说,只要照他所说的做,"则万学可一朝而起"。① 那种希望一举解决全部问题的心态,已经非常鲜明地体现出来了。

按梁启超对历史"革命性"的描述,即"革命前、革命中、革命后之史迹,皆最难律以常轨。结果与预定的计画相反者,往往而有"。② 中国的近代,就是这样一个特殊的时代。许多洋溢着激情活力的面相,往往不能以常理度之,带有明显的"革命性"。一个与常理相悖的典型例子,即在精神物质两层面皆已确立菁英地位的既得利益阶层——通常最乐于维持现状而最不倾向变革的群体——之中,仍有不少人长期向往和憧憬着一个可以带来根本变化的革命,并不断倡导和鼓励着各式各样的革命。

希望一举解决全部问题的心态,也是过渡时代"革命性"的一种体现。章太炎就曾以这样的心态寄希望于"革命"。他说:"今日之民智,不必恃他事以开之,而但恃革命以开之。……公理之未明,即以革命明之;旧俗之俱在,即以革命去之。革命非天雄大黄之猛剂,而实补泻兼备之良药矣。"③ 类似以"革命"为"补泻兼备之良药"来解决一切问题的方式为很多人所采纳。近代中国读书人对革命的青睐和憧憬,其程度远超过我们的认知。④

通常革命要有对象(即使是想象的),例如既存政权、既存正统观念等等。而如蒋梦麟后来所说,20世纪青年革命的对象,"包

---

① 张之洞:《劝学篇》(1898年),《张文襄公全集》,中国书店,1990年影印本,第4册,第570页。
② 梁启超:《中国历史研究法》,《饮冰室合集·专集之七十三》,第117页。
③ 章太炎:《驳康有为论革命书》(1903年5月),《章太炎政论选集》,汤志钧编,中华书局,1977年,上册,第203—204页。
④ 一些初步的探讨,可参见罗志田:《士变:二十世纪上半叶中国读书人的革命情怀》,《新史学》18卷4期(2007年12月)。

括教育上的、政治上的、道德上的,以及知识上的各种传统观念和制度",亦即"过去遗留下来的一切"。① 如果革命的对象是既存"一切",则意味着一种全方位的彻底颠覆。这样的革命,其正当性几乎是与生俱来,无须证明,或不证自明。在此氛围之中,每一个人应当革命或需要革命,也可以被视为自然的状态。

章太炎在清末明言,20 世纪民族主义炽盛,对于非我族类的清廷,只能革命。其"不能变法当革,能变法亦当革;不能救民当革,能救民亦当革"。罗家伦在民初说得同样简截:"现在的革命不是以前的革命了!……现在的革命不是由于君主好不好,政治清不清,宪法有没有,议院开不开;乃是由于廿世纪的世界根本不能有君主的偶像存在上面!"②

作为时间的"20 世纪",成为"革命"的理由,隐喻着空间上中国革命那"输入"的一面,此不赘。重要的是两代人都非常明显地表现出一种革命自有其理由的意态。就在五四运动的当年,连朱希祖这样很少被人视为激进的老师辈学者,也对青年建议说:"与其零零碎碎革命,不如从根本上革命;与其革他人的命,不如对于自己先革命。"③ 近代中国革命的开放性在此展现无遗,它既可能成为一个什么都不是的空洞概念④,也时常展现出梁启超所说的那种逾越常理的激情活力。

---

① 蒋梦麟:《西潮》,中华日报社,1960 年再版,第 188 页。
② 章太炎:《狱中答〈新闻报〉》(1903 年),《章太炎政论选集》,上册,第 233 页;罗家伦:《今日之世界新潮》(1918 年 11 月 20 日),《新潮》1 卷 1 号(1919 年 1 月),上海书店 1986 年影印本,第 19 页。
③ 朱希祖:《敬告新的青年》(1919 年 12 月),《朱希祖文存》,周文玖选编,上海古籍出版社,2006 年,第 18 页。
④ 这一点承哈佛大学 Henrietta Harrison 教授提示。亦可参见前引波考克的见解。

从时空角度看，在近代中国这一界域之中，产生了很多此前和此外很少见到的现象。前述既得利益读书人的向往革命，即是一例。另一个典型的例子，即"家庭"这一多数人类社会历来最看重的"温暖港湾"，在近代中国却成为一个阻碍国家民族发展的负面象征——"家庭"忽然失去了其在过去和外国都曾具有的广泛社会功能，特别是对其成员的护佑；却承载着大量新增的宏阔政治负担，被视为其成员救国兴邦的桎梏。

类似的特异之处还不少，具有不可抗拒的魅力，吸引了众多中外史家的目光，也使多少史家困惑。不过，历史研究者与历史当事人的一个重要差别，就是可以借助所谓后见之明。充分认识到近代的"过渡"意味着千年以上的巨变，可以帮助我们理解近代读书人那种因焦虑引起的紧迫感。

鲁迅曾回忆说，民元之时，他也"觉得中国将来很有希望"。但到民国二年之后，即发现事情"即渐渐坏下去"。傅斯年也形象地描述了"民国元二年间像唐花一般的'怒发'，和民国三四年间像冰雹一般的摧残"。① 可知民国代清不过一两年，就曾引起士人非常强烈的失望。且并非只有趋新者才失望，对于帝制的重新思考甚或"复辟"的尝试，恰在此时发生，提示出一种因对共和失望而回向传统寻求思想资源的倾向。

我们可以试想，明明是数千年的大变，却要求在数年间"快出成效"，是不是有些太急于求成？假如民初的读书人能够认识到共和政体取代帝制这样的新旧转换是几千年才出现的巨变，他们在

---

① 鲁迅：《致许广平》（1925年3月31日），《鲁迅全集》（11），人民文学出版社，1981年，第31页；傅斯年：《白话文学与心理的改革》，《新潮》，1卷5号（1919年5月），第918页。

"尝试共和"之时，可能就没有那样急切，其失望感或许也没有那么强烈。

关于近代中国的"过渡"特性，本不是什么新见，类似说法已被时人和后人多次表述过了。我想要强调的是：这是一个以千年计的巨变，而且是个仍处于"发展中"的持续进程。换言之，应当把近百余年（甚至未来的若干年）作为一个整体，尽可能以千年巨变的整体观念来认识这一时段中所发生的具体史事。

与梁启超那种目的论明确的"过渡"定义不同，窃以为这毋宁是一个目的未必明晰，越来越体现着当事人的主动，却又常常难以人为掌控的较长发展进程。时人对其认识曾经历了一个逐步深化的过程，后人对此的理解仍会是一个日积月累、步步深入的长程。

二、读书与读书人的界说

我所说的"读书人"，略同于今日一般史学论著中所说的"知识分子"。我之所以不用"知识分子"，一是因为这在近代中国是一个后出的外来词，在本文讨论的时段里，至少前一段时间，这个词语本身尚未出现，那些被称为"知识分子"的人自己并无这样的身份认同，有些可能也不一定愿意接受这个认同。二是中文世界里过去和现在都有不少人是从字面意义理解和使用外来词的，在用于指称中国读书人方面，把 intellectuals（或其他西文里相应的词）译作"知识分子"，可能有些误导。原因是：

在中国传统之中，"读书"是一种具有特定含义的行为方式。孟子曾说：一般人是无恒产即无恒心，只有士才可以"无恒产而有恒心"（《孟子·梁惠王上》）。在孟子所处的时代，"士"已基本就是读书人。孟子显然注意到经济对人的支配性影响,却指出了"读书"这一方式可能提高人的自主能力,至少改变人对经济的依赖性。这样,管子所说的衣食足而知荣辱,只是一般层次的现象;经过"读书"的升华,人就可以超越这一层次,达到更高的境界。因此,"读书"不仅是一种直观的行为,即阅读书籍或技术、技能性的学习;它更强调一种不那么功利、目的不那么具体的超技能的持续学习,体现出一种追求和探寻"无用之用"的努力。

简言之,"读书"可以改变人,它本身也以人的改变为目标。如钱穆先生所说:

> 中国社会之所谓士,确然有其在社会上特殊地位,在文化传统上有特殊意义与特殊价值,则其事实始于孔子。孔子曰:"士志于道。"孟子曰"士尚志",即尚其所志之道。其道始则修于身,继则齐其家。推而广之,扩而大之,则有家族,有家乡。更推而广之,更扩而大之,则有治国之道。又更推扩,超国家而上,则有平天下之道。①

可以说,士所志之"道",更多是原则性的而非技能性的;士人的"读书"超越了技术或技能性的学习,部分可能是无意之中形成的,却也越来越成为有意为之的目标,体现出"君子不器"的基本精神。所以为官者需要聘请各种具有专门技能的幕僚或师爷,自己却不一定非学会这些技能不可。

我们知道决讼断狱可能是古代地方官最直接也最繁重的职责,

---

① 钱穆:《国史新论》,生活·读书·新知三联书店,2001年,第182页。

但在选拔官员的科举考试中却没有这方面的要求。清道光十五年，御史易镜清奏请第三场策问加试律例，礼部却以为："国家设科取士，责以报称者甚多，不独在理刑一端。若于进身之始，先责以名法之学，无论剿说雷同，无裨实用；即真心讲贯者，亦必荒其本业，旁及专家。"①

其实易镜清不过要求第三场的五道策问中"以四道论古"，仅"请酌以一道，专取现行律例发问。俾士子讲习有素，起而行之，胸有把握，自不为人所欺"。但礼部认为这一小小的改变也有重大的影响，会造成"以法律为《诗》《书》"的严重后果，给"揣摩求合之士"以"因缘为奸"的可能，导致士习不端，所以不能采纳。此处礼部关于"本业"和"专家"的区分，及其与"士习"的关联，最能体现当年培养士人的取向。

后来文廷式重提此事，认为"礼律所以端学术，名律所以重人伦，凡此皆士林所宜肄业者"。礼部"以国律之重，而专指为理刑，且视为名法之学；其所谓本业者，殆专就八股文试帖诗而言。当时礼臣措词如此，可谓荒陋之甚"，是"不揣本而齐末"。② 这样的见解，显然是经典淡出之后的新知。章太炎后来所谓"律者，在官之人所当共知，不必以之教士"，应代表了早年很多人的看法。据他的揣测，先秦律法不少，"当时必著简册，然孔子不编入六经"，就是因为刑律"不可为典要"。③

---

① 本段与下段，《清实录·宣宗实录（五）》，中华书局，1986年影印本，第37册，第216页。更详细的奏章和礼部议覆，见礼部自修的钦定《科场条例》，英汇修，咸丰刻本，卷十三，页12B—13A。不过，"以法律为诗书"一句，反不见于详本。
② 文廷式：《纯常子枝语》，卷三十五，商务印书馆1943年影印，页16A—16B。
③ 章太炎：《国学讲演录·经学略说》，华东师范大学出版社，1995年，第47页。

关于"读书"是一种具有特定含义的行为方式这个大问题，我会另文专论，这里也只能点到为止。有一点很明确，以前读书人所"读"之"书"，与后来日益专业化的"知识"，实较少关联。换言之，"知识"——尤其专业化的知识——不是他们学习的主要目标。进入民国后的教育体制，的确是在传授和学习专业化的"知识"，培养出来的真是所谓"知识人"，所以我也并不刻意排除用"知识"来界定这一群体（如对出于新教育体制的学生群体，我便一向沿用"知识青年"的称谓）。

"知识"本身是一个涵盖广泛的词语，其与专业化的密切关联，不过是晚近的事。从长程的历史眼光看，把中国读书人视为知识人，应不致引起误会。但在近代这一过渡时代，一方面传统的读书行为虽有断裂，仍在延续；同时"知识"确实呈现出日益专业化的趋向，当此之时，对那些习惯于从字面理解词义的读者，用"知识"来界定这一群体，就可能产生某种程度的误导。或者还是"读书人"的称谓，既更能传达其原初的含义，也可兼顾其处于改变中的含义。

正是在过渡时代的"混成"语境下，读书人的自我定位和社会定位都出现了变化。与此关联最密切也最直接的体制变化，就是废科举和去经典。四民社会解体的结果是士人原本具有的楷模地位动摇，经典淡出更造成了"读书"观念的转变，曾经追求"无用之用"的读书人，后来长期受到"不事生产""一样不会"等指责（详后）。关于科举制的废除，已经有较多的论述。而传统经典从人们的生活中淡出，则是近代一个非常重要而迄今研究不足的重大变化，需要略作陈述。

三、近代经典的淡出

近代西潮的冲击，当年就曾被一些读书人视为"学战"。[①] 不仅有时人所谓"毁学""灭学"的直接打压，"西学"本身的确立也使传统的"道"被空间化。王国维曾简明指出："自三代至于近世，道出于一而已。泰西通商以后，西学西政之书输入中国，于是修身齐家治国平天下之道乃出于二。"[②] 这是一个根本性的转变，"道"本应是普适于天下即全人类的，既然西方自有其"道"，则中国的"道"也就成为中西学区分下的一个区域成分了。[③] 这样空间化的结果，是"道"的一大退步或退让，最能表明时代的转换。这是王国维晚年的表述，那时他已明确站在中学一边，却也逃不出中西对峙的立场，甚至并未意识到自己其实已远离过去读书人的立场了。

近代的"经典淡出"，大体可区分为无意识的推动和有意识的努力。前者可以张之洞在清季提倡的"以简化方式保存传统"这一取向为代表；后者则大体表现为两个阶段：一是从清季已开始的使经典"去神圣化"，二是民初特别明显的整体"去经典化"。从大环境看，近代日趋激烈的中西文化竞争也有力地支持了趋新读书人"去经典化"的努力。此事牵涉甚宽，我会专文讨论，这里不能详细讲，仅大体勾勒一个简略的线条。

---

① 参见本书《新的崇拜：西潮冲击下近代中国思想权势的转移》。
② 王国维：《论政学疏稿》（1924 年），《王国维全集》，浙江教育出版社、广东教育出版社，2009 年，第 14 卷，第 212 页。
③ 当然，"天下"本有今日所谓"中国"与"世界"两义（说详罗志田：《天下与世界：清末士人关于人类社会认知的转变》，《中国社会科学》2007 年第 5 期）。王国维这样的区分，从一个侧面体现出在他心目中"天下"确实等同于"中国"。

先说无意识的推动。经和经学可以说是中国文化传统的核心，张之洞的目标当然是要维护传统，但其提出的主张又隐伏着对此核心的致命威胁。他曾引用《老子》中的"损之又损"来概括这一取向，主张仅读《近思录》等四本综合性的参考书，便已可基本掌握"中学"，而将其余精力皆用于西学。① 沿此路径走下去，经学在中国思想言说中退居二线是迟早的事，全不必新文化运动来激烈反传统。这与章太炎等提倡"复古"者却从根本上荡击了儒学②，真有异曲同工之效。

再说有意识的努力。近代经的地位可见一个从圣贤书（Scriptures）降为纯世俗意义的一般经典（the Classics）的进程，可称为"去神圣化"。这是一个有意促成的转变，曾为晚清改革重要推手的黄遵宪，对清季全国"兴学校"的风潮甚为不满，颇感其举措"皆与吾意相左"。其中一个重要的差异，即"吾以为'五经''四书'，当择其切于日用、近于时务者分类编辑，为小学、中学书，其他训诂名物归入专门，听人自为之；而彼辈反以'四书''五经'为重"。③

这一表述异常重要，说明黄遵宪等人已将经典的"去神圣化"落实到意识层面。改编"四书""五经"的前提竟然是不"以'四书''五经'为重"，其"去经典化"的意旨可谓昭然若揭：就是要把经书从"圣贤书"的经典地位中解放出来，使之或"切于日用"，

---

① 一些初步的讨论，可参见罗志田：《裂变中的传承：20世纪前期的中国文化与学术》，中华书局，2003年，第131—139页。
② 参见王汎森：《章太炎的思想——兼论其对儒学传统的冲击》，时报出版公司，1992年二刷。
③ 黄遵宪致梁启超，光绪二十八年（1902）五月，《黄遵宪集》，吴振清等编校，天津人民出版社，2003年，第491—492页。

或"归入专门"。而这里的"切于日用"是与"近于时务"相并列的,显然偏重于实用一面,即使存留一些规范人伦的意思在,①也已不再具有不可更改的神圣性;而一般经典意义的经书在专门化以后,更不复具有对社会人生的整体指导意义了。

有意"去神圣化"的结果到民初已经很显著,胡适后来回忆说:梁启超的《中国学术思想变迁之大势》"给我开辟了一个新世界,使我知道'四书五经'之外中国还有学术思想"。②很明显,胡适是把"四书五经"作为"学术思想"的对比参照物。这很有提示意义。梁启超著作影响胡适之时还在晚清,而他写回忆时约在民国二十年,在此过渡时代,"四书五经"本身也经历着过渡——从曾经规范人伦的道义载体变为过去"学术思想"的载体,以及当时"学术思想"的研究对象。这已是一个充满颠覆意味的转变了。

而民初更明显的是趋新读书人那整体"去经典化"的努力,任何读经的提议或举动都遭到强烈反对,迄今亦然。有意思的是,这些反对读经者似乎遗传了晚清读书人那种缺乏自信的心态,他们在意识层面连经书的一般经典地位都不承认,在下意识层面又仍把经视为圣贤书,颇高看之,故对其可能的威胁或威慑力始终警惕。

---

① 那也大致是那些致力于"礼下庶人"的儒生还这样想,晚清常人言说中,"切于日用"更多近于"布帛菽粟"一面,如1909年《申报》上一篇文章说:"珠玉虽美,不如水火布帛菽粟之切于日用,此人人所知也。而不知我人生活上有必要之常理实务,同于水火布帛菽粟,亦不能一日无。故教育以切实适用为要。"不署名:《改良教育浅说》,《申报》1909年12月13日,1张3版(此材料承王东杰教授提示)。此处所谈"教育以切实适用为要",正是黄遵宪观念的进一步落实,虽隐约可见"道不远人"一类"日用人伦"观念的痕迹,但已明显不是该文之所欲言了。
② 关于胡适认知中梁启超对他的影响,参见罗志田:《再造文明的尝试:胡适传》,中华书局,2006年,第49—50页。

问题是，假如"经"一被读就有无数危害，则这些人平时所提倡读的那些新文籍何以没有这样大的影响力？若有，就不必怕读经；若没有，就要检讨其是否提倡有误。其实"经"在现代绝无那样大的力量，这方面的威胁更多是想象的。① 但这持续的警惕和防备很有影响力，其效果就是整体的"去经典化"，现在恐怕连有能力在大学教经学的人都少之又少了。

重要的是，任何社会的"经典"本来都不仅局限在象牙塔里，也以一种潜移默化的方式存在于百姓的人生日用之中（与黄遵宪心目中的"切于日用"有同有异）。传统经典从人们的生活中淡出，影响极为深远；尽管其表现可能是逐步的，一开始未必那么直接和明显。近代经典淡出之后，社会处于一种无所指引的状态，引发了一系列的问题，此不赘述。

经典退隐之后最直接的变化是，"学问"本身的内涵与外延，以及怎样治学，都成为需要思考和梳理的问题。甚至"读书"这一带有象征性的行为，也开始具有不同的意义。伴随着科举制的废除，不论在社会还是思想层面，以及新兴的学科体制层面，与"读书"行为相关的一系列范畴，都面临着重新规整的需要。读书人的自定位和社会定位，也发生了较大的转变，并带来许多困惑。

四、读书人定位的转变与徘徊

如前所述，部分或许为了填补经典淡出之后的空白，清末民初

---

① 窃以为，作为文化传统的重要组成部分，"经"无论如何都应当读，问题只是如何读、读多少及在人生中何时读而已。即使从反传统一面看，"经"也不能不读；否则传统尚不知，又如何反？

出现一个新兴的流行词,即作为一个整体的"学术思想"(而非"学术"和"思想"相加而成的混合词)。① 不过,今日意义的"学术"和"思想"本身,同样是近代的新兴流行语,常常指谓相关然而有别的两个概念。结果产生一种连带的现象,不论是菁英还是身处边缘的近代读书人,往往一身而兼有"学人"和"士人"(大体可以说是学术与思想的载体)两种身份认同,又始终徘徊于读书治学和社会责任之间。

这大概也是过渡时代之中一个过渡现象。相对抽象而意义中立的"学术思想",其实很难承袭以前经典所具有的指导性社会功能,但又被赋予了类似的责任,似乎不能不扮演着某种指导社会的角色。这样,不论是整体的"学术思想",还是分别的"学术"和"思想",作为其载体,读书人的社会角色都可能需要重新界定、重新认识。读书人的社会形象,也发生着某种转变。而读书人的行为,也出现了相应的转变。

这里所谓读书人的"社会责任",也是用一个后出的词语来泛指外在于"学"的各种责任,包括从政议政。在以前,这类责任与读书治学本无冲突。在中国传统观念里,政与教息息相关;用张之洞的话说,国家之兴衰,"其表在政,其里在学"。② 昔年的士人,不论是否用世,都像躬耕陇亩的诸葛亮一样,随时为"澄清天下"做着准备。

民初人或许受到近代西方出现的知识分子和专业学人之分的影

---

① 参见罗志田:《近代读书人的思想世界与治学取向》,北京大学出版社,2008年,第3—6页。
② 原文是:"世运之明晦、人才之盛衰,其表在政,其里在学。"张之洞:《劝学篇·序》,《张文襄公全集》,第4册,第545页。

响，开始提倡学者最好不做官也不论政的取向。但西方也强调知识分子的社会责任意识，而上述中国传统观念仍影响着众多读书人（包括其中的趋新者）。身处过渡时代的读书人，确常徘徊于士人与学人两种身份认同之间，有时欲分，有时又感觉难以切割为二。

以前的士人是进退于江湖和庙堂之间，虽然也有所谓乡曲陋儒，但若以理想型（ideal type）的方式表述，则士人进退之际，基本保持着"天下士"的胸怀。与之相比，徘徊于士人与学人之间，已是一个很大的区别。不过，传统的现代影响，仍处处可见。从清末到民初，始终有人感觉读书人若是"为学问而学问"，就未曾尽到对国家民族的责任。

常乃惪在1928年就抱怨说：胡适推动的整理国故，未能给"中国现代的国民"以正面影响。像《红楼梦考证》一类著述，"试问对于二十世纪中国人有何大用处"？他强调："'无所为而为'的治学精神也未尝没有道理，但那是承平之世的勾当；在乱世的学者，应该是抱'为人生而研学'的态度才是。"[①] 常氏很清晰地看到了"无所为而为"本是传统"读书"的精神，甚有所见。他说那是"承平之世的勾当"，要"为人生而研学"的态度才是乱世的学者所应有，同样有启发。

在清季民初的过渡阶段，遗存的士与新生的知识人共存，那两三代读书人的心态和行为，常有相互覆盖的现象。从梁启超到胡适再到常乃惪，其年龄大体都只有半个世代的差别，但在一般认知中，往往被视为三代人。其身上的过渡特性，也的确展现出某种层

---

① 常乃惪：《再论整理国故与介绍欧化》，《民国日报·觉悟》，1928年4月19日，2版。本文及下引常乃惪文承北京大学历史系梁心、薛刚同学协助查核。

次感。由于科考内容的转变,清季最后一代社会意义上的"士",在思想上和心态上与传统的士已很不一样,反与中国最早一代的知识人颇多相近之处。另一方面,第一代和第二代的知识人,其社会存在虽基本相同,其心态和行为的差异,也与上两代人相类。①

"士"与"知识人"有一个根本区别,即知识人可以停止在议政阶段,做"社会的良心",甚至可能"回到故纸堆中去";但对真正的士来说,学问本是为政治而做,"澄清天下"同时落实在"人心"和"世道"两方面,不仅要作"社会的良心",也一直有着"待时而起"的心理准备,随时可以参与实际政治。

像梁启超这样最后一代的士,恰体现了从士的时代转化为知识人时代的社会大潮:他们在思想上仍欲为士,但社会存在却分配给他们一个越来越近于知识人的社会角色,给其生涯增添一笔悲剧的色彩。另一方面,很多新式读书人确实希望做一个疏离于政治和社会的专业学人,而近代又是名副其实的"多事之秋",国家一旦有事,他们大多还是感觉到不得不出的责任:少数人直接投身于实际政治(包括政治革命),多数人则不时参与议论"天下事"。

马克思曾说,"陈旧的东西总是力图在新生的形式中得到恢复和巩固",此即最能体现。② 不过,常乃惪已说:"一种文化,当其主要之一部分改变之后,纵然其他部分仍然保留,就全体的见地言,已经不与旧时相同了。"③ 既处于经典淡出后的语境之中,这种旧事

---

① 本段和下两段,参见罗志田:《权势转移:近代中国的思想、社会与学术》,湖北人民出版社,1999 年,第 193—206 页。
② 马克思致弗·波尔特,1871 年 11 月 23 日,《马克思恩格斯选集》,人民出版社,1972 年,第 4 卷,第 394 页。
③ 常乃惪:《与王去病先生讨论中国文化问题(续)》,《民国日报·觉悟副刊》,1928 年 4 月 13 日,2 版。

物的复出,更多是一种无序的再现,带有似是而非的特点。不仅从全体着眼已不同,就部分本身言也未必同。如麦金太尔(Alasdair C. MacIntyre)所说:许多被继续使用的关键性词汇,仅仅是先前概念体系的断裂残片,未必完全表现着这些术语曾有的含义。①

术语如此,行为亦然。时代背景既然与前不同,那些参政或"议政"的读书人总显得不那么理直气壮,仿佛离了本行,往往不免带点欲语还休的意态。

五、 谁来承担国事的责任——偏重梁启超的思虑

伴随着"去经典化"的推行,从 19 世纪末年开始,可见一个日益加剧的读书人自我反省和自我批判的进程,造成了读书人形象的负面转化。② 梁启超在清季就曾指责中国"读书人实一种寄生虫也,在民为蠹,在国为虱"。③ 另一读书人林白水也代国民立言说,"我们中国最不中用的是读书人","现在中国的读书人没有什么可望了"。④ 不久梁启超和章太炎又互相指斥对方(革命党人和维新党

---

① Alasdair C. MacIntyre, *After Virtue: A Study in Moral Theory*, Notre Dame, Ind.: University of Notre Dame Press, 2nd ed., 1984, pp. 1-3. 此书有中译本:《德性之后》,龚群、戴扬毅等译,中国社会科学出版社,1995 年,参见第 3—4 页。
② 参见余英时:《中国知识分子的边缘化》,收入其《中国文化与现代变迁》,三民书局,1992 年,第 33—50 页;罗志田:《近代中国社会权势的转移:知识分子的边缘化与边缘知识分子的兴起》,收入其《权势转移:近代中国的思想、社会与学术》,第 191—241 页;王汎森:《近代知识分子自我形象的转变》,收入其《中国近代思想与学术的系谱》,联经出版公司,2003 年,第 275—302 页。
③ 梁启超:《新民说》,《饮冰室合集·专集之四》,第 89—90 页。
④ 白话道人(林獬[懈]):《〈中国白话报〉发刊词》(1903 年),张枬、王忍之编:《辛亥革命前十年间时论选集》,第 1 卷,生活·读书·新知三联书店,1960 年,第 603—605 页。

人）不道德。① 以梁、章二位在当时的影响力，这样的攻击性论争对读书人的形象具有相当的破坏性：假若双方所言多少有些依据，则其在"道德"方面都有缺陷；而士人的整体形象，自然也就更成问题了。

近代中国受到列强全方位的入侵，已面临着顾炎武所说的"亡天下"的危险，因而已到"匹夫有责"的阶段。甲午后日益响亮的口号是"开民智"，但庚子后政府已被认为不能救亡，如果读书人也"不中用"，那这个任务由谁来承担？梁启超当年已感不能自圆其说，遂提出"新民云者，非新者一人，而新之者又一人也，则在吾民之各自新而已"。② 用今日的话说，人民可以也只能自己在游泳中学习游泳。章太炎大致分享着类似的思路，不过转而寄希望于"革命"，提出前引"以革命开民智"的主张。

然而，人民能否在游泳中学会游泳，以及革命是否如章太炎想象的那样是补泻兼备之良药，在当时仍是充满想象的未知因素。梁启超自己对"民"和"士"的态度很快有所调整。他在写《新民说》之前曾向往一种两全的境界，即以"多数之国民"的主动来"驱役一二之代表人以为助动者"，以获取"一国之进步"。③ 到1907年，他已将中国兴亡的希望寄托于"中流社会之责任心"。因

---

① 梁启超：《中国历史上革命之研究》（1904年），《饮冰室合集·文集之十五》，第40页；章太炎：《革命之道德》（1906年），张枬、王忍之编《辛亥革命前十年间时论选集》，第2卷，生活·读书·新知三联书店，1963年，第513页。
② 梁启超：《新民说》，《饮冰室合集·专集之四》，第3页。按这也反映着过渡时代"民"意识的上升，参见柯继铭：《理想与现实：清季十年思想中的"民"意识》，《中国社会科学》2007年第1期。
③ 梁氏并指出，若反过来，"其主动者在一二之代表人，而强求多数之国民以为助动者，则其事鲜不败"。梁启超：《过渡时代论》，《饮冰室合集·文集之六》，第32页。

为"中流社会,为一国之中坚;国家之大业,恒借其手以成"。若"一国中有普通知识居普通地位之中流社会,能以改良一国政治为己任",则国家前途便有希望。①

到辛亥革命前夕,梁氏终于回归到四民之首的士人心态,承认"无论何国,无论何时,其揰柱国家而维系其命脉者,恒不过数人或十数人而已"。此少数"在朝在野指导之人"而"能得多数之景从者"时,国家就昌盛。他确信,只要中国"能有百人怀此决心,更少则有十数人怀此决心",尽全力与恶政府、恶社会以及全世界之恶风潮奋战,中国就不可能亡。他一面代国民立言,以为"微论吾国今日未遽亡也,就令已亡矣,而吾国民尚当有事焉";一面更自己表态说:"虽中国已亡,而吾侪责任终无可以息肩之时。"②

这里的转变至为明晰:此前他是想以"多数之国民"来"驱役一二之代表人",现在转而为由少数"在朝在野指导之人"来吸引"多数之景从"了。

入民国后,梁启超的态度仍在游移之中,他一面大力强调"国民运动"的重要性,主张"共和政治的土台,全在国民。非国民经过一番大觉悟大努力,这种政治万万不会发生;非继续的觉悟努力,这种政治万万不会维持"。如果国民的面貌不改变,"凭你把国体政体的名目换几十躺招牌,结果还是一样"。③这里对民众"资格"的强调,仍是"新民"思想的延续。

---

① 梁启超:《政治上之监督机关》(1907年),《饮冰室合集·集外文》,夏晓虹辑,北京大学出版社,2005年,第526页。
② 梁启超:《中国前途之希望与国民责任》(1911年),《饮冰室合集·文集之二十六》,第35—36、39—40页。
③ 梁启超:《外交欤内政欤》(1921年12月),《饮冰室合集·文集之三十七》,第44页。

而他在讨论"多数政治"(即西方议会民主制)时仍说:多数政治要实行得好,关键在于"国中须有中坚之阶级"。即"必须有少数优秀名贵之辈,成为无形之一团体;其在社会上,公认为有一种特别资格;而其人又真与国家同休戚者"。以此中坚阶级来"董率多数国民,夫然后信从者众,而一举手一投足皆足以为轻重"。他明言:"理论上之多数政治,谓以多数而宰制少数也;事实上之多数政治,实仍以少数宰制多数。"①

稍后梁氏仍以为:"恶劣之政府,惟恶劣之人民乃能产之。"但却说中国"大多数地位低微之人民,什九皆其善良者"。善良的人民却产出恶劣的政府,这一"国事败坏之大原",实种因于恶劣的士大夫。盖蠹国之官僚、病国之党人,皆士大夫也。然而他又说:"一国之命运,其枢纽全系于士大夫。"故"今欲国耻之一洒,其在我辈之自新。我辈革面,然后国事始有所寄"。②

在某种程度上说,以文学革命为开端的新文化运动,最终留下的可持续成就是用白话文替代文言。这是继废科举、革帝制之后又一项以千年计的大变,其得失还很难说——近代形成的"新中国"进一步地新了,但古今之间的隔阂可能是根本性的。③ 不过,对那些提倡白话的菁英读书人而言,这一典型的"扬短避长"举措,虽不无自毁的意味,或者也是他们在愧疚中以自我批判的方式向大众靠拢。然而得益的不一定是大众,更多是介乎于菁英和大众之间的边缘知识分子。后人与前人的距离确实拉开了,菁英与普通人的距

---

① 梁启超:《多数政治之试验》(1913年),《饮冰室合集·文集之三十》,第35—37页。此条材料承北京大学历史系高波同学提示。
② 梁启超:《痛定罪言》(1915年),《饮冰室合集·文集之三十三》,第8—9页。
③ 此后若要温故知新,则教育成本大增;若放弃温故知新,可能就是文化的断裂。

离却未必拉近了多少,埋下了后来各种反智运动的伏笔。

五四运动后,梁启超一方面强调国民运动不能是一个或几个特定社群的事,应该尽可能使其成为"全民的";但又说:国民"运动要由知识阶级发起,那是没有法子的事"。他主张每个国民都要"反省'我'应该做什么事",以"唤起自己的责任心";同时更要认识到"各人地位不同、能力不同",所以必须有分工。经过自我反省,"知道'我'能做哪件,'我'该做哪件,然后各用其长,各尽其才"。这样的分工不仅"可以收互助的效果",由于是"人人自动的去做",也不至于感觉是"某人指挥某人去做"。①

"分工"说似乎让梁启超更能自圆其说,在此基础上,他进一步代士人自责说,"十年的民国闹到这样田地",不是军阀、官僚的责任,而是"一群自命正人君子的人"的责任;他们中的积极者总想通过军阀、官僚施展抱负,而消极者又洁身自好,不肯干预世事。梁氏明言:"我自己和我的朋友,都是这一类的人。"这些人就像人体中的"健全细胞",他们不肯负责,则毒菌自然"猖獗纵横,到处传染"。故"国事之坏,责任不在他们而在我们",也"只有责备自己"。

可以看出,梁启超在自责的同时,又自我承担起国事的责任。且不论这是否意味着他最终放弃了让人民自己在游泳中学习游泳的取向,但显然已更强调读书人的责任。然而,过渡时代读书人的自定位和社会定位的转化是延续的,梁启超的困惑亦然。他承认自己"学问兴味政治兴味都甚浓",而前者更甚。他常梦想政治清明,能

---

① 本段与下两段,梁启超:《外交欤内政欤》(1921年12月),《饮冰室合集·文集之三十七》,第50—59页。

够"容我专作学者生涯";同时又常感觉"我若不管政治,便是我逃避责任"。所以,"我觉'我'应该做的事",就是像年轻时一样"做个学者生涯的政论家"。

所谓"学者生涯的政论家",看似一种鱼与熊掌兼得的状态,其实就是用已经发生转变的读书人定位意识,来看待以前读书人的常规责任。那个区别于实际之我的引号中的"我",便更多是社会定位的"我",多少带些弗洛伊德所说的"超我"意味,既是自我,又仿佛被一只"看不见的手"所推动,鲜明地呈现出梁启超那种不得不如是的徘徊感。

其他不少人也有非常相似的心态。章士钊的政治立场与梁启超不同,他在五四前也说:中国建国之道在于人人"尽其在我",但仍需"读书明理、号称社会中坚之人"起而带头,负起整理民族、建设新国家的责任。用他的话说,就是"知吾国即亡,而收拾民族之责仍然不了"。① 这基本是复述梁启超所说的"虽中国已亡,而吾侪责任终无可以息肩之时",但那种想要指导人民的自我承担气概,表现得更显著。

问题是,当时读书人的状况似不使人乐观。陈时在同时就感觉"吾国士大夫之不悦学,莫今日若",因此导致"思想趋于偏隘,学殖益荒"。② 士人状况如此不佳,国家前途还只能肩负在他们身上,这是一幅怎样令人困惑的图景!其实不论什么时代,读书人的状况总是千差万别的。即使儒生,也很早就有"君子儒"和"小人

---

① 秋桐(章士钊):《国家与我》,《甲寅》(月刊),1卷8号(1915年8月),第7—11页(文页)。
② 陈时:《发刊词》,《光华学报》(武昌中华大学)第1期(1915年5月1日),第2、5—6页。本条材料承北京大学历史系王波同学提示。

儒"、"乡曲之士"和"天下士"等等区分。以澄清天下为己任的,本是理想型的读书人;而以"干禄"为读书目的者,也从来不少见。

中共的瞿秋白也注意到五四运动后读书人成分的转变,并提出"知识阶级究竟是什么东西"的问题。据他分析,在"中国式的环境里",知识阶级已分为新旧两类,旧的是"宗法社会的士绅阶级,当年或者曾经是'中国文化'的代表";新的则是"欧风美雨"的产物,从学校的教职员到金融实业机构的职员,以及"最新鲜的青年学生",其中"学生界尤其占最重要的地位"。① 瞿氏虽使用了一些马克思主义术语,基本还是以新旧分,重要的是他指出了一个越来越为多人接受的观念——"读书人"本是一个由不同小群体所组成的大社群。

陈独秀稍早在探索中国政治不良的责任时,也认为国民决定着政治的优劣,故"欲图根本之救亡,所需乎国民性质行为之改善"。② 这里当然可见清季"新民"说的延续,但他和许多侧重改造国民性的新文化人(例如鲁迅)一样,似乎都更接近梁启超后来的见解,即主张由觉悟了的读书人来改造国民(国民党后来实行的"训政",大体也表现出类似的思路)。尽管新文化人在意识层面想要与民众打成一片,无意把社会分作"我们"与"他们"两部分,但其既要面向大众,又不想追随大众,更要指导大众,终成为难以自解的困局。③ 而这些逐渐被视为"百无一用"的书生,却仍不能

---

① 秋白:《政治运动与知识阶级》,《向导》18期(1923年1月31日),第147—148页。
② 陈独秀:《我之爱国主义》(1916年),《陈独秀著作选》,第1卷,第206—207页。
③ 参见罗志田:《权势转移:近代中国的思想、社会与学术》,第223—224页。

推卸救国救民的责任。

六、"煞风景"的"狗耕田"

按理想型的中国传统,皇帝努力的方向是无为而无不为,士人则当致力于无用之用的大用。近代与古代的一大不同,是以前士人追求无用之用,而看不起所谓"文人";当无用之用失去正当性后,前此的士人之所为,后来却成了"文人"的象征。王照在1900年说,中国"专有文人一格,高高在上。占毕十年或数十年,问其所学何事,曰学文章耳。此真世界中至可笑之一大怪事"!这些"文人"只会"舞文弄墨,袭空论以饰高名";其"心目中不见细民",所学皆非于个人生活、社会、国家和世界"必不可少之知识",当然也不能靠这些人使国家富强。① 被鄙夷者成为鄙夷者自身的形象,其间的诡论(paradoxical)意味,的确深长。

而一些近代读书人自身将这一"文人"形象标举出来,有意无意之间却想要借以整体否定读书人。在清代汉学家眼中,"一为文人,便无足观"。身与革命的瞿秋白在民国时呼应说:"的确,所谓'文人',正是无用的人物。"他所谓"文人",乃是"读书的高等游民",即"书生"的同义词。这些人"对于实际生活,总像雾里看花似的,隔着一层膜"。故其"对于宇宙间的一切现象,都不会有亲切的了解";甚至连学问也没有:"他自以为是学术界的人。可是

---

① 王照:《官话合声字母原序》(1900年),《小航文存》,文海出版社影印,1968年,第77—81页。

他对任何一种学问都没有系统的研究、真正的心得。"①

总之,"'文人'和书生大致没有任何一种具体的知识。他样样都懂得一点,其实样样都是外行",往往"连自己也不知道究竟做的是什么"。从相对长程的眼光看,这岂不正是一个追求"无用之用"的典型形象！然而从晚清开始,一切都发生了根本性的转变。一旦退虏、送穷等具体的"用"成为正面的甚至唯一的国家目标,以及检验"道"或后来所谓"学术思想"的标准,原来正面追求的"无为",就变成了"无用";不为"知识"而读书的学习,就成为冯友兰所说的"纸片上之学问";为此进行的所有努力,都只能"壮纸片上之观瞻"。②

冯友兰与瞿秋白的政治倾向非常不同,但两人都清楚地意识到了传统的"文"或"书"与象征着现代的"知识"之间的对立与紧张,并同样用后出的现代"知识"来评断传统的"文"或"书"。③在新的眼光下,这些号称"知识分子"的文人和书生,"一点没有真实的知识";故对于"无论哪一件具体而切实的事情,他都会觉得没有把握"。反之,"假如你是一个医生,或是工程师、化学技师",甚至作家、革命者,"你自己会感觉到每天生活的价值,你能够创造或是修补一点什么",也就是对社会"有用"。④

---

① 本段与下段,瞿秋白:《多余的话》,收入其《饿乡纪程、赤都心史、乱弹、多余的话》,岳麓书社,2000年,第335—338页。
② 冯友兰:《新学生与旧学生》(1918年9月),《三松堂全集》,河南人民出版社,1994年,第13卷,第619—623页。
③ 这里的"知识"不仅是专业化的,还越来越与"科学"(包括社会科学)挂钩,再后来更特别与"技术"挂钩。
④ 本段与下段,瞿秋白:《多余的话》,收入其《饿乡纪程、赤都心史、乱弹、多余的话》,第335—336页。

瞿秋白承认，他"自己正是'文人'之中的一种"，古今中外的书都读过一些，然而"究竟在哪一种学问上，我有点真实的知识？我自己是回答不出的"。尽管处于一种悔悟的否定心态，瞿秋白其实非常形象地表述出了以前读书人实际怎样"读书"。他也敏锐地认识到其过渡的性质："'文人'是中国中世纪的残余和'遗产'——一份很坏的遗产。"瞿氏相信："再过十年八年，[就]没有这一种知识分子了。"

"十年八年"不必是个准确的时间，但确实揭示出一个时代正在消逝。"无用之用"的背后，是"君子不器"的长远追求；当下就要证明自身"有用"于退虏送穷，等于是要求全体"君子皆器"。正所谓"人无远虑，必有近忧"。过去读书人承担的更多是"远虑"，而将"近忧"让诸专门的技术型人才。如今"远虑"渐被束之高阁，而"近忧"却在咫尺之间。一旦"远虑"被架空，举目四顾，便满眼皆是"近忧"。在退虏送穷的急务纷至沓来之时，"君子不器"的追求也就逐渐转化为"君子不能器"的社会认知。

瞿秋白预测"文人"将逝之时是在1935年，两年后抗战的全面爆发更加凸显了读书学习的实用性，越来越少的人还在维持那种对"无用之用"的追求。相反，书生的"百无一用"却成为长期流传的社会认知；即使那些专门化知识的学习者，有时也难逃类似的指责。

一方面，新时代的读书人有着更多的选择，包括真正隐退到所谓的"象牙塔"之中。另一方面，或许因为历史记忆尚未淡忘，读书人的责任感似乎并未减少——社会仍对他们寄予希望，他们自身也不时会挺身而出。身处过渡时代的新型读书人，面临着一系列剧烈的社会和政治转变，其自定位也始终处于波动之中，更有着超乎以往的困惑。

用郑伯奇的话说："在白玉砌成的艺术宫殿，而作剑拔弩张的政治论争，未免太煞风景。"① 传统士大夫本志在澄清天下，其社会定位亦然；而新型读书人却总是徘徊在学术、艺术与政治、社会之间，他们想藏身于象牙塔或艺术宫殿之中，与政治、社会保持某种距离；但不论是遗传下来的传统士人还是新型"知识分子"的责任感，都不允许他们置身事外，所以不能不持续做着"煞风景"的事，始终处于一种"不得不如是"的无奈心态之中，难以抹平内心的紧张。

但更根本的紧张和冲突是，正如清季的"小政府"不得不承担在短期内富强（即退房和送穷）的大任务，像瞿秋白这样一个似乎没有专长的书生，可能还不得不承担领导"杀人放火"的革命责任。对他们而言，这是某种已经错位但又无法回避的角色。

在瞿秋白看来，那时"最优秀的最真诚的不肯自己背叛自己的光明理想的分子，始终是要坚决的走上真正革命的道路的"。② 但他也坦承"中国的知识阶级，刚从宗法社会佛、老、孔、朱的思想里出来，一般文化程度又非常之低，老实说这是无知识的知识阶级，科学、历史的常识都是浅薄得很"。由于革命实践的急切需要，却不得不让这样的人来充当中国无产阶级的"思想代表"，就像"没有牛时，迫得狗去耕田"。他自己从1923年回国后，就一直在"努

---

① 郑伯奇：《国民文学论（上）》，《创造周报》第33号（1923年12月23日），第3页。
② 瞿秋白：《〈鲁迅杂感选集〉序言》（1933年），《瞿秋白文集·文学编》，第3卷，人民文学出版社，1989年，第111页。

力做这种'狗耕田'的工作"。①

"狗耕田"本是特指中国马克思主义革命者中的读书人，若推而广之，似乎也可从这一视角去理解近代新型读书人在过渡时代之中的困窘。而且这一困窘是延续的：近代百余年间，有不少思想和政治的分水岭，虽在很大程度上影响了读书人在中国社会中的位置，似乎仍未从根本改变其挣扎徘徊于"士人"和"学人"之间的紧张。

原刊《汉学名家论集：吴德耀文化讲座演讲录》，黄贤强主编，新加坡国立大学中文系、八方文化创作室，2011年8月

---

① 瞿秋白：《〈瞿秋白论文集〉自序》(1927年)，《瞿秋白文集·政治理论编》，第4卷，人民出版社，1993年，第415页。

中国传统的负面整体化：
清季民初反传统倾向的演化

近代中国一个突出的时代特性是古今中外各种时空因素的多歧互渗，鲁迅曾形象地描述说："中国社会上的状态，简直是将几十世纪缩在一时：自油松片以至电灯，自独轮车以至飞机，自镖枪以至机关炮，自不许'妄谈法理'以至护法，自'食肉寝皮'的吃人思想以至人道主义，自迎尸拜蛇以至美育代宗教，都摩肩挨背的存在。"其中不少事物颇具二重性，如"既许信仰自由，却又特别尊孔；既自命'胜朝遗老'，却又在民国拿钱；既说是应该革新，却又主张复古：四面八方几乎都是二三重以至多重的事物，每重又各各自相矛盾。一切人便都在这矛盾中间，互相抱怨着过活"。①

鲁迅说的是民国初年的情形，但也大致适用于清末；他对此现象特别不满而亟思改变（详后），其实恰道出多歧互渗这一相当接近社会原状的时代"真相"。当时一个显著的特点是西潮冲击引发剧烈而频繁的变动，与此相伴随的另一明显特点即传统的中断。其实那时也还有许多——或者是更多——不变的层面，与此相类，传统的中断也并非全断，其间多有或隐或显的传承。可以说，断裂与

---

① 鲁迅：《热风·随感录五十四》（1919年），《鲁迅全集》（1），人民文学出版社，1981年，第344—345页。

延续的交织鲜明地体现了近代中国多歧互渗的特性。

变动和中断的一面或许更能体现中国近代史发展演化的特色（盖更能凸显与所谓"前近代"的不同），但其与不变和传承的一面又相互紧密关联，两者并行而共存是更通常的状态。只有较全面深入地认识变与不变和断裂与传承的两面之后，才能更充分地认识近代中国那饱含断裂的延续。也许因为近代入侵的西人常常讥刺中国历史几千年恒久不变，或者由于清季以还中国人日益喜变求变（"数千年未有之大变局"几乎成为晚清人的口头禅，最足表明时人所受刺激及其关注之所在），我们的史学研究也一向是多见断裂和变动的一面，而较忽视历史的延续性。

一、 历史的延续性

这样一种研究倾向或者也是西潮影响的产物。张光直先生前些年提出，西方文明的形成和发展特性是断裂的或突破性的，而中国（甚至更广大的非西方世界）文明的发展特性是连续性。① 他所讨论的是长时段的文明发展，若依其观念退而观察相对短时段的现象，则近代中国的"西化"可以说相当彻底。以西方观念为世界、人类

---

① 张先生认为，既存"社会科学上所谓原理原则，都是从西方文明史的发展规律里面归纳出来的"，如果不"在广大的非西方世界的历史中考验"，特别是经过"拥有极其丰富史料的中国史"的考验，就不能说具有"世界的通用性"。他由此看到了"西方社会科学的局限性和中国历史（以及其他非西方史）在社会科学上的伟大前途"，这一宏大问题非常值得进一步思考。参见张光直：《连续与破裂：一个文明起源新说的草稿》，收入其《中国青铜时代》，第二集，联经出版公司，1990年，第131—143页；另见徐苹方、张光直：《中国文明的形成及其在世界文明史上的地位》，《燕京学报》新6期（1999年5月），第8—16页。

之准则并努力同化于这些准则之下是相当多中国近代学人普遍持有的愿望,并有着持续的努力。正是为了实现这一目标,不少士人试图切断历史与"现在"的关联。

对于曾经长期强调"夷夏之辨"的中国士人来说,主动同化于西方本身就是一个相当彻底的激变。① 且中国传统素来比西方更注重史学,这也有其各自的文化渊源:章太炎指出,中国文化"不定一尊,故笑上帝"。② 由于注重人间俗世,因而也就重视史学,故"孔子是史学的宗师,并不是什么教主。史学讲人话,教主讲鬼话。鬼话是要人愚,人话是要人智,心思是迥然不同的"。③ 章太炎所针对的,是康有为等试图树立"孔教"的尝试和努力,而康氏此举的思想资源,恰是西方的基督教。

在西方,恩格斯注意到,在基督教神学观念影响下,史学曾长期不脱"天国史"的阴影,史事既成神的启示,历史本身自然失去意义。后之哲学家黑格尔已算很重视历史,但在其眼中,"历史不过是检验他的逻辑结构的工具";甚至自然界也"只是观念的'外化',它在时间上不能发展,只是在空间中展示自己的多样性"。与此相类,18 世纪的欧洲唯物主义也因"不能把世界理解为一个过

---

① 当然,夷夏之辨本身也有开放的一面,其主流是以文野区分夷夏;一旦西方文明中国野蛮的观念确立,夷夏之辨的观念也可以为同化于西方提供理论支持。参见罗志田:《夷夏之辨的开放与封闭》,收入其《民族主义与近代中国思想》,东大图书公司,1998年,第 35—60 页。
② 章绛:《原学》,《国粹学报》第 6 年(约 1910)第 4 期。按该报按栏目的类别分页,我所用者有的是原初分册本,有的又是全年分类重装本,难以统一,故不标页;时间则依原刊惯例写明第几年,每一年首次出现时注明大致相应的公元年份。
③ 章太炎:《中国文化的根源和近代学问的发达》,《章太炎的白话文》,陈平原选编,贵州教育出版社,2001年,第 67 页。

程,理解为一种处在不断的历史发展中的物质",从而形成一种"非历史的观点"。所以恩格斯在1844年还强调要注重"人的启示",提出"把历史的内容还给历史"。①

对章太炎来说,历史意味着一个从过去到未来的时间发展过程:"过去的事,看来像没有什么关痛痒,但是现在的情形,都是从过去渐渐变来。凡事看了现在的果,必定要求过去的因,怎么可以置之不论呢!"②后来杜亚泉以发展的时间观念诠释"国民",并与具体的空间相结合而予"国家"以相当宏阔的时空界定,他以为:"国家者,国民共同之大厦。我国民生于斯,聚于斯,而不可一日无者也。且国民之共同生聚于斯者,不仅限于现代之国民而已,其先我而死、后我而生者,亦皆赖此以生聚。故国家非一时之业,乃亿万年长久之业。"③

---

① 参见恩格斯:《英国状况——评托马斯·卡莱尔的〈过去与现在〉》,《马克思恩格斯全集》,第1卷,人民出版社,1965年,第650页;《路德维希·费尔巴哈和德国古典哲学的终结》,《马克思恩格斯选集》,人民出版社,1972年,第4卷,第224—225页。中西文化的这类差异似乎导致了对空间和时间的不同侧重,前引鲁迅所说的当世矛盾,本来包括时间上的古今和空间上的中外,从飞机、机关炮到人道主义和美育,在那时的中国都是鲁迅爱说的"舶来品",但他眼中所见则只有"几十世纪缩在一时"这一"时间中展示的多样性",并无任何空间的差异。这固然有清季以来中国士人以"新旧"置换"中西"而模糊文化认同的苦衷(这一努力本身也是以时间概念置换空间概念),无意中也体现了中国传统注重时间的历史眼光。而中国传统对"空间"向来不够认真,有时更采取一种"虚拟"的态度,即庄子所谓"六合之外,存而不论"也。前引"夷夏之辨"那以文野区分夷夏的主流,也表现出对具体居住区域的相对忽视。
② 章太炎:《中国文化的根源和近代学问的发达》,《章太炎的白话文》,第67页。
③ 本段与下段,杜亚泉:《接续主义》(1914年),收入田建业等编:《杜亚泉文选》,华东师大出版社,1993年,第130—131页。有意思的是,被不少人以为偏于"保守"的杜氏特别指出这一"接续主义"出自《德儒佛郎都氏所著《国家生理学》》,这在当时恐怕主要不是要遵守学术规范,而更多是希望借"德儒"以增强其说服力。

既然"广义"的国民是"前有古人,后有来者,与现代之人民,相接续而不能分离",则"国民对于国家",不仅有"改革其政务,更变其宪典"的权利,且在行使此权利时,"对于从前之国民,及今后之国民",应担负"道德上之义务";必"对于从前之国民而善为接续,对于今后之国民而使其可以接续"。换言之,国家成为"亿万年长久之业",依赖的是过去、现在及将来的"国民对于国家之接续"。小到个人,"推而至于家庭,推而至于团体,亦皆赖此接续主义以存立";甚至"人之所以为人,正欲使此接续主义之不至丧失耳"。

章太炎早就从中国传统最为注重的人禽之别的高度来论证类似的历史眼光,他强调:"人类所以异鸟兽者,正以其有过去未来之念耳。若谓过去之念当令扫除,是则未来之念亦可遏绝,人生亦知此瞬间已耳,何为怀千岁之忧而当营营于改良社会哉?"[①] 若中国这一国家处在一个发展的进程之中,"现在"便是连接未来和过去的一点。无论未来多么光明、过去多么黑暗,任何"现在"以及"未来"之中都蕴涵着已逝而挥之不去的往昔,反之亦然。必注重事物继往开来的发展一面,才凸显出当下社会改革的"深远"历史意义。所谓"千岁之忧",正对应着国家可否为"亿万年长久之业"的关怀。

这本是中国的传统,历代士人看重历史并不仅仅是回向往昔,而往往着眼于"现在"甚至将来的天下(国家、人民以至文化)。最典型的是黄金式的"三代"被赋予各式各样的丰富含义,许多立

[①] 章太炎:《驳中国用万国新语说》,《章太炎全集》(4),上海人民出版社,1985年,第352页。

说者未必真是在理解"三代",恐怕反是对现实有所不满,以神游旷古之法表述其对社会、政治的理想境界,在思路上类似于章太炎所说的复古即是提新。① 在这一点上,清季的重建"国学"者和民初的反传统者基本继承了传统的思维方式和行为方式,无论是清理学术源流还是反传统,他们关怀的其实都是当时或将来的国家、人民和文化的地位。②

从历代士人赋予"三代"的丰富含义看,对"过去"的认知实际也充满想象的成分。陈训慈后来说:"西国浅学之士,往往因吾国现时之不竞,忽忘其过去之事迹。"③ 这一倾向同样体现在不少近代中国士人的身上,则中国"过去"实际是在为其"现在"的失败承担责任。部分或因"西方"已取代"三代"成为美好想象的载体,近代人多视本国之"过去"为已知,故将想象的"特权"赋予那未知的将来。

史华兹(Benjamin Schwartz)以为,"当民族-国家处于衰亡之时,那儿的民族主义者就很难在往昔的民族旋律中去寻求价值,因为那与民族富强的需求背道而驰"。④ 对很多中国士人来说,由于未来必然是或至少可能是美好的(即可能类同西方),本民族

---

① 章太炎语引在王汎森:《章太炎的思想——兼论其对儒学传统的冲击》,时报出版公司,1992年,第176页。
② 参见罗志田:《国家与学术:清季民初关于"国学"的思想论争》,生活·读书·新知三联书店,2003年。
③ 陈氏因而主张"吾人不能不一据事实,一溯其先哲之业,以与他邦之发达相较证"。参见叔谅(陈训慈):《中国之史学运动与地学运动》,《史地学报》2卷3号(1923),第5页。
④ Benjamin Schwartz, *In Search of Wealth and Power: Yen Fu and the West*, Cambridge, Mass.: Harvard University Press, 1964, p.20. 此书有中译本,史华兹:《寻求富强:严复与西方》,叶凤美译,江苏人民出版社,1995年,引文在第18页,与拙译稍不同。

固有之文化是否保存已不那么重要，从传统中寻找不足（而不是光荣）以摈除或改进这样一种"反求诸己"的取向不但不那么可怕，而且简直成为走向美好未来的必由之路。对五四人而言，全面反传统似成为国家民族得救的必须，这也有一个逐步发展扩充的进程。

二、清季反传统倾向的滥觞

清季朝野曾有一场保国与保教之争，然士人所说的"教"到底是中国传统中"政教"相连的"教"还是西方意义的宗教？或兼而有之？这是争论者一开始就未能陈述清楚的，后来的许多争论其实也因概念不清而起。可以肯定的是，"教"字的拈出本身即受西潮冲击的影响，其在当时的概念也已部分西化。其实"政教"之"教"与今人所谓"文化"意思相通，正是近代中国士人最为关注的问题；从戊戌变法到新文化运动，学、教、国粹、文明、文化、孔家店、传统等在某种意义上都是近义词甚至同义词，表述方式虽不断转换，实际关怀和思路却一以贯之，其中一个明显的倾向是这些称谓被提及皆日渐偏于负面的含义。

部分或因近代西方"国家"观念的引入，清季士人非常重视学或教与国家的关系，那时不少人认为两者是互补的，即邓实所谓"国以有学而存，学以有国而昌"。[①] 故学亡则国亡，国亡而学亦难保，保国与保教几乎是一个钱币的两面，缺一不可。康有为提倡保教最力，然其弟子梁启超在1902年提出，"教"与"国"的不同在

---

① 邓实：《国学讲习记》，《国粹学报》第2年（约1906）7期。

于"国必恃人力以保之,教则不然。教者也,保人而非保于人者也"。故他主张以后"所当努力者,惟保国而已"。① 这话说得十分有力。如果教需人保,则其价值何在？康有为提出保教,实已暗示他要保的教并无竞争力;而中国在近代国家实体竞争中的屡次失败,似乎进一步证明此"教"既不能保人也不能保国。

前引陈训慈所谓"因吾国现时之不竞,忽忘其过去之事迹"的现象,颇适用于相当一部分中国士人,他们正是以近代"国家"之"不竞"而归咎于整体的传统文化不能救亡竞存。梁启超以后,从吴稚晖到新文化运动诸人的一个基本共识是:中国传统的"教"已不适应新的时代,其既不能保人,也不能自保。

清季和民初在思想、学术和社会等文化层面的传承还需要更加深入的探索,但两时段之间仍有不少明显的差异,政治鼎革的巨变外,民国别于清代的一个倾向性变化即是最终形成了从负面解读传统的取向。把传统"讲坏"②的倾向从清季起便存在,但清季人如此大致是在有意无意之间,民初人则基本是为了国家民族的复兴而有意为之。不过,清季人虽未必有意识地全面反传统,却在很多地方为民初反传统者预备了思想武器。③

---

① 梁启超:《保教非所以尊孔论》,张枬、王忍之编:《辛亥革命前十年间时论选集》,生活·读书·新知三联书店,1960年,卷一上,第164页。
② 朱熹曾说:"屈原之赋,不甚怨君,却被后人讲坏"。章学诚以为此语"最为知古人心"。章学诚:《史考摘录》,收入仓修良编《文史通义新编》,上海古籍出版社,1993年,第339页。
③ 关于清季思想与新文化人反传统的关联已有一些人论及,如朱维铮的《失落了的文艺复兴》,收入其《音调未定的传统》,辽宁教育出版社,1995年,第132—140页;张灏的《传统与近代中国知识分子》,收入其《幽暗意识与民主传统》,联经出版公司,1989年,第171—185页;王汎森在其《中国近代思想与学术的系谱》(河北教育出版社,2001年)中以"从传统到现代的转化"为题的一组文章,第91—260页;陈万雄的《五四新文化的源流》[生活·读书·新知(转下页)

陈三立曾说："国亡久矣，士大夫犹冥然无知，动即引八股之言：天不变道亦不变。不知道尚安在？遑言变不变。"谭嗣同引用此语后发挥说："今日所行之法，三代之法耶？周、孔之法耶？抑亦暴秦所变之弊法，又经二千年之丧乱、为夷狄盗贼所羼杂者耳？"其实"周公之法度，自秦时即已荡然无存"。① 而谭氏那句广为人引用的"二千年来之政，秦政也，皆大盗也；二千年来之学，荀学也，皆乡愿也"的提法②，更为全面反传统埋下了伏笔。既然传统早已转化而非周、孔之"真传统"，二千年来不过是大盗和乡愿为伍的"伪传统"，自可破坏反对摧毁之。

其间提倡孔教最力的康有为无意中对传统的破坏起到了极大的作用，康氏谓古文经皆刘歆蓄意伪造，孔子学说也不过是有意"托古改制"，态度虽一贬一褒，两者所述皆非原初真物却是共同的。他实际提出了不少经典文献乃作者据己意制作（孔、刘之别不过制作目的善恶不同）的认识路径，极大地减损了经典的可信度。③

稍后国粹学派力辨"君学"与"国学"，大体上继承了陈三立、谭嗣同的思路，即在梳理出"真国学"的同时可以反对摒弃现存之学中并非"真国学"的"君学"。④ 他们很可能也受到康有为的启

（接上页）三联书店，1997年]一书也时有论及，特别是第123—128页。
① 谭嗣同：《兴算学议·上欧阳中鹄书》，《谭嗣同全集》，蔡尚思、方行编，中华书局，1981年，第160—161页。按陈三立所谓"国亡久矣"多少有些反满意识，谭嗣同则更多就文化层面发挥。
② 谭嗣同：《仁学·二十九》，《谭嗣同全集》，第337页。
③ 关于康有为的新学伪经和孔子改制说，参见王汎森：《古史辨运动的兴起：一个思想史的分析》，允晨出版公司，1987年，第150—164页。
④ 当然，承认周孔真法或另有真国学者，尚非全反传统，谭嗣同和国粹学派也都曾提出以复古而重振周、孔之法或国学的思路。参见罗志田：《中国文艺复兴之梦：从清季的"古学复兴"到民国的"新潮"》，《汉学研究》20卷1期（2002年6月）。

发,在其解释传统中的"君学"部分时,有意无意建立出一种"阴谋"说,即君主是有意识地运用"愚民之术"以巩固其政治专制。邓实说三代以下的"霸天下之主,以阴谋取天下,不得不以阴谋守之;故其开国之第一事,必以诛锄民气、闭塞民智为至急之务"。刘师培则指责古代"一二雄鸷之君,利用人民之迷信,遂日以神鬼愚其民,使君权几与神权并重"。①

既然相对清纯的道统方面之经典都可能是为了政治目的而造作,通常被认为更污浊的政统方面出现一些以政治为目的之"欺骗"似乎也顺理成章。其实国粹学派诸人多饱读经史,他们当然知道历代君主很少有正式的"愚民"表述,反多致力于"兴学",但若先存人君不德的预设,后者同样可视为君主的"阴谋"。具有讽刺意味的是,这一反专制、反迷信思路的背后仍隐伏着君主之"雄才"远高于人臣的见解,其实不过是换一种方式表述"君王圣明"的传统观念。②

1902年宋恕代瑞安演说会拟章程,其中的"禁演律"即包括"不许盲贬唐虞、三代"和"不许盲贬孔教、佛教",可知当时对传统的攻击已呈全面发展的态势。宋恕认为:"道德一线全恃孔教、佛教绵延,岂可盲贬。"更发人深省的是他关于为什么不能"盲贬

---

① 邓实:《鸡鸣风雨楼民书·民智》,《政艺通报》甲辰6号,5张;刘师培:《古学起源论一》,《国粹学报》第1年(约1905)8期。彼时进化论已传入中国,而诸子学也已兴起,两者的共性是将初民时代描述得较原始(与黄金"三代"说不同),则君民共同尊人鬼崇祖先本可是自然的行为,将其诠释为"阴谋"显然受到某种先入之见的影响。

② 正因国粹学派多学养深厚,他们有意无意将中国传统"专制化"的努力相当成功。许多年之后,钱穆在北大想开中国政治制度史一课,历史系主任陈受颐不允,认为"中国秦以下政治,只是君主专制,今改民国,以前政治制度可勿再究"。钱穆:《八十忆双亲·师友杂忆》,生活·读书·新知三联书店,2005年,第161页。

唐虞、三代"的解释："今我国之政法礼教风俗大都起于元、明以后，于宋前且绝少相涉，何况唐虞、三代！谈新者多盲贬，宜禁其于会所妄演。"①

"盲贬"一词原本意味着有理由的"贬"或可允许，宋恕这一解释进而提示出试图抑制反传统者也对传统持相对保留的态度，他显然承认当时存在的"我国之政法礼教风俗"并不高明，不过不应由"唐虞、三代"负责罢了。而"三代"被"盲贬"提示着一种倾向的出现：贬斥传统者既然无须具体，则被贬的对象大约也只是某种象征而已。连以前几乎神圣的"三代"都可以随意贬斥，余者就更不在话下。

马君武在次年论证中国学术无用时便说："程、朱小儒，眼孔如豆，盛张谬说……陆、王之以禅学虚空率天下者，更无论矣。"②在中国思想史、学术史上举足轻重的程、朱在马君武眼里已成眼孔如豆的"小儒"（按如此则可谓"大儒"者实亦甚寡），而陆、王更不足论，这当然不排除马氏受到清代汉学家反理学倾向的影响，然其在西方"新学术"参照下对中国传统的整体轻视是非常明显的。从"三代"到程、朱、陆、王都可弃之如敝屣，中国传统渐成一负面整体的倾向已见端倪。

从谭嗣同到国粹学派的观念提示着一种把中国传统两分的思路。③

---

① 宋恕：《代拟瑞安演说会章程》（1902年12月），胡珠生编：《宋恕集》，中华书局，1993年，上册，第353—354页。
② 马君武：《新学术与群治之关系》，《马君武集》，莫世祥编，华中师范大学出版社，1991年，第197—198页。
③ 把中国传统两分的观念在清季相当流行，如邓实等人所论"国学"与"君学"之别、伍庄所谓"君尊"与"民德"之分，以及宋恕所说的"国粹"与"国糠"并存等。参见罗志田：《从无用的"中学"到开放的"国学"：清季国粹学派关于学术与国家关系的思考》，《中华文史论丛》第65辑（2001年5月）；《温故知新：清季包容欧化的国粹观》，《中华文史论丛》第66辑（2001年9月）。

本来若新与旧或过去与未来不过是同一历史进程中的两段，它们或不必那样冲突或对立。唯注重历史的思路既可以支持从"过去"中寻找思想资源的取向，也可支持将现状的不如意归咎于历史，从而促成反传统的倾向。清季鼓吹"国魂"的蒋方震特别强调其"本之于特性，养之于历史"的一面；他同时指出，"中国之恶习惯，殆与吾之所谓国魂类。彼亦养之于历史，彼亦根之于特性，彼更有无数恶魔尽力以为天下倡。是故习惯不去，国魂不来"。所谓"复古云者，盖扫除其恶习惯而复古人创业之精神是也"。① 传统既然被两分，扫除恶习惯和复古人创业之精神遂能并存于回向往昔之中。

黄节在1902年观察到，当时"爱国者"有三派：一为"盲信己国派，此派以己国所有者，视为至上无极，不知己国之外更有世界"；二为"无视己国派，此派以己国所有者，视为一无足取，一唯他国是崇拜，而不知国粹之为何义"；第三派则"深知己国之长短。己国之所长者，则崇守之；己国之所短者，则排斥之，崇守排斥之间，时寓权衡之意，不轻自誉，亦不轻自毁"。他以为："由前一派，则易生自慢心，而有增长国恶之患；由后一派，则易生自弃心，而有蹂躏国粹之虑。"但在当时之过渡时代，与其不及，毋宁过之。"国粹稍损，尚有恢复之望。国恶日长，将有危亡之虞。得百自誉者，不如得一自毁者，其犹有进步之望也。"②

不过，在中西学战实际存在的情形下，有时面对西学挑战的"中学"不能不作为一个整体出现，此时"自誉"和"自毁"大致也成为整体性的，很难先将"国恶"或"君学"从整个"国学"中

---

① 飞生（蒋方震）：《国魂篇》，《浙江潮》第1期，第6、15—16页（文页）。
② 本段与下段，黄节：《爱国心与常识之关系》，《壬寅政艺丛书·政学文编卷五》，文海出版社影印，第184页。

区分出来进行自毁。黄节当然希望避免这样的选择，但若不得不在"自誉"和"自毁"之间做出选择的话，主张对传统持"权衡"态度的他仍宁选对"国恶"进攻的破坏取向，虽有损国粹而不顾。这样一种对传统倾向于批判的"权衡"大致也可在国粹学派其他人的表述中看到。

蔡元培在日俄战争时便有全面彻底反传统的想法，他发现那时的中国人多爱家不爱国，但"并不能专说人心不好，实在有许多老法子，把他束缚住了！如今要把老法子统统去掉，另定一个章程"。① 清季在巴黎的中国无政府主义者更明言"历史"妨碍了吸收"新文明"这一当前急务，希望整体地割弃"历史"。② 进入民国后这样的整体观日益增强，遂出现陈独秀所谓旧事物皆"一家眷属"之论，仍重在"自毁"一面。

三、民初传统的负面整体化

清季士人在思考和对待中国传统时多试图区分而处理之，即不同程度地承认中国传统有不如人意的一面，然多少还希望挖掘甚至重建出可以借鉴的正面思想资源；而他们眼中的"西方"这一学习的榜样，则愈来愈成为一个充满虚悬想象的美好整体。那时流行的"中学为体、西学为用"观念可以说是这一思路的典型表述。民初

---

① 蔡元培：《新年梦》（1904年2月），高平叔编：《蔡元培全集》（1），中华书局，1984年，第233页。按"老法子"后来成为传统的负面代名词，鲁迅就曾说整理国故是"新思想中了'老法子'的计"。"鲁迅致徐炳昶"，1925年3月29日，《鲁迅全集》（3），第25页。
② 详见罗志田：《清季围绕万国新语的思想论争》，《近代史研究》2001年第4期。

人正相反,其认知中"西方的分裂"是个非常明显的现象(但分裂后不同的"西方"仍主要是学习的榜样)①,与此进程相对立,许多读书人越来越将传统视为"一家眷属",出现一种负面意义为主的"中国整体化"趋势。②

这当然不是否认清季士人的认知中已出现中西新旧的整体性对立,但从清季到民初确有一些微妙的演变:清季的国粹学派对今日所谓中国文化常有不同的称谓,在涉及西学时便多称"中学",在单独梳理自身源流时则多称"国学"。而民初的新文化人在"西方分裂"的同时又创造性地发展出"世界"这一取代"西方"又往往等同于"西方"的新概念③,其时间意义常强于其空间意义,故与民初另一流行词"现代"也多能替换使用(与此相类,"现代"对于民初人甚至一些今人都不仅具有时间意义,也包括空间意义,即指谓"西方")。

民初士人更多从中国视角出发来看待和表述中西新旧的整体性对立。与谭嗣同将"周孔之法"与"暴秦弊法"区别对待不同,新文化人在攻击传统"专制"时喜欢将焚书坑儒与礼教名教并论,论及后者时又多援引清季人关于君主以利禄诱人之说;其实两者在历史上固代表两种不同甚至截然相反的取向,在抽象的学理上也同样对立,很难并而论之。过去对立的东西现在成为一体,其"共性"

---

① 参见本书《西方的分裂:国际风云与五四前后中国思想的演变》。
② 这只是就倾向性大体言之,特定人物在不同语境下的具体论述未必皆可纳入这样的类型区分。
③ 这不是指"世界"这一词语的出现,我所讨论的概念更多是一种约定俗成的"认知"而非严格的界定,但其延续力也非常强。直到 21 世纪的今天,我们的言说中还相当流行"中国文学"或中国的什么"进入世界"的说法,而学校系统中讲授的"世界史""世界经济"等仍不包括中国部分。

即在于它们都是既非"西方"又非"现代"的。故中国传统的整体化不仅是负面的,其"成立"也是反向的,即借助了"世界"这一兼具"西方"和"现代"的时空参照物。

循此思路,民初士人认知中现代与传统、国家/民族与文化/学术总呈对立的一面,而其基础恰是清季已出现的"教"既不能保人也不能保国的观念。鲁迅引用他"一位朋友"的话说:"要我们保存国粹,也须国粹能保存我们。"他强调,"保存我们,的确是第一义。只要问他有无保存我们的力量,不管他是否国粹"。① 这里原本的意思是,如果"国粹能保存我们",也是不必反对而且可以接受的;但后来的发展却是先认定既是"国粹"便"不能保存我们",且有碍于"保存我们",故必全面彻底打倒推翻。

有意思的是,反传统者或那些希望传统中断者却又最能看见传统的存在及其力量,他们确实感知到"传统"或"历史"的沉重压力,必打倒而后中国可新生。这看上去矛盾之处正是理解时人心态的关键,应仔细分析。一方面,传统的压力在很多时候具有相当程度的虚悬想象(imaginary)意味;② 但至少对新文化人来说,他们认知中来自传统的压力,却又是相当"实在"的。

杜亚泉在1915年说:"辛亥之革命,即戊戌以来极端守旧思想之反动;近日之复古,亦辛亥以后极端革新思想之反响也。"③ 袁世凯任总统后,社会上确可见明显的复旧倾向。④ 陈独秀就把当时旧

---

① 鲁迅:《热风·随感录三十五》(1918年),《鲁迅全集》(1),第305—306页。
② 说详罗志田:《林纾的认同危机与民初的新旧之争》,《历史研究》1995年第5期。
③ 杜亚泉:《论思想战》(1915年),《杜亚泉文选》,第169页。
④ 参见罗检秋:《近代中国社会文化变迁录》,第3卷,刘志琴主编,浙江人民出版社,1998年,第67—70、135—143页。

派试图立孔教为国教的努力看作一种进攻性的压力，他提倡伦理道德革命正是对此的反应。① 稍后《国民公报》一篇署名"毋忘"的文章说："民国三四年的时候，复古主义披靡一世。什么忠孝节义、什么八德的建议案，连篇累牍的披露出来，到后来便有帝制的结果。可见这种顽旧的思想，与恶浊的政治，往往相因而至。"②

梁启超后来总结新文化运动说，时人因辛亥鼎革后"所希望的件件都落空，渐渐有点废然思返，觉得社会文化是整套的，要拿旧心理运用新制度，决计不可能，渐渐要求全人格的觉悟"。想象的传统压力和时人认知中传统的整体性导致话语权势的争夺也成整体性的，不仅要主动进攻，而且明知对方未必错也不能有丝毫示弱，以避免一退就全输。梁启超注意到那时"马克思差不多要和孔子争席，易卜生差不多要推倒屈原"。③ 而鲁迅即以易卜生这一新权威所说的"All or nothing"（他自己的翻译是"全部，或全无"）一语，相当形象地表述了时人认知中现代与传统、世界与中国的整体性对立。④

梁启超这一总结的确切性可从新文化运动主将陈独秀的类似表述中看出，陈氏认为："旧文学、旧政治、旧伦理本是一家眷属，固不得去此而取彼。"传统既然是个整体，就必须全面反对。即使

---

① 陈独秀的原话是："孔教问题，方喧呶于国中，此伦理道德革命之先声也。"参其《文学革命论》，《新青年》2卷6号（1917年2月1日），第10页（文页）。
② 毋忘：《最近新旧思潮冲突之杂感》，原刊《国民公报》，录在《每周评论》，人民出版社1954年影印，17号（1919年4月13日），"特别附录"1版。这里对"旧思想"与"恶政治"相互关联的强调是当时不少人反传统的一个重要出发点，详后。
③ 梁启超：《五十年中国进化概论》，《饮冰室合集·文集之三十九》，中华书局1989年影印，第45页。
④ 鲁迅：《热风·随感录四十八》（1919年），《鲁迅全集》（1），第336—337页。他自己的译文见其《在现代中国的孔夫子》，《鲁迅全集》（6），第313页。

孔教并非"无一可取",也不能不彻底否定之。且孔教"根本的伦理道德适与欧化背道而驰,势难并行不悖。吾人倘以新输入之欧化为是,则不得不以旧有之孔教为非"。盖"新旧之间绝无调和两存之余地",若"伦理问题不解决,则政治学术皆枝叶问题。纵一时舍旧谋新,而根本思想未尝变更,不旋踵而仍复旧观"。① 据陈独秀的思路,孔教之不能不"非"其实产生于欧化之"是"。

类似观念那时相当流行,一般都认为中国学问主通而不主专,如傅斯年晚年即说"中国学问向以造成人品为目的,不分科的";而"学术既不专门,自不能发达"。② 可是他的同学顾颉刚在1923年却认为:"中国的社会和学术界看各种行业、各种学问,甚而至于各种书籍,差不多都是孤立的,可以不相谋,所以不能互相辅助以求进步。"③ 两人的看法适相对立,中国学问既不"专门"而又"孤立",且都造成不"发达"或不"进步",两方面或皆可举出一些例子,到底还是有点矛盾。其实他们可能都是以西学为坐标在对照,"专门"要像西学那样分科,相通也要像西学那样有"系统"。这是一个典型例子,如果西学为"是",中学便不能不"非"。④

---

① 陈独秀:《复易宗夔》(按此函发表时原与胡适共同署名),《新青年》5卷4号(1918年10月),第433页;答佩剑青年,《新青年》3卷1号(1917年3月),第11页(通信栏页);《宪法与孔教》,《新青年》2卷3号(1916年11月),第4页(文页)。
② 傅斯年:《改革高等教育中几个问题》,《傅斯年全集》,联经出版公司,1980年,第6册,第22页。
③ 顾颉刚:《郑樵传》,《国学季刊》,1卷2号(1923年4月),第315页。
④ 有意思的是,这一整体化的思路也影响到一些守旧者,据冯友兰回忆,辜鸿铭在1915年北大开学典礼上演说,便谓"现在的东西都不对,例如'改良'这个字眼就不通。只听说妓女要从良,现在却要改良,你要改良为娼吗"? 冯友兰:《五四前的北大和五四后的清华》,全国政协文史资料委员会编:《文史资料选辑》,第34辑,第3页。

鲁迅也认为新旧不能调和，否则就像今人约了燧人氏以前的古人合开饭店，"即使竭力调和，也只能煮个半熟；伙计们既不会同心，生意也自然不能兴旺，——店铺总要倒闭"。他引用黄郛关于中国人开新而不弃旧的"二重思想"后说，"要想进步，要想太平，总得连根的拔去了'二重思想'。因为世界虽然不小，但彷徨的人种，是终竟寻不出位置的"。① 其实中国"四面八方几乎都是二三重以至多重的事物，每重又各各自相矛盾"的情形正是实况，而试图"连根的拔去了'二重思想'"只能是理想。鲁迅和主张"旧染不去，新运不生"的黄郛，大致都存一种新旧不两立的"All or nothing"心态。

在鲁迅看来，清季的"中体西用"之不能成立，正在其体现了一种折中中西的取向。晚清学外国"维新以后，中国富强了，用这学来的新，打出外来的新，关上大门，再来守旧"。这不过"是学了外国本领，保存中国旧习。本领要新，思想要旧。要新本领旧思想的新人物，驼了旧本领旧思想的旧人物，请他发挥多年经验的老本领"。但"世界上决没有这样如意的事"，企图"上午'声光化电'，下午'子曰诗云'"是不可能的。而且"外国的新事理，却愈来愈多，愈优胜，'子曰诗云'也愈挤愈苦，愈看愈无用"。② 结论很明确，新旧中西不能调和，中学又不敌西学，中国只有西向一条路。

陈独秀其实承认"新旧因调和而递变，无显明的界线可以截然分离，这是思想文化史上的自然现象"。新与旧"不但在时间上不

---

① 鲁迅：《热风·随感录五十四》，《鲁迅全集》(1)，第344—345页。
② 鲁迅《热风·随感录四十八》，《鲁迅全集》(1)，第336—337页。

能截然分离，即在空间上也实际同时存在：同一人数［类？］中，各民族思想文化的新旧不能用时代划分；同一民族中，各社会各分子思想文化的新旧，也不能用时代划分"。但"客观的自然现象，不能当做主观的故意主张"。抱"改良社会志愿的人"应该关注的是比较"新的和旧的实质上的是非"，可以承认和悲悯这"万有不齐新旧杂糅的社会现象"，却不能"把他当做指导社会应该如此的一种主义主张"来宣扬，否则便是助纣为虐，会误尽苍生。① 他的意思很清楚：明知新与旧客观上实际不能截然分离，为了"改良社会"也不能不在主观上提倡破旧立新。

蒋梦麟曾说："新思想是一个态度，这一个态度是向那进化一方面走的。"② 这真是对趋新派的最好概括，"态度"领先确实是当时趋新者的写照；正因此，就特别强调与对立者不妥协。在此"态度"领先的斗争情绪影响下，有时可能忘掉其所批判的真正目标何在，甚至走到对立一面去。

鲁迅就试图彻底祛除"二重三重以至多重"的思想而达成一种趋新的"一重思想"，这正是清季人已强烈谴责的"定于一尊"的思想"专制"。民初反传统的趋新士人在继承清季人对思想"专制"的批判方面可以说是有过之而无不及，这恐怕还是他们否定传统的

---

① 陈独秀：《随感录·调和论与旧道德》，《新青年》7卷1号（1919年12月），第116—117页。
② 蒋梦麟：《新旧与调和》（1919年），收入其《过渡时代之思想与教育》，台北世界书局，1962年，第17页。沈雁冰曾说，他"知道'整理旧的'也是新文学运动题内应有之事，但是当白话文尚未在全社会内成为一类信仰的时候，我们必须十分顽固，发誓不看古书；我们要狂妄的说，古书对于我们无用"（沈雁冰：《进一步退两步》，《茅盾全集》（18），人民文学出版社，1989年，第445页）。这应该就是趋新者"态度"领先的一个典型表述。

最主要思虑之一，然其竟无意中落入他们所激烈反对的"定于一尊"的传统窠臼，真是绝大的讽刺。

同样因"态度"领先，新文化人有时无意中会以双重标准对待新旧双方。前引毋忘关注"旧思想"与"恶政治"的相互关联是不少时人反传统的一个重要出发点，新文化人始终对此特别警惕，如林纾在小说中稍露对"伟丈夫"的期盼，便引起当时所有新派的关注。① 钱玄同也说，他本不十分趋新，"自洪宪纪元，始如一个响霹雳震醒迷梦，始知国粹之万不可保存，粪之万不可不排泄"②，乃走上激烈反传统之路。但是，新文化人却并不反对以"好政治"扶持"新思想"：民国元年蔡元培任教育总长时以政府权力废小学读经，1915年袁世凯政府又恢复之，两者皆以政治力量影响教育，而趋新者对后者极为不满，群起而攻之，似很少见到他们攻击前者。

到1936年，日本侵略的威胁已十分直接，北大教授陈受颐仍看到"传统/文化"与"现代/民族"的对立和不能共存，他针对当时再次出现的提倡读经等现象说："我们唯一路向是往前走，是自新。'敝帚自珍'的态度是于'空前国难'毫无补益的。"他以新的术语重申梁启超和鲁迅的话：要"想保存旧文化，先要旧文化能保存我们"。在他看来，民族是"青山"，而文化是山上的"柴"，有青山即不患无柴，"只要民族康强前进，将来自有超越往古的新文明"。③

新文化人之所以有这样超乎寻常的自我批判能力，在国难当头

---

① 参见罗志田：《林纾的认同危机与民国的新旧之争》，《历史研究》1995年第5期。
② 钱玄同：《答陈大齐〈保护眼珠与换回人眼〉》，《新青年》5卷6号（1918年12月），第627页。
③ 陈受颐：《西洋汉学与中国文明》，《独立评论》，189号（1936年4月26日），第11页。

时还可以如此激烈地反传统,并公然认同于西方而没有多少内心不安,因为他们自觉其正在为中国再造文明,面向着一个光明的未来。① 这样一种乐观心态是以摒弃往昔为基础的,陈独秀在1916年初提出,在新的一年里要"一新其心血,以新人格;以新国家;以新社会;以新家庭;以新民族。必迨民族更新,吾人之愿始偿"。他的愿望是什么?即获得"与晰族周旋之价值"和"食息此大地一隅之资格",可知陈氏此时尚不脱清季民族主义的思绪。但他强调:"自开辟以讫一九一五年,皆以古代史目之。"② 去年即成"古代史",其"除旧布新"的坚决真可谓前所未有。

四、余论:传统的不固定性

恩格斯批评近代西方历史领域中的"非历史观点"说:由于"反对中世纪残余的斗争限制了人们的视野,中世纪被看作是由千年来普遍野蛮状态所引起的历史的简单中断;中世纪的巨大进步——欧洲文化领域的扩大,在那里一个挨着一个形成的富有生命力的民族,以及十四和十五世纪的巨大的技术进步,这一切都没有被人看到。这样一来,对伟大历史联系的合理看法就不可能产生"。③ 这一观察非常适合于理解近代中国人的心态及其对传统的态

---

① 说详罗志田:《古今与中外的时空互动:新文化运动时期关于整理国故的思想论争》,《近代史研究》2000年第6期。
② 陈独秀:《一九一六年》,《新青年》1卷5号(1916年1月),第2页(文页)。
③ 恩格斯:《路德维希·费尔巴哈和德国古典哲学的终结》,《马克思恩格斯选集》,第4卷,第225页。按恩格斯这一观察真是卓见,20世纪最后二三十年间欧洲史研究最大的突破正在所谓中世纪晚期和早期近代那段过渡时期,且总体的倾向恰是否定中世纪的"黑暗"并肯定其"进步"。

度,近代人甚至许多今人是否因其在意识层面反对传统的"专制""迷信"或所谓"封建残余"的努力而"限制了视野",从而对其不愿看见的中国文化的非负面因素视而不见呢?

陈独秀或即代表着"非历史"的倾向,而一些继承章太炎历史观的学者同样强调反传统。闻一多早年便主张"不忘其旧",那时是想要"振兴国学";到抗战后期仍以为"现代"是"历史的延长",故包括在"历史"之内,然态度却迥变。他与昔日学生臧克家的一段对话颇具象征性:臧是典型的传统负面整体论的接受者,故反对老师研究"故纸堆";闻则继承了蒋方震关于历史蕴含着正负两面资源的观念,并因此强化了反传统的决心。他告诉臧氏:"在你所诅咒的那故纸堆内讨生活的人原不只一种,正如故纸堆中可讨的生活也不限于一种。……你诬枉了我,当我是一个蠹鱼,不晓得我是杀蠹的芸香。"其实"我比任何人还恨那故纸堆,正因恨它,更不能不弄个明白"。因为"我始终没有忘记除了我们的今天外,还有那二三千年的昨天;除了我们这角落外,还有整个世界"。①

新文化运动时反传统颇激烈的北大学生傅斯年到晚年心态已较平和,故能明确指出:"传统是不死的。在生活方式未改变前,尤其不死。尽管外国人来征服,也是无用的。但若生产方式改了,则

---

① 闻一多:《论振兴国学》(1916年),《闻一多全集》(2),湖北人民出版社,1993年,第283页;致臧克家,1943年11月25日,《闻一多全集》(12),第380—382页。在闻氏晚年的认知中,"历史"仍然不仅是负面的。他主张诗人也应懂得历史,因为世上没有"比历史更伟大的诗篇",他"不能想象一个人不能在历史里看出诗来,而还能懂得诗"。可注意的是闻氏在此信中自我定位说,"今天的我是以文学史家自居的,我并不是代表某一派的诗人"。在这样的身份认同下,他称臧克家为"你们做诗的人"。

生活方式必然改；生活方式既改，传统也要大受折磨。中国的生产方式是非改不可的，无论你愿意不愿意；时代需要如此，不然的话便无以自存。所以我们一方面必须承认传统的有效性，同时也并不能不预为传统受影响而预作适应之计。"① 今日中国的生产方式和生活方式都正在发生远更激烈的改变，也许傅斯年的话仍值得我们深省。

根据章太炎关于历史是一个从过去到未来的发展进程的看法，传统本身也是处于持续变化之中的。② 如果将传统简单定义为"过去的文化和习俗"③，则其至少是发展的：对每一代人来说，理论上传统应是在不断增加的；④ 实际上，它当然也可能"减少"。在没有什么政治权势压制的情形下，一些过去时代中重要的因素可以在集体历史记忆中不知不觉地"消失"，故传统在"减少"方向上的变化是"可知"或"可见"的；但已经"消失"的东西无形中又"复活"也并非稀见的现象，则在此意义上传统似又并未"减少"。唯对特定时空的个人和群体来说，传统的确可以看起来是有增有减。在一定程度上，甚至可以说传统既是发展延续的，又是时常间断而不连续的，至少在人的认知中或群体的行为中不时表现出不连

---

① 傅斯年：《中国学校制度之批评》，《傅斯年全集》，第6册，第124—125页。
② 不过具体到某一民族或文化的传统，则有着与该民族的迁徙和该文化的传播大致相应的空间限制。
③ 这一定义当然是不精确的，实际上，文化、习俗和传统三个概念都可以用包罗万象来形容，以如此涵盖宽广的概念来简单互训实出于不得已，也只宜在尽可能宽泛的意义上去理解和认识。
④ 故19世纪的西潮可以成为20世纪的"中国"之一个组成部分，新文化运动时西向知识分子攻击传统时常常提到的鸦片和人力车便是西人带来的，舶来品竟然成了中国传统的负面象征，便最能体现西潮已成"中国"之一部。这是近代中国一个特殊的然而也是有代表性的现象，迄今余波不息。参见本书序言。

续性。

本文所说的传统断裂,就是在充分认识到传统的不固定性的基础上来讨论的。传统的断裂主要是指这样一些现象:过去一般人的常识后来可能需要接受专门的高等训练才能够理解和接受,过去常见的事物也许变为(实际是被认为)稀见,过去极平常的事反而成为带突破性的举动,本来人皆可为之事竟然成为"思想解放"的对象,重复前已存在的举措却自认是在"革命",或批判前人却实际在继承批判对象的观念和取向,等等。后两者既体现出传统的明显断裂,又提示出传统的无意识传承,反传统倾向从清季到民初的传承就是显例:清季主张保存国粹的士人无意中为民初反传统者预备了思想武器,但五四新文化人并不认为他们是在继承前人未竟的事业,他们在许多时候根本把国粹学派当作批判的对象。

"礼失求诸野"的古训最能表述传统之断裂与传承并存的双重意味:有正统的衰落就有边缘的兴起,而正如马克思所说,"陈旧的东西总是力图在新生的形式中得到恢复和巩固";① 在反传统本身成为具有正统意味的主流之时,昔日的边缘在成为新正统时无意中以新形式"复兴"了一些过去居于正统而已衰落的旧传统。② 这样一种诡论性的发展演化进程,恰印证了傅斯年所谓"传统的有效性"。同时,"礼失求诸野"的"求"字又反映出人为的力量和有意识的努力并未被否认,每一代人其实都在传统的制约中继承、扬

---

① 马克思致弗·波尔特,1871 年 11 月 23 日,《马克思恩格斯选集》第 4 卷,第 394 页。
② 清代汉学最强调的考据到新文化运动后因"科学"的正名而长期占据民国文学讲坛,就是一个显著的例证,参见罗志田:《文学的失语:"新红学"与文学研究的考据化》,《中华文史论丛》第 70 辑(2002 年 12 月)。

弃，甚至（为后人）创造传统。① 既然传统"不死"，后人既可从"传统"中寻找思想资源，也可因"传统的有效"而进一步反传统，传统的不固定性正蕴涵着其开放的一面。

原刊《中华文史论丛》第 72 辑（2003 年 6 月）

---

① 马克思有一句话已为多人引用，还值得引用在这里："人们自己创造自己的历史"，但又是"在直接碰到的、既定的、从过去承继下来的条件下创造"历史。马克思：《路易·波拿巴的雾月十八日》，《马克思恩格斯选集》，第 1 卷，第 603 页。

西方的分裂：
国际风云与五四前后中国思想的演变

1999年是五四学生运动八十周年，本文从反思角度考察五四新文化运动（除非特别指明，本文所说的五四运动均不仅仅指1919年的学生运动）时期形成的一些基本倾向在此后大约一二十年的后五四时期里的演化和转变，特别侧重第一次世界大战及其后的国际环境对中国思想界的影响。这方面深入具体的个案研究似尚不多，全面的史实重建非一文所能为，本文试将当时中国思想置于近代中国思想演变的长程与五四前后的中外互动这一纵横大框架中作一概论性的申述（其中一些内容详见已刊发的拙文，另外一些则非一两万字能透彻讨论）。因系概论性质，不免有述而不著的意味，一些以史料为主的论证只能俟诸另文了。

一、引言：西方的分裂

所谓"西方"，本是既可视为整体又可不视为整体的区域文化实体。可是19世纪末20世纪初的中国士人多是把西方视为一个整体，那时所有西来的"主义"，基本上都被看作这个整体的一部分，而且都是这个特定的更新更美好的整体的一部分。① 直到第一次世界大战,西人自己打起来了,提供美好未来希望的蓝本自身出现大问题。不少中国人这才发现"西方"在分裂、在破产,已不是一个整体;战争的残酷使许多曾经趋新的中国人如严复、梁启超等对西方有所失望,从清季开始输入的西方新学(包括其所主张的体制)也稍失信用。②

梁启超在一战后对东西文化的反思已引起较多的注意,在引进西学方面同样甚有贡献的严复在欧战后也有类似的观感。他晚年在何遂的观欧战纪念册上题绝句五首,其一云:"太息春秋无义战,群雄何苦自相残。欧洲三百年科学,尽作驱禽食肉看。"严自注说:"战时公法,徒虚语耳。甲寅欧战以来,利器极杀人之能事,皆所得于科学者也。孟子曰:'率鸟兽以食人',非是谓欤?"③ 他显然像梁一样看到科学在人的手中可能造成的破坏,且无意中带点以"夷狄"视西方的意味。

"西方"在中国的分裂也有中国内在的因素,而且时间还稍早于第一次世界大战。陈志让已注意到"国内立宪的中华民国的闹剧和国外第一次世界大战的灾难",都是西方给反对"新文化激进主义"者提供的弹药。④ 晚清人心目中"西方"及其体制的美好,部分正建立在其虚悬的成分上。到民国后中国人已有机会实施议会方

---

① 参见罗志田:《传教士与近代中西文化竞争》,《历史研究》1996年第6期。
② 就是《新青年》的同人陶孟和在此时到欧洲,对西方政制也有失望的感觉。参见陶履恭:《游欧之感想》,《新青年》,7卷1号(1919年12月),第49—55页。
③ 此诗由何遂示陈衍、黄濬录之,见黄濬:《花随人圣庵摭忆》,上海古籍书店1983年,第97页。
④ 陈志让:《思想的转变:从改良运动到五四运动》,费正清编《剑桥中国史》,第12卷,中国社会科学出版社1993年中译本,第415页。

式的民主制，尊西的新派即面临一个当下的考验。民初国会的无效率和腐化皆不让晚清政治，民国政治反不如清成为包括孙中山在内的大量士人的共同陈述。结果，在中国人心目中"西方"不再是一个整体的"美好新世界"，而是良莠并存（当然对多数中国士人而言仍是学习的榜样）。

在"西方"分裂的同时，中国与实际为西方所主导的"世界"的关联却日益紧密。从马克思主义得到灵感的伍启元认为："在我们的时代，蒸汽机和火轮船已把整个世界打成一片，我们再休要梦想我们可以离开世界而生存、我们可以超出帝国主义的世界而独立。"近代"客观的条件已使中国不能闭关自守"，如果"站在整个世界的立场来说，无疑地中国已是国际资本主义经济制度下的一个构成者了"。结果，中国"现代社会变革的一大特征"即"国际资本主义者依照自己的模型改造中国"；而中国思想界的发展，也"全以西方资本主义文化的精神为中心"，即中国学术思想"以迎拒西洋资本主义制度和它底文化精神为核心"。①

那时外部国际环境的变化对中国的影响是明显的，一方面日本在华影响因"二十一条"而衰落，另一方面俄国革命在世界范围内另立山头，此时对西方文化了解较多即知道"西方"之中本有许多歧异的留美学生开始较大规模地返国，西方的不一致性遂在中国得以凸显。伍启元注意到："社会主义的苏俄宣告成立，中国社会的变革就因而更觉复杂。"② 如果说伍氏就此提出的马克思主义解释对

---

① 伍启元：《中国新文化运动概观》，现代书局1934年，第175、11、25页。伍启元是较早系统研究新文化运动并写出专著的学者，他的成果长期受到学界忽视，其实很值得关注。

② 伍启元：《中国新文化运动概观》，第176页。

一般人或太抽象,不久苏俄使馆在北京的建立却是人人可见的一个具体实物象征,以条约为表征的帝国主义在华体系已被打破,"西方"的确是分裂了。当然,造成"西方"在中国人心目分裂最主要的原因,还是西方人自己在一次大战后也开始反省自己的文明。

可以说,西方的分裂是 20 世纪中国思想史上一大变化。对多数中国人来说,以前"西方"基本是个整体,主张或反对学西方者大致均如此认知(他们均关注中与西的对立或对应关系);试图将西方分而学之的取向实践上虽不断在做,但理论上却一直未能成功确立。"西方"分裂之后,即使是尊西趋新的士人也开始意识到"西方"是个复合体,即西方模式有好有坏,至少有不适合于中国者;不同的源自西方的"主义"此时开始具有非常不同的意义,中国人学西方的选择性明显增强。

此后中国人谈西方,即与前大不相同。即使同一个人谈西方,也有所不同。如梁启超此前此后的转变,很大程度上正由于原为一体的"优越西方"本身已"变";此前他鼓吹了许多资本主义内容,是作为"优越西方"之一部,而不是西方一种分立的思想;此后他越来越反对资本主义,却是反对那好坏兼半的西方的不好的一面,亦即作为西方一种分立的思想或主义在反。不过,梁启超虽然主张西方的一部分已出问题,他仍想要学习西方未出问题那一部分。西方既然不是一个整体,则中国人当然只选择更好的那部分来学习,于是有学习榜样的转化和不同的西方"主义"在中国的竞争。

二、学习榜样的转变

晚清的中国民族主义兼排满与反帝两面,辛亥革命倒清之后,民族主义情绪随之似有所缓减。1915年日本提出"二十一条"这样的险恶要求，再次向中国人民提醒了帝国主义侵略威胁的存在，中国的民族主义情绪衰而复盛，成为20世纪中国政治中一个决定性的推动力量。五四学生运动实际也是这股风气继"二十一条"时的反日运动后的一次更大爆发。①

1915年的反日救亡运动有一个特点，即对"国耻"前所未有的强调，此次事件实为中国人心目中日本形象根本转变的一个里程碑。如果说以前中国人对日态度是好恶参半、憎恨中夹有羡慕的话，到"二十一条"之时，憎恨达到高峰而羡慕已降到最低点。在这次事件之后的中国政治和中国社会中，已基本没有什么公开的"亲日"力量。虽然日本在中国军界、政界、财界甚至文坛，都还有巨大的不容忽视的影响，在1915年后仍有一些政治人物还在继续寻求并得到日本的支持，但是这些人均试图掩盖或甚而否认其与日本的关系，恰提示出日本在中国已无人缘，其影响力实际上已大大下降。

更为重要的是中国教育发展计划的方向转变。甲午以后，日本曾是中国变法维新的榜样，中国士人竞往日本求学。到1915年1月，教育总长汤化龙曾条呈"教育政策三十条"，即主张多选取青年子弟派往日本留学，其刷新中国教育的方向，仍拟师法日本。但是在"二十一条"事件后，汤化龙再拟定的《养成师范人材条陈》即已经改仿照德国制度。这个象征性的转向表明，日本已不再是中国学习的榜样了。

---

① 以下关于"二十一条"的讨论，参见罗志田：《"二十一条"时期的反日运动与辛亥五四期间的社会思潮》，《新史学》（台北），3卷2期（1992年9月），具体的史料出处多已省略。

就是有些日本人自己，也在检讨留日学生"多抱排日思想，对曾奉为师表者而首先反对之"的现象。先后留日的周树人、周作人兄弟，1915年时在日本的李大钊、陈独秀等，在五四期间都以反日著称。他们都是五四新文化运动的主要人物，其思想中的救国方法不尽一致，但他们中没有一个人着眼于走日本式的道路。在大量留日学生变得排日的同时，许多留美学生在这前后陆续回国并且发挥了重要的影响。顾维钧在政界的迅速上升和胡适在学界的"暴得大名"，在某种程度上象征着一种在那时还是潜在的权势转移——美国在华影响的上升和日本在华影响的下降。

"二十一条"的提出使中国人摈弃了以日本为学习的榜样，甲午中日战争后中国人向外国学习的大潮此后逐步由陈独秀所说的"拿英美作榜样"转向"以俄为师"。前者是短暂的，后者则相对长久得多。美国在华影响的一度上升有多方面的因素，学者型的驻华公使芮恩施起到了相当大的作用①，恰来中国讲学的杜威颇具影响，而美国总统威尔逊提出的主张各民族自主的"十四点计划"在中国更甚得人心。这一切都在1919年的巴黎和会上发生了变化，和会的结果不但是五四学生运动的直接造因，更影响了中国士人选择"学习榜样"的长程转移，最能体现国际风云对中国思想的强大冲击。

列强势力因世界大战而改变，巴黎和会提供了一个按势力消长来重新划分各国在世界秩序中地位的机会。和会同时面临世界上第一个共产党领导的国家俄国这一新事物对世界资本主义体制的强有

---

① Noel H. Pugach, *Paul S. Reinsch: Open Door Diplomat in Action*, New York: KTO Press, 1979.

力挑战，俄国虽然未参加巴黎和会，却存在于绝大多数与会者的头脑中。当列宁对全世界劳动者描绘共产主义的美好未来时，威尔逊针锋相对地提出了他著名的"十四点计划"。两人都提出了民族自决思想这样一种国际秩序的新观念，在不同程度上都反对既存的帝国主义国际秩序，所以两者对受帝国主义侵略国家的人民皆有很大的吸引力。但双方也存在对追随者的争夺问题，其关键就在于谁能真正实行民族自决的思想，或至少推动其实行。和会关于山东问题的最后决定使一度对美国的帮助寄予厚望的中国朝野大失所望，强烈地激起了中国人的民族主义情绪，五四学生运动因此爆发。

从学理方面看，新文化运动最显著的标志性口号是"赛先生"和"德先生"。我们今日提到"科学"首先联想到的大概是数理化一类学科，但五四人更注意的是科学的"方法"和"精神"。在时人眼中，胡适鼓吹的"实验主义"和陈独秀提倡的"辩证法的唯物论"，同为近世最重要的"科学方法"，30年代研究五四新文化运动的学者多持此见。伍启元认为："实验主义的引进，可以说是中国思想走上科学大路的新纪元。"陈端志也注意到，实验主义"是五四时代最得中国知识分子信仰的一种主义"。更因"美国实验主义的领袖杜威恰当五四运动时跑到中国来，实验主义便趁着五四高潮，弥漫于全中国"。①

这个观察大体不错。胡适在1921年曾说："自从中国与西洋文化接触以来，没有一个外国学者在中国思想界的影响有杜威先生这样大的。"② 五四运动前后陈独秀对民主（民治）和科学的理解便明

---

① 伍启元：《中国新文化运动概观》，第9、38页；陈端志：《五四运动之史的评价》，生活书店1936年，有香港中文大学1973年影印本，第328—330页。
② 胡适：《杜威先生与中国》，《胡适文存》，亚东图书馆1921年，卷二，第199页。

显受到胡适和杜威的影响,陈在1919年的《新青年》七卷一号的《本志宣言》中明确表示:"我们相信尊重自然科学实验哲学,破除迷信妄想,是我们现在社会进化的必要条件。"在同一期发表的《实行民治的基础》一文中,陈更喊出了他常为人引用的口号:中国要实行民治主义,应当"拿英美作榜样"。他并指出,"杜威博士关于社会经济(即生计)的民治主义的解释,可算是各派社会主义的公同主张,我想存心公正的人都不会反对"。① 实际上,巴黎和会关于山东问题决定的最后落实已在五月四日以后相当一段时间,也许一些偏于"理性"的知识分子那时还在观望世界局势的发展,看是否出现有利于中国的转机。陈独秀上述言论都在五四学生运动爆发之后,他的态度似乎提示着他或者即是尚存观望者中的一个,至少说明他那时的确偏于温和稳健一边。

胡适当时曾进而预测说,"在最近的将来几十年中,也未必有别个西洋学者在中国的影响可以比杜威先生还大"。② 此话却不免言之过早。杜威和威尔逊都是"美国"这一中国榜样的一个组成部分,其实是不能两分的。威尔逊的"背叛"中国,当然要影响到杜威,而且在胡适说此话时(1921年7月)转变已经开始。同时,杜威以至某种程度上的威尔逊,都与中国自由主义知识分子自身的政治命运相关联,他们的确是"一荣俱荣,一损俱损"。由于美国的帮助毕竟不可恃,本来就势单力薄的自由主义分子在中国的政治前途就此断送;而中国自由主义知识分子的衰落(虽然有个过程)当然也就使杜威成为听众和观众越来越少的演员,其影响就只能在学

---

① 本段及以下讨论参见罗志田:《走向"政治解决"的"中国文艺复兴"》,《近代史研究》1996年第4期,具体的论证和史料出处多从略。
② 胡适:《杜威先生与中国》,《胡适文存》,卷二,第199页。

界中尚长期潜存了。

即使在学界,也不再是实验主义的一统天下。不仅陈独秀本人的政治态度迅速转变,他所提倡的唯物史观在更年轻的一代读书人中也迅速普及。北伐后中国社会史论战时关于中国社会性质以及中国走什么路的辩论,各种解释所本的思想武器绝大部分是西来(唯梁漱溟稍例外),然诠释和出路最后全都落实在经济制度之上(甚至包括梁漱溟!);到底是哪一位西洋学者在影响中国,其实已不证自明了。①

既然威尔逊描绘的新世界的美好前景是以中国的独立和完整为代价的,中国知识分子中许多人自然转向了列宁指出的方向。此时正值新俄(新字要紧)发布放弃所有条约权利的《加拉罕宣言》,立即在中国各界引起了极大的好感。至少就中国而言,威尔逊的世界新秩序在与列宁的新世界蓝图的较量中已经完全失败了。以前颇吹捧威尔逊的陈独秀也不得不认为他"好发理想的大议论",其实又"不可实行",决定送他一个诨名,"叫他作威大炮"。进步党的《时事新报》在社论中说:《加拉罕宣言》正是建立在威尔逊的和平原则之上,"只是威尔逊自己却不能把他实现"。这很能表现中国士人学西方的榜样由美往俄的转移。

陈独秀在1918年底所作的《每周评论》的《发刊词》中,还曾称威尔逊为"世界上第一个好人"。到1923年12月,北大进行民意测量,投票选举世界第一伟人,497票中列宁独得227票居第一,威尔逊则得51票居第二。威尔逊从"第一好人"变为"第二

---

① 关于社会性质及中国出路争论的概述,参看伍启元:《中国新文化运动概观》,第127—172页。

伟人",正是由美到俄这个榜样的典范转移趋于完成的象征。故吴宓慨叹道,几千年来孔夫子在中国人心中的神圣地位,"已让位于马克思和列宁"。若仅言新文化运动那几年,则把孔夫子换为威尔逊倒更加贴切。

毛泽东后来总结中国共产党的历史时说:自鸦片战争后,"先进的中国人"一直在"向西方国家寻求真理"。那时的结论是:"要救国,只有维新,要维新,只有学外国。"故"求进步的中国人,只要是西方的新道理,什么书也看"。但新学家自己虽然颇有信心,"先生老是侵略学生"这一事实却"打破了中国人学西方的迷梦"。直到苏俄十月革命之后,几代"先进的中国人"学西方得出的最后结论乃是"走俄国人的路"。① "先生是否侵略学生"的确是中国人选择学习榜样的一个关键因素,巴黎和会与《加拉罕宣言》的象征意义由此凸显。而且,正是在"西方"已分裂的情形下,以谁为"先生"的选择才变得明确起来。

"新俄"及其附载的意识形态对中国人的吸引力是多重的:自由主义者或者看到革命后的建设和"改造社会"的措施,当时的国民党和共产党恐怕更多看到了其革命夺权的成功。广而言之,近代中国士人个个都盼望中国强盛,而苏俄正提供了一个由弱变强的最新模式,故俄国的兴起对任何中国知识分子都具打动人心的作用。在新文化运动的老师辈还比较倾向于美国取向时,北大学生傅斯年在1919年初已认为"俄之兼并世界,将不在土地国权,而在思想也"。

---

① 毛泽东:《论人民民主专政》,《毛泽东选集》(一卷本),人民出版社1968年,第1358—1360页。

对一般并未认真学习其系统理论的人来说，专治西方之病的马克思列宁主义至少还有一点潜在的吸引力：它既来自西方，同时又号召世界人民进行反对（以西方为主的）帝国主义的"世界革命"。这不但充分体现了"西方"的分裂，而且正符合许多中国人对西方爱憎交织、既尊西又想"制夷"的心态。马克思列宁主义在中国受欢迎的因素尚多，从学理层面看，其所包括的"科学社会主义"与中国传统的天下大同思想颇有相通之处，而"科学"与"社会主义"二者在民初的中国也都有极强的吸引力。

三、思想趋向的演变

如果说晚清人对西方政治制度的认知不免带有悬想的成分，到民国后中国人已有机会实施议会方式的民主制。对当时的多数人来说，民初的几年实践似乎已证明在中国实行议会制的条件尚不成熟，这是后来革命性的政治取向越来越流行的语境和思想基础。社会主义（不止一种）和无政府主义在中国的复兴，以及苏俄式共产主义（各人各派的理解也不尽相同）的引进，都是这个新趋向的逻辑发展。左派史家陈端志描绘五四后的中国社会说："这里有礼教的复活，这里有佛教的追求，这里有德谟克拉西思想的憧憬，这里有法西斯蒂理论的酝酿，更有社会主义各派学说的流行。"[①] 它们都或明示或暗含对议会制民主模式的否定，而其中"社会主义各派学说的流行"一语尤说明当时最为广泛接受的思想何在。

的确，那时不只是"先进"的共产党人及其同盟者追随社会主

---

① 陈端志：《五四运动之史的评价》，第368页。

义,就是许多我们过去认为比较"落后"的人物其实也相当激进而且推崇社会主义。社会主义实已成为民初中国全社会的一种主流思潮,不过在我们的既存研究中隐而不显而已。如果说各人各派所欣赏的社会主义尚因其版本不同而有相当大的甚至本质的区别,当时社会思潮的另一个突出倾向则具有更广泛的共性,那就是对资本主义的贬斥。对于社会主义压倒资本主义在中国思想界的广泛深入程度,我们过去的认知同样不足。[1] 由于既存革命史研究成果已非常丰富,本文以下的举证多侧重于那些过去认知中不那么"进步"的思想界人物(且相对侧重知识精英),是一种角度不甚相同的考察。

梁漱溟已注意到伴随中国学习榜样的转移而出现的思想转变,他认为五四前后四十年间的中国民族自救运动,实因"西洋近事"的转变而"被动的截然有二期",其区分即在第一次世界大战。此前以学西方较成功的日本为榜样,"讲富强、办新政,以至于革命共和",其目的都在建立一个"近代国家",此时颇"艳称人家的商战为美事"。此后"因欧洲潮流丕变,俄国布尔塞维克之成功尤耸动一时",国人多受新俄影响,"掉转头来又唱打倒资本主义打倒帝国主义"。[2] 从赞美"商战"到"打倒资本主义",思想倾向的转变是根本性的,但都在西方影响之下。

在五四学生运动后不久的"问题与主义"论战中,各方比较接近的至少有一点:即中国当下最重要的问题是社会的和经济的,也就是民生问题;解决这一问题必须借重西方的"主义",但各方均

---

[1] 说详罗志田:《胡适与社会主义的合离》,《学人》,第 4 辑,以下无出处之史料均转引自此文。
[2] 梁漱溟:《中国民族自救运动的最后觉悟》,《梁漱溟全集》,第 5 卷,山东人民出版社 1992 年,第 106—109 页。

对资本主义持不同程度的批判态度而倾向于某种社会主义式的解决。那时最"保守"的安福系报纸《公言报》也认为：过激主义这一危险思潮已风靡中国，"为政者与将帅"不能"与多数国民相背驰"，故皆"宜究心社会主义"；只有"人究其书，乃可言取舍，乃可言因应也"。① 中国新旧各政治力量和思想流派的注意力都集中在这一点上，大家关怀和思考的问题是一致的。

当然，各派所说的"社会主义"有相当大的甚至可能是实质性的区别。胡适指出："马克思的社会主义，和王揖唐的社会主义不同；你的社会主义，和我的社会主义不同。"大家都谈社会主义，"同用一个名词，中间也许隔开七八个世纪，也许隔开两三万里路，然而你我和王揖唐都可自称社会主义家"。② 各家在社会主义名词之下的"大联合"确实可能混淆了各自的主义认同，但相差甚远的思想观念也要用同一个名词来标榜，最能提示"社会主义"在那时的吸引力。

胡适自己与当时许多读书人一样，曾长期向往社会主义，视其为世界发展的方向，他后来还把新俄的社会主义制度这一"空前伟大的政治新试验"纳入这一世界发展方向之中。一向反对专制的自由主义者胡适竟然能够赞许实行无产阶级专政的苏俄，就在于他相信苏俄"真是用力办新教育，努力想造成一个社会主义新时代。依此趋势认真做去，将来可由狄克推多［专政］过渡到社会主义民治制度"。正是基于这一判断，胡适在1930年断言：苏俄与美国"这两种理想原来是一条路，苏俄走的正是美国的路"。

---

① 《公言报》社论，1919年6月27、28日，转引自邓野：《王揖唐的"社会主义"演说和"问题与主义"论战的缘起》，《近代史研究》1985年第6期。
② 胡适：《问题与主义》，《胡适文存》，卷二，第150页。

"俄国人的路"与西来的"社会主义"本是直接相关的。五四人，包括共产主义者，对中国社会或主张改良再生，或主张从根推翻而再生，其着眼点都在再造的一面，根本目的是相通的。胡适在1921年初给陈独秀的信中就明确地将《新青年》同人划为"我们"，把梁启超及《改造》同人划为"他们"，界限甚清。共产党人对胡的说法有正面的回应，中共二大发出的宣言中即表示"愿意和资产阶级的民主主义革命运动联合起来，做一个'民主主义的联合战线'"，陈独秀本人到1923年底还认为，唯物史观派和实验主义派应结成联合战线以扫荡封建宗法思想。邓中夏在几乎同时对中国思想界的划分，所用词汇标签虽不一样，实与胡适完全相同。共产党人与自由主义者胡适的观念当然有许多根本的歧异，但双方在那段时间的接近，仍说明后五四时期中国思想社会的激进化实远超出我们过去的认知。

一般而言，已树立地位的社会精英是既得利益者，最不支持任何形式的革命。但民初中国的情形则反是。许多中国知识分子因鼓吹、参与或支持革命（包括政治、文学、思想、家庭等各种"革命"）而先一举得名，继则获得社会承认，或入名大学获高薪教职，或径直入政界为高官，成为名实俱获的社会精英。更有意思的是，这些知识分子在树立地位之后，仍不同程度地或支持或参与文化、思想、社会，甚而政治等各种革命。我们只要看一下新文化运动时期的北大，从校长蔡元培到陈独秀、胡适等教授，便可见此情形之一斑。

特别有意思的是，在胡适相当激进的20年代，曾任北洋政府部长的汤尔和却认为胡适那几年"论入老朽，非复当年"，说明北洋政府中人其实也并不怎么"落后"。胡适自己也曾对北京政府教育部在1920年明令各小学三年内全部使用白话教材而大感意外。而阶级意识已见于操生杀大权的军阀告示之中。此时世风之激进，可见一斑。① 周作人在1926年也认为"阶级争斗已是千真万确的事实，并不是马克思捏造出来的"。他根本以为"现在稍有知识的人（非所谓知识阶级）当无不赞成共产主义"，只有"军阀、官僚、资本家（政客学者附）"才不赞成共产主义；他自己就"不是共产党，但是共产主义者"。②

这样的激进化越来越难与国际风云分离，中国内部的思想论争也越来越呈"国际化"。自苏俄宣布废除不平等条约之后（实际上并未完全实行），北京学界思想界的左倾亲俄风气相当盛。1925年时关于苏俄是敌是友的问题曾在北方引起一场大争论，张奚若当时曾指出，"在今日人人对于这个重要问题不敢有所表示的时代"，《晨报》敢站出来公开发表反对共产和苏俄的言论，"令人非常可佩"。③ 部分可能由于当时执政的北洋军阀正在反对"赤化"，学界思想界为维持自身独立的清流地位，此时或不便站出来反共反俄，所以《晨报》此举的确要冒"阿附"的嫌疑。但从上述周作人等的观念看，思想界的激进恐怕是更为根本的因素。

在20年代已被一般人认为"落伍"的梁启超或者有资格列入周作人所说的"政客学者"，他就确实反对共产主义。我在别的文章中引述过他1927年一段"声明"，即他反对共产，但"反对资本主义比共产党还利害"。他对现代经济病态的诊断"和共产同一的

---

① 参见本书：《新的崇拜：西潮冲击下近代中国思想权势的转移》。
② 周作人：《谈虎集·外行的按语》，台北里仁书局影印本，1982，上册，第261—266页。
③ 张奚若：《苏俄究竟是不是我们的朋友》，《晨报副刊》，1925年10月8日。

'脉论'",但"确信这个病非共产那剂药所能医"。① 梁说这段话是因为其子梁思永给他的信中"很表同情于共产主义",据他的了解,"国内青年像思永这样的百分中居九十九",与周作人的观察大致相同。而梁的表态尤其反映彼时各派思想的异同,曾经激进但早已被视为稳健甚或"保守"的梁氏"反对资本主义比共产党还利害",还不足以说明世风的激进吗?

我们再看梁启超的同路人张君劢的观念。张氏在1934年回顾"科学与人生观"论战时说:"马克思是最善于骂人,他骂英国的边沁为十九世纪普通资产阶级理智的预言人,骂陆克为新资产阶级之代言人,其他类乎此而更狠毒的话,不胜枚举。"从我们所了解的马克思看,他所论这些人与各类资产阶级的关联应为学理的指陈,并无骂人之意(据唯物史观的时代阶段论,类似"新资产阶级"这样的标签若限定在具体的时段内实稍带赞许之意)。从我们今日的语言标准看,这里更无一语说得上"狠毒"。那么,张君劢的"狠毒"究竟何所指呢?只有了解当时世风的激进,才知道"资产阶级"本身就是一个"狠毒"的标签,一旦被贴上便无还手之力。张自己就说他无法与陈独秀等辩论,"假定同他们辩,他们还我们一句话说:'你们是资产阶级。'所以也不必同他们辩了"。② 此语最可见当时"话语权势"之所在,而张本人的激进也已暴露无遗了。

尤其具有提示性的是,同样在1934年,曾任军阀孙传芳属下的上海督办公署总办的学者丁文江,也明确表示他"同情于共产主

---

① 梁启超给孩子们书,1927年5月5日,收在丁文江、赵丰田编:《梁启超年谱长编》,上海人民出版社,1983年,第1130—1131页。
② 张君劢:《人生观论战之回顾》,《东方杂志》31卷13期(1934年7月1日),第9页。

义的一部分（或是一大部分）"，只是因为"不赞成共产党式的革命"，所以没有成为共产党员。丁的答案如何且不论，这样一个不管在当时还是今日恐怕都很难被认为是"进步"的学者觉得有必要提出并回答"然则我何以不是共产党的党员"这个问题本身，已足证当时世风的激进的确超过我们过去的认知。①

世风激进是社会主义能风行于中国而为各类人士所共同欣赏的一个重要外在环境因素，而其对立面资本主义的不得人心也提示着时人关注之所在。这正是伍启元所说的中国思想界"以迎拒西洋资本主义制度和它底文化精神为核心"一语的写照，也与他所说的全球资本主义化相关。由于"近世科学的发达和资本主义的进展把整个地球打成一片，无论愿意与否，现在中国已是世界的一部"。不仅"中国社会一切的转移"受到"世界巨潮底动向所激荡"，就是"中国学术思想的转移，也不过是跟着世界学术思潮的蜕变而转捩"。结果，"一切适合于中国的或不适合于中国的思潮，都先后的被绍介到中国来，而许多国际思想界的争辩，都在中国重复一遍了"。②

既然大家接受或反对的，都是与西方资本主义制度相关的思想观念，而"国际思想界的争辩"也在中国来重复，"西方"分裂之后中国已成为各种不同的西方"主义"竞争的战场这一时代特征就充分凸显出来。的确，西方模式既然有好有坏，各种西方"主义"又不一定都适合于中国，中国人对西来的"主义"有所选择自是逻辑的发展。在此语境下，像科学、民主这类五四时的核心概念在后

---

① 丁文江：《我的信仰》，《独立评论》第 100 号（1934 年 5 月 13 日），第 9—12 页。
② 伍启元：《中国新文化运动概观》，第 2、25—26 页。

五四时期曾引起数次较大的争议。

这些思想论争的一个共同特点,最能体现自19世纪末以来整体的西方文化优越观在中国树立之后又出现"西方"的分裂这一特征:五四以后思想界的争论各方的主要思想武器均是西来的。对中国士人来说,需要解决的问题仍是"中国"的,但那时提出的解决方案,即参与竞争的各种观念主张之中,纯粹"中国"者已不复存在。西方的分裂确实导致一些人在不同程度上提倡"东方文化",但下文可以看到,他们所提出的具体政治主张其实仍基本落实在西来的方式之上。

四、西方分裂之后:为他人作战场

杨铨在1924年提出,中国思想的西化始于清季,从康有为的《大同书》和谭嗣同的《仁学》到后来的无政府主义与社会主义,"中国之近代社会思想几于完全为中西文化接触之产物"。这些思想"大多对于中国社会缺少深刻之观察与精密之分析",有明显的西来特性。① 十二年后,陈端志注意到:"中国在这十余年新文化运动的过程中,所给予我们的各种思想和论战,都逃不掉模仿的一个阶段。他们都忘记了自家的立场,他们只迷信着人家的方法,要想用同一的模型仿效成功。西方文化学者无论矣,就是提倡中国文化的东方文化学者,他们除了和罗素一样地赞美东方文化外,始终还是没有立下东方本位的文化,他们亦仅模仿而已。"②

---

① 杨铨:《中国近三十年之社会改造思想》,《东方杂志》21卷17期(1924年9月10日),第55页。
② 陈端志:《五四运动之史的评价》,第338页。

他们所观察到的清季特别是民初各种思想观念的西来性质这一客观事实看上去似乎带有"民族虚无"意味，其实不过凸显了受进化论武装的近代中国士人普遍具有的"面向未来"倾向。由于近代中国的新与旧本身已成价值判断的基础，故从传统中生出的一派不可能成为主流，且守旧派确实既提不出什么快解决现实问题的方法。对趋新派而言，既然传统不能提供解决中国现实问题的思想武器，向西方取经即是自然的取向；而且他们无不希望借西方之药以疗中国之疾，故能描绘出充满想象的美好前景，并进而可以提出无限多种可能解决现存问题的办法来。①

　　但"老师侵略学生"这一事实又是每一个趋新中国士人所不能回避的现实，故民初中国思想界的状况是一方面尊西的风气仍在成长，另一方面反西的情绪也在发展。自西方文化优越地位在中国确立后，中国人反西方已越来越多地采用西方方式（如1905年的反美运动即首次以西方的"文明排外"方式进行，与数年之前的义和拳运动大相径庭）。随着"西方"的分裂，再加上中国读书人潜意识中以夷制夷的愿望仍在起作用，不同的西方"主义"遂在中国大起争战。

　　胡适在五四前后似乎已隐约意识到这一点，他主张多谈问题少谈主义，或即因问题是中国的，可用西法解决之；而"主义"都是来自西方的，实不啻自我争斗。更了解西方的胡适显然不愿意让中国为他人作战场，但多数的人或尚未意识及此，故后五四时期思想界的西与西斗现象非常明显，清季以还的中西"学战"逐渐变为中西名义下实际的西与西战。

---

① 参见本书《新的崇拜：西潮冲击下近代中国思想权势的转移》。

最有特色的是五四新文化运动时两个最基本的口号科学与民主在后五四时期引起的较大争论，即1923年的"科学与人生观"之争和北伐成功之后关于"人权"的论争及"九一八"之后的"民主与独裁"之争，前者以科学派大胜作结，但获胜的"科学"更多只是个象征；后者因为国难影响下民族主义的兴起等原因，大致是一个民主与独裁并进的结局，即执政的国民党政府基本实行独裁而民间仍有大量知识分子以民主为口号。这两大争论可以说是后五四时期中国思想界对五四基本理念的反思，从思想史的角度对此反思进行检讨只能另文为之，这里只简略论及其凸显西方分裂的一面。

1923年的"科学与人生观"论争时，双方的主将张君劢和丁文江均于1919年随梁启超西游世界大战后的欧洲，其所观察到的，以及其所援以为据的，其实多是西人自己对西方文明的不同反省，只不过将战场移到中国而已。论战中张君劢一方相对更具"东方文化"意味，但丁文江在其第一篇反驳文章的一开头，就点出"玄学鬼"的西来性质，明确了这实质上是一场西与西战。中国作为西方观念的争论战场自有其重要意义，西人自身的不同反省在中国的重演（或引申）正好凸显了"西方"这一整体形象在中国的分裂。①

"赛先生"虽曾受到挑战，但其地位基本稳固。相比起来，在激进的世风下，另一五四人特别注重的"德先生"在民国初年的经历就远没那么顺利。伍启元在20世纪30年代初观察到："科学虽是受过一度的反对，但现在已深深的走入中国所有的青年的脑海中。"然而"'德谟克拉西'在中国的地位怎样呢？现在执政者不肯

---

① 丁文江：《玄学与科学》，收《科学与人生观》，山东人民出版社1997年横排新版，第41页。

欢迎真正的'德先生',一般人民正在用怀疑的目光去注视'德先生',有许多人正大声疾呼的反对'德先生'"。① 这正是北伐后《新月》派知识分子与国民党政府关于"人权"论争的语境。

那次论争很能体现"西与西斗"的特色,两造的思想武器其实多为西来,国民党虽已绝俄,其统治方式可见明显的苏俄影响;而《新月》派的基本主张当然是西来的,他们的目的其实仍是怎样在中国推进"德先生"。伍启元指出:当时胡适正是"完全站在西方文化学者的地位来讨论人权,介绍和宣传'德谟克拉西'"。因为"科学在中国可算是成功了,但'德先生'在中国处处不及'赛先生'",故胡适是"抱着介绍'赛恩斯'时的精神来介绍'德先生'"。综观那次人权运动,"若果说他们是反国民党,毋宁说他们是介绍西洋文明的'德先生'"。九一八之后的"民主与独裁"之争是"德先生"遇到的又一次挑战,论战双方皆以西洋留学生为主,我们如果考察他们的观念,同样具有明显的西与西战性质(详另文)。

如果从整个近代这一中长时段看,可以说新文化运动既是西潮在中国的巅峰,也是其衰落的开始。《新青年》同人在后五四时期的分化正可从"西方分裂"的角度观察:早期的《青年》或《新青年》尚处西方整体观的余荫之下,故胡适敦促大家多谈问题少谈主义,各种人也还大体能结合在一处。五四以后即渐分,表面是分裂为激进与稳健两派,实则与"西方"的分裂有很直接的关联。故学界思想界均有所谓英美派、法日派以及尚不明显的俄国派之分。尊西的新派出现这样的社会区分当然影响其整体的实力,陈端志注意

---

① 本段与下段,参见伍启元:《中国新文化运动概观》,第114—119页。

到，自新文化运动分裂为实验主义和马克思主义两派后，中国文化思想界就"失去了重心"。①

不久后全盘西化论的提出，恰是西潮略衰落而中国传统稍有复兴的表征。盖前此大家皆西向，本不必再言西化。只有到西化已成疑问之时，才需要大肆鼓吹。正如由西人来提倡保存中国国粹最足表明中国传统的衰落一样，西化而必须争，且须全盘，正反映出西化派本身在"西方分裂"语境下的危机感。当然，这样的危机感只是已居正统的主流对边缘上升之潜在危机的预感。反观那些提倡中国本位文化者，其思想资源仍多从西来，尚非完全的本位（更本位的如章太炎等似尚不在此"话语天地"之中，其关怀也有所不同）。

全盘西化论和中国本位文化论这类"整体"观念的提出，说明那时中国思想界的分歧有向两极化发展的趋势。而其转折点，即是第一次世界大战后"西方"的分裂。伍启元指出：清季民初的趋势，本来是"大家一天比一天的向西方文化接近"，但"欧战叫醒了一般人的迷梦，物质文明被许多人宣告了破产。于是中国许多学者，都要把中西文化拿来重新估价、重新比较。东西文化的讨论，因而盛极一时"。但这并不是真正的东方文化与西方文化之间的争论，那时"凡是主张西洋文化的，多是赫胥黎和杜威的信徒；凡是主张东方文化的，必是受罗素的影响"。与带来西方科学思想的杜威不同，罗素在中国"最大的影响，不是他在哲学上的主张，却是他对中国文化的赞扬"，两人的"贡献是相反的"。②这是典型的中

---

① 陈端志：《五四运动之史的评价》，第339页。
② 伍启元：《中国新文化运动概观》，第93、42页。按罗素实触及许多中国读书人思而不言的敏感问题，因一种态度而使人对其哲学本身忽视，大可深思，颇值探讨。

西名义下的西与西战。

类似的情形尚多。在政治主张层面，杨铨注意到，那时接近联省自治而提倡农村立国的章士钊表面好像是以中国针对西方，其实仍本西说。章自1922年从欧洲归国，即"力倡农村自治及农村立国之说。其第一次发表主张即为代赵恒惕捉刀之宣言"，所针对者为欧洲的以工业立国。他于1923年11月在《新闻报》发表《农国辨意》，进一步申说此意。但杨氏本留学生，立即看出"其说实本英国潘悌（Penty）之农村基尔特主义，故以'联业'为自治之基"。① 潘悌的学说大约也是欧战后西人自我反省的一种观念，为新去欧洲的章氏所贩回。仍是一个在中西对峙的表相下以西来思想针对西方观念的例子，很能说明当时思想界的实际倾向。

更典型的例子莫过于以北大为中心的新文化派与以东南大学（南京高师）为中心的《学衡》的南北论争。胡先骕后来总结说："当五四运动前后，北方学派方以文学革命、整理国故相标榜，立言务求恢诡，抨击不厌吹求。而南雍师生，乃以继往开来融贯中西为职志。"南方不仅有以王瀣、柳诒徵为代表的传统文史之学，即使是"欧西文哲之学"，也因刘伯明、梅光迪、吴宓、汤用彤等留学生的主讲，"欧西文化之真实精神，始为吾国士夫所辨认。知忠信笃行，不问华夷，不分今古；而宇宙间确有天不变道亦不变之至理存在。而东西圣人，具有同然焉。自《学衡》杂志出，而学术界之视听以正。人文主义乃得与实验主义分庭而抗礼。五四以后江河日下之学风，至近年乃大有转变，未始非《学衡》杂志潜移默化之

---

① 杨铨：《中国近三十年之社会改造思想》，《东方杂志》21卷17期，第55页。章士钊在五四时期早已由新变旧，所以他的农村立国说基本未受到后来学界的重视。

功也"。①

过去我们多将《学衡》派视为"文化保守主义",其实该派主将吴宓就自认他本人不是在传接中国文化的传统,而是"间接承继西洋之道统,而吸收其中心精神"。②《学衡》杂志的出现确有象征性的转折意义。新文化运动初起时,新旧的对立基本是以对中国传统的态度区分,各种新老"新派"大体还在一条线上。欧战后杜威来华讲学时,留英美学生尚为一大致的整体,杜威在南京的讲学正刘伯明等为之翻译。到1922年《学衡》出,表面上似仍以对中国传统的态度区分,实际上已成西与西斗,争的是西学正统。胡氏的"人文主义与实验主义分庭抗礼"一语最能表述以中国为西方思想战场的实质。

后五四时期所谓"折衷派的东方文化学者"中最著名的梁启超和梁漱溟都很能体现这一特色。伍启元已注意到梁启超虽然由新文化运动的先驱转变为"赞扬东方旧有的文化",却"并不反对新文化"。③ 这是个常为人忽视的重要区分,梁并不向新文化人挑战,是新文化人不允许"折衷"。实际上,梁启超(以及梁漱溟)与陈独秀一样认为西方文化最大的贡献是科学与民主,不过因为科学可能被误用,故需要创立一个新局面。他为中国人提出的步骤是:"第

---

① 胡先骕:《朴学之精神》,《国风》,8卷1期(1936年1月),第14页。
② 《吴宓诗及其诗话·空轩诗话·二十一》,陕西人民出版社1992年,第250—251页。即使这样的吴宓,在东南大学还算不够尊西的。他注意到,该校得一从美国学教育获硕士而仅"并及历史"的徐则陵归,即任命为历史系主任,取外间视为旧学象征的柳诒徵而代之。同样,一般认为是"文化保守主义者"的梅光迪也并未将柳氏放在眼里。可知以"守旧"著称的东南大学,其实际的尊西倾向实并不弱于他校。参《吴宓自编年谱》,生活·读书·新知三联书店1995年,第228—229页。
③ 伍启元:《中国新文化运动概观》,第36页。

一步要人人存一个尊重爱护本国文化的诚意;第二步要用那西洋人研究学问的方法去研究他,得他的真相;第三步把自己的文化综合起来,还拿别人的补助他,叫他起一种化合作用,成了一个新文化系统;第四步把这新系统往外国扩充,叫人类全体都得着他好处。"① 这里非常值得注意的是中国文化的真相要靠西洋方法才能认识,在"方法"备受推崇的时代,此语的意味极为深长。

同样,通常认为比梁启超更"东方"的梁漱溟也认为,中国人对于人生,"第一,要排斥印度的态度,丝毫不能容留;第二,对于西方文化是全盘承受,而根本改过,就是对其态度要改一改;第三,批评的把中国原来态度重新拿出来"。梁氏主张以周公孔子的真精神来治中国,但他对经济的重视却提示着另外的方向。他曾说"谁对于中国经济问题拿不出办法来,谁不必谈中国政治问题"。这虽然还接近孔子的"富而后教"的观念,恐怕已不是纯粹的儒家思想。到他说"村治"不是改良而是一种秩序上的"革命",要"从旧秩序——君主专制政治、个人本位的经济,根本改造成一全新秩序——民主政治、社会本位的经济"时,可以说绝对非孔子、周公的固有精神,完全是西来的新知。②

所以伍启元总结说:五四后十余年间,"中国总逃不出'模仿'的工作。例如张君劢不过想做中国的柏格森,胡适不过想做中国的杜威,陈独秀不过想做中国的马克斯,郭沫若不过想做中国的恩格

---

① 梁启超:《欧游心影录节录》,《饮冰室合集·专集之二十三》,中华书局 1989 年影印版,第 37 页。
② 梁漱溟:《东西文化及其哲学》,《梁漱溟全集》,第 1 卷,山东人民出版社,1989 年,第 528 页;《冯著〈从合作主义以创造中国新经济制度〉题序》、《中国问题之解决》,《梁漱溟全集》,第 5 卷,第 122、220 页。

尔,甚至最近梁漱溟提倡中国文化的文章,也不过是'模仿'罗素的理论吧!"①伍本人是希望中国赶快脱离模仿而进入创造的,他大约是在恨铁不成钢的心态下才说出这样的话,虽不免失之过苛,仍多少提示了民初中国思想界一方面随西方而动、同时又以西方观念为武器相互竞争这一时代特征。

这当然只是那时中国思想界的一个倾向,王造时在大约同时就有不同的观察,他发现:"以前张君劢先生说了几句关于人生观的话,便有丁文江先生等一大群人去打玄学鬼;今年由考试院长戴季陶先生等所发起的时轮金刚法会在北京举行,在丁文江胡适之先生等脚下大演法宝,闹得轰轰烈烈,文化城中倒没有人去喇嘛庙里打鬼。"在他的眼里,"新文化运动的影子没有了。又是一朝江山,又是一朝君臣,又是一个时代"。②对王来说,时代已大变,政治的剧变不必言,就是思想界的社会组成也已发生根本的转变,而中国的问题却依旧,仍然需要"复兴新文化运动"。后五四时代的中国情形究竟如何,在五四运动八十周年的今天仍值得我们反思。

原刊《中国社会科学》1999年第3期

---

① 伍启元:《中国新文化运动概观》,第179页。
② 王造时:《复兴新文化运动》,《主张与批评》,第3期,转引自陈端志:《五四运动之史的评价》,第344页。

近代中国民族主义的特色与反思

民族主义在全球范围内不同程度地复起是 20 世纪末一个显著现象,其在世界历史中的作用也因此受到西方学人的广泛注意。麻省理工学院和哈佛大学等自 1992 年起已在尝试为研究生开设民族主义的专题课,两年后美国历史学会的会刊也曾组织讨论如何将民族主义整合到大学本科的历史课堂之中。参与的论者均同意在大学开设民族主义课为当务之急,因为不了解民族主义则不仅不能了解近现代历史,也无法了解现在和今后的世界。值得注意的是,许多人都强调过去对民族主义的研究存在一种"非历史"的倾向(即偏重于从各社会科学学科的理论角度研究民族主义,多关注其结构功能等面相),故在一定程度上架空了民族主义,现在则应纠正这一倾向,多从历史角度去考察和检讨民族主义。①

在中国,民族主义的重要性久已成为中外关于中国近现代政治和思想研究者的共识。尤其是在西方的中国研究中,民族主义的兴起(the rise of nationalism)是一个不断重申的主题,而且民族主义浪潮是处在"不断高涨"的进程之中。我们若细看许多关于中国近代各"事件"的研究便会发现:一开始时民族主义通常被认为是这

---

① 参见 *Perspectives*, 32:8 (Nov. 1994), pp.1, 8 – 13。

些事件的动力,而到结尾时民族主义又多因这些事件而进一步"上升"。民族主义一身而兼为历史发展的原因和结果,其受到史家的重视可见一斑。可以说,作为一种诠释的工具,民族主义在近代中国研究中是被用得最为广泛的,且不乏滥用之例。①

近代中国以变乱频仍著称,似乎没有什么思想观念可以一以贯之。各种思想呈现出一种"你方唱罢我登场"的流动局面,可谓名副其实的"思潮"——潮过即落。但若仔细剖析各类思潮,仍能看出其背后有一条潜流,虽不十分明显,却不绝如缕,贯穿其间。这一从上到下的共同思绪和关怀,包括夷夏思想、种族观念、排外、社会达尔文主义等等,然其核心即在中外矛盾和冲突的背景下通过群体认同和忠诚对象的再确认来体现人我之别。这条潜流便是民族主义(颇近于一般所说的爱国主义,但又有所不同,因为有时侧重的是"民"或"族",而不是"国")。若将晚清以来各种新旧思潮条分缕析,都可发现其所包含的民族主义关怀,故皆可视为民族主义的不同表现形式。

近代中国民族主义的一个重要特点是,具有强烈的情绪性。因此,其文字和行为的表述,通常都不那么系统严谨,甚至其思想资源也不一定那么学理化。就学理言,民族主义有着明显的输入特色。然而即使其外来思想资源,也大体类似梁启超论清末中国"译述之业"的特点,其输入多表现为"无组织,无选择,本末不具,派别不明;惟以多为贵,而社会亦欢迎之"。② 而其本土思想资源也

---

① 参见 Arthur Waldron, "The Theories of Nationalism and Historical Explanation," *World Politics*, 37(April 1985), pp. 416-433。
② 梁启超:《清代学术概论》(1920年),朱维铮校订,上海古籍出版社,1998年,第97—98页。

具有相类的特点，缺乏学理性的整理与整合。

广义言之，民族主义不仅仅是一种一般意义上的"主义"。人类学家格尔茨（Clifford Geertz）在研讨二战后独立的"新国家"时指出："民族主义不仅仅是社会变迁的附产物，而是其实质内容；民族主义不是社会变迁的反映、原因、表达、甚而其动力，它就是社会变迁本身。"① 英国左派史家奈恩（Tom Nairn）也认为，民族主义指谓着现代国家政治实体的一般状态，与其说它是独立于此的另一种"主义"，毋宁说就是政治的和社会的思想风气本身。而学理方面的民族主义理论，即在此广义的"民族主义"的不规则影响之下。②

这样，本文无意在术语或概念的界定上做文章，主要从思想的社会视角考察，注重民族主义的载体即"民族主义者"③的角色和作用，尽可能见之于行事。先对近代中国民族主义与域外民族主义的异同略作辨析，继考察其以激烈反传统和向往"超人超国"为特征的特殊表现形式，并通过民族主义与民国政治的复杂曲折关系，论证其所包含的抗议与建设两个面相，检讨地方意识与国家统一这两个冲突的因素怎样在政治运作中互动。希望能使我们对近代中国民族主义的认识和理解，较前稍进一步。

---

① Clifford Geertz, "After the Revolution: The Fate of Nationalism in the New States," in idem, *The Interpretation of Cultures*, Basic Books, 1973, pp. 251 – 252.
② Tom Nairn, *The Break Up of the Britain: Crisis and Neo-Nationalism*, 2nd ed., London: NLB, 1981, p.94.
③ 相当一些人并无民族主义者的自我认同，甚至可能不接受"民族主义者"的认同，其实也具有强烈的民族主义情绪，不过或不那么自觉，或在意识层面对这一认同有所保留，这些人仍会纳入考察范围。

一、初步认识近代中国民族主义

章太炎自述其民族主义思想的形成时说：他幼年读《东华录》，已愤恨"异种乱华"。后来读郑所南、王船山两先生的书，"全是那些保卫汉种的话，民族思想逐渐发达。但两先生的话，却没有什么学理。自从甲午以后，略看东西各国的书籍，才有学理收拾进来"。① 此语可以帮助我们从思想史层面认识近代中国民族主义的形成：其发端固然来源于传统的族类思想，但成为一种"主义"，却是收拾了日本和西方的学理之后。由于彼时日本的民族主义学理基本也是舶来品，中国士人真正"收拾"的，不过就是西方的民族主义学理。

或者即因为此，今日学人讲中国民族主义或民族认同，常惯于从近代才开始引入的西方观念去倒推，有时不免似是而非。盖昔日中国人的思想言说中既然不含此一类词汇，则本不由此视角出发去观察和思考问题，应无太大疑义。如果从近代才开始引入且仍在发展中的西方观念去倒推，便难以对昔人产生"了解的同情"。故研讨近代中国民族主义，一须追溯其秉承的传统思想渊源，一须检讨其收拾的西方学理，同时更必须将其置于当下的思想演变及相关社会变动的大语境中进行考察，才能有更亲切的认识。

在考察与近代中国民族主义有关的传统观念时，仍当注意其发展演化的内在理路，特别是在近代西方观念引入前夕士人对这些观

---

① 章太炎：《东京留学生欢迎会演说词》（1906 年 7 月），《章太炎政论选集》，汤志钧编，中华书局，1977 年，上册，第 269 页。

念的时代认知。只有在搞清这一语境的基础上,才能对时人怎样收拾西方学理以整合出近代中国民族主义思想观念具同情的理解,以获得较接近原状的认识。而且,这个收拾整合的过程本身至少与其结果同样重要。传统族类思想的一些(而非全部)层面何以能复苏、西方的一些(而非全部)学理何以会传入,以及二者怎样融合等诸多因素相互作用的动态发展情形,都至关紧要。因此,最初的功夫恐怕还在于努力重建晚清人与民族主义相关的本土思想资源及收拾整合西方学理的过程,在重建中去理解时人的心态。

传统的夷夏之辨观念常为人所误解,已经到不重建就"失真"的程度了。夷夏之辨本以开放为主流,许多时候夷可变为夏(反之亦然),故中心与边缘是可以转换的,这一点最为近人所忽视。而夷夏观念在清代的发展演变及清人认知中的夷夏观念,更须侧重。因为先秦及以后历代之人怎样认识华夷之辨固然重要,但清季士人的心态和认知对理解近代中国民族主义尤为切近。换言之,昔人的夷夏观可以是多元或多面相的,但清季士人或者只接受昔人观念的一面或一支,或者虽只接受其一部分而自信是接受了全体,也可能其观念未必与昔人一致而自以为是一致的。对研究近代中国民族主义而言,最重要的是当时当事人所持有的可能自认是传统的民族思想观念,至于其观念是否与昔者已不一致甚而至于有冲突,则是相对次要的。[①]

迄今为止的中国近代史研究,都明显受到晚清以来趋新派,特别是革命党人观念的影响(虽然这影响主要是无意识的)。今日治

---

① 参见罗志田:《夷夏之辨的开放与封闭》《夷夏之辨与道治之分》,收入其《民族主义与近代中国思想》,三民书局,2011年,第37—95页。

中国近代史之人讲夷夏之辨时，每好效法西人转拾梁启超牙慧，说什么古人以为"中国即世界"，其实这在逻辑上是不通的。夷夏格局要有夷有夏，然后可"辨"；若中国即世界，是"夷夏"共为中国呢？还是"夏"为中国？若是"夷夏"共为中国，则"华夏"对新老之"夷狄"的不平等态度便与所谓"世界观"无关；若是只有"夏"才为中国，则在"世界"之外的"夷狄"又是什么界？故"华夏中心说"或者有之（世界历史上少有一古代民族不认其所居之地是天下之中心者），"中国即世界说"实未必存在。①

又如，今人每喜欢指责昔人只知忠君而不知爱国，实际是先存将君与国分开的"共和"成见。任何国家都有其主权象征。在君主国或君主时代，君王就是国家最主要的主权象征。陈垣指出："臣节者，人臣事君之大节"，故古代"忠于君即忠于国"。而"君臣、父子、朋友，均为伦纪之一。必不得已而去，于斯三者何先？为国，则不能顾及亲与友矣"。②故昔日的君臣关系，正类后来个人与国家的关系。在西方的君主国，君主也是国家的主权象征。例如，尽管"不列颠国"的地域已发生了很大的变化，英王过去是、现在也还是整个不列颠国的主权象征（the sovereign symbol of the whole British nation）。一个君主时代的臣民，试问可以有不忠君的爱国吗？换言之，一个对君不忠的臣或民，当时人能视其为爱国吗？

实际上，"共和观念"里的一些关键词，也是由君主时代的词

---

① 参见罗志田：《先秦的五服制与古代的天下中国观》，《民族主义与近代中国思想》，第1—36页；《天下与世界：清末士人关于人类社会认知的转变》，《中国社会科学》2007年第5期。
② 陈垣：《通鉴胡注表微·臣节篇第十二、伦纪篇第十三》，科学出版社，1958年，第222、243—244页。

汇过渡而来。在共和观念兴起之初的英语世界里，今日通行的"国家"（nation）一词，那时与"帝国"（the Empire）一词是可以通假的。美国独立前后，英美人就是用"帝国"一词来表述"国家"的概念。英国保守主义大家柏克（Edmund Burke）在 1775 年时就是以"帝国"（the Empire）一词来表述不列颠国（the British nation）的概念。不仅如此，即使在美国独立并实行共和制后，也仍常见"美利坚帝国"（the American Empire）这样的称呼。美国人迪金森（John Dickinson）就曾说："一个国家（按他用的是 nation 而不是 kingdom 或 empire）的国王（king）或王族是可以改变的。"凡此种种，皆说明直到 18 世纪下半叶，英语世界里国家与帝国两词是可以通假的。北美十三州的独立，一开始只不过切断了它们对英国的忠诚，尚未形成新的忠诚的中心。美国国家观念是在失去旧象征后逐步"发现和创造"出来的。到 1778 年，一个表述为"新帝国"（a New Empire）的美国国家观念才开始形成，到 1783 年始基本确定下来。①

当然，有关国家象征的观念也是随时代的变化而转移的。中国传统的国家象征如君主、宗庙、社稷，以及亡国象征如屠鼎、易器、改正朔、易服色等，至西方的主权观念引进后便渐渐淡化。到民国后则鼎、器等已多散失或进入了博物馆，而正朔、服色等也均由中国人自改自易，且改易也并未遇到强有力的反对（抵制者仍大有人在，特别是历法）。最能体现时代"话语权势"转移的莫过于：代清的虽是中华民国，正朔、服色等却均改从西式（或其变体）。

---

① 参见 Max Savelle, "Nationalism and Other Loyalties in the American Revolution," *American Historical Review*, LXVII:4(July 1962), pp. 902 – 905, 914 – 921。

清季人对此已有所议论,也曾提出过一些回向传统的改法,但似缺乏说服力,未能形成影响。这一方面说明西潮的冲击确实有力,另一方面大概也因国家象征的观念已发生典范转移:对绝大多数人来说,正朔、服色等已不复被作为国家象征来对待了(而什么是新的国家象征,未必是现成的,恰是研究者需要斟酌处理的)。

可以说,对于中国"民族主义",不仅不宜从近代才开始引入的西方观念去倒推,更不必以今日西方的定义来界定。实际上,西人关于民族主义的界定也在不断转换,从无一个严格准确的公认定义。且西人对民族主义的研究有明显的"层累堆积"现象:关于民族主义的研究越多越细致,民族主义本身的起源就越早。近年的研究已将西方民族主义的起源上溯到大约 15 世纪,[①] 而较早的西方研究多倾向于认为民族主义兴起于 18—19 世纪而风行于 19 世纪后期。清季民初人所"收拾"的,正是此类早期西方认知中的民族主义学理。

也只有在此之后,中国士人中的一部分才开始尝试以西方的表述方式将中国的一些固有思想观念整合并表述出来(孙中山即是一个典型的代表)。然而有意思的是,中外均有学者认为中国民族主义的诞生甚至早到宋代。吕思勉先生曾说:"民族主义,原因受异族的压迫而起。中国自宋以后,受异族的压迫,渐次深了,所以民族主义,亦渐次勃兴。"[②] 而田浩(Hoyt C. Tillman)也从陈亮那里读出了"原初的民族主义"(proto-nationalism)。[③] 其实,作为一

[①] 说详 Liah Greenfeld, *Nationalism: Five Roads to Modernity*, Cambridge, Mass.: Harvard University Press, 1992。
[②] 吕思勉:《历史研究法》,上海永祥印书馆,1948 年再版,第 35—36 页。
[③] Hoyt C. Tillman, "Proto-Nationalism in Twelfth Century China, the Case of Chen Liang," *Harvard Journal of Asiatic Studies*, 39:2(1979), pp. 403-428.

种"主义",民族主义毕竟是在一定时段兴起的外来观念,即使界定得再宽松,在西人自己都不怎么讲民族主义时,中国又何来民族主义? 对19世纪中期以前中国的种种行为学说,要冠以民族主义的称谓,或需先进行特别的界定。

关于近代中国民族主义于何时兴起以及哪些人是早期中国民族主义者,西方学者的见解也相当"百花齐放"。梅谷(Franz Michael)认为洪仁玕是"中国最早的近代民族主义者(modern nationalist)之一";而柯文(Paul Cohen)则从王韬那里看到了早期中国民族主义(incipient Chinese nationalism)。① 他们显然都同意中国民族主义兴起于19世纪中叶。但陈志让则主张义和团运动才意味着"中国民族主义的诞生"。② 而杜威又认为五四运动的意义相当于"民族/国家的诞生"[他在1919年6月1日的信中说:"我们正目睹一个民族/国家的诞生(the birth of a nation)"]。徐中约显然同意杜威的看法,他以为,五四学生运动标志着作为一种"新力量"的民族主义在中国的"出现"。③

这些人的一个共同特点是均从其观察或研究的对象那里看到了"民族主义"在中国的发生,恰提示着"民族主义"对他们来说正不啻"望远镜与显微镜";他们在考察研究中国的特定事物之前,

---

① Franz Michael, *The Taiping Rebellion*, Seattle: University of Washington Press, 1966, pp.136 – 137; Paul Cohen, "Wang T'ao and Incipient Chinese Nationalism," *Journal of Asian Studies*, 26:4(August 1967), pp.559 – 574.
② Jerome Ch'en, "The Nature and Characteristics of the Boxer Movement," *Bulletin of the School of Oriental and African Studies*, vol.23(1960), p.307.
③ "John Dewey from Peking," June 1, 1919, in John Dewey and Alice C. Dewey, *Letters from China and Japan*, ed. by Evelyn Dewey, New York, 1920, p.209; Immanuel C.Y. Hsu, *The Rise of Modern China*, 2nd ed., New York: Oxford University Press, 1975, p.605.

有可能手上已先拿着这一有效的武器,诚所谓我欲仁而斯仁至,对镜一窥,当即看个正着。而这些解读中国的学者也可能有意无意中受到晚清以来中国趋新派和革命党人观念的影响,总希望找到新旧中国之分界点(以为"新"正名),故其所见也就都成了最初和第一了。

不论产生于何时,近代中国民族主义与西方民族主义实有同有异。近代欧洲民族主义既有针对既存政权的民主(或晚清人爱说的"民权")倾向,也有针对外族威胁、征服和占领而强调集体意识的倾向;前者更多是内倾的,后者则以外向为特点。正像法国大革命时期的革命者攻击法国君主制未能完成其自身制订的统一民族国家(national unification)的任务,因而应被推翻一样,晚清的中国民族主义者首先也是在得出了清政府不能救亡图存的结论这个基础上,才逐渐认同于以反清为表征的带种族色彩的民族主义。

身处西强中弱而面临帝国主义侵略直接威胁的晚清人,对西方民族主义的认知及其收拾何种西方的"学理",更有其特定的选择。章太炎、梁启超那一代士人虽也强调"民权",却从整个西方民族主义学理中更多地看到了外向的一面;他们是在清政府"不能救亡图存"的思想基础上逐渐认同于以反清为表征的民族主义,尽管带有种族色彩,其最终针对的,主要仍是入侵的帝国主义势力。①

过去的看法,至少在欧洲各国,通常通过共同语言等因素结成的长期的共同命运早已产生出某种认同感。近年的新见,则有

---

① 后来新文化运动那一代知识分子则越来越多地注意到民族主义对内的一面,但以文化传统而非现存政权为主要的进攻目标,他们虽也重视"民治",然实更强调个人的解放。

所谓"想象的共同体"之说。① 当然，此处的"想象"，并非虚拟之意，乃侧重人为的创造和构建。实际上，人的自身闻见永远是有限的，稍宽广的时空范畴，从来都不能不借助想象。胡适 1933 年曾说："今日一般人民的不能爱国家，一半是因为人民的教育不够，不容易想象一个国家。"② 他显然认为知识和了解是想象的基础，所谓"秀才不出门，能知天下事"，就是据知识而想象的一个常见说法。

梁启超早年曾说，中国人缺乏国家思想的表现之一，是"知有天下而不知有国家"。③ 蒋廷黻甚至到 1933 年还说中国"仍旧是个朝代国家，不是个民族国家"，他的依据即是"人民的公忠是对个人或家庭或地方的，不是对国家的"。④ 效忠的前提是"知有国家"，而全国性的思虑与见闻和知识，与此有着直接的关联。

近代报刊、电报和铁路等，成为让人更多了解"国家"的新手段。而读书识字的士人，相对更能享受这些新事物提供的"知识"。安德森也论及现代出版事业使信息沟通普及，打破了区域性的隔阂，有助于居民想象并认同于一个民族共同体。⑤ 如果报刊舆论有这样的作用，物质层面的电报和铁路、轮船等或有着更直接的推动作用。这些新事物扩大了区域性事务的影响，使其得到跨区域的关

---

① 参见本尼迪克特·安德森（Benedict Anderson）：《想象的共同体：民族主义的起源与散布》，吴叡人译，上海人民出版社，2003 年。
② 胡适：《建国与专制》，《独立评论》第 81 号（1933 年 12 月 17 日），第 4—5 页。
③ 梁启超：《新民说》（1902 年），《饮冰室合集·专集之四》，中华书局，1989 年影印本，第 20—21 页。
④ 蒋廷黻：《革命与专制》，《独立评论》第 80 号（1933 年 12 月 10 日），第 5 页。
⑤ 参见安德森：《想象的共同体：民族主义的起源与散布》，中译本，第 33—35、46—55 页。

注,让人们在感性层面更直观也更进一步地了解和认识自己的国家,故也可以说"缩小"了全国的范围。

张之洞很早即注意到新型媒体在开通见识方面的作用,其《劝学篇》曾专辟一节以论"阅报"说:"乙未以后,志士文人创开报馆,广译洋报,参以博议。始于沪上,流衍于各省,内政外事学术皆有焉。虽论说纯驳不一,要以扩见闻、长志气,涤怀安之鸩毒,破扪籥之瞽论。于是一孔之士、山泽之农,始知有神州。"① 可知当年"见闻"的扩充,的确有助于对"神州"的整体认知。但报纸等的"提高"更多是针对所谓"一孔之士",而传统中国读书人向以"天下士"自居,即使居乡为绅者,也要"处江湖之远,则忧其君",不能局于一隅。

且"天下"皆是"王土",与"国家"本来相通。身为"天下士"而不知有"国家",颇近于痴人说梦。只有为"国家"添加些类似西方"民族国家"概念一类的后出界定,或勉强可说身为"天下士"而不知有"国家"(但那是另一层面的讨论,与时人的地理和社会层面的空间认知无关)。即使从西方"国家"概念看,仍不能改变士人以天下为己任的抱负和眼光。斯考切波(Theda Skocpol)就曾依据二手研究指出,中国士大夫有建立在科举考试之上的超地方取向(extralocal orientation),在体制的引导和限制下,士人必须从帝制"国家"的眼光来看待地方社区。② 故以天下为己

---

① 张之洞:《劝学篇·阅报》,《张文襄公全集》(4),中国书店,1990年影印本,第574页。
② Theda Skocpol, *States and Social Revolutions: A Comparative Analysis of France, Russia, and China*, Cambridge, England: Cambridge University Press, 1979, p.70.

任的读书人，不待报纸提倡，仍会以"神州"为关注对象。

在"知识"以文字表现并通过阅读来获取的时代，技术手段的改变对"想象"的影响是明显的。不过，在四民社会的时代，经典既是通向真理的途径也是真理的一部分①，或因能够读经解经而地位崇高的士人，通常是乡民追随的楷模。若士人为天下士，则"山泽之农"也并非不能超越乡土而"想象"整个神州。当然，"天下士"更多是理想型的，以数量言，或者还是"一孔之士"为多；追随这些人的乡民，大致也以局限于以乡土的一孔之见为主。在"新知识"逐渐普及之前，梁启超的说法，亦非无根之谈。

不过，即使承认中国人民因教育不够而"不容易想象一个国家"的胡适，也认为"照广义的说法，中国不能不说是早已形成的民族国家"。具体言，在民族的自觉、语言文字的统一、历史文化的统一和政治制度的统一与持续等条件上，"中国这两千年来都够得上一个民族的国家"。②

这个问题在 20 世纪 50 年代曾引起争论，关于"汉民族形成问题"的辩论成为史学界所谓"五朵金花"之一。起因是苏联学者提出中国民族形成于 19 世纪之后③，因牵涉到斯大林关于民族形成的定义，也受到意识形态的影响。随后范文澜以《礼记·中庸》所说秦统一后"今天下车同轨，书同文，行同伦"来对应斯大林关于"民族是历史上形成的一个有共同语言、有共同地域、有共同经济

---

① 安德森曾明确将此作为前民族主义的文化概念，参见《想象的共同体：民族主义的起源与散布》，第 35 页。
② 胡适：《建国与专制》，《独立评论》第 81 号，第 4—5 页。
③ 格·叶菲莫夫：《论中国民族的形成》，《民族问题译丛》，1954 年第 2 辑。此文及相关论文已收入《历史研究》编辑部编的《汉民族形成问题讨论集》，生活·读书·新知三联书店，1957 年。

生活以及有表现于共同文化上的共同心理状态"的共同体这一界定，从而提出：秦汉以下的汉族是"在独特的社会条件下形成的独特民族"，中国也同时成为统一的国家。①

这一见解直接挑战了整个20世纪关于"民族"的中外思考，故其意义远不止于"汉民族的形成"，值得认真反思。其实范文澜已经表述得相当"退让"，如果不认为关于人类的道理都只能依据某些地域经验所产出才算"真理"，或放弃人类社会中的"民族"只能产生于近代某一时段的定见，则秦统一后的中国历史条件未必就真"特殊"，而中华民族很早就形成也未必就很"独特"。且不说相关人群的数量和地域的宽窄，一般情况下，似不必以时间上后出者为正常和普遍，而先已存在的反成为特例。

范文澜已提供或未曾提供却实际存在的论据，在很大程度上也适应"群体认同"一类近年关于族群的新思考。即使持民族建构说的学者，也并不根本反对共同语言等几个"共同"与民族构成的关联，它们正可以是"想象"的基础。盖不论怎样诠释时间，即使是本雅明（Walter Benjamin）所谓"同质、空洞的时间"（homogenous, empty time），"民族"这一共同体都不仅是"水平的"和"横向的"，而是纵横汇聚的——"想象"一个共同体不能没有认同感，后者与群体的记忆有着直接的关联，而记忆是历时性和共时性的并存，永远有"纵向"的一面。

不论是因共同语言等结成的长期共同命运产生出的认同感，还是近代通过"想象"重建出的认同感，都要有某种既存而可"调

---

① 范文澜：《试论中国自秦汉时成为统一国家的原因》，《历史研究》1954年第3期，收入《汉民族形成问题讨论集》，引文在第13页。

动"的因素在（即章太炎所谓潜藏于心者）。倘依"几个共同"的旧说，民族主义者只需诉诸这些略带模糊的认同感，将其唤起并使之在意识层面融成一个活跃而自觉的大众民族认同，便能化为政治力量；若按"想象"的新说，则更强调人为构建作用之能动意义和与"资本主义"相关的技术条件（详另文）。

一般所说的民族主义在欧洲兴起，恰与所谓近代化在同一时段。此时两种最有意义的社会变迁，是旧的社会形态与社区生活形态的解体，以及资产阶级和所谓"普通人"即大众的出现。这两者的互动产生了强有力的民族认同感，并很快就转化为政治行动。故爱默森（Rupert Emerson）以为，与资产阶级和大众的兴起同时段的欧洲人对政治的民主参与那种明确要求，是紧随在数世纪的民族建构（nation-building）之后的。[①]

有些人即据此欧洲经历，将"民主"也看作民族主义的一个重要有机组成部分。在中国，中华民族这一称谓虽后出，以华夏为表征的文化认同感却"建成"甚早，在近代民族主义兴起之前千百年久已凝固，无需由什么人来强化；中国也未见多少近代欧洲那种在民族"建成"之后对民权的自觉认识和对政治参与的明显要求（这部分可能因为传统中国政治制度的基石科举制确有开放的一面），故"民主"到底是不是民族主义的一个重要组成部分，近代中国士人对此并无确定的共识。在20世纪30年代外患深重时，民主与救亡这一民族目标是否冲突（未必像今日有人主张的一定冲突），反

[①] 参见 Rupert Emerson, *From Empire to Nation: The Rise to Self-assertion of Asian and African Peoples*, Cambridge, Mass.: Harvard University Press, 1960, pp. 93 - 95。

而成为知识分子争论的热点。①

近代中国民族主义的兴起确实也伴随着社会的剧变，但却是与西方相当不同的社会变迁。思想上的正统衰落和异军突起与四民社会的解体直接相关。工商业者的兴起的确可见，但同时知识分子的边缘化与边缘知识分子而不是所谓大众的"出现"和兴起似与政治有更直接的关联。从社会视角看，民族主义运动有其特殊的吸引力。边缘知识青年在其中找到自身价值的实现，从不值一文的白丁（nobody）变成有一定身份地位的"人物"（somebody），国家的拯救与个人的出路融为一体。菁英知识分子也在这里发现一个选择，即一条通往回归到与大众和国家民族更接近的路径。民族主义运动为知识分子的边缘化和新兴的边缘知识分子都提供了某种出路，其在近代中国自然影响深远。②

另一方面，虽然中华民族的认同感早已凝固而无须强化，但对一般中国人来说，这个民族认同感恐怕更多是像章太炎所说的那样潜藏在心中，远未达到"活跃而自觉"的程度。如果不出现大的内忧外患，大约也就会基本维持在潜存的层面。从这个角度看，近代中国民众的民族认同感仍是可以被"唤起"而转化为政治力量的。一旦有社会、政治的大变动，尤其是遇到外患时，"先知先觉"的民族主义者仍可诉诸大众的民族认同感，将其唤起并使之转化为政

---

① 关于抗战前"民主与独裁之争"及其与民族主义的关系，参见徐思彦：《什么样的政制才能救亡图存》，这是徐宗勉、张亦工等著《近代中国对民主的追求》一书的第10章，安徽人民出版社，1996年，第393—419页；陈仪深：《独立评论的民主思想》，联经出版公司，1989年，第59—151、255—259页。
② 参见罗志田：《失去重心的近代中国：清末民初思想权势与社会权势的转移及其互动关系》，《民族主义与近代中国思想》，第153—197页。

治力量（详后）。

正因为近代中外民族主义者面临着相似而又相当不同的语境，近代中国民族主义存在一些既与同时代的殖民地不同，也与民族主义的发源地西欧不同的特色：第一，一般民族主义多回向传统，从历史中寻找昔日的光荣，而近代中国民族主义者中不少人往往从传统中寻找不足以摈除或改进，以激烈反传统的方式表述具有显著民族主义倾向的热切关怀；第二，各国民族主义者通常都强调民族至上，可是近代中国士人多主张一个与传统大同观念相近的终极目标，向往无政府主义、世界主义、社会主义和共产主义这样一些带有"超人超国"意味的理念，实即试图通过否定族群文化认同（特别是强势的西方文化认同）的方式来舒缓中国在中外竞争中的不利，其实也出自其强烈的民族主义情怀。下文先简单分析近代中国民族主义与众不同的两大特色。

二、激烈反传统：近代中国民族主义特色之一

1929年底，胡适与英国人类学者塞利格曼（C. G. Seligman）夫妇谈中国人与日本人的差别。塞夫人提出，他们"与日本人谈话，日本人总要夸张日本的好处，惟恐人说日本的坏处。中国学者便不然"。胡适以为："日本有好处可夸，何必不夸？我们若有好处可夸，又何必自贬？日本人以称道自己好处为爱国，我们以指摘自己不好之处为爱国，正各行其是也。"[①] 最后一句是点睛之笔，从

---

① 《胡适日记全编》（以下简作《胡适日记》），曹伯言整理，安徽教育出版社，2001年，1929年12月15日，第5册，第574页。

19世纪末以来,许多中国读书人的确是有意"以指摘自己不好之处为爱国"。

中国在近代中外竞争中屡屡失败,但除一些割地和少量租界外,领土基本得以保持完整;不平等条约固然侵犯了部分主权,但基本的主权仍在中国人手中。这样,西方虽力图在中国取得全面控制,却不能像在殖民地那样直接破除中国的本土文化,只能采取间接的渗透方式。故中国士人对西方文化的仇视和抵制通常较殖民地人为轻,在面对西方压力时,有更大的回旋余地,更多的选择自由,更能去主动接受和采纳外来的思想资源。且中国传统本有"反求诸己"的取向,面临失败的读书人,很容易多向自己方面寻找问题。

随着探寻的深入,中国问题的根源也从物质到制度再到文化,日益向深层发展。到19世纪末,基本形成一种必须从整体转变甚至摒弃传统然后国家民族可以复兴的倾向。从那时起,近代中国士人的一个共同心结即大家为了中国好,却偏偏提倡西洋化;为了爱国救国,偏要激烈破坏中国传统。在同一"爱国、救国"之目标下,有人固以为爱国即抱陈守缺,而像谭嗣同等另一些人却以为非得"冲决一切网罗"不能毕其功,只有以激烈破坏和个人主义的手段,才能挽狂澜于既倒。结果出现破坏即救国,爱之愈深,而破之愈烈,不大破则不能大立的诡论性现象。① 这一倾向经新文化运动而更趋强化,直到"九一八"后才因外患的日益深重而逐步减退,而其余波迄今未息。②

---

① 参见王汎森:《章太炎的思想》,时报出版公司,1992年二刷;罗志田:《评介〈章太炎的思想〉》,《中国社会科学》1997年第5期。
② 直到今天,"读经"便仍是敏感话题。尽管"反传统"形式反映的现实关怀已有相当大的改变,许多反传统者希望国家民族"变好"的爱国情怀仍不必(转下页)

或受西方民族主义的影响,清末一些人特别看重"权操在我"的取向,从"自改革"到"自破坏",发展出一种以破坏求自立的主张。湖南人杨毓麟说,自立既要有方针,还要有"程度",而破坏就是"自立之程度"。"改造社会者,不能仍旧社会而组织之,则必破坏旧社会而涤荡之。"他也承认破坏不好,但"两害相形则取其轻。今日不暴动,不能禁他人之不破坏我";"与其他日见破坏于外人,何如发之自我,尚可以收拾之哉"!① 这样一种"我自己能够败,我必定自己能够兴"的自信观念,② 在当时还较为普遍(通过地方自立这一"分裂性"的举措来完成全国真统一的思路,也与此密切相关,详后)。

而西来的民族主义学理,也给士人提供了新的诠释工具。1903年《浙江潮》上的一篇文章说:"夫国于世界而有历史,则自其'祖宗社会'之所遗,固有不能不自国其国者。不能不自国其国,而其国民之文明力乃不能与人抗,则天然之压力,乃迫之使不得不去旧而迎新。"但去旧迎新也分两种:"去之取之自己者,则能吸入而融化之,而活用之,其种存,其国兴。"若是"与之去之自人者,则奴隶而已矣;其种绝,其国亡"。所以,"凡优强民族与劣弱相遇,其文明之同化力,乃能吸入而融化之"。然必须"发挥特性",

---

(接上页)质疑。另一方面,类似"中国可以说不""中国不高兴"的言论,多被西方观察家视为"中国民族主义"的新高涨,其实这些表述的思想资源和思考方式,倒均是西方的。
① 杨毓麟:《新湖南》(1903年),《杨毓麟集》,饶怀民编,岳麓书社,2001年,第57—60页。
② 君衍:《法古》,《童子世界》(1903年5月),张枬、王忍之编:《辛亥革命前十年间时论选集》,卷一下,生活·读书·新知三联书店,1960年,《辛亥革命前十年间时论选集》,第532页。

也就是"厉其固有,使足与世界相竞"。作者指出:"特性者,运用文明之活力也。"故"种之强弱,视其文明;文明之高下,视其运用力"。①

这篇文章里的"优强民族"与"劣弱民族"的概念,仍受严复"天演论"影响,但已提出一种与"天演论"有所不同的学西方思路,即特别强调学习的主动与被动,并以"运用力"来判断"文明之高下"与"种之强弱",后者尤其与以胜负决优劣的"优胜劣败"说大有区别。故民族主义学理为近代中国人提供了新的思路和取向:从此角度出发,只要是主动吸取他人之文明,使固有强化,不但不存在自己先是否低劣的问题,反是能学习者就优强。作者以为,"一民族之于世界,犹个人之于学";同一本书,而不同读者所得各异,"盖外界之所异,必视内力厚薄以为差"。假如学得主动,善用其固有特性,终可达到"久之内外复互相剂"的结果。

1904年刊于《扬子江》的一篇署名文章充满希望地说:"有新国家必有新国政,有新国政必有新国民。二十世纪之新中国,其民族能铸成一特别之天性,光明于全球大陆,而不为人类馆参考玩具、不为演说家诋谇材料者。"也只有接受民族自治观念这一"大影响",才能成就此"大价值"。② 可知当时刺激中国人最深的,正是中国已成外国"人类馆参考玩具"与中外"演说家诋谇材料"。那时一般言及民族主义者,均知强调民族的固有"特性";此文作者则颇有前瞻眼光,试图遵循"自治主义"以"铸成一特别之天性"。

---

① 本段与下段,余一:《民族主义论》,《浙江潮》(1903年),《辛亥革命前十年间时论选集》,卷一下,第489页。
② 通园:《论民族之自治》,《扬子江》(1904年),《辛亥革命前十年间时论选集》,卷一下,第955—956页。

故爱默森以为：一个民族或国家的全民族目标和价值体系，不是从传统中生出，就是指向一个风格不同的未来。① 前者回向传统，从历史中寻找昔日的光荣；后者面向未来，从前景中看到民族的希望。殖民地人因传统已面临被打压殆尽的情景，而前景实不容乐观，故一般更多地回向传统；在领土主权基本保持的所谓"半殖民地"（或孙中山所谓"次殖民地"）国家，士人似乎更倾向于憧憬一个美好的未来。上面所谓重新"铸成一特别之天性"，即是在"指向一个风格不同的未来"层面来重建"民族或国家的整体目标与价值体系"。

"回向传统"和"面向未来"这两种类型的民族主义在近代中国同时存在，近代中国的新旧之争，正可从此角度思考。一般而言，在所处现状并不令人愉快之时，过去和将来都不仅提供一种可能的选择，而且当下就提供对现实的某种回避，因而都有相当的吸引力。既然中国的过去已被"证明"不行，而现状又不佳，"有所变"的确是那时多数人认为唯一可行的取向。伴随进化论而来的"优胜劣败"说固然使很多人不舒服，但人类在不断进化这一规律本身，却让中国士人看到了希望：正因这是社会发展"规律"，中国文化的"野蛮"和"低劣"只能是暂时的（梁启超提出的"过渡时代"② 观念受人欢迎处也正在此），中国必然有发达的一天，西方不过是先走一步，此时暂处前面而已。③

---

① Emerson, *From Empire to Nation*, p.367.
② 梁启超：《过渡时代论》（1901年），《饮冰室合集·文集之六》，第27—32页。
③ 进化论的功用是多方面的，同样是学西方，很多人因严复化约出的"优胜劣败"公式而接受中国文化低劣的观念（因为屡被战败），故思通过学习更高的文明而提高自己，是所谓知耻而后勇；但也有一些人可能因此而丧失奋斗的信（转下页）

不过，由于近代中国的新与旧本身已成价值判断的基础，故从传统中生出的一派不可能成为主流。且守旧派确实既提不出对现实问题的解决方法，更不能从复旧（已经失败的旧）中保证比现在更好的将来。而趋新派至少可以描绘美好的前景；他们立足于这一想象的描绘，可以提出无限多种可能解决现存问题的办法。①

对于许多趋新者来说，由于未来必然是或至少可能是美好的，本民族固有之文化是否保存已不那么重要，从传统中寻找不足（而非光荣）以摈除或改进这样一种"反求诸己"的取向不但不那么可怕，且成为走向美好未来的必由之路。章开沅先生注意到：1903年时的上海新人物，即主要是"面向未来，因而敢于否定过去"。② 后来的新文化运动，实多偏向于这一取向。但正因为他们的基本目标是力图重建"民族或国家的整体目标与价值体系"，以"指向一个风格不同的未来"，他们的反传统，恰是出于民族主义的关怀。这是近代中国民族主义与其他许多地方民族主义的一个显著区别。

或亦因此，清季中国士人一面努力收拾西方的民族主义学理，一面又试图与西方保持一定的距离。1904年《江苏》杂志一篇论民族精神的文章说：

> 民族精神所由发现者有二：其一曰由历史而发生者也；其

（接上页）念，无耻辱之心，完全拜倒在外来文化之下。《东方杂志》的一篇署名文章就说，如果把中外竞争的失败视为"当然之公例"，则失败后"愧怍既无由生，其心竞即不复振"。蘁照：《论中国有救弊起衰之学派》，《东方杂志》第1年第4期（1904年6月），社说栏第65页。

① 参见本书《新的崇拜：西潮冲击下近代中国思想权势的转移》。
② 章开沅：《论1903年江浙知识界的新觉醒》，收入其《辛亥前后史事论丛》，华中师范大学出版社，1990年，第181页。

二曰由土地而发生者也。言爱国者，群推欧洲。欧洲之史，进步之史也。非唯欧人爱之，吾亦爱之。然而，吾爱之而不能发达之使如欧人之自爱者何若？则以吾国历史、土地之不同使然也。祖宗之血质、社会之习惯、个人之感情，既使我以不能爱吾国而兼爱其他，则吾之爱吾国也不得不专。而见他人之国，虽其机械发明、文艺日新，吾亦唯崇拜之尊贵之而已。又岂可自许其文明，遂心醉西风哉！①

这里"言爱国者，群推欧洲"一语，最能提示当时中国"话语权势"之所在。这篇文章特别提出区分崇西、尊西与心醉西风的差别，是个重要差异：对西方尊而崇之并无不可，但爱则仍在吾国，这是最后的准则。正如此文作者所说："言民族之精神，则以知民族之历史与其土地之关系为第一义，而后可以言生存竞争之理。"立脚点站稳之后，当时流行的生存竞争、优胜劣败之理便不容易影响民族自信。从思想的社会角度考察，只要落实劣败者为"我"而思改进之，则无论其出何策（包括反传统与全盘西化），仍然是民族主义者。故观察近代尊西之人，最后还要看其是否爱欧洲或爱"文明"胜过爱祖国。只要不逾此最后界限，应该说都是民族主义者。

在爱默森看来，从世纪之交的民族主义思想先驱者孙中山开始，中国无疑已步入一个民族主义阶段，其标志是不再为了已经被历史证明为失败的旧世界而与入侵者斗争，即不再以因冲击而反应

---

① 本段与下段，《民族精神论》，《江苏》，《辛亥革命前十年间时论选集》，卷一下，第 840 页。

的模式与外来势力为敌；而是寻求一种新的途径，努力接受外来的新事物，模仿西方的榜样。① 不过，孙中山虽也尊西趋新，那一代革命党人的民族主义是以反满斗争为开端的；真正面向以西方为核心的"世界"者，恐怕更多是新文化运动那一代人。故反传统的倾向虽兴起于清末，却大盛于新文化运动时期。

以前不少人将新文化人的激烈反传统归因于传统的压迫，其实不尽然。② 胡适就指出，文学革命与以前的白话文运动的一个不同，就是"老老实实的攻击古文的权威"。换言之，文学革命的"建设性"中，本身就包含了主动的攻击性。他曾定义说："新思潮的根本意义，只是一种新态度。这种新态度可叫做'评判的态度'。"其"最好的解释"即是尼采所说的"重新估定一切价值"这八个字。胡适明确指出，那"重新估定一切价值"即"凡事要重新分别一个好不好"这一点，主要是针对中国文化的。新思潮首先要"表示对于〔中国〕旧有学术思想的一种不满意"。他后来更进一步表扬尼采"对于传统的道德宗教，下了很无忌惮的批评"；其"'重新估定一切价值'，确有很大的破坏功劳"。可知这"重估"虽然也还有分别出"好"的可能性，却无疑是侧重于破坏和反传统一线的。③

不过，胡适本自清末走来，他也带有晚清人那种为"自立"而

---

① Emerson, *From Empire to Nation*, p. 205.
② 不过，从有压迫就有反抗这一角度看，不论是确实的还是想象的压迫，都能导致反抗。民初人反传统，也多因想象的传统压力而起。对很多当事人而言，其感知中传统的压力的确是明显的。
③ 胡适：《五十年来之中国文学》（1922年），《胡适全集》（2），安徽教育出版社，2003年，第329页；《新思潮的意义》（1919年11月），《胡适全集》（1），第692—698页；《五十年来之世界哲学》（1922年9月），《胡适全集》（2），第354页。

"自破坏"的心绪和思路。他自己曾说:"传教士的真正价值,在于外国传教士就像一个归国留学生一样,他总是带回一种新的观点,一种批判的精神。这样的观点和精神,是一个对事物之既存秩序逐渐习以为常、漠然无动于衷的民族所缺乏的,也是任何改革运动所绝对必须的。"① 这里表面说的是传教士,实则更像是一个即将归国的留学生的自我定位,是典型的夫子自道。

这样的宗教使命感,使胡适有意无意间抑制了自己持有的许多观念。为了心理的完形和维持个人形象的完整一致,他不得不做出许多调整,甚至不知不觉进到为批判而批判的地步。胡适曾经攻击其他留学生出主入奴,一回国即"欲举吾国数千年之礼教文字风节俗尚,一扫而空之,以为不如是不足以言改革"。但他后来的所作所为,至少在功能上恰与此辈相近。虽然他个人未必如他所攻击的那样已忘记本国历史之光荣,而为他国物质文明之进步所惊叹颠倒,但这正是许多人眼中胡适的形象。②

正因有意扮演"外国传教士"这一社会角色,胡适的行为每与其在留学时立下的志愿不甚吻合,特别是留学时较强的民族主义被压抑到最低点(但也只是压抑而已,此情绪仍存于胸中,有触动就要发作)。他本来强调知历史而后能爱国,也一直想昌明国学以兴起爱国心,在其文学革命的"誓诗"中,原来是要"收他臭腐,还我神奇",以昌明正宗的国学;③ 几年后却不得不以"整理国故"出之,更不得不对人诠释为是要"打鬼",一变为截然相反的"化神

---

① 《胡适日记》,1915年3月22日,第2册,第104页。
② 参见罗志田:《新旧文明过渡之使命:胡适反传统思想的民族主义关怀》,《传统文化与现代化》1995年第6期。
③ 《胡适日记》,1916年4月13日,第2册,第372页。

奇为臭腐"。① 再后来胡适干脆否认"中国学术与民族主义有密切的关系",他提倡的整理国故只是学术功夫,"从无发扬民族精神感情的作用"。②

其实,新文化运动前后,国际形势还相对缓和,也只有那时才能推行上述以"自立"为目标的反传统取径。周作人在抗战时体会到:"太平时代,大家兴高采烈,多发为高论,只要于理为可,即于事未能,并无不妨。但不幸而值祸乱,则感想议论亦近平实,大抵以国家民族之安危为中心,遂多似老生常谈,亦是当然也。"③

"九一八"后,国土已在丧失,亡国的威胁迫近,传统的地位立即上升。尽管有些新文化人仍在延续此前不久提出的关于"全盘西化"的辩论,但已有相当一些被后人界定为自由主义者的读书人在"民主与独裁"辩论中站在"独裁"一方,实已在考虑什么样的政治制度更能救亡图存。到国难深重时,新文化人更不得不一步步退向民族主义的本垒。胡适在抗战爆发后终于走入实际政治而出使美国,因为"国家是青山,青山倒了,我们的子子孙孙都得做奴隶了"。④ 滞留北平的周作人也说:"中国文学要有前途,首先要有中国人。"⑤

这些话绝非凭空而发,胡、周均是经受了辛亥革命洗礼的人,其安身立命处的思想,其实都在晚清形成。只有从清季保国与保教

---

① 胡适:《整理国故与"打鬼"》(1927年2月),《胡适全集》(3),第146—148页。
② 胡适致胡朴安,1928年11月,《胡适来往书信选》,中华书局,1979年,上册,第497页。
③ 周作人:《药堂杂文·汉文学的前途》,北京新民印书馆,1944年,第32页。
④ 胡适致江冬秀,1939年9月21日,《安徽史学》1990年第1期,第77页。
⑤ 周作人:《药堂杂文·汉文学的前途》,第32页。

之争这一思路去理解，才能得其深意。周氏在1945年初说：中国与希腊的文学，都有其消沉之路。希腊是因为被罗马占领后封闭了希腊的学堂，中国则自韩愈被定为道与文之正统。"所可幸的是中国文学尚有复兴之望，……而希腊则长此中绝，即使近代有新文学兴趣，也是基督教文化的产物，与以前迥不相同。"① 这最能说明晚清人关怀的国亡与教堕的关系：国在则教尚有复兴之望，国亡则一切皆空。

对"文学"看重，或是受外国新说的启发。而中国真正独特的，是表现在文字、历史以及经学之上的文化。章太炎在1913年就说："凡在心在物之学，体自周圆，无间方国；独于言文历史，其体则方，自以己国为典型，而不能取之域外。"② 晚年更提倡读经读史，强调"民族意识之凭借，端在经史"。他特别指出，"凡百学术，如哲学、如政治、如科学，无不可与人相通"；只有"华夏民族之历史，无可与人相通之理"。③ 故"中国今后永远保存之国粹，即是史书，以民族主义所托在是"。④

有意思的是，熊十力似乎比章太炎更不"开放"，以为"哲学有国民性。诸子之绪，当发其微；若一意袭外人肤表，以乱吾之真，将使民性毁弃"。⑤ 在熊十力眼中，以诸子为代表的"哲学"，

---

① 周作人：《立春以前·文学史的教训》，上海太平书局，1945年，第122—125页。
② 章太炎：《自述学术次第》（1913年），《制言》（半月刊），第25期（1936年9月16日），第7页（文页）。
③ 章太炎：《论经史儒之分合》（1935年6月），《国风》，8卷5期（1936年5月），第193页。
④ 章太炎：《答张季鸾问政书》（1935年6月），《章太炎政论选集》，下册，第859页。
⑤ 熊十力：《纪念北大五十周年并为林宰平先生祝嘏》，《国立北京大学五十周年纪念特刊》，北京大学出版部，1948年，第28—29页。

也有中国特色。而章太炎对诸子学的态度则是有转变的，他早年非常看重诸子学，在清季曾以为"惟诸子能起近人之废"。但到晚年在苏州办国学讲习会时，则感觉诸子讲究相对抽象的义理，过分强调容易造成避实就虚的负面影响，故主张"诸子之学，在今日易滋流弊"，只能少讲；而其国学讲习会的课程设置，则"以经为最多"。①

章太炎中年时曾概述其平生学术为"始则转俗成真，终乃回真向俗"。②晚年更从俗中见真，发现孔子的言说虽平易，实以俗言真。面临国难，他对虚实的体悟也更加深入。一则曰"通经即可致用，今亦可言通史致用"；③再则曰"承平之世，儒家固为重要；一至乱世，则史家更为有用"。④他曾经特别欣赏的佛法等"纯粹超人超国之学说"，都"宜暂时搁置"。⑤

近代中国外竞不利，士人向往的"超人超国"学说，何止佛法；章太炎自己，就曾有"五无"之说。⑥类似无政府主义、世界主义、社会主义和共产主义等理念，都因带有超然意味，往往是近义词，也长期风靡。章太炎在清末就说，中国的典章制度，有一"特别优长的事，欧美各国所万不能及的"，就是"合于社会主义"的均田。从魏晋至唐，"都是行这均田制度，所以贫富不甚悬绝，地方政治容易施行"。不仅土地制度，"其余中国一切典章制度，总

---

① 参见章太炎：《致国粹学报社书》，1909年11月2日，《章太炎政论选集》，上册，第498页；章太炎复李绩川书，引在厉鼎烺：《章太炎先生访问记》，《国风》，8卷4期（1936年4月），第132页。
② 章太炎：《菿汉三言·菿汉微言》，辽宁教育出版社，2000年，第61页。
③ 章太炎：《论读史之利益》（1934年），《制言》，第52期（1939年5月），第2页（文页）。
④ 章太炎：《论经史儒之分合》，《国风》，8卷5期，第191页。
⑤ 章太炎：《答张季鸾问政书》（1935年6月），《章太炎政论选集》，下册，第861页。
⑥ 参见王汎森：《章太炎的思想》，第115—125页。

是近于社会主义"。故"我们今天崇拜中国的典章制度，只是崇拜我的社会主义"。① 在那个时代，社会主义当然不仅限于均贫富，是典型的"超人超国"学说；然而冠以"我的"，作为中国胜过欧美的长处，便显出了民族主义的情怀。

三、向往"超人超国"：近代中国民族主义特色之二

向往"超人超国学说"是近代中国读书人的一个共相。清季以至民初中国读书人虽因不断的国耻和思想的西化而服膺西方近代民族主义，但最终还是暗存一种"道高于国"的观念。对传统的中国人来说，为保卫祖国而死，所谓"执干戈以卫社稷"而死君事（《左传》哀公十一年），是大得赞许的。而其高明处，则不仅仅是捍卫了国家利益，还有一个在此之上的"取义成仁"的个人道德完形。一般而言，各国民族主义者通常都强调民族至上；可是中国从维新党人到新文化运动读书人再到国民党人，都向往一种在民族主义之上的"大同"境界，主张一个与传统大同观念相近的终极目标。

他们往往事急则诉诸民族主义，事态稍缓，便又徘徊于各种接近"大同"的主义之间。故近代中国士人在说民族主义时，未尝须臾忘记在此之上的大同；但他们在说世界主义或类似"超人超国"主义时，其实也都在表达民族主义的关怀。这是近代中国民族主义与众不同的另一大特点，与近代中国的积弱有直接关联：在思想已西化而社会还比较传统的中国，作为一个弱国国民的中国读书人，

---

① 章太炎：《东京留学生欢迎会演说辞》，《章太炎政论选集》，上册，第278页。

要面对西强中弱的世界格局，其内心深处的紧张真有无数层次，而身份认同问题无疑是最要紧的。

近代中国士人一方面有意识地要想疏离于"野蛮落后"的中国而认同于"优越的"西方，另一方面又更愿意认同于西方思想资源中文化认同最不明显或最具超越性的那一部分。他们在不得不学习西方的过程中，对外来的各种思想观念，有意无意间总是选择最少民族认同的"主义"，如无政府主义、世界主义、社会主义等。这样不但避免了对"衰弱中国"的认同，同时也不必认同于"强大的西方"。其实就是毕其功于一役，大家无认同，也就否定了西方自身的文化认同。这一选择背后所隐伏的微妙的民族主义关怀和心态，很值得作进一步的考察分析。①

像胡适这样一般认为民族主义倾向不强的人，便是探索近代中国民族主义这类特殊表现形式的最佳个案。少年胡适的民族主义情绪原甚强烈，他在上海澄衷学堂时写的一篇题为《物竞天择，适者生存》的作文，就表达了一种从兵、学、财多角度全面竞争的民族主义观念。②后来胡适基本接受辛亥革命前读书人的观念，认为民族竞争最终是落实在"学战"之上。在此基础上，他一直持一种文化的国耻观，忧国之将亡而思解救之道，特别关注文化碰撞与移入的问题。③只有充分理解胡适这种少年读书时已具有的强烈的民族主义情感，才能领会他在留学时期形成的世界大同主义的真意。

---

① 以下的分析相对简略，详见罗志田：《胡适世界主义思想中的民族主义关怀》，《近代史研究》1996年第1期。
② 胡适：《四十自述》（1931—1932年），《胡适全集》（18），第57—58、94页。
③ 《胡适日记》，1916年1月25日、8月22日，第2册，第325、467页；胡适：《非留学篇》，原刊1914年的《留美学生季报》第3期，收入周质平编《胡适早年文存》，远流出版公司，1995年，第352—371页。

胡适在1912年秋尚存晚清人的观念,对世界主义从整体上不十分欣赏。到1913年初,他已有以爱国主义为基础的"现代世界主义"观念,但仍不欣赏西方古代的世界主义。他特别认为丁尼生的诗"彼爱其祖国最挚者,乃真世界公民也"与他的见解暗合。一年后胡适撰文批驳"但论国界,不论是非"的双重道德标准,以为道德标准不应对国人是一种,对他国之人或化外之人（outlandish people）又是一种。① 那英文的"化外之人",正是白人称殖民地人的术语,提示出胡适再三致意的"双重标准"是针对西方而言,也就是章太炎指责"始创自由平等于己国之人,即实施最不自由平等于他国之人"的意思。②

第一次世界大战初起,胡适虽认为欧人是为"国家"而不是为金钱而战,但已感觉到"今之大患,在于一种狭义的国家主义,以为我之国须陵驾他人之国,我之种须陵驾他人之种";为此目的,不惜灭人之国与种。这仍是因为对国内国际实行双重标准的缘故:欧人在国内虽有种种道义准则,却以为"国与国之间强权即公理耳,所谓'国际大法'四字,即弱肉强食是也"。③

长期倾慕"天演论"的胡适终认识到:达尔文的"优胜劣败"天演学说本身"已含一最危险之分子",今日世界之大患是强权主义,也就是以所谓"天演公理"为思想基础的弱肉强食的禽兽之道。他发现西人也主张"天择"之上还应该有"人择",以人之仁来救天地的不仁,所谓"我之自由,以他人之自由为界"就是以

---

① 《胡适日记》,1912年10月25日,1913年4月（原无日）,1914年5月15日,7月26日,11月4日,第1册,第170、200、273—275、386—387、518页。
② 章太炎:《五无论》,《民报》,16号（1907年9月）,第7页。
③ 《胡适日记》,1914年10月26日,第1册,第507—511页。

"人择"限制"天择"的学说。故在国际关系中当对人与对己一致,即"己所不欲,勿施于人;所不欲施诸同国同种之人者,亦勿施诸异国异种之人"。所以,当胡适说大同主义的根本是一种"世界的国家主义"时,生于弱国的胡适实际是以世界主义来反强权,特别是反抗种族和国家压迫。也就是他自己所说的"以人道之名为不平之鸣"。①

胡适还直接到本城的长老会教堂去发表演说,指斥传教士只有在处理国内事务时才称得上基督徒,一旦进入国际事务,就判若两人了。那些基督教国家认暴力为权威,将国家获利、商业所得和领土掠夺置于公平正义之上。因此,"今日的文明,不是建立在基督教的爱和正义的理想基础之上,而是建立在弱肉强食的准则——强权就是公理的准则之上"。当年德国夺取胶州湾和法国侵占广州湾,都是以一两个传教士被杀害为借口。②

也就是说,个别传教士的死早已成为所谓基督教国家进行领土掠夺的理由。这仍是章太炎指出的始创自由平等之人却对他人不取自由平等的意思,但当胡适提出这些基督教国家的行为应为1900年的义和团运动负责时,他的意思实际上已比章太炎进了一步:如果西方不以自由平等待中国,则中国也可不以自由平等待西方。义和团运动本是近代所有中外冲突中胡适最感不能为中国辩护者,但现在他已认为西方也要为此负一部分责任了。

在意识和学理层面,胡适无疑对民族主义颇有保留,但他不讲民族主义主要是因为中国国力弱,如果讲民族主义便为强国张目,

---

① 《胡适日记》,1914 年 12 月 12 日、1914 年 10 月 19 日,第 1 册,第 564—565、501—503 页;1915 年 1 月 18 日、1 月 27 日,第 2 册,第 12、29 页。
② 参见《胡适日记》,1915 年 3 月 22 日中所附的演说内容,第 2 册,第 101—104 页。

故希望通过提倡世界主义来抑制欧西国家的弱肉强食主义。同样，后来孙中山专讲民族主义、不讲世界主义也是因为中国弱，以为如果讲世界主义便为强国所用。两人的出发点是一样的，关怀也是同样的。区别在于孙看见民族主义在中国可能的聚合力，而胡看见民族主义在西方已出现的破坏力。从根本上言，孙中山同样受中国传统的大同学说影响，他也不反对世界主义，只不过认为世界主义是下一阶段的事。而胡适主张世界主义，是想越过民族主义而直接达到独立自主和国与国平等，其要想"毕其功于一役"的心态又与孙中山同。

在理想的层面，胡适或者真希望世界一家。他曾对本城一牧师说，"今日世界物质上已成一家"，而世界"终不能致'大同'之治者，徒以精神上未能统一耳，徒以狭义之国家主义及种族成见为之畛域耳"。① 世界若真能一家，胡适就可脱离不高明的中国人之认同而成世界公民，当然也就不受"种族成见"的影响了。但一"家"与世界公民并非同一概念。"一家"也好，"大同"之治也好，这些词语的使用说明胡适自己所持仍是中国观念。像许多20世纪中国读书人一样，他在安身立命之处仍向往着传统的士那种相对超越的心态。

与此相类，以"汉奸罪"被论定的周作人，曾有向往"世界民"的心态，一般多将其视为民族主义情绪较弱的一类。他与民族主义和世界主义相关的思想演变过程，也很能说明趋向"超人超国学说"正是民族主义的表现形式。周作人属于他所说的"受过民族革命思想的浸润并经过光复和复辟时恐怖之压迫者"，他自述其早

---

① 《胡适日记》，1914年11月17日，第1册，第540页。

年具有"尊王攘夷的思想,在拳民起义的那时候听说乡间的一个洋鬼子被'破脚骨'打落铜盆帽,甚为快意,写入日记"。后来读了《新民丛报》和《民报》等新刊物,乃"一变而为排满(以及复古),坚持民族主义者计有十年之久,到了民国元年这才软化。五四时代我正梦想着世界主义,讲过许多迂远的话"。①

可知周氏早年的民族主义与同盟会人相类,是以排满为主。民国代清,这样的民族主义成为无的之矢,自然也就"软化"了。五四时代的周作人"因为对于偏狭的国家主义的反动"而"养成一种'世界民'(Kosmopolites)的态度,容易减少乡土的气味"。② 他后来承认:"照理想说来,我们也希望世界大同,有令天下书同文的一天。但老实说这原来只是理想。若在事实上,则统一的万国语之下必然自有各系的国语,正如统一的国语之下必然仍有各地的方言一样;将来的解决方法,只须国民于有方言以外必习国语,各国民于国语以外再习万国语,理想便可达到。"③ 民初知识分子试图将世界主义与民族主义共存的理想,在这里有清晰的表述。

到 1923 年,周氏"仍然不愿取消世界民的态度,但觉得因此更须感到地方民的资格,因为这二者本是相关的"。他自谓仍"轻蔑那些传统的爱国的假文学,然而对于乡土艺术很是爱重:我相信强烈的地方趣味也正是'世界的'文学的一个重大成分。具有多方面的趣味,而不相冲突,合成和谐的全体,这是'世界的'文学的价值,否则是'拔起了的树木',不但不能排到大林中去,不久还

---

① 周作人:《雨天的书·元旦试笔》,《周作人全集》,台北蓝灯文化公司,1992 年,第 2 册,第 345 页。
② 周作人:《自己的园地·〈旧梦〉序》,《周作人全集》,第 2 册,第 84 页。
③ 周作人:《艺术与生活·国语改造的意见》,《周作人全集》,第 3 册,第 605 页。

将枯槁了"。① 这才是关键：向往作"世界民"的中国读书人，最终是想要将中国排到世界这一"大林"中去。

更年轻的创造社成员郑伯奇在几乎同时的一段话清楚地表达了许多人的共识，当时正在提倡"国民文学"的郑氏感到有必要解释"国民文学绝对不是利用艺术来鼓吹什么国家主义或新国家主义的"，且国民文学也不致与世界文学冲突，"我们是世界市民，我们是 Cosmopolitans，这是我们的理想；我们是中国人，是汉人，这是现实。……是个中国人，他便要观照中国人的生活，感触中国人的性情，关心中国人的运命，这才是真正的艺术家、文学家"。②

早在近代讲洋务的初期，就有人主张"破华夷之界"，因为西学也是"天地间公共之道"，不得为西人所私有，华人也应当学习。20 世纪初年讲求无政府主义和世界主义的中国士人，实际也想"破华夷之界"。不过洋务时期的破是为了给学西方的行为正名，中国尚在主位；后者的破是想达到一种无中无西的境地，以避开西强中弱的身份认同，中国已居客位。取向虽一致，而攻守之势迥异，两时段间士人自信心的强弱对比亦甚鲜明。但两者间也有思想上的传承关系，也只有相信西学是"天地间公共之道"，才可以从心里破华夷之界，才不致因尊西而心不自安。

但是，士人虽有超越民族国家认同的愿望，却超越不了中西确实有别这一现实。郑伯奇等或仍在追求理想与现实之间鱼与熊掌兼得的境界，但西方主宰的"世界"是否肯接纳"中国"却是

---

① 周作人：《自己的园地·〈旧梦〉序》，第 84 页。
② 郑伯奇：《国民文学论（上）》，《创造周报》，第 33 号（1923 年 12 月 23 日），第 3、5 页。

个待证的问题。阿Q早就注意到，城里人连切葱的方式也与乡下不一样，而且他们常常并不打算以城里人交往的方式来对待乡下人。同样，近代西人一般并不以待西人之同理待华人（包括尊西的华人）。故中国士人企图超越民族国家的努力不过是一种自我化解，并不能改变现实存在。这些人虽然能自造一个大家无认同的精神世界并尽量生活于其中，终不可能完全超越社会存在而悬想；其内心深处，仍有自我的文化认同不甚佳妙这一逃避不过的关口。

正是西人并不真正平等对待中国人的行为，最终使许多像周作人这样已养成"世界民态度"的西向中国知识分子逐渐认识到，世界主义与民族主义的共存，仍然不过是"迂远的"理想。到1925年元旦，周作人明言"我的思想今年又回到民族主义上来了"。这是因为看到"清室废号迁宫以后，遗老遗小以及日英帝国的浪人兴风作浪，诡计阴谋至今未已，我于是又悟出自己之迂腐，觉得民国根基还未稳固，现在须得实事求是，从民族主义做起才好"。这似乎仍有排满的遗续，其实针对的已更多是"日英帝国的浪人"。他虽然声明这是"为个人的生存起见主张民族主义"，但仍要"表明我思想之反动，无论过激过顽都好，只愿人家不要再恭维我是世界主义的人就好了"①，明确其"回到"的民族主义，正是针对"世界主义"而言。

其实像胡适、周作人这样的人虽然理想"迂远"，大致还较温和。晚清"民族帝国主义"观念流行时，一些向往"超人超国学说"的士人却也同时提倡对外侵略：像康有为这样曾构建大同学说

---

① 周作人：《雨天的书·元旦试笔》，第345页。

者和刘师培这样的无政府主义早期提倡者，竟然都曾明确鼓吹殖民扩张，将明显对立的观念融汇于一，尤其能提示近代中国民族主义那曲折微妙之处。

刘师培在清季提倡无政府主义甚力，但他也曾明确提出中国称霸世界，并主张奖赏有功于国家的"侵略家"。刘氏断言："中国之在二十世纪必醒，醒必霸天下。地球终无统一之日则已耳，有之，则尽此天职者，必中国人也。"盖中国既醒，"必尽复侵地，北尽西伯利亚，南尽于海。建强大之海军，以复南洋群岛中国固有之殖民地。迁都于陕西，以陆军略欧罗巴，而澳美最后亡"。在具体策略上，"中国既可以陆军侵略欧洲，则初兴之际，海军殆不必措意"。中国"既醒之后，百艺俱兴，科学极盛，发明日富，今世界极盛之英德美不足与比"。那时赏罚均从众：背叛国家者，由众罚之；"有功于国家，若发明家、侵略家、教育家、由众赏之"。① 这样的无政府主义者，宁非激烈的民族主义者？

自己构建过大同学说的康有为，在 20 世纪初年就主张不妨暂将大同置后，而先据民族主义（即康所说"国民之学"）致力于物质方面的"国争"。他指出："昔者民权发轫，其重在民；今者国争，其重在国。"而"中国向有中外之界，虽国民之学未开，而爱国之情深、排外之理笃，实不待于教也。以今者国民之说大倡矣，人人之知爱国应更甚矣；而以今日媚外之甚、畏外之甚，实远不如昔者风气未开时也"。这主要是因为中国人没有了解到，西方在提倡国民之学后又进入讲究物质之学的阶段。所以，"国民之说，固

---

① 刘师培：《醒后的中国》，《警钟日报》1905 年 9 月 29 日，收入《刘师培辛亥前文选》，钱锺书主编、朱维铮执行主编，生活·读书·新知三联书店，1998 年，第 67—70 页。

吾所最鼓舞提倡、郑而重之，为今日救时之药也。而以两者较之，则物质之重要尤急"。①

这是将"国民之说"落实在武力之上，盖"方今竞争之世何世哉？吾敢谓为军兵炮舰工商之世也"；"能自立而自保者，兵也；号称为文明，使人敬之重者，兵也；掠其地、虏其民、系缧之、劫夺之、奴隶之，而使其人稽首厥角、称功颂德者，兵也"。武力既然已成"文明之标志"，中国便应进行殖民扩张："在今日竞争之世，真欲保守，必先扩张。"且"吾国生齿之繁，甲于大地，则移民生殖，实不得已。若南美之广土，实吾之植民地"。而"保护植民，以广生计，实有国者之天职"，所以他强调首先发展"不止防内，且可以拓外"的海军，以保"子孙之长生"。②

那时康有为多次表述了效法欧人掠夺殖民地的想法③，关键是他竟然视此为"有国者之天职"，与怀柔远人特别是"王者不治夷狄、不臣要荒"的传统观念大相径庭，其思想转变诚可谓根本的质变，与一般人认知中欲为孔教"教主"的康氏形象相当不同。民族主义可能导致帝国主义是20世纪初年的普遍观念，清季中国士人对这一可能性曾多有议论；康有为显然认为：不到大同之时，便可以先行非大同之道。他那种暂将大同置后而先致力于国争的主张，或也隐约体会到民族主义那建设与抗议的两面性。

---

① 康有为：《物质救国论》，长兴书局，1919年，第22—23页；《康有为遗稿——列国游记》，上海市文物保管委员会编，上海人民出版社，1995年，第149页。
② 康有为：《物质救国论》，第25—27、30、33—34页。
③ 他在荷兰博物院参观制船模型时，当即赋诗表述了"安得眼前突兀五百舰，横绝天地殖我民"的愿望。参见《康有为遗稿——列国游记》，第291页。

四、抗议与建设：近代中国民族主义的两面

胡适曾说："民族主义都是以抗议为开端的。"① 他指的抗议，主要是讲的因外侮而起的救国观念及卫国运动（在近代中国的一段时间里，也包括反抗异族统治）。同时，民族主义从来也还有民族建构（nation-building）和建设民族国家（state-building）的一面（北伐前对"统一"的诉求，就是一个明显的表现）。这被胡适视为民族主义更高的层次："民族主义有三个方面：最浅的是排外，其次是拥护本国固有的文化，最高又最艰难的是努力建设一个民族的国家。因为最后一步是最艰难的，所以一切民族主义运动往往最容易先走上前面的两步。"②

民族主义建设一面的根基是构建（包括重建）一个民族认同的文化基础，而建设不能是无米之炊。清季民初的反传统者和世界主义者大都深知中国传统，故抗议之后尚有建设的基础。就此意义而言，胡适那一代人或因历史条件的限制未能走上他眼中民族主义最高阶段的建设之路，但他当然希望中国人在第三步上着力。近代中国民族主义的抗议与建设两面，实相辅相成而不可分割。从五四学生运动的"外抗强权、内除国贼"到北伐时的"打倒列强、除军阀"，口号的传承最能体现近代中国民族主义抗议与建设并存的两个面相。

---

① 参见胡适1927年2月26日在纽约对外政策协会的演讲，由 Peking Leader 社刊在该社1927年出版的 *Forward or Backward in China?* 一书中，p. 8。
② 胡适：《个人自由与社会进步——再谈五四运动》（1935年5月6日），《胡适全集》（22），第286页。

也许和近代中国的确是破坏多而建设少相关,中外既存关于近代中国民族主义的研究,率多注意其针对外侮的抗议一面,而较少论及其建设的一面,将两者结合起来进行研究的就更少见。然而,若不将两方面结合起来考察,就难以真正了解近代中国知识分子为"强国"而激烈反传统甚至追求"西化"的民族主义心态,① 也不可能真正认识民族主义在近代中国政治中的作用,以下主要从政治方面做些初步的探讨。

约在20世纪60至80年代,西方的中国研究有一个倾向,即认为国民党比北洋军阀更具民族主义,而共产党在这方面又超过国民党。这里的一个关键,就是过去说到民族主义,多想到其因外侮而起的救国观念及卫国运动。在民国之前,若不计同盟会等反满的民族主义,中国民族主义的确是以对外抗议为主要表现形式的。② 唯民族国家建构的含义是相当宽泛的,辛亥革命后中国处于实际分裂局面后的那些年间,民族主义建构一面的主要反映就是国家的统一。北洋后期出现的统一愿望,曾在很大程度上帮助了国民党动员民众以推进其国民革命。只有将国民党的反帝言行与其国内的革命活动结合起来考察,才不致误读其意旨。

即使在抵御外侮的反帝一面,民族主义也是难以量化而以多寡计的;说某一政治力量比另一政治力量更具民族主义,很难落到实处。真正对实际政治起作用的,恐怕主要是各政治力量对民族主义

---

① 参见罗志田:《新旧文明过渡之使命:胡适反传统思想的民族主义关怀》,《传统文化与现代化》1995年第6期。
② 但清季也已出现了"建国"一类的言说,包括有些要想学美国的联邦制将中国打散再重建的激烈言论,特别值得注意的是这些言说常常并不从满汉之别的立场针对清廷,这方面的问题也只能另文讨论。

加以政治运用的策略。正如余师英时指出的：百年来中国一个最大的动力就是民族主义，"一个政治力量是成功还是失败，就看它对民族情绪的利用到家不到家。如果能够得到民族主义的支持，某一种政治力量就会成功，相反的就会失败"。① 而有意识地在实际政治竞争中运用民族主义，至少在北洋时期已见端倪。

《申报》主笔杨荫杭在 1920 年说："民国向例，凡悍然不顾舆论者，其始为一部分之舆论所不容，其继为全国之舆论所不容，其继为旅华外人之舆论所不容，其继为各国之舆论所不容。于是'众口铄金，积毁销骨'，无病而死，不战自败。"② 其实民国舆论何曾有这样大的力量，但杨氏对"舆论"发展从部分到全国再到"旅华外人"以至于"各国"这一进程的描述，却从一个侧面揭示出民初中国权势结构一个特征，即外国在华存在（foreign presence in China）已成中国权势结构的一个组成部分，拥有实际的和隐约的控制力量。

"旅华外人"与"各国"在民初中国政治中起着重要而直接的作用，是时人不争的共识。北伐前已有人指出："内政与外交，在我国今日实已打成一片，不可复分。"③ 内政与外交的互联互动是民初政治的一大时代特征，由此角度看，中国民族主义的御外一面，与实际政治运作的关联异常密切。既然外国在华存在成为中国权势

---

① 余英时：《中国近代思想史上的激进与保守》，收入其《钱穆与中国文化》，上海远东出版社，1994 年，第 203 页。
② 《申报》，1920 年 10 月 10 日，收入杨荫杭：《老圃遗文辑》，长江文艺出版社，1993 年（以下引该书文字均刊《申报》，仅注明原文写作时日及页码，个别标点偶有更易），第 107 页。
③ 平：《内乱与外患》，原载《市声周刊》4 卷 2 期（1926 年 1 月 3 日），收入章伯锋、李宗一主编：《北洋军阀》，武汉出版社，1990 年，第 5 卷，第 300 页。

结构的一部分，任何调整既存权势结构的努力都不同程度地与帝国主义势力相冲突，遑论根本改变权势结构的革命行动了。

内政与外交既然打成一片，攘外与安内就成为一个钱币的两面。杨荫杭认识到："战胜所得之物，谓之虏获品。虏获品之最上者，人心也。一战而人心向之，虏获品之至宝贵者也。"① 在民族主义情绪高涨之时代，能与外国人一战，即可能获得此最宝贵之虏获品。早在1913年外间传言袁世凯欲称帝时，章太炎就对他说："非能安内攘外者，妄而称帝，适以覆其宗族，前史所载则然矣。法之拿破仑，雄略冠世，克戡大敌，是以国人乐推。今中国积弱，俄日横于东北，诚能战胜一国，则大号自归；民间焉有异议？特患公无称帝之能耳。"② 到1915年，梁启超再次提醒袁世凯，"对外一战"实为称帝的一大前提："大总统内治修明之后，百废俱兴，家给人足；整军经武，尝胆卧薪；遇有机缘，对外一战而霸，功德巍巍，亿兆敦迫"，方有可能"受兹大宝"。③

1920—1921年中国军与白俄军战于库伦时，杨荫杭即指出：张作霖与曹锟皆坐拥重兵而富可敌国，"今日有援库之能力，而又有援库之义务者，当首推此二人。就二人之强弱言，外观虽势均力敌，然一日能援库则强，不能援库则弱；就二人之贤不肖言，外观如一邱之貉，然一旦能援库则贤，不能援库则不肖"。不久杨氏闻张作霖已领"征蒙费"三百万，又说："如果张作霖能立功绝域，

---

① 《申报》1920年8月13日，《老圃遗文辑》，第89页。
② 章太炎：《自编年谱》，民国二年五月，转引自汤志钧编：《章太炎年谱长编》（以下简作《章太炎年谱》），中华书局，1979年，上册，第425页。
③ 梁启超：《异哉所谓国体问题者》，《饮冰室合集·专集之三十三》，第94—95页。

凯唱而还，则今日唾骂张作霖者，安知他日不崇拜张作霖？"①

换言之，军阀的强弱与贤不肖，皆取决于是否对外作战。在此意义上，攘外常可能有助于国内的政治竞争。北洋后期南北双方均在不同程度上认识到这一点，并有所尝试。杨荫杭便曾提出："直、奉两派恐亦终于一战，与其战于国内，不如战于国外。战于国外而胜，则国内之政敌不败而自败，且全国之人将为汝后盾。"② 若能对外战胜，即可取得国内竞争的巨大政治资本。其实，只要对外敢战，即可得先手，胜负还是其次的问题。那时一般军阀对此认识尚不足，而南方的蒋介石却表现出更敏锐的政治识力，他知道对外作战即使不胜，仍可得人心。③

另一方面，自信不足的中国各政治势力又多有意寻求与列强或其中之一建立超过其他政治力量的关系，以确保其在内争中的有利地位。孙中山在1922年曾说："中国革命的前途，和运用外交政策的是否有当，实有密切的关系。"列国中尤其以近邻日本和苏联最重要，"假如这两个国家都成为我们的盟友，当然最好。如果不能，至少也要获得其一，我们的革命工作才能顺利进行"。④ 此后不久，就有"孙文越飞宣言"和联俄的行动，正是有意识地"运用外交"来确保"革命前途"的典型范例。有时没有获得外援，国民党也要营造已获外国支持的形象。如1928年济南事件后，国民政府即曾

---

① 《申报》1921年3月19日、5月29日，《老圃遗文辑》，第251、317页。
② 《申报》1921年3月19日，《老圃遗文辑》，第251页。
③ 参见罗志田：《国际竞争与地方意识：中山舰事件前后广东政局的新陈代谢》，《历史研究》2004年第2期。
④ 《孙中山1922年在广州对国民党同志训话》，转引自孙科：《中苏关系》，中华书局，1949年，第26页。

故意制造已获美国支持的形象，以抗衡日本。①

由于外国对中国内政的正式介入通常都附加有交换条件，未必是正面形象，属于"政治不正确"，各政治力量又往往不能不隐藏其与外国势力的实际联系。一方面，外援可以在物质上甚而心理上增强某一政治集团的势力；但在民族主义日益兴盛的民国时期，此集团也可能为此付出"失道"这一潜在但巨大的代价。

1925年的五卅事件一向被认为是近代中国民族主义高潮之一，这一事件同时也凸显了当时内争与外交互联互动的复杂性。事件的起因本是日人打杀中国工人，但很快因英国巡捕开枪而将中国人的义愤转向英国。这中间日本政府的低姿态和英国政府的强硬政策，是造成目标转移的重要因素；但在苏俄顾问影响下的国民党（含共产党）的大量工作，也有相当的影响。苏俄的主张因与中国时势契合，在部分知识分子尤其是边缘知识青年中颇受欢迎。但联俄的国民党和共产党人在五卅事件中的所作所为，却也引起一些中国士人的警惕，直接导致了他们的仇俄思潮。

章太炎在五卅前虽也参加冯自由等人的重组同盟会和革命党人的工作，但并未专门针对"联俄容共"，其主要目的是联合早年的革命力量以发挥作用于北洋统治区域，意在拥黎元洪倒段祺瑞。五卅事件却使章太炎态度一变，因外患显然压倒了内忧。当唐绍仪来与他商量倒段时，章太炎即指出："外交紧急，须外人承认者方能与开谈判。若贸然倡议倒段，人将以不恤外患、好兴内争相訾，必无与吾党表同情者。"②

---

① 参见罗志田：《济南事件与中美关系的转折》，《历史研究》1996年第2期。
② 致李根源书，1925年7月11日，《近代史资料》总36号（1978年第1期），第144页。

当时章太炎的心态，在其致黄郛的信中表述得很清楚。他说："中山扩大民族主义，联及赤俄，引为同族，斯固大谬。惟反对他国之不以平等遇我者，是固人心所同。沪汉变起，全国愤慨，此非赤化所能鼓吹。斯时固当专言外交，暂停内哄。大抵专对英人，勿牵他国；专论沪汉，推开广州（两政府本不相涉），则交涉可以胜利。"他最担心"当局借交涉为延寿之术，国民军恃交涉为缓兵之策，惟以延长时日为务"，以为这些都是"不肯积极为国家计"。当时黄郛已辞谢段祺瑞所任命的外交委员一职，章太炎以为，"为人格计，固应如是。但此次交涉，匹夫有责；督促政府，仍宜尽力"。毕竟国势与个人出处已成"骑虎之势，无法苟全"了。①

对比一下孙中山和章太炎这两位同盟会老战友的观念，可见他们同样注意到俄、日两国对中国的影响力，不过一向主张利用外力于内争的孙中山计划先安内（取得革命的成功）后攘外（孙固主张反帝），而章太炎则以为中外之别大于任何内部政争，攘外应先于安内，且有助于安内。章太炎熟悉史事，他知道中国历史上在内争中引入外力的结果通常都对中国不利，故强烈反对即使是策略上的引外力入中国（这正是老革命党章太炎激烈反对国民党联俄的根本出发点）。两人所关注和思虑的相同，而实际的策略则相去甚远。

章太炎的意思很明显：中外矛盾与国内政争出现冲突时，后者要让位于前者；国家需要与个人出处有所矛盾时，国家需要应该优先。"骑虎之势，无法苟全"一语，最足表达章太炎因外患而不得不支持他本反对的中央政府的无奈心态。结果他与唐绍仪联名致电

---

① 章太炎致黄郛，1925年7月3日，沈云龙：《黄膺白先生年谱长编》，联经出版公司，1976年，上册，第232—233页。并参见沈亦云（黄郛夫人）：《亦云回忆》，传记文学出版社，1968年，第226—227页。

段祺瑞，责其对外交案"不肯上紧办理，而反迁延时日，借为延长祚运之符"；故"人以外交案为忧，执事转以外交案为幸"。他们督促段氏在外交谈判上"严持国体，努力进行，务达目的，以图晚盖"。① 同样，对于收回租界等权益，章太炎也并不因为是联俄的孙中山在提倡，就不赞同。

在章太炎看来，此次中外交涉之所以无进展，"盖由学子受赤化煽诱，不知专意对付英国，而好为无限制之论。如所云'打倒帝国主义''国民革命'者，皆足使外人协以谋我，而且令临时政府格外冷心。此案恐遂无结果，徒伤无事之人，而赤化家乃得阴受金钱，真可恼亦可丑也"。② 梁启超那时也说："这回上海事件，纯是共产党预定计划，顽固骄傲的英侨和英官吏凑上去助他成功。真可恨。君劢、百里辈不说话，就是为此。但我不能不说，他们也以为然（但嫌我说得太多了）。现在交涉是完全失败了，外交当局太饭桶，气人得很。将来总是因此起内部变化。"③

当时人所说的"共产党"，含义并不精确，常常是包括（或根本就是指）左派国民党人及苏俄在华的影响。像张君劢和蒋百里这样的人，在民族矛盾与其本派势力及观念发生冲突时显然更重视其利益与观念；而梁启超作为一国之士，却不能不站在"中国"的立场上说话。梁在此时已能看出民族矛盾将引起中国内部政争的变化，确有眼力。

章、梁两人都感到一种说不出口的"气人"和"可恼"之处，

---

① "章、唐通电"，1925年7月5日，《章太炎年谱》，下册，第811页。
② 《章太炎年谱》，下册，第778—779、794—795、808—811页，引文在第810页。
③ 梁启超给孩子们书，1925年7月10日，收在丁文江、赵丰田编：《梁启超年谱长编》，上海人民出版社，1983年，第1048页。

就是明知五卅引起的群众运动中有其不欣赏的国民党的努力，且国民党和共产党也在此运动中得分；但作为"国士"，在中外矛盾之前，只有义不容辞地站在祖国一边说话。这虽等于实际上间接支持国民党或共产党，也不能不为；而正因为如此，就更觉"气人"和"可恼"。而两人的气恼也提示出，在政治运动中有意识地运用民族主义，已成当时中国政治活动的一个倾向。

杨荫杭在1922年已注意到，各派军阀攻击对方，往往以"卖国"黜之。军阀通电中所用的语言在多大程度上代表其真实思想，是一个需要考究的问题。但"近人滥用'卖国'字，凡异己者，即以此头衔加之"的现象，① 至少说明军阀了解到这样做可对异己方面造成损害。可知政治性运用民族主义，已渐从无意识进到意识层面，成为通行的手法，并非苏俄引入中国的新事物。

1925年末，正与冯玉祥争夺的军阀李景林通电讨冯，说冯"助长赤化风潮，扰乱邦人；若不及时剿除，势将危及国本"。李本人则"荷戈卫国……持此人道主义，以期殄灭世界之公敌，而挽我五千年来纪纲名教之坠落"。时服务于逊清朝廷的郑孝胥立刻注意到："此极好题目，惜吴佩孚不解出此。"② 郑氏确为解人，不久各军阀的通电中便多以"反赤"为其军事行动正名。

1926年11月，服务于孙传芳的著名学者丁文江对好友胡适说："你知道我不是迷信反赤的人，就是孙［传芳］也不是迷信反赤的

---

① 《申报》1922年2月25日、2月26日、12月21日，《老圃遗文辑》，第528—530、696页。
② 劳祖德整理：《郑孝胥日记》，中华书局，1993年，第4册，第2075页，李电录在第2075—2076页。

人。无奈过激派与极端反动派倒可以联合,温和派的人则反是孤立。"① 我们如果看看当时的文电,不"迷信反赤"的孙传芳,其反赤论调实丝毫不低于其他反赤的军阀。那么,其他军阀又在多大程度上是真正"反赤",而在多大程度上是利用"反赤"作为政治斗争的武器呢?当年政治活动这一复杂性显然增添了后人解读时人"话语"的困难程度,也促使研究者在使用和处理材料上不得不更加谨慎。但军阀争相使用"反赤"术语于其文电之中,说明这样的术语在当时确有一定影响力(至少使用者认为如此),这样一种以民族主义为政治工具的取向颇能提示民族主义在当时中国政治中的作用。

其实,"反赤"和"赤化"大约各对相当数量的社群有程度不同的吸引力和伤害力。新文化运动时期世界主义的风行正是联俄的国民党号召进行"世界革命"的思想语境。南方的活动开始并未引起全国太多的注意,但1924年底孙中山的北上,恰与国民党内反对"容共"的一部分元老离粤北上京、沪活动大致同时,本系偶然的两事重合,却无意中促进了北方及全国性舆论对国民党联俄的重视。再加上孙中山北上途中一再以废除不平等条约为标帜,进一步引起国人对中外问题的注意。

孙氏此举多少受了俄国顾问的影响,却因此引起国人对国民党联合外国一事的关注,这大约是苏俄顾问始料不及的。全国性的关注对开府一隅的国民党有利,盖可增加其全国性,更使许多趋新边缘知识青年因此而南下投入国民党。但对苏俄则有所不利,因其本身首先也是个外国,当时一般人并不很能区分"反帝"与"排外"

---

① 丁文江致胡适,1926年11月28日,《胡适来往书信选》,上册,第410页。

的差异,强调反帝也很容易使人产生排外的观念。且苏俄那时在中国的作为,一方面宣称主动放弃所有帝俄时代的中俄不平等条约,同时又在实际谈判中尽可能多地保留帝俄在华获得的权益,也并非全不考虑其私利。①

过去的研究多注意国民党一方的反帝行为,其实北洋各级政府及其支持者同样在进行类似的努力,既有为国家争权益的一面,也不排除以"御外"为其内争正名。但御外型的民族主义在实际政治中的作用又是有限度的,联俄的南方将"反赤"的北方打得落花流水,即是一个明证。北伐后期出现中日武装冲突的济南事件时,北方呼吁中国人不打中国人,应南北息争而一致对外(虽不排除此时居于弱势的北方想利用这一契机以言和,然北方在南军与日军冲突时主动后撤而未利用此形势乘机打击南军,确是事实);而南方则一面对日妥协,一面"绕道北伐",实即不打日本军而打中国人。从今日美国所讲究的"政治正确"观点看,这一次是当然北方"正确"而南方"不正确",但这并未妨碍南方"绕道北伐"的实际成功。②

故国民革命的一个主要感召力,并不像以前许多人认为的那样在其抵御外侮的反帝一面,而恰在其以统一全国的目标号召天下,并以军事胜利证明其具有统一的能力。必从国家建构这一层面去考察国民革命在全国的吸引力,方能较全面地认识民族主义在北伐中的作用。而即使在以国家统一为号召这方面,也只是在北伐后期对其成功起到较大的作用;国民党军队在前期的南方战场上,很大程

---

① 关于《中苏条约》和中苏谈判过程,参见何艳艳:《"国民外交"背景下的中苏建交谈判(1923—1924)》,《近代史研究》2005年第4期。
② 参见罗志田:《济南事件与中美关系的转折》,《历史研究》1996年第2期。

度上反依靠的是一般认为与国家统一相对立的南北地方意识而以弱胜强。① 这样一种特殊而曲折的关系,是研究近代中国民族主义所必须注意的。

五、 地方意识与国家统一的互动

地方意识与统一观念的关系是曲折而复杂的,两者常常相互冲突,有时也可相辅相成。一般而言,在外患深重时,统一观念多压倒地方意识;而当外患不十分急迫时,地方意识的力量又是极大的。本不相容的两种观念有时无意中可能产生特殊的合力,北伐的成功即是一个明显的例证。

近代西方民族主义的一个重要观念,即爱国本由爱乡发展而至。然近代来华的西人以及受西人影响的中国读书人,又多以为中国人像一盘散沙、重视乡土而缺乏全国性的民族自觉意识。其实他们基本是以西方民族意识的表现形式来反观中国,因长期未能在中国找到"同类项",便以为不存在。到西方文化优越观在中国士人心目中确立之后,中国反西方或"排外"也逐渐采取西方的方式,结果立即被视为民族意识的"觉醒"。

其实若以 1900 年的义和团事件与 1905 年抵制美货时的所谓"文明排外"为个案进行比较,两次事件当事人所采取的手段虽迥异,其基本关怀和忧虑所在实大致相同(这个问题牵涉甚广,此处不能展开论述)。后来中日"二十一条"谈判时期的反日救亡运动,

---

① 说详罗志田:《南北新旧与北伐成功的再诠释》,《新史学》5 卷 1 期(1994 年 3 月)。

几乎完全是采取集会、游行、排货等西方抗议方式，美国驻华记者克劳（Carl Crow）即认为这是中国第一次联合一致的全国性运动，大大推进了中国过去缺乏的民族自觉意识。他预言：当中国以全民族的爱国主义（national patriotism）完全取代地方性的爱乡主义（provincial patriotism）时，中国的许多问题都能解决；此次的反日运动已预示出这样一种趋势。①

但是，近代中国有一项特殊的国情，即大约在庚子义和团之役后，越来越多的士人感觉到中央政府在救亡图存方面不可依靠。这样，近代中国民族主义思想中很早就产生了通过地方自立这一看似"分裂性"的举措来完成全国的救亡这样一种曲折的思路。欧榘甲在20世纪初提出"新广东"观念说：自甲午"中日战争以后，天下皆知朝廷之不可恃；有志之士知非图自立，不足救亡国亡种之祸"。满清既不可恃，则一个逻辑的思路就是"务合汉族以复汉土，务联汉才以干汉事"。有此基础，"以救中国，则中国可兴；以立广东，则广东可立"。②可知其最后的目标，仍然是通过"立广东"来"救中国"。前引"新湖南"之说，也处于类似的自破自立思路。

这一思路显然传承下去，在20世纪20年代初"联省自治"观念一度风行时，孙中山也曾主张以地方自治求全国统一。他于1921年5月5日通电就职非常国会所选的大总统，电文指斥"集权专制，为自满清以来之秕政"。而"欲解决中央与地方永久之纠纷，惟有使各省人民完成自治，自订省宪法，自选省长。中央分权于各省，各省分权于各县，庶几既分离之民国，复以自治主义相结合，

---

① Carl Crow, "China's Bloodless War on Japan," *Outlook* (Oct. 13, 1915), p. 378.
② 欧榘甲：《新广东》（1902年），《辛亥革命前十年间时论选集》，卷一上，第270、308页。

以归于统一"。① 与此大约同时，章太炎、胡适等支持联省自治的主张，所持观念也相类似，都把区域自治视为走向全国统一的曲线路径。②

那时联省自治的主张能引起广泛共鸣，尚有更特殊的当下政治语境，即皖系军阀武力统一的尝试已被证明不能成功。主张以村落自治为全国和平基础的广东军人陈炯明说："袁世凯、段祺瑞、张勋皆思征服全国、统于一尊，而皆失败。即孙逸仙亦思以征服之法谋统一，而亦失败。中国欲求和平，除以全权统归国民外，更无他法。以后当以村落自治为基础。一言以蔽之，当自下而上，不应自上而下，再蹈前之覆辙。"杨荫杭以为陈氏之言"娓娓可听，中国武人，能明此义，可谓铁中铮铮，庸中佼佼者"。③

不过，与当时许多反对联省自治的人一样，杨氏从自治的主张中看出了进一步分裂的可能性。在他看来，自治不过是割据之别名：西南各省有野心人物，因侵略他省失败，"一变而为'孟罗主义'。其名则曰各省自治，其实则既无余力侵人，又不肯牺牲其势力以求统一，乃不得已而假'孟罗'二字之新名以标其主义，并假'自治'二字之美名以耸人观听。其实即割据封建之别名"。④

---

① 孙中山：《就任大总统职宣言》，《孙中山全集》，第6卷，中华书局，1985年，第531页。
② 关于联省自治，参见胡春惠：《民初的地方意识与联省自治》，台北正中书局，1983年；李达嘉：《民国初年的联省自治运动》，台北弘文馆，1986年；Prasenjit Duara, "Provincial Narratives of the Nation: Federalism and Centralism in Modern China," in Harumi Befu, ed., *Cultural Nationalism in East Asia: Representation and Identity*, Berkeley: Institute of East Asian Studies, University of California, 1993, pp.9–35.
③ 《申报》1921年2月19日，《老圃遗文辑》，第226页。
④ 《申报》1921年3月12日，《老圃遗文辑》，第244页。

杨氏注意到,"近日'联省自治'之说风行一时"的现象,也受到外国舆论的影响。"前有西人著论谓:今日北京政府,不能为国人所信任,应由各国撤消承认。撤消之后,亦不承认南方政府。但承认中国之国民,以各省省议会代表。"这样变更约法而行联邦之制,"则各省议会,为立法机关,其职权之廓大,当然与今制不同"。但考察作为"宪法之母"的英国历史,则是"先有宪法中之事例,非先制宪法之条文"。中国当时的"政治家、文章家能制省宪者,固车载斗量,在谷满谷"。但省议会既"为武人所左右",复"为社会所厌恶",若北京政府撤销而实行联省自治,这样的省议会就成为国家"唯一之总代表"和"唯一之主人翁",实"不知此类省议会果有此资格、有此道德否"?①

而北伐时章太炎一方面与各类在野士绅组织"反赤救国大联合",要联合全国各界同志起来"共除国贼";在实际政治运作中,他又坚持关于各地分治的观念,甚至提出"暂缺中央政府"的主张。在反赤的同时,章太炎仍注目于国内的"恢复法统"。在此方面章氏有其特殊的逻辑:既然中央政府号令不能行于天下,而他主张的拥黎元洪复位又做不到,在事实上没有合法的中央政府时,只要无意脱离中华民国,地方割据也不是不可为。他说:"依据约法,本无不许割据之条,但不得自外于中华民国。苟中华民国名不替,虽割据何所讲焉。"同理,只要大家都反赤,实行区域分治或者比有名无实的统一更有效率。②

这样,反赤运动不仅没有让章太炎得出需要统一的认识,反成

---

① 《申报》1921 年 10 月 23 日、8 月 30 日,《老圃遗文辑》,第 443、399 页。
② 《太炎论时局》,《民国日报》1926 年 1 月 21 日,《章太炎年谱》,下册,第 846—848 页。

为他主张分治的新理由。他以为：既处"赤化时代"，今日大势"宜分而不宜合"，倒"不如废置中央，暂各分立"。章太炎强调：反赤要继续进行，国内各事可于"南北二赤次第荡定"之后徐议之。这个观点章氏到 1926 年 5 月初还在坚持，他说："以事势观之，吴［佩孚］处果能退让无过，暂缺中央，任王士珍等维持治安，即所谓三分之局也。若南北二赤果尽解决，彼时或再有可议尔。"章太炎同时指出："此时南方所急，则仍在力拒赤蒋。"①

这样的思路并非没有疏漏：首先许多掌军权者并未接受"先反赤后内争"这一次序，他们很可能借"反赤"之名而争夺地盘。即使大家真能共同努力"反赤"，其所需要的跨省军事行动与区域分治也存在着实际的矛盾。更难克服的是南北之间地缘文化区分的影响，北洋军驻防南方本是地方自治的实际障碍，章太炎从前也曾激烈反对；今北人孙传芳要力拒的"赤蒋"却是南人，章太炎很快发现，孙即使以"保境安民"这样委婉的区域分治观念出之，也无法得到南人的同情。而且"赤蒋"同样正在大做反帝文章，又更具有统一的能力，显然更具号召力。② 最重要的是，"赤俄"固然是外国，其他列强特别是日本也对中国虎视眈眈，一个没有中央政府而正式分治（实即分裂）的中国，在章太炎一向注重的中外竞争中，不是更为不利吗？

正是西人提出同时不承认中国南北两政府的主张，使杨荫杭看出联省自治这一"今日最时髦之名称"的隐忧：原土耳其帝国治下

---

① 致李根源书，1925 年 12 月 6 日，1926 年 5 月 4 日，《近代史资料》总 36 号，第 146、148 页；致颜惠庆电，1926 年 4 月 28 日，《章太炎年谱》，下册，第 863 页。
② 此后的发展参见罗志田：《中外矛盾与国内政争：北伐前后章太炎的"反赤"活动与言论》，《历史研究》1997 年第 6 期。

的巴尔干各小国，最初也是让其自治，后来在帝国衰微时相继独立。而"俄对于我，尝要求外蒙之自治；英对于我，尝要求西藏之自治"。中国的联省自治，正有可能发展成类似巴尔干的情形。"世界各国中，狡焉思启封疆者，固甚喜中国有此类之自治。若长此不已，或将视为蒙、藏而代为要求，此中国唯一之危机，全国人所当注意者。"所以，中国各派"若果有爱国心，谋全国之幸福，须知联省自治、制定省宪，皆非解决时局之法"。须知"今日中国危机，决不容继续分裂"，各派首领"当牺牲私利，先求统一"。①

北伐前中国政治有一个近代前所未有的新现象，即中央政府渐失驾驭力，而南北大小军阀已实际形成占地而治的割据局面。那时杨荫杭对时局最常用的历史比拟就是"五代"，其一个特征即是"内讧不已，乃暗中乞助于外人，一如当时之乞助于契丹"。实际上，"今之外患，甚于契丹；踵起诸强，多于金元"；已到"虽举国上下，同心同德，尚恐应接之不暇"的程度。但"五代"一个更明显的特征则是分裂，不仅南北"各据一方；南北既分，以为未足，北与北更互相水火，南与南又互相吞噬。呜呼！吾国自有史以来，处境之阽危，未有甚于斯者也"。②

全国局势既然类似五代，也就出现了与五代相近的时代要求——向往统一。用杨荫杭的话说："排军阀、斥强盗，为全国人民心理之所同；忧亡国、忧破产，为全国人民心理之所同。"③ 在长期分裂后，向往统一已成为社会各阶层与各政治流派都能认同的时

---

① 《申报》1921年8月30日、2月19日，《老圃遗文辑》，第399、226页。
② 《申报》1920年6月7日、7月5日、12月24日，《老圃遗文辑》，第12—13、45—46、166页。
③ 《申报》1921年1月12日，《老圃遗文辑》，第187页。

代愿望。在一定程度上,第二次直奉战争可以视为北洋军阀内部最后一次武力统一的尝试,而其后的"善后会议"及大约同时各种召开"国民会议"的要求,则是南北双方及全国各政治力量最后一次和平统一的努力。两次努力的失败,不仅造成北洋体系的崩散,而且导致北洋政府统治合道性(political legitimacy)的丧失,为后来的北伐预留了"有道伐无道"的先机。①

可以看出,即使像联省自治这样充满地方意识的主张,也因其与国家的统一那不可分割的关联而与外国在华存在纠结在一起。民国早期中央与地方、内政与外交的相互多重纠缠,以及民族主义那抗议与建设的两面性与近代中国各主要政治力量兴衰的多层面互动关系,远比我们前所认知的要曲折复杂得多,尚需更加深入的考察。

六、余论

格尔茨在1971年指出:"民族主义曾是历史上某些最有创造性的转变之驱动力量,在日后许多创造性转变中它无疑会起到同样的作用。"② 这话原本是针对二战后独立的那些"新国家"而言,但冷战结束后民族主义在其发源地欧洲的复兴说明,这一论断的针对性显然可以更广泛,而其时效也更为长远。很可能民族主义仍会是相当长的时段内国际社会和国际政治中一个颇为活跃的因素。遗憾的

---

① 参见罗志田:《"有道伐无道"的形成:北伐前夕南方的军事整合及南北攻守势易》,《中国社会科学》2003年第5期。
② Geertz, "After the Revolution: The Fate of Nationalism in the New States," p. 254.

是，包含抗议与建设两面而以激烈反传统和向往"超人超国"为特征的近代中国民族主义，仍尚未得到比较深入和充分的研究。

当然，任何一种"主义"在历史进程中的作用都受其所在的时空语境所限，故其对历史现象的诠释力同样也是相对的和有限的。民族主义并不例外。北伐前后的国民党与青年党，一个讲民族主义，一个讲国家主义，双方虽有些学理上的具体歧异，从其西文来源看实际上应是同一个主义。但它们在那时却互为仇敌，都欲置对方于死地而后快，这种诡论性的现象便非民族主义所能诠释。

近代中国人对西来的民族主义思想的反应还远不止前面所论，也有中国士人在面对"国于世界而有历史"这一必须解答的时代问题时，提出一种理想的解决方式，即前引《浙江潮》上那篇题为《民族主义论》的文章所提示的，一方面能"与世界相竞"，一方面又可保存并增强"祖宗社会之所遗"。那时也确有少数中国人已超越爱默森所描述的非此即彼的取向，而认识到"祖国主义"就是"根于既往之感情，发于将来之希望，而昭之于民族的自觉心"。[①]这样根于旧而发于新，在学理上可能最为理想，但在清季民初西方已成中国权势结构之既存组成部分的语境下，在实践层面是很难做到的。

虽然如此，不少中国士人仍希望传承早年那种鱼与熊掌兼得的理想化观念。欧阳翥到1936年仍以为："两种判然不同之民族文化相接触而起竞争，其结果恒有一种新文化产生，伟大卓越，超旧者而上之。"中国人如果努力奋斗，这种"新文化"也可属于中华民

---

① 飞生：《国魂篇》，《浙江潮》3期，转引自章开沅：《论国魂》，收入其《辛亥前后史事论丛》，第133页。

族。故此时仍应"举国一致,并力直追;务求发展各种学术事业,本民族自信之决心,保持固有之文化,且吸取西方物质科学之精华,采长补短,融会而整理之,使蔚为真正之新文化,以为民族复兴之具"。①

蒙文通先生在1937年卢沟桥事变后写定的《周秦民族史·序》中,指明周秦之争是民族与文化之争。若"武力不竞,而德教亦莫能自存"。盖"国亡于异族,而文教亦堕。种族之祸,其烈乃至是哉"!这里的"种族",已包含德教,即近于顾炎武所说的"天下"。蒙先生写此序的时代"今典",当然是忧日本侵华之急。如先生后来自述,彼时"国之亡危在旦夕。痛国是之日非,悯沦亡之惨酷,遂乃发其激愤于戎狄"。②

但蒙先生反复强调德教、文教的竞争与存亡,或有比忧日本侵略更深远的考虑。盖清季民初中国人留学日本,多希望转手学习西方。时人对日本文化本身,似乎并不十分佩服,亦不怕与其竞争。而日本之于中国,也确重实利之本而轻文教之争。故日本侵略所引起的这些忧愤之情,恐怕有意无意中揭示了蒙先生少年受学之时士人特别强调中西文化竞争的大语境。"武力不竞,而德教莫能自存",正是晚清以来中西文化竞争即"学战"的写照。士人所忧虑者,乃德教之保存,亦即所谓是否"亡天下"的问题。民国代清,这个民族文化竞争的问题并未获得解答,仍日日萦绕于学人心怀。故日本入侵虽主要为掠地,而士子则自然联想到民族文化的存亡。

---

① 欧阳翥:《救亡图存声中国民应有之民族觉悟》,《国风》,8卷8期(1936年8月),第342—343页。
② 蒙文通:《周秦少数民族研究·序一》,《古族甄微》(《蒙文通文集》第2卷),巴蜀书社,1993年,第7、45—46页。

冯友兰后来指出："一民族所有底事物，与别民族所有底同类事物，如有程度上底不同，则其程度低者应改进为程度高者，不如是不足以保一民族的生存。但这些事物，如只有花样上底不同，则各民族可以各守其旧，不如是不足以保一民族的特色。"① 冯氏能兼顾民族的生存与特色，见识确高一般人一筹，大约也受抗战期间民族主义情绪上升的语境影响。不过，冯氏言语间仍露出时人共相，即保存特色实不如生存重要。这当然也是可以理解的，不能生存，还谈什么特色。

周作人在1943年强调指出："中国文学要有前途，首先要有中国人。……我记起古时一句老话，士先器识而后文章，我觉得中国文人将来至少须得有器识，那么可以去给我们寻出光明的前途来。"② 1943年时能预见抗战胜利者尚不多，这段话只有与民初日本提出"二十一条"时士人所说的"知吾国即亡，而收拾民族之责仍然不了"③ 相对看，才可见其语重心长之所在。中国读书人的超越意识一向甚强，所以在"亡国"还较遥远之时，就常有"亡后之想"。④ 但在生存问题解决之后，"器识"的表现，或许仍在能有相对超越的思考。

其实，西人稍早也曾有类似思考和追求。1934年，在瑞士的苏

---

① 冯友兰：《新事论》（1939年），收入《贞元六书》，华东师范大学出版社，1996年，第310页。
② 周作人：《药堂杂文·汉文学的前途》，第32页。
③ 章士钊：《国家与我》，《甲寅》，1卷8号（1915年8月），第11页。类似言论那时不少见，此前梁启超已说："虽国亡后，而社会教育，犹不可以已。亡而存之，舍此无道也。"梁启超：《政治之基础与言论家之指针》（1915年2月），《饮冰室合集·文集之三十三》，第39页。
④ 谭嗣同：《上陈右铭抚部书》，《谭嗣同全集》（增订本），蔡尚思、方行编，中华书局，1981年，上册，第276—280页。

黎士成立了"民族主义国际行动"这一组织，简称"民族主义国际"。这是一个以谋求世界和平为宗旨的国际学术研究机构，主要成员是欧洲大陆的知名国际法学家和国际经济学家。当年12月，该组织在柏林召开了第一次大会，有二十多个国家的代表出席。他们认为，在当时的时代条件下，最有效的和平宣传不是宣传"国际主义"，而是宣传以国际理解与合作为根基的"新民族主义"，即一种主张每一民族都应尊重他民族的爱国/爱族主义（patriotism）。并进而提倡一种科学取向的"有机的民族主义"（organic nationalism），主张国际秩序不应建立在国与国的基础上，而应建立在民与民的基础上，就像自然界的有机体一样。在不破坏既存国家的前提下，他们希望将威尔逊提倡的"民族自决"落实到各民族的"文化自主"（cultural autonomy）之上。①

这一追求不久即因第二次世界大战的爆发而湮灭。在战争形势下，有排外或暴力倾向的民族主义恐怕才最容易为人接受。但随着战后世界范围和平的长期持续，到20世纪80年代，西方又出现类似的理念。乔诺维兹（Morris Janowitz）认为：爱国主义可以引发出各种形式的信念和行为：它既可导致增强一个民族国家道义价值的表现，也可能造成一种狭隘心态的排外行为。而考虑到世界范围内各国广泛的相互依存，"爱国主义的形式和内容都需要进行'更新'，使之能既有利于民族目标，又能增进世界秩序"。② 这样，20

---

① 参见该组织于1935年2月1日出版的小册子 *Organic Nationalism*（有机的民族主义），普林斯顿大学所藏马慕瑞文件（the John V. A. MacMurray Papers）第155箱中收存了这一小册子。
② Morris Janowitz, *The Reconstruction of Patriotism: Education for Civic Consciousness*, University of Chicago Press, 1983, p.134.

世纪晚期西方的新观念,似又趋近于从先秦起就一直萦绕在中国人心目中的思考:怎样形成一种"以不齐为齐"而兼顾国家与天下利益的世界新秩序?

孔子曾提出"君子和而不同,小人同而不和"(《论语·子路》)的观念。周幽王时郑国的史伯说:"和实生物,同则不继。以他平他谓之和,故能丰长而物归之。若以同裨同,尽乃弃矣。"故"声一无听,物一无文,味一无果,物一不讲"(《国语·郑语》)。晏子也认为和与同是两个概念:厨师烹饪时就是以和的方法"齐之以味",也就是"济其不及,以泄其过",使异味相和。音乐亦然,要"和五声",使"轻浊、大小、短长、疾徐、哀乐、刚柔、迟速、高下、出入、周疏,以相济也",故虽皆相反而能成音乐。以君臣言,则"君所谓可,而有否焉;臣献其否,以成其可。君所谓否,而有可焉;臣献其可,以去其否"。这样才能做到"政平而不干"(《左传·昭二十年》)。

所谓可否相济,即寓不同于"和"之中。换言之,"和"虽调节"异"而允许存异,虽追求"齐"而承认"不齐"。章太炎从《庄子·齐物论》中总结出"以不齐为齐"的观念,正是此理。儒道思想在此根源处是相通的。孔子的"和而不同",实即以"不同"为"和",即在不同的基础上和,和中可存不同,而不必同,也不必"求同"(与所谓"求同存异"是相去甚远的两个境界)。庄子的"以不齐为齐"亦然,只有任万物万事各得其所,存其不齐,承认并尊重每一个体自身具有的真理标准(道),然后可得彻底的"自由、平等"。① 这当然有些理想主义的意味,但若能存"虽不能至,

---

① 参见王汎森:《章太炎的思想》,第155—162页。

而心向往之"的心态,朝此方向努力,不同的"文明"或许终不至于"冲突",亦未可知。

原刊《学术思想评论》第 10 辑(2003 年 1 月,实际写于 1999 年)。现从题目到内容都有所修改,框架有相当调整,增补了一些相对更带普遍意味的分析,缩略了一些涉及特定人物的具体内容。

国进民退：
清季兴起的一个持续倾向

"国进民退"是前段时间经济学界讨论得较多的话，本有其特指，非我所欲置喙。不过，在更广泛的意义上，此语恰表述出近代中国一个持续的倾向，即国家（state，下同）的责任和功能大幅度扩展，而以"道"为依据、以士绅为主导、以公产为基础，由各种公共会社构成的民间公领域，则步步退缩，渐有隐去之忧。在此进程之中，过去一些基础性的范畴，如"官"与"民"、"公"与"私"等，都因新型的"国"之介入，发生了带有根本性的转变。这一倾向在近代兴起的第一个高潮，大致就在辛亥革命前十年，进入民国后仍继续发展。本文谨以一些有代表性的具体材料①，初步勾勒这一持续倾向在清季的兴起和推进，侧重"国进"冲击下社会的巨变。更详尽的论证和学理的反思，则当俟诸他文。

---

① 历史写作之目的不同，需要的材料也不一样。有的史料告诉我们具体的史事，有的史料展现变化的趋势。陆惟昭曾注意到："通史所取材料，每与专史不一。"参见其《中等中国历史教科书编辑商例》，《史地学报》，1卷3期（1922年5月），第30页。把通史和专史的区分，落实到史料运用的层次，是非常高明的睿见。同理，通论性的论文，也当尽量多用足以展现变化的史料。

一、引言：从小政府向大政府转变的国家

现在不少人研究中国史，喜欢说国家如何向基层渗透，甚至研究古代史的也这样说。其实在治理层面，国家不在基层，且也无意进抵基层（即缺乏向基层扩张的意愿和动力），是很长时间里的常态。国家真正涉入基层的治理，应是20世纪北伐之后的事了。

传统中国政治讲究社会秩序的和谐，其基本立意是统治一方应"无为而治"。古人也许很早就意识到了国家机器很可能会自主而且自动地扩张，所以必须从观念上和体制上对此"国家自主性"进行持续有效的约束。至少在理想型的层面，传统政治基本是一个不特别主张政府"作为"的"小政府"模式，接近于西方经典自由主义那种社会大于政府的概念。①

与"小政府"对应的，是某种程度上的"大民间"或"大社会"。实际上，小政府模式是因应秦汉以后大一统的局面而逐渐形成的。先秦各国的范围不大，"国家"的治理可以直达基层；大一统之后，这样的治理方式已不能适应新的统治空间，于是今日所谓基层社会的管理，就成了一个重要的新问题。秦汉时的乡里已相当弱化，实不能像一些人想象的那样行使"国家"的功能或代表"国家"。隋代废乡官和唐代打压世家大族，进一步凸显了基层社会的重要。到宋代，以前乡官负责的事务都转移到民间，不仅礼下庶人，以公产为经济基础的各类会社承担了实际的整合动员功能。

---

① 本节的概述较多采用了拙文《革命的形成：清季十年的转折（上）》（《近代史研究》2012年第3期）中的论述，谨此说明。

可以说，小政府的充分落实或成熟，是在唐宋以后。相对独立的基层社会的成功构建，使一种特殊的治理模式，即官绅"共治"成为可能。从京师到各地，历代朝廷大体都把权、责层层释放，越到下面越放松。且权、责不仅是分到州县一级的地方官，很多时候是直接分给了基层的地方社会。至少从唐中叶以后，大体上官治只到州县一级，且直接管理的事项不多，地方上大量的事情是官绅合办甚或是由民间自办的。在官绅的共治中，实际的作为主要在绅的一方。

由于政府"作为"方面的要求不高，政府的管理成本较低，资源需求不多，故产生与此配合的轻徭薄赋政策，可以不与民争利。按照孟子的说法，士可以无恒产，一般人则不可无恒产。中国这样具有"士治"风采的小政府模式，使"国家"似也带有士人的意味，即国可以无恒产，各级政府都不以府库充盈为目标（若以此著称，便可能被视为苛政），而藏富于民，民富则国安。①

直到19世纪末年，清廷基本维持着上述小政府大民间的模式。不过，任何轻徭薄赋的"小政府"，都是资源匮乏的政府，很难应付较大的突发事件。这一政治模式的根本缺点，就是最怕"天下有事"。一个府库并不充盈的政府，就连应付天灾都感乏力，遑论对外作战；一旦遇到外患，便常显捉襟见肘之窘境。

而近代的一个新形势，就是康有为强调的从大一统变成了万国林立的竞争局面。随着资本主义和科技的发展，今日所谓全球化那时已经开始。在很大程度上，不是一国是否进入"世界"的问题，

---

① 《论语·颜渊》所谓"百姓足，君孰与不足？百姓不足，君孰与足？"是这一理念的早期表述。用梁启超后来的话说，即"民无恒产则国不可理"。梁启超：《西政丛书叙》（1897年），《饮冰室合集·文集之二》，中华书局，1989年影印，第62页。

而是"世界"不容你留在外面。本来儒家强调国家不与民争利，前提是对外不多欲，才能够内施仁义。但外无强敌威胁、内能安居乐业，也是"天下归仁"所必需的物质基础。晚清的困窘在于，外敌的实际入侵和继续入侵的威胁，使得"富国强兵"成为政府不可回避的责任。故近代中国的寻求富强，更多是一种被动的选择。

清廷那时面临一个非常棘手的问题：中外的竞争既严峻又紧迫，外来的压力接踵而至，用传统的术语说，为了"退虏"，先要"送穷"，才可能实现"富强"。现实已不容许一个小政府的存在，迫使清廷不得不向一个有作为的大政府转变；为了不在对外竞争中落败，就只能向傅斯年所谓"近代国家"的模式靠拢。①

清季的一个根本变化，就是朝野都开始疏离于小政府的传统思路。面临退虏送穷时务的"国家"，不得不从无作为向有作为转化，始或扮演提倡、督促和推动的角色，继而就必须是政府自己作为（而不能仅是引导），且当下就要有作为，甚至很快发展到处处需要政府作为。这样的"近代国家"政治观念，与"不扰民"的小政府政治哲学根本对立，几乎没有妥协的余地。

而且，对各级政府而言，新政的开支基本是额外的支出。如梁启超所说："各省所入，其支销皆已前定，而未有一省入能敷出者。"② 各省如此，中央亦然。那时很多人说，中国财政紊乱，是因为没有外国那样的预算制。但中国此前的财政收支，大体还是在不作为的基础上以出量入，再量入为出。开始引入预算的一个附带效

---

① 傅斯年：《中国民族革命史》，未刊手稿，原件藏台北"中研院"史语所傅斯年档。
② 梁启超：《上涛贝勒（载涛）书》（1910年2月），丁文江、赵丰田：《梁启超年谱长编》，上海人民出版社，1983年，第504页（文字已据《近代十大家尺牍》核改）。

果,却是使督抚们更清楚地认识到"财政困难"的严重程度。江苏巡抚程德全就发现:"一经预算,不但按年出入所亏甚多,即按月所亏者亦不少。寅食卯粮,将何以济?"①

这的确是个实际的问题,小政府的府库中不能有,实际也没有大量的积蓄。当年新政的举措,可以说样样需要钱,且每一项都要大量花钱。要举办各种新事业,就只能"筹款"。那时人人都知道钱不够,关键是不够的钱从哪里来。中国一直是个农业社会,政府的主要赋税来源也是农业税。除非长期积累,仅靠农业税入,很难应对大型的公共支出;若税收往非农业方向大幅度发展,意味着社会结构的大变,必然冲击以"耕读"为核心的整体文化。②

以后见之明的眼光看,晚清政府增加财政收入的努力,还是颇见成效的。国家岁入(中央和各省政府收入)大致从鸦片战争后的四千万两,到甲午战争后的八千万两,再到辛亥年的约三万万两,其中大部分来自非农业税收。③ 按照盛宣怀的想象,中国只要参酌日本的"理财之法,尽力于农矿工商,不必过于苛刻,富强可立

---

① 程德全:《到苏接篆后上亲贵及政府书》(1910年),扬州师范学院历史系编:《辛亥革命江苏地区史料》,江苏人民出版社,1961年,第19页。
② 大量的非农业税收,或意味着已存在一个庞大的非农业经济体。经济比例在短期内发生如此巨大的改变,在多大程度上冲击了社会民生,非常值得探讨。不过,清季丁粮以外税收的增添,至少在一些地方,有相当部分是出于征收方式的改变。如四川因设立经征局,改变原来由地方官"委托"民间包收的方式,结果仅契税就增至三倍多。参见《督宪(四川总督赵尔巽)奏创办经征酌保出力各员折》,《广益丛报》第8年第6期(1910年4月29日),"章疏"页1a—2a。此材料承四川大学历史系刘熠同学提示。
③ 资政院:《会奏议决试办宣统三年岁入岁出总预算案请旨裁夺折》,《申报》1911年2月14日,2张2版;Jean-Laurent Rosenthal and R. Bin Wong, *Before and Beyond Divergence: The Politics of Economic Change in China and Europe*, Cambridge, Mass.: Harvard University Press, 2011, pp. 201–202。

而待"。① 然而除商业外，各类非农业的开发都颇需时日（尤其当时关税不能自主，在中外经济竞争中也难以保护本国实业）。被人寄予厚望的路矿等新事物，生财还遥遥无期，却先带来了很多新问题（详另文）。

那时朝野的一个共识，即中国因为"专制"导致民信不足，故不能像外国一样征收大量赋税还无民怨。如果能实行立宪，推行公开的预算决算制，采用正确的理财之法，便可大获进项，一举扭转局面。这是从一般读书人到梁启超这样的菁英共同分享的观念。梁氏就认为："苟能遵财政学之公例，以理一国之财，则自有许多新税源，可以绝不厉民，而增国帑数倍之收入。"他自己曾拟出一个《中国改革财政私案》，号称若能据此"将财政机关从根本以改革之"，则施行之后，"每年得十万万元之收入，殊非难事"。②

唯梁氏虽号称"绝不厉民"，他所谓的"新税源"，仍更多指向民间现有之款。当年物质层面的社会能力到底有多大，还可以进一步考察。那时中国税收确实不算重，即使加上清季新增的各种临时捐税，与后来或与外国比较，绝对值也不一定很高。③ 但数字现实是一事，心理承受能力又是一事。不论当时民间是否有这么多钱，即使有，对从前不怎么出钱的人来说，新增部分数量如此大、种类如此多，已经特别"沉重"了。④ 若猛增以倍数计的税

---

① 邮传部右侍郎盛宣怀：《奏陈画一币制办法折》，《东方杂志》第 6 年第 6 期（1909 年 6 月），第 31 页。
② 梁启超：《上涛贝勒（载涛）书》，《梁启超年谱长编》，第 506 页。
③ 痛斥苛捐杂税的梁启超也承认："以各国租税所入与吾相较，则吾民之负担似不得云重。"梁启超：《上涛贝勒（载涛）书》，《梁启超年谱长编》，第 505 页。
④ 前引赵尔巽的奏折强调了新设经征局的绩效，但在次年保路运动期间，捣毁经征局成为四川各地民众相当普遍的举动，非常能说明民间对此新举措的感受。

收，百姓尚可接受，还不致"铤而走险"，确实需要非常丰富的想象力。

可以说，清季民间尚有余财不假，却也不是无尽的活水，可以源源不断。盖不论社会的物质潜能有多大，都是一个常数，不可能取之不尽、用之不竭。在上无拨款的大背景下，新政举措的主要开支，实际只能依靠民间。各级官员对动员社会力量的态度各不一样：趋新者可能勇于任事，守旧者或无意与民争利，有的人因官场积习而出以敷衍，也有人可能看到民间反弹的危险而不敢过于积极。随着各项新政频繁而至，各级官员或被迫敷衍，或设法规避，同时也不得不进一步开掘既存的社会资源。

二、 国家向民间挺进：清查公款公产

从后来各督抚的感受看，清末新政耗费最多的，就是学务和警务。按当年的规则，高层级的学校和较大城市的巡警，是政府办理的；但大量的基层办学和乡村巡警，则是典型的官绅合办，主要经费出自民间。可到底出在谁身上，是一个很直接的问题。新学堂是最先开办的新政，开始筹款还相对容易。地方上有各种各样的"会""社""馆""所"，都有多少不一的"公费""公款"（晚清的"公"在官与私之间，不是今天所说的"公款"），大致可以从中募到办新学的钱。但各种会、社、馆、所的积款总数是有限的，很快就用得差不多了。于是款的来源就逐渐转向相对富有的绅，并进而转向一般的民。

当时小政府的政治伦理并未发生根本的转变，政府至少在理念

上还坚持着"官不经手"的原则,不直接干预民间经费的处理。①但随着那些能够即刻征用的表面公产逐渐枯竭,政府中人也开始以新思维考虑新手段,即"调查"民间的公产。还在1906年,中央政府有人上书,主张地方自治不能空谈,应落实在行动上,办理"公益事业"。但这就牵涉到经费。此人的建议是在各州县"设立公产调查局,由各该州县选举公正绅商数人,充作局董,禀由地方官给予照会,调查本邑公产若干,作为兴办公益之用"。据说"政府诸公多然其说。惟某中堂深恐滋扰,遂未解决"而搁置。②

从这位部员的观念中,很能看到政府需要"作为"的压力。尽管其拟议的仍是官绅合办的模式,经费的目标则是非常明确的,即民间的公产。类似的主张最后终于付诸行动,到1909年,新颁的《城镇乡地方自治章程》明确规定,城镇乡的自治经费,首先以"本地方公款公产"充之。③度支部不久发出了关于清查公款公产的咨文,江苏省咨议局在年底通过了巡抚交议的《清查公款公产办法纲要》。④ 这一执行方案成为其他地方模仿的样板。⑤ 在此从观念到行为的进展中,原来拟议的"调查"已为"清查"所取代,更加直截了当(但各地公文中仍时见"调查"字眼)。

再到1910年,朝廷也感觉各地需办之事和其已有经费形成了

---

① 说详罗志田:《革命的形成:清季十年的转折(上)》,《近代史研究》2012年第3期。
② 《广益丛报》第4年第27号(1906年12月15日),"纪闻"页2a—2b。
③ 《城镇乡地方自治章程》(1909年1月),《清末筹备立宪档案史料》,故宫博物院明清档案部编,中华书局,1979年,下册,第738页。
④ 江苏省咨议局:《议决抚部院交议清查公款公产办法纲要案》,《申报》1909年12月5日,3张2—3版。
⑤ 参见湖南咨议局:《清查公款公产办法》(1909年),《湖南咨议局文献汇编》,杨鹏程编,湖南人民出版社,2010年,第220—221页。

较大差距，遂让各督抚讨论解决方案。一些督抚感觉到朝廷"似欲言发于外，借以折衷"，① 纷纷强调财力不足。大部分人都说地方财政早已入不敷出，试图把新政区分为宪政和普通行政，以此方式来规避须按年实施的"筹备立宪"项目（详另文）。但浙江巡抚增韫则以为，"无政事，则财用不足。吾国非无财也，无理财者"也。能理财，问题就不难解决。如浙江的教育经费，就已确定"各属由赛会、演戏、儒田、贤租、宾兴、公款等项下自行筹措。现又清查公款公产，化无用为有用，无虞不敷"。②

增韫所说的"化无用为有用"，也提示出时代观念的转变。看似"无用"的公产，本也是藏富于民的一种方式，正类养士的翰林院，有储存资源以待时需的功能。换言之，大量的社会资源，对于国家机器的运作，是一种直接的保障，尽管这一保障可能是以隐而不显的方式存在的。清季对这类资源或清查或裁撤③，固是被逼不得已，也表明当时的急功近利已进抵各类资源的极限了。

胡思敬1909年的奏折说，除中央政府加征的部分外，

> 各省私自筹款，款目繁多，不可缕数。极而业之至秽且贱

---

① 《瑞澂、李经羲致庞鸿书电》（1910年10月5日），《庞鸿书讨论立宪电文》，钱永贤等整理，《近代史资料》第59号，中国社会科学出版社，1985年，第53页。
② 浙江巡抚增韫：《奏遵旨并议御史赵炳麟等奏请定行政经费并附抒管见折》，《政治官报》，第1047号（宣统二年八月），第10—11页。据胡思敬说，增韫这奏稿是出自张一麐之手（《国闻备乘·督抚趋时》，中华书局，2007年，第122页）。而张此前在袁世凯幕中，是直隶办自治的重要智囊。不排除这里表述的观念受到直隶经验的影响，或也提示出国进民退的倾向是怎样从特例变成常规的。
③ 清查公产固是开源，裁翰林院却是节流，充分展现了朝廷认知中社会资源的物质化。储才的翰林院被视为可有可无，成为不必要的经费开支，也是思想大转变的一个表征。详另文。

> 者,灰粪有捐;物之至纤且微者,柴炭酱醋有捐;下至一鸡一
> 鸭一鱼一虾,凡肩挑背负,日用寻常饮食之物,莫不有捐。居
> 者有房捐,行者有车捐。其显然干犯名义者,有赌捐、有娼
> 捐、有彩票捐。驯至百物踊贵,土货不流。佣人日获百钱,不
> 抵昔时二三十钱之用。一农民也,漕粮地丁耗羡之外,有粮
> 捐,有亩捐,有串票捐;田亩所出之物,谷米上市有捐,豆蔬
> 瓜果入城有捐。一身任七八捐,力不能胜,则弃田而潜逃者,
> 比比也。一商民也,有关税,有厘金,有统捐,有铺捐,有落
> 地税,有销场税。一物经六七税,本息俱折,则闭门而倒骗
> 者,累累也。①

其最后所说农民弃田、商铺倒闭的现象,或有些夸张。但各类捐税的存在,时见于其他奏折②,应非虚言。

更有甚者,为了寻求富强,越来越多的人在不知不觉中改变了国无恒产的取向,逐渐倾向于政府直接"理财"的政策取向。然而,若政府挟行政资源而直接理财,便已不是平等的竞争。一些领域中出现了政府"买则抑压,卖则居奇"的现象。在胡思敬看来,这等于是"官家而行劫夺之政",不啻"绝民粒食"。③ 尽管这仅是一些地区、一些领域不甚普遍的现象,却也是一个危险的开端。为增加财政收入所付出的社会成本,可能非常高昂。

---

① 胡思敬:《极陈民情困苦请撙节财用禁止私捐折》(1909年7月6日),《退庐全集·退庐疏稿》,文海出版社1970年影印(沈云龙主编,《近代中国史料丛刊》第45辑),第732—733页。
② 可参见《苏抚奏拨苏省学务经费》,《申报》1908年7月28日,1张5版。
③ 胡思敬:《极陈民情困苦请撙节财用禁止私捐折》,《退庐全集·退庐疏稿》,第734页。

时人对此并非没有认识，夏曾佑在1904年即曾指出：专制国君主"最不相宜者，则干涉民之财政"。若其"不明此理，而横干民之财政，则无论其用意之为善为恶，而君位皆不能保"。过去王莽和王安石的改革，"皆欲为民整顿财政"，结果都是天下大溃。① 他警告说，专制国的"政府，万不可以国家之事强聒于民。一强聒焉，则民以为皇帝要我银子，而嚣然不靖矣"。唯有"使国与民相忘。民若不知世有所为〔谓〕国家者，而后天下可以无事"。② 的确，中国历代政权所追求的，就是在"天威"象征性存在的同时，又使国与民相忘，不必时时向老百姓提醒"国家"的存在。

然而晚清的一大不同，就是在外国榜样的影响下，"国家"的责任和政务发生了根本的转变。端方等大臣在出洋考察政治后，便明确提出，教育不能听民间自为。他们承认十多年的创办新学并不成功，而其原因，则是"考览未周，遽为兴办；而学部设立独后，一切听民间自为"，故不可能"不滋歧误"。③ 其实外国并不皆设学部，而学务至少也是官民共举。这里的榜样，其实就是设文部的日本。以前中国的教育向来是政府引导而民间自为，如今与"理财"相类，政府也要直接从事了。

河南巡抚宝棻便敏锐地注意到："昔以教育为私人事业者，今则属于国家行政一端。"由于教育是推行最早的新政，故表现最明显，但也仅是一个侧面。更为根本的，是"一国之政务，今昔不

---

① 夏曾佑：《再论中央集权》（1904年9月），杨琥编：《夏曾佑集》，上海古籍出版社，2011年，第236页。
② 夏曾佑：《论赫总税务司理财条陈》（1904年3月），《夏曾佑集》，第151页。
③ 端方、戴鸿慈：《考查学务择要上陈折》（光绪三十二年七月），《端忠敏公奏稿》，文海出版社1967年影印（沈云龙主编《近代中国史料丛刊》第10辑），第776页。

同"。据其概括:"昔之政务简,故经费亦随之而寡;今之政务繁,经费亦随之而多。昔日支出之经费,国防与俸给而已;今则为民保安之政、助长之政,皆为国家之行政上必要经营之事业。"宝棻最直接的担忧,仍是政府经费的支出"浩繁而无有限量"①,但他无意中却道出近代中国一个根本的转变,即过去民间承担的社会责任,现在逐渐转化为政府职能,落到国家头上了。

从表面看,由国家来承担社会责任,民间当有"减负"的轻松感。但民间的实际感觉,却远更复杂得多。因新形势而开始分裂的士绅,其感觉或有进有退(详后);老百姓的直接感受,显然是付出的大幅增加。新政所需的款项和既存的巨额战争赔款以及外债等,最终都落实到老百姓身上,成为不小的负担,早已不得人心,造成了强烈的民怨。清季政府本已面临着普遍的不信任情绪,上述各种作为,皆直接违背不与民争利的传统观念,属于典型的苛政,是"失道"的表现。

从老百姓的认知角度看,今日我们所说的"国家",正落实在亲民的州县官身上。州县官最主要的职能,一是征收钱款,二是审断讼案,亦即其主要幕僚钱谷、刑名二师爷所代表的领域。对于前者,百姓的追求是付出的稳定,完粮之后即"相忘",应是理想的状态。对于后者,在尽可能避免的同时,也期待着有冤能申。清末的现象是,前者的付出与日俱增,后者的功效却逐渐虚悬。前一意义的"国家"越来越强势,后一意义的"国家"则明显乏力。

---

① 河南巡抚宝棻:《奏遵旨并议御史赵炳麟等奏请确定行政经费折》,《政治官报》,第1055号(宣统二年九月),第12—14页。

三、司法改革所见国家象征的转变

清季"国家"责任和政务的转变,与"司法独立"的改革密切相关。故国家职能的转变,法制改革不能不述。但直到辛亥鼎革,大多数地方尚未建立独立的审判体制,故在民国之前,司法独立更多仍是虚拟的,则其论述也可以相对简略。一方面,法制改革的实际进程是相对缓慢的;另一方面,从晚清到民国,这又是各项改革中持续性最强的一个方面,其社会影响也同样更具延续性。

清末所谓司法改革,除中央层级的修订法律外,本与政治改革中的改官制密切相关。历代州县一级的亲民官,其最主要的两项职能之一就是维持治安(另一职能即税收)。在清末设计的体制中,财政将半独立,司法独立之后,地方官的政务究竟何在?司法与行政的分离是全新的事物,治安程序中今日归警察(公安局)和检察负责的部分,当年便未曾梳理明白。不仅民众不习惯,官员本身也未必清楚。而新旧机构的重叠,既预示了争权夺利的可能性,也留下了相互推诿的空间。改革刚开始,已有一些问题出现。

两江总督张人骏就担心,司法案件不由州县官起诉,老百姓不习惯,未必肯接受:"诚恐小民无知,动多抵触。"他建议"凡控案仍由州县受词",然后交审判庭核明,"应拘传逮捕,即会出签票。原被告征到案,由厅分别讯办";地方官员"不得过问,亦不负责"。① 河南先后两任巡抚也注意到:"向例,民人词讼,均由州县

---

① 《张人骏致庞鸿书电》(1910年12月18日),《庞鸿书讨论立宪电文》,《近代史资料》第59号,第67页。

衙门起诉。地方之习惯，民间之信用，悉注重地方牧令。当司法、行政创始分权，行政官每于厅员司法内之行政事务，亦多任意推诿；甚至置缉捕命盗重案于不顾，转以应归审判衙门为辞。"而由于"职权不清"，若"行政官既未明责任，司法官又好揽事权，将利未见而弊旋生，人民生命财产之危，益将无可究诘"。①

这些方面大员观察到一个重要现象，司法独立虽为后之研究者所青睐，老百姓并不视为"进步"，既不习惯，也不很愿意接受。类似的情形，到理论上司法已经独立的民初仍在延续。不少老百姓不愿赴各类司法机构告状，仍希望那些已改换名称的青天大老爷为其做主（详另文）。任何改革，若仅依据学理进行评判，而不从被改变的当事人视角看待，恐怕难免隔靴搔痒。近代的法制改革，还需多考虑老百姓的真实感受。

且由谁审案不仅是程序问题，也直接涉及经费的收支。向来官府受理命盗等重案，涉及"招解人犯""验尸""缉捕盗贼"的"三费"，是不菲的开支。此前四川曾创设"三费局"，收取肉厘、契捐等，以官督绅办的方式管理——"皆系民捐民办，不过官为董率"；即"官只稽查，而不敢染指"，故能"相安多年"。有此机构负责"三费"的支出，不再向告状人收取费用，民间视为善举。有余资时，还兼作义学、恤嫠、育婴等善事。②改革之际，这类事务划分

---

① 《开缺河南巡抚宝棻、河南巡抚齐耀琳奏筹备宪政并目前困难情形折》（约1912年1月），《内阁官报》第168号（宣统三年十二月二十日），"奏折·宪政类"，原不标页。
② 四川按察使游智开：《详请专停海防肉厘仍留三费肉厘》（1888年），钟庆熙辑：《四川通饬章程》，文海出版社1977年影印（沈云龙主编《近代中国史料丛刊》续编第48辑），第41—43页。关于四川三费局，参见里赞：《晚清州（转下页）

在哪一方面，也意味着责任和支出的归属。

更重要的是，在今日所谓司法方面，以前地方官和民间本有分工，长期推行着一种官绅合治的模式。如胡思敬所说："两造争讼，诉之族；不听，再诉之乡；再不听，后乃告官。"① 故以前地方的息讼（重案除外），尤其在操作层面，民间扮演了非常重要的角色，具有实际的功用。用今日的法律用语来表述，在州县受理审断前，实际存在一个"前司法"的程序，且往往能解决问题。

在某种程度上，民间的息讼努力也可视为诉讼本身的一个组成部分（即使命盗等重案，也有"三费局"这样的官督绅办机构进行协助，实际已参与到"司法程序"之中）。而司法和行政分立后，独立出来的司法基本借鉴外国章法，缺乏与民间协调的传统；若由好事者任法官，更会愿意揽事。一旦三权分立的改革完成，司法独立成为现实，行政固不能干预司法，民间亦将基本退出。所谓"前司法"阶段逐渐不复存在（若依新律，还可能被认为不合法），诉讼方面的官绅合治模式也就正式退隐，可以说是典型的国进民退。

在"道"高于"势"的时代，至少在理想型的意义上，"道"是超越于具体朝廷治统之上的。为官的士人（即士大夫）作为个体直接面对着"道"，在"道"的面前人人是独立的自我，因而也是"平等"的。法律虽由国家（朝廷）制定，至少科举出身的地方官

（接上页）县诉讼中的审断问题》，法律出版社，2010 年，第 241—252 页；Bradly W. Reed, "Money and Justice: Clerks, Runners, and the Magistrate's Court in Late Imperial Sichuan," *Modern China*, 21:3(July 1995), pp. 368–375。

① 胡思敬：《请免江西加征并缓办地方自治折》（1910 年 8 月 3 日），《退庐全集·退庐疏稿》，第 918 页。

断案,往往可以不严格依律而替天行"道"、对"道"负责。这样的审断,或可以说是更高意义上的"司法独立",不过并非相对于"行政",而是相对于有形的"国家"。① 当然,这种独立并未体现在文字章程上,不是成文的"制度",但在实践中一直存在,也是很多官箴书的主题。② 随着经典在近代的淡出③,意味着"道"的隐退,新体制下的司法独立,更多体现在机构人事的分野上,整体未曾脱出国家的框架。④

今日所谓"司法",以前就是州县官的"政务"。⑤ 与审断相关的各项事、权、责,原来集中在地方官一人身上,是其不可推卸的责任。在新的法制和官僚体系里,"司法"功能因新机构的设施而分解,责任也随之分散。"司法"在独立的同时,也变得更为模糊——从受理层面开始,"打官司"就可能变成官僚机构内部的文牍循环;以前无法逃避的责任,现在有了敷衍推诿的可能。除税收外,"官司"本是老百姓和"国家"打交道最经常的方式。老百姓原来面对的"国家"很具体,即州县官;在新体制下,老百姓面对的"国家"实更抽象虚悬,也因更加繁复而更难打交道。

简言之,受理诉讼是百姓眼中"国家"最主要的象征之一。在

---

① 这样一种允许"独立"的审断,在世界范围内都极为罕见。即使在宗教指引政治法律的社会,也少见执法者直接面对最高教义并对其负责的审判。
② 例如,樊增祥的《樊山政书》(宣统庚戌刊本,无出版地)之中,便颇多不严格按律审断的案例。重要的是樊氏正以此自豪,觉其可为他人范例。
③ 关于经典在近代的淡出,参见罗志田:《经典的消逝:近代中国一个根本性的变化》,台北"中研院"第四届国际汉学会议,2012年6月20日。
④ 本段与下段,承北京大学历史学系薛刚同学提示。
⑤ 参见里赞:《司法或政务:清代州县诉讼中的审断问题》,《法学研究》2009年第5期。

整个国进民退的进程中,这一变革的逐渐落实,更多是在进入民国以后了,故本文不进行详细的陈述。但很多后来变得显著的现象,在清季已见端倪,也不能忽视。

大体上,近代的"国进民退"有一个发展的过程,且各地进展不一,但趋势从清季新政时代起已经形成。辛亥革命后,政权虽鼎革,国进民退的趋势并未改变。从中央看,似一度有些隐退,盖民初北京政府大体不那么强势,在行为方面也不特别积极;唯各地情形不一,各省实际控制政权的军政官员,其执政的积极和消极,相差甚大,也不排除一些地方的"国进民退"更甚于前。罗振玉在为清逊帝建伪满洲国的通电中曾说:

> 在昔光宣之间,虽政治衰弱,然有苛税百出、不恤民命如今者否?有征缮不已、千里暴骨如今者否?有伦纪颓废、人禽不别如今者否?有官吏黩货、积资千万如今者否?有盗贼横行、道路不通如今者否?①

这当然是个有特定政治倾向的陈述,但这类通电至少立意是要"取信于人"的,不能全无依据、信口开河。罗振玉和胡思敬在民初的政治立场是相近的,而两人对清末民初的认知,显然不同。罗对民国前二十年状况的观察,与胡在清末的描述非常接近。若其所指出的变本加厉现象多少是真实的,即使仅是区域性的,也说明清季的搜刮虽已让民众感觉不能接受,却也仅是"前所未有"而已,尚非后无来者,但那就足以拖垮了清朝。

---

① 罗振玉:《集蓼编》,收入《雪堂自述》,江苏人民出版社,1999年,第60页。

北伐后建立的国民政府,更欲有所作为,且是一个真正有意愿渗入基层且也有所行动的政府,掀起了国进民退的第二波高潮。钱穆后来描述的"政府来革社会的命"这样一种特殊现象①,也基于相近的思路,可视为同一倾向——即(代表国家的)政府与社会处于对立态势——的另类发展。这在逻辑上也是自然的,国家既然承揽了更多的责任,国家机器就不能不扩张,不论是传统意义上的民间还是今日认知中的社会(society),都会感觉到其间的张力。

四、新旧的"自治"与不同的"公"

从古今中外的历史看,不论在什么意识形态指引之下,国家机器本有一种扩张的自主性,若不从观念和制度上有所约束,其扩张往往直指民间。首当其冲的,正是今日所谓的"社会"。杜亚泉在1911年初指出:"国运之进步,非政府强大之谓。不察此理,贸贸焉扩张政权,增加政费,国民之受干涉也愈多,国民之增担负也愈速。干涉甚则碍社会之发展,担负重则竭社会之活力。社会衰,而政府随之。"② 他以新的术语重申了民富国安的传统思路,特别是指出了"国家"对"社会"的依赖,实深有所见。这样的睿见,在当时或有些超前,此后也很少引起注意。

胡思敬在1910年便指责说,国家直接插手社会事务,严重损

---

① 钱穆:《革命与政党》(1951年),收入其《历史与文化论丛》,东大图书公司,1979年,第165—169页。并参见罗志田:《士变:二十世纪上半叶中国读书人的革命情怀》,《新史学》18卷4期(2007年12月)。
② 杜亚泉:《减政主义》,《东方杂志》8卷1号(1911年3月),田建业等编:《杜亚泉文选》,华东师范大学出版社,1993年,第12页。

毁了社会的活力。在"新政未兴之前,民间相率敛钱,以成义举"。从孤寡废疾到水旱盗贼,以至桥梁道路,舍药施茶,"莫不有会"。教育有机构,诉讼也有相应的调节机制。"盖不必张树地方自治之帜,摇炫四方耳目,而各府州县隐然具一自治之规。自新政大行,民气日嚣,渐藐官长,何论族邻!公产尽为豪强吞并,一切义举,划破无遗。而地方自治之基坏矣!"① 胡氏以不喜欢新政著称,但其观察并非无因而至。新型地方自治的倡行,却毁坏了既存地方自治的基础,真是一个诡论意味(paradoxical)十足的结果。

新的"地方自治"乃是"筹备立宪"的要项,也正是在自治的推进中,时人感觉到了新体制的冲击。当时度支部曾通饬各地,自治不得动用官款,否则与自治之义不符。孟森则以为,所谓官款,并非"官之自款",而是取自民间,不说是"民款",也应视为"国款"。乃"不曰国家之款,而曰官款",正表现出"官之目无国家"。当时地方办理的"自治",如学校、警察、卫生、水利、交通,以及议事、行政、清查户口、试行选举等,若皆非国家之事,则国事何在?由于过去以官治国出了问题,人民"不忍国家之断送于官,起而求治",故自治亦治国。则"以国家之款,济国家之治",于义有何不恰?②

以当年的既存观念看,孟森所论,似不无牵强;特别是他指控官员"目无国家",有故意入人以罪之嫌。但他确实敏锐地感觉到了问题之所在——"官"既非"国",而地方事务又皆国务,则国

---

① 胡思敬:《请免江西加征并缓办地方自治折》,《退庐全集·退庐疏稿》,第918—919页。
② 孟森(心史):《论自治与官款》,《申报》1908年9月8日,1张3版。此条材料承北京大学历史学系周月峰同学提示。

家、地方、官、民等基本要素，似都有了重新定位的必要。国家与官、地方与民及地方与官等相应概念，都需要厘清，以界定国家与民的相对关系；而国家与地方、官与民的惯常区分，也因此而衍生出新的含义。同时，还有另一变量处于所有这些变量之间，且与其皆有关联，即在废科举之后自身也面临身份危机的士绅。①

在夏曾佑眼中，"中国地方政治，向以官绅二部组织而成"。官代表着朝廷，"而绅则地方所推举，官不得而强之。是无立宪之名，而犹略存立宪之意"。② 当年所谓"民间"，大体是绅和民共同构成的。绅一方面代民立言，同时又为民楷模，在国家与社会、官与民之间起着承上启下的重要作用。任何地方，若"其地多绅士，则地方官不敢肆然为非，而民得少安"。故在举国讨论科举名额宜减之时，孙宝瑄却赞同宋恕的意见，主张增额。盖"绅士之多寡，皆视举人进士之多寡；故中额宜增，亦所以潜扶民权"。③ 若用晚清人的套话表述，民权也常体现在绅权之上。

这样看来，"国进民退"中的"民退"部分，主要体现在"民间"范围里原本常态运作的"自治"部分的隐退（息讼功能的捐除，便是一个较明显的表征）。晚清的公领域，确有所谓"中国特色"④，广可及"天下士"的清议，切近乡曲处则由各种公共会社构

---

① 参见罗志田：《科举制的废除与四民社会的解体———一个内地乡绅眼中的近代社会变迁》，《清华学报》新25卷4期（1995年12月，实印于1997年4月）。
② 夏曾佑：《论浙江农工商矿局绅士之历史》（1905年7月），《夏曾佑集》，第360页。
③ 孙宝瑄：《忘山庐日记》，1898年5月14日，上海古籍出版社，1983年，第201页。
④ 哈贝马斯（Jürgen Habermas）等学者基于欧洲社会的公共领域论述，自有其章法，本文无意与其进行具体对比。这方面一些新的讨论，可参见查尔斯·泰勒（Charles Taylor）：《现代社会想象》、李丁赞：《市民社会与公共领域》、蔡英文：《公共领域与民主共识的可能性》，均收入许纪霖主编：《公共空间中的知识分子》，江苏人民出版社，2007年，第33—105页。

成,以公产为基础,以士绅为主导。① 清议以超越的"道"为依据,此不能详论;后者是民间活力的真正体现——它既是民间的代表,又代民间表述(日出而作,日落而息的多数人,往往是沉默不语的),的确可以说是隐具自治之规。

陈独秀便曾注意到中国传统社会的"与众不同",即"除了诉讼和纳税以外,政府和人民几乎不生关系"。但人民自己,"却有种种类乎自治团体的联合:乡村有宗祠、有神社、有团练;都会有会馆,有各种善堂(育婴、养老、施诊、施药、积谷、救火之类),有义学,有各种工商业的公所"。在他看来,"这些各种联合",就是中国实行民治(即今日所谓民主)的历史基础。②

蒋梦麟也说:"中国的人口,是由许多自治的小单位构成的。"这些或大或小的单位,"以家庭、行业和传统为基础而形成",由"几千年累积下来的共同的语言、共同的文化和共同的生活理想疏松地联系在一起"。他虽对"团体内各分子的关系比对广大的社会更为亲切,他们对地方问题比对国家大事了解较深"表示不满,但仍指出,这样一个"天高皇帝远"的社会,"好处在于使中国生活民主,虽经数百年之战乱以及异族之入侵而仍能屹立无恙;坏处在于中央政权软弱无能,因而易遭异族侵凌"。③

蒋氏所说的"小单位",大体即陈氏所说的"联合"。他们两位

---

① 沟口雄三曾说,太平天国之后,"乡绅阶层已不再停留于官制论式的,换言之,即对'封建'委婉、隐晦的要求,而开始逐渐实现相对于官方的民(实质上是绅)的自治"。沟口雄三:《作为方法的中国》,孙军悦译,生活·读书·新知三联书店,2011年,第98页。其所关注的虽不同,却已提出相对于官方的"民"实质是"绅"的见解。
② 陈独秀:《实行民治的基础》,《新青年》7卷1号(1919年12月),第14—15页。
③ 蒋梦麟:《西潮》,台北中华日报社,1960年再版,第129页。

当年都是典型的尊西趋新人士，陈更以反传统著称；却都确认了中国社会的"自治"，并从中看到了"民主"。尤其陈独秀眼光敏锐，看出了中国社会在世界范围中的独特，即其所谓"上面是极专制的政府，下面是极放任的人民"。① 后来史家吴天墀先生也把宋以降中国社会概括为"君权独尊之下，万民转趋平等"。② 两人表述不一，而所见略同。这样的社会，又以陈独秀所说的人民"极放任、不和政府生关系"为特色，这正是蒋梦麟书中一再提及的"天高皇帝远"。

很明显，"小单位"也好，"联合"也好，都具有既非官方也非私人的特性。不过，这样的公领域在清季受到强烈的冲击。新政期间，凡新增的正式征收，大体还是官方出面。到举办"地方自治"时，在"官不经手"的基本准则下，实际经手的士绅就成了收费的表征。1910年山东莱阳的民变，据说即因办自治而"地方绅士借口经费，肆意苛征。履亩重税，过于正供；间架有税，人头有税，甚至牛马皆有常捐；悉索敝赋，民不聊生"。尽管"迹其乱变之所由来，固莫非官吏之制造而酿成之"；但却导致"绅民相仇，积怨发愤，而乱事以起"。③

在新政的压力下，一些深知新政扰民的州县官，有时也故意卸过推怨于绅士。例如，在袁世凯任总督期间，直隶曾以官绅合作办理新政著称。④ 但稍后直隶按察史齐耀琳观察到，"大凡地方绅士因

---

① 陈独秀：《实行民治的基础》，《新青年》7卷1号，第15页。
② 吴天墀：《中唐以下三百年间之社会演变——庆历变革与近世社会之形成》（上），未刊稿，刘复生抄录整理。
③ 长舆：《论莱阳民变事》（1910年），张枬、王忍之编：《辛亥革命前十年间时论选集》，第3卷，生活·读书·新知三联书店，1977年，第653页。
④ 参见 Stephen R. MacKinnon, *Power and Politics in Late Imperial China: Yuan Shikai in Beijing and Tianjin, 1901 – 1908*, Berkeley, Calif.: University of California Press, 1980, pp. 137 – 179。

办地方自治各事禀准筹款方法"，州县官在出示时，必"大书特书某绅创办某事并筹款方法"，以"卸过推怨"。而"乡民无知，不识地方自治为立宪基础，惟知出钱为割心头之肉"。故"近来各处乡民滋闹，动辄波及地方绅士"；每有暴动，首当其冲的往往是绅士。结果，绅士因"多受毁辱"，遂"视新政如畏途"，不得不隐退自保。①

在传统的官绅民关系中，绅是居间的重要环节，如今竟两面受敌，被迫淡出，则昔日的官绅合治模式已开始化解，乡间逐渐走向失序状态。江苏巡抚程德全注意到："本省各官，往往因公与绅不洽；即洽矣，而又事事徇其所请，几忘权限之所在。今不但官与绅不洽，即民与绅亦不洽；且不但民与绅不洽，即绅与绅亦不洽。"②基层的官、绅、民关系已经紊乱，而重建秩序的过程则相当漫长。

进而言之，此前代表民间的士绅既淡出（士绅本身处于分化之中，也有一些人更积极进取，详后），意味着官与民处于直接对立的态势。至少从秦汉以来，即在郡县制取代封建制之后，这是真正"前所未有"的现象。随着以绅为主导的公领域之退隐，"民间"或许更加名副其实了，却也让"民"的主体更直接感受到"国进"的冲击。

端方等大臣当时已看到国与民的对峙："若偏重于国家，则必

---

① 《官激民变》，《广益丛报》第 8 年第 24 期（1910 年 10 月 22 号），"纪闻"页 5A。州县官试图造成类似印象，显然并非直隶仅有的现象。在浙江留学生孙江东的记忆中，绍兴曾有收航船捐以充学堂经费的计划，就是"某绅创议"的。孙江东：《敬上乡先请令子弟出洋游学并筹集公款派遣学生书》，《浙江潮》第 7 期（1903 年 9 月 11 日），第 16—17 页。此条材料承北京大学历史学系周月峰同学提示。
② 程德全：《到苏接篆后上亲贵及政府书》（1910 年），《辛亥革命江苏地区史料》，第 17 页。

减少人民之幸福；若偏重于人民，又必摇动国家之根本。"故理想的方略，是"以国力而使人民得其安全发达，又以民力而使国家得其安全发达"。国与民并重的主张看似两全其美，却建立在一个冷峻的现实之上，即人民的幸福和国家之根本已成为一种对立的竞争关系。这若非一个新现象，至少也是一种新认知。基于此，他们甚至可以明言："凡国家与民人之交际，将有所夺，必有所予。"①

四川总督赵尔巽在奏报经征局成绩时，便一则言其"上不费国帑之锱铢，下不加民间之毫末，巨款应时而集，公费无待他筹"；再则言经征之办，"有利于国，有益于民，而独不便于侥幸致富之官吏，与夫包揽厘税之绅首"。② 这些象征性的言说，最能体现时代的转变。其间"国"与"民"的对接，正是排斥了原在基层合作的"官绅"。③

关键在于，若"民事举归官办，官有权而民无权，官取利而民攘利。官与民遂显然划为公私两界：民除其家之私事而外，一切有公益于一乡一邑者，皆相率退而诿之于官；官以一人而兼理庶事，势必不及，而又不能公然责之于民"④，原本活络互动的社会关联便

---

① 端方、戴鸿慈：《请定国是以安大计折》、《考查学务择要上陈折》（均光绪三十二年七月），《端忠敏公奏稿》，第711—712、802页。
② 《督宪（四川总督赵尔巽）奏创办经征酌保出力各员折》，《广益丛报》第8年第6期，"章疏"页1a—2a。
③ 按赵尔巽创设的经征局，把原来由民间包收的契税和杂税改为由官经收，也是一种曲线的国进民退（经征局代表着自上而下的官力，针对着原来借助民力的官绅合作）。其奏准官办的经征局，在一些地方恰取代了官绅合作的三费局。到民国初年，由于"正绅"的退隐，"不肖之团保与无专门学识才能之书吏，乃得缵承绪统，为国家地方之主人翁"。王用予：《市村制度论》（续一），《尚志》2卷4号（1918年4月），第6页（文页）。此承北京大学历史学系梁心同学提示。
④ 不署名：《论立宪当以地方自治为基础》（录乙巳八月二十三日《南方报》），《东方杂志》第2年第12期（1906年1月），第217页。

中断了。

在不强调权力而更重责任的传统中国社会,那些"有公益于一乡一邑"之事务,本是官绅合办的。今日所谓国家的"公权力",昔年在一定程度上是官家与民间分享而"公有化"(并非私有化)了的。传统乡绅说到他们所负责的地方事务时,便常说是"公事"。以绅士为表征的中国式"公领域"淡出后,官与民遂划为各顾各的"公私两界"。后一"公"与前一"公"大不相同,乃今日所谓"公权力"或"公款"之"公"。① 国家既成了"公",绅与民所共有的"民间"也单一化,逐渐衍化为与国家对立的"私"。

新的地方自治与胡思敬眼中既存的自治有一个重要差别,即前者不再是地方绅民自发自为之事,而已转变成为"国家"授权之事。宪政编查馆对此的表述非常简明:"自治之事,渊源于国权。国权所许,而自治之基乃立。"故"自治规约,不得抵牾国家之法律";而"自治事宜,不得抗违官府之监督"。② 这样,地方上的事是否算"自治"及怎样自治,均须得到国家的认定,以法令形式明确之,且实际置于地方官的管控之下。由于自治有了这样的新界定,以前实际存在的自治,便不复为自治,甚至成了

---

① 清末最后两三年文牍中的"公费",往往是政府办公费的省称;而其所办之"公",便是一个与民间公产公会不同的"公"。但我必须说明,这只是概括一个象征性的转变。在时人的文献和言说中,"公"仍未清楚地界定,其究竟指代"官"或"民",常依上下文而定。
② 宪政编查馆:《奏核议城镇乡地方自治章程并另拟选举章程折》(1908年),《清末筹备立宪档案史料》,下册,第725页。按怎样界定和认知"自治",不仅时人颇不一致,今人和昔人也大不相同。昔年进入操作层面的自治,更多是与"官治"对应的,既与此前严复等人所论的自治不甚同,更与今人从三权分立视角所观者大异,详另文。

不治。

出洋考察政治的戴鸿慈和端方就注意到，外国的"州郡府县，其下画区数十，置吏数百，以分举各务"；而中国自隋唐之际废乡官后，州县官乃"以一人而治彼数百人之事，绝无佐理之人"。且不仅州县官"以一人举欧美数百吏之职，其受治之人民，亦复群焉依赖，未尝自结团体，自开智识，以谋一方之公益"。由于"各国之强，莫不原于地方自治"。所以中国的地方自治，比立宪更为刻不容缓。①

这是典型的以新"自治"观念来评衡既存事实。中国的州县官能以一人举治美数百吏之事，正因为民间能自治，充分体现了小政府的长处。如果以一人治州县，而人民像他们所说的那样并未自结团体、自开智识，以谋一方之公益。则在以千年计的长时期中，中国岂非一片混乱之象？他们的意思，必须像外国一样通过选举组织各级议会，然后可谓自治，而基本不考虑地方实际是否已治。其背后的预设，即地方不可能无官而治；只要无官，即是不治。蒋梦麟所见的"小单位"和陈独秀所说的"联合"，戴、端二人（或代为起草之人）显然都视而不见，仅因看到无官，便据此推出"不治"。

随着"自治"观念的转变，如果此前的"公"基本是民间的，此后的"公"则日益成为官方的了。以江苏的地方自治为例，在《城镇乡地方自治章程》颁布之前，两江总督端方和江苏巡抚陈启泰在省城设立筹办地方自治总局，尚主张该局"办事经费，本应由

---

① 戴鸿慈、端方：《奏请改定全国官制以为立宪预备折》（光绪三十二年七月），《清末筹备立宪档案史料》，上册，第376—378页。这一自治定义的转变是极为重要的，因为二人也说，"自治制度苟发达，虽不行宪法，而国本已可不摇"。则如果确认此前中国地方已经自治，就连是否需要立宪，也不那么急迫了。

地方公众担任。惟目前局由官立,性质既微有不同"。故"该局逐月支销之款,暂饬财政局垫拨。俟地方筹款有着,再议归偿"。① 而在《城镇乡地方自治章程》颁布之后,不仅自治经费确定首先来自清查公款公产,且清查本身也意味着"公"的转换。

《城镇乡地方自治章程》本规定:所谓"公款公产,以向归本地方绅董管理为限"。但江苏所编的《〈城镇乡自治章程〉讲义》则进一步"解释"说,"自治未成立之先,何事不属国家"? 自治的事权,也"莫不授自国家"。则公款公产的辨析,"宜视该公款公产是否供地方之用,抑或供国家行政,而定其可为自治经费与否"。而"不能问其向时之管理者为何人"。当然,作者也指出,那些专"供地方之用"者,即使"官为经理",仍为自治经费,"即宜正名为地方之公款公产",而不能移之于国家行政之用。②

这是一个关键的区分,即"公款公产"的性质可根据其实际用途决定,分为"地方自治"和"国家行政"两类(这倒部分支持前引孟森所谓地方自治多属"国事"的见解)。讲义的作者强调,由于地方从前并无"公法人之自治团体",故其"动产不动产,只有供公用之义",而"尚无公有之名称"(一些善堂产业除外)。换言之,此前的"公"虽实际发生作用,却并不特别看重"公有"的名称;如今的"公"则以法人自治团体为基准,在政府的指导和监督下核准确立。

---

① 端方、陈启泰:《为设局筹办江南地方自治折》(1908年2月),中国第二历史档案馆编:《中华民国档案资料汇编》,第1辑,江苏人民出版社,1979年,第103页。
② 本段与下段,《城镇乡自治章程讲义》(《江苏自治公报》第51期),江苏苏属地方自治筹办处编:《江苏自治公报类编》(宣统三年),文海出版社,1988年影印(沈云龙主编,《近代中国史料丛刊》三编第53辑),第1册,第446页。

当时就有人主张,"地方自治之实行,以清理财产而明其财产之所属为第一义"。① 其原意主要是针对财产被侵蚀和产权争执会导致自治经费无法落实,无意中却道出了"清查"的言外之意——经过清查,公款公产"所属"果然有了根本的转变。江苏省咨议局通过的《筹定自治经费案》规定:

> 各厅州县原有之公款公产,应俟厅州县自治成立以后,由厅州县议事会按照各项公款公产之性质,分析其来源及用途之界限,定为厅州县所有之公款公产。②

一转手间,大部分民间的公款公产就变成官家的了。③ 或许这就是"国进民退"这一转变的实质意义:由于官方的有意作为,民间的公有资源被剥夺,相关的"义举"式活动也就难以为继。既存的"公领域"或不存在,或性质与功能都大幅转变。国家机器的扩张,客观上导致了士绅的淡出。而士绅所代表的民间退出之后,足以取而代之的新社会力量并未养成,社会随之溃散。"民间"既然不复能"自治",一切责任便都落在进取中的国家身上了。④ 而从观

---

① 《〈苏省清查厅州县公款公产表式〉按语》,《预备立宪公会报》第 2 年第 19 期(1910 年 1 月 9 日),第 22 页。
② 江苏省咨议局:《议决抚台交议筹定自治经费案》,《申报》1909 年 12 月 5 日,3 张 2 版。
③ 这当然有一个过程,进入民国以后,清查地方公款公产仍是一些地方政府的持续作为。例如,《江西省各县清查公款公产暂行办法》,《江西省政府公报》,第 473 期(1936 年 4 月 18 日),第 1—7 页。
④ 以息讼为例,人与人的纠纷,从来不仅是所谓司法问题,更是社会问题。对这类问题的解决,基于文化习俗的社会力量,起着不可忽视的作用。改革以后,不得不独任其责的国家,压力和负担陡增。

念到体制以及操作上,承担责任的"国家"和不复自治的百姓,其实都没有充分的预备。

进一步的问题是,在层层的"国进"之中,构成"民间"的士绅、会社、公产等何以步步退缩、毫无抵抗力?且这还是在辛亥鼎革之前,所谓"普遍王权"尚在,一个延续了数千年的自治体制,何以就这么悄无声息地化解了?① 可知发生在辛亥年的那次"革命"及其带来的政权鼎革,不过是以共和取代帝制为象征的近代全方位巨变的一个象征性转折点,其相关的转变此前已发生,此后仍在延续。辛亥前最基本的变化,就包括四民社会的解体和经典的消逝。社会上四民之首的士不复能再生,思想上规范人伦的经典开始失范;随着"道"的两个主要载体——经典和士人的双双退隐,终演化成一个失去重心的时代。②

王国维稍后反思说:"自三代至于近世,道出于一而已。泰西通商以后,西学西政之书输入中国,于是修身齐家治国平天下之道乃出于二。"③ 这是一个根本性的转变,既然西方自有其"道",中国的"道"也就从普适于人类社会的指导思想退缩为与他道竞存的一个区域成分。④ 当时更能影响甚或代表舆论的那部分趋新读书人,多以为中学不足以救亡,应转向更能致富强的西学。他们越来越疏

---

① 此问题承北京大学历史学系薛刚同学提示。
② 参见罗志田:《过渡时代读书人的困惑与责任》,收入黄贤强主编:《汉学名家论集:吴德耀文化讲座演讲录》,新加坡国立大学中文系、八方文化创作室,2011年,第139—160页。
③ 王国维:《论政学疏稿》(1924年),《王国维全集》,浙江教育出版社、广东教育出版社,2009年,第14卷,第212页。
④ 说详罗志田:《经典的消逝:近代中国一个根本性的变化》,台北"中研院"第四届国际汉学会议,2012年6月20日。

离于天下的胸怀,转而站在一个竞存于世界的国家立场考虑问题。①这些人并非不了解既存的民间自治,但不觉得将其毁坏有多可惜,最多视为建立新式"自治"所必须付出的代价。

如果说清季的"国进"还有些犹疑徘徊,"民退"则是一个从观念、体制到行为的全面退缩。不仅上有天下士推动支持"国进"的清议,代表"民间"的士绅也开始分化(即程德全所说的绅与绅不洽),或半主动地接受"国进",或半自愿地退而独善其身。

在四川一些地方,官办的经征局取代官绅合作的三费局时,便曾得到趋新士绅的合作。如在南充,原本"代表民意"的机构是三费局,张澜等趋新士绅则成立了农会、商会、学会三个新公会,并组成三会公所。为竞争"民意代表"者的地位,三会乃联名申请裁撤三费局,将其并入官办的经征局。这一动议得到官方的支持,取得了成功。②

当然,近代国家与民间的关系是个非常宽泛的领域,本文仅侧重"民间"那能动活跃并具有代表性的层面。尽管有前述新自治毁损了旧自治的诡论性效果,却不能否认新自治的努力也是想要"自治"(在当时趋新官绅的心目中,恐怕还是唯一"正确"的自治)。另一方面,上文关于传统公领域的概述,基本是所谓"理想型"的。在现实社会中,贪官和劣绅从来存在,在特定的时空里,可能还较猖狂。这样的官绅结合,很容易被定义为"官绅勾结"。

而张澜等趋新士绅对"国进"的利用与配合,在一定程度上也

---

① 参见罗志田:《天下与世界:清末士人关于人类社会认知的转变》,《中国社会科学》2007年第5期。
② 事见任乃强:《张澜先生轶事》,《龙门阵》,第1辑,四川人民出版社,1980年,第27—28页。但任先生并不这样理解,他更多视之为进步与落后之间的新旧之争。

可看作新的官绅合作（尽管手段和目的都已不同）。在既存公共会社受到打击的同时，各类新式社会团体也在创办，不少还得到官力的扶助（商会、农会等，开始本是奉旨遵办的）。若把这些尝试和努力看作新型"公领域"的创建，似亦不为过。它们同样是以士绅为主导、由各种公共社团构成，并觊觎着既存的公产；① 但也有一个根本的转变，即不再以"道"为依据，或其所依之"道"已彻底更易。正因双方这些同与异，新的公领域之创建，实际往往以取代既存公领域的方式进行。②

一言以蔽之，近代中国公领域的崩溃，不完全是由官绅合作到绅退民散的单线演化；③ 其间各种新旧力量的纠缠互斗，远更曲折复杂。以昔日的语汇言，国进不一定表现为官进，至少州县官是有进有退——钱谷方面似以进为主，刑名方面则退更明显。后一退却又是连带的，即官退带动着民退；而号称独立的新司法机构，仍是国进的一部分，故总体上仍以国进为主。

或可以说，"民退"并非"国进"的主观目的；"国进"造成了"民退"，更多是一种"客观"的后果。同时，对当年许多趋新读书人而言，"国进"是积极正面的好事；且"国进"之后，以国家的

---

① 按清查公款公产者本由"地方官于城乡士绅中遴派素行公正、众望允孚者五人以上，详请本府直隶州核发照会充任"（江苏省咨议局：《议决抚部院交议清查公款公产办法纲要案》，《申报》1909年12月5日，3张2版）。但随后报纸就指出，"今之清查公款公产之人，往往为平日觊觎公款公产之人"，则其效果实难逆料。《时评三》，《申报》1910年7月18日，1张6版。
② 留学生孙江东就指责既存的善堂仅"注重于养，不注重于教"，与孔孟宗旨不合。他主张酌量减少施衣施食，移此款派人赴日本留学，学成后以新法种植公田、开工厂以收贫民，反能扶植扩充善堂的事业。孙江东：《敬上乡先生请令子弟出洋游学并筹集公款派遣学生书》，《浙江潮》第7期，第15—16页。
③ 此承北京大学历史学系王果同学提示。

力量重新澄清天下、再造社会,也是他们中很多人的期望。不过,这些因素的互动,实际造成了上述的困境,即国家机器的扩张与民间的失序成为大致同步的伴生现象。

而"国进"与"民退"的合力,使民间或不作为,即使作为也必待官方指引而后行(迄今亦然)。民既从观念到行为全然被动,实难言自治之有无,社会亦渐呈有国无民之象。随着公领域的全面溃退,"民间"的含义相应改变,国与民的关系也在转变中面临着调适。

五、 国民关系的转变与"社会"的兴起

在近代国家与社会各自及相互的转变中,国民也面临着从臣民到公民的转型,不能不重新定位其与国家、社会的相应关系。本节无法详细论证这一仍在进行中的变动进程,谨简略探讨"国进民退"在其中的影响。

需要反思的是,"民"意识的兴起本是晚清的一个显著现象。从"鼓民力""开民智""兴民权"到"新民"等一系列口号,在在表明了代民众立言的士人希望普通民众在国家和社会事务中扮演更重要的角色,甚至在国家兴亡中起决定性的作用——仿佛要把"天下兴亡,匹夫有责"的旧观念,改为"天下兴亡,责在匹夫"的新主张。① 在"民"的重要性被提到前所未有的高度之时,却出现了"民间"的全面退缩(相对于国家),这是一个充满诡论意味的现

---

① 参见柯继铭:《理想与现实:清季十年思想中的"民"意识》,《中国社会科学》2007年第1期。

象，其间的冲突和紧张（tension），尤其意味深长。①

随着立宪的推进，国与民的关系也在发生转变。辜鸿铭曾说，1903年湖北庆祝慈禧太后万寿，"各署衙悬灯结彩，铺张扬厉，费资巨万"。并"招致军学界奏西乐，唱新编《爱国歌》"。他对参加宴会的梁鼎芬说："满街都是唱《爱国歌》，未闻有人唱'爱民歌'者。"而其即席拟出的《爱民歌》，则是"天子万年，百姓花钱；万寿无疆，百姓遭殃"。② 辜氏似乎在开玩笑，其所说却并非戏言。"爱国"与"爱民"的对立，体现了一个发展中的根本转变：

当民是君主的子民时，身份虽不那么平等，却是在上者眷顾的对象（官之爱民，既是其职责，大致也是代皇帝在爱）；昔所谓民为邦本，与象征国家之社稷的重要性略同。一旦立宪而尊"国"，"民"遂成为第二位的考虑。在由君主国向"民主国"转型的过程中，已经不那么被"爱"的"民"，却又离"做主"尚远，即有沦为各级当权者予取予求对象的可能。

当然，国与民绝非仅有冲突紧张的一面。在晚清的思想论述中，也向有国富民强之说，甚或民富国强之说。③ 且"国民"的概

---

① 更具诡论意味的是，推动国进民退和强调"民"意识的，大致都是梁启超所说形成"舆论"的同一群体，而他们似乎并不感觉其间的紧张。是他们没有感觉到两者的冲突？还是我们未能理解其间的关联？需要进一步的探索。
② 辜鸿铭：《张文襄公幕府纪闻》，《辜鸿铭文集》，冯天瑜标点，岳麓书社，1985年，第17页。
③ 关于国富民强之说，承台北"中研院"人社中心张福建教授和史语所陈正国教授提示。严复或是一个代表，他在《原强》及《原强修订稿》中都说到富强不外"利民"，也常被引用。尽管那里的"民力"指体力，而民智、民德等似亦与"富"无关。但他也确实说过："大抵继今以往，国之强弱，必以庶富为量。而欲国之富，非民智之开、理财之善，必无由也。"严复：《〈原富〉按语》，《严复集》，王栻主编，中华书局，1986年，第4册，第900页。不过，国富民强和民富国强两说影响似均不广。整体上，"富"和"强"都更多落实在"国"之上。

念在晚清已出现，到民初更日渐流行，说明"国"与"民"本也有彼此靠拢的相生一面。则国与民"相忘"的传统追求，从晚清开始已为国与民"相近"的趋势所取代。到"民国"新造，顾名思义，"国"与"民"的关联应更密切。但国进民退的大趋势，却使本应更接近的"国"与"民"渐行渐远。①

早在1901年，或许是不满中国长期未能实现国家"与民共治"②，严复指出：中国的"国之与民，久已打成两橛"；一边是"向不问民之国"，另一边是"久不知国之民"。③ 此或更多反映出国与民相忘的传统，亦即蒋梦麟所注目的"天高皇帝远"，但在新的眼光下，显然成为一个负面的现象。几年后，邓实也感觉到"人民之与国家，几截然分为两橛"。④ 又十年后的民国四年，梁启超继续看到"人民与国家休戚漠不相关"的现象。⑤ 在章士钊眼里，已是"国与人民，全然打成两橛"。⑥

具有中国特色的"公领域"，本带有"通上下"的意味。这一上下之中间环节的退隐，直接导致了国与民的对峙。盖分与合均是对应关系的不同表现，正因较前更看重国与民的关联，20世纪的读书人才持续看到国与民的两分。更深入的原因，可能是原本在国与民之上还有超越的"道"这一"终极价值"的存在。"道"的隐

---

① 此承北京大学历史学系王波、王果同学提示。
② 严复：《辟韩》（1895年），《严复集》，第1册，第35页。
③ 《严复手批沈瑶庆奏稿》，收在习近平主编：《科学与爱国——严复思想新探》，清华大学出版社，2001年，第400页。
④ 邓实：《鸡鸣风雨楼政治书》（1905年），《光绪乙巳政艺丛书·政学文编卷三》，页1a—1b（卷页）。
⑤ 梁启超：《痛定罪言》（1915年），《饮冰室合集·文集之三十三》，第6页。
⑥ 秋桐（章士钊）：《救国储金》，《甲寅》1卷8号（1915年8月），第6页。

退，使得原在其下的"国家"和"人民"都上升，但由于政治法律皆处于一种"无道"也无序的状态，新的官僚制度和机构并不足以联结日渐对立的国家和人民。①

很多民初读书人的一个共同感受，即"民国"中却不见"民"的位置。陈独秀看到的是"中华帝国""中华官国"和"中华匪国"②，费行简则深感"民国成立，军焰熏天"。③民初文武关系逆转，军人地位的上升是明显的，但也提示着某种行为方式的选项——在"民国"中看不到自己的"民"，便可能不得不选择暴力的方式来对抗"国进"（从晚清开始，便有包括"毁学"在内的大量抗捐抗税之民变，进入民国则地域更宽，也更具组织性）。

在一个从帝制转向共和、从农业转向工商业的新型国家中，曾经全面指导社会生活的经典已经淡出，久在身边的楷模（即四民之首的士人）也已不复存在；④虽身历从臣民到国民的转变，一般民众的政治和社会参与并未常态化（真正的全民动员和政治参与，是在所谓"文化大革命"期间，以一种极不正常的病态方式推进的）。如何创造具有公民意识的群体并维护民众的公民权益，仍是一个尚

---

① 此承北京大学历史学系薛刚同学提示。他认为，正因以"道"为依据，传统中国的"公"不必仅是介于国与民、上与下的中间部分，而是在国和民之上、之外、之间，以士为主体；道的意识形态与学田、族田一类微观建置直接相连。说颇新颖。
② 陈独秀：《实行民治的基础》，《新青年》7卷1号，第14页。
③ 沃丘仲子（费行简）：《民国十年官僚腐败史》，荣孟源、章伯锋主编：《近代稗海》，第8辑，四川人民出版社，1987年，第17页。
④ 边缘知识人的兴起，部分也是在取代此前士绅的承上启下地位。参见余英时：《中国知识分子的边缘化》，《二十一世纪》，第6期（1991年8月）；罗志田：《近代中国社会权势的转移：知识分子的边缘化与边缘知识分子的兴起》，收入本书。

待完成的任务。①

这类"国"与"民"以及"民间"多重关系的转变，曲折而繁复多歧，无法在此展开讨论。实际上，不仅"自治"有新旧之差，国家、社会、国民等近代引入的基本概念，皆不必视为众皆认可，顺手拈来即用。从19世纪后期开始，这些不同的主体，其自身处于形塑之中，相互之间的关系也处于调整之中，或只能动态地认知和运用。包括"官"与"民"、"公"与"私"这些久处思想言说之中的名相，在近代也渐获新义，甚至脱胎换骨。所有这些新旧名相和实体，本都在互动的发展之中，迄今或也尚未"定型"。

在某种程度上，近代的"国进民退"，也是伴随着上述转变中的一个倾向。不过，新的"国家"虽较前远更积极，却又并未真正从政治伦理到体制机构方面做好独任其责的准备。很多受大政府观念影响的趋新人士，对民初的国家政治相当失望。到"五四"前后，中国似出现一个特别重视"社会"和个人的倾向。其所因应的，正是那处于转变之中、强势然而乏力的"国家"。

那是一个"政府"从诸葛亮所谓"宫中府中"的对应物向国家机器代表者转化的时段，后来"无政府"倾向的风靡，多少针对着国家机器的扩张；那也是"社会"概念从引入到推广并进而成为众人口头禅的时段，后人试图"造社会"甚或发起"新村运动"，意味着他们眼中既存社会（如果存在的话）的崩溃，其实也

---

① 此承北京大学历史学系王果同学提示。实际上，晚清"造国民"的言说本是多元的，朝野间都曾有一个明显的倾向，即"国民"必爱国，首先就体现在愿意输将（且多纳税还较愉悦）和当兵（保卫国家）之上，却不一定强调不论个体还是群体的"民权"。

就是民间失序的新表述。近代中国很多无政府主义者并不特别"虚无",他们针对的正是一个太想"作为"的政府;而他们自己同时也在试图重建一个介乎于国家与个人之间、更健康也更有活力的"社会"。①

可以说,社会、个人等范畴的兴起,无疑与"民间"那从伦理到民生那全方位意义(以及功能)的解析直接相关。梁启超在清末就提出:"不患中国不为独立之国,特患中国今无独立之民。故今日欲言独立,当先言个人之独立,乃能言全体之独立。"② 到 1915 年,他更明言:"今日中国,凡百事业,与其望诸国家,不如望诸社会;与其望诸社会,又不如望诸个人。"③ 则其对社会和个人的提倡,或还在陈独秀、胡适等新文化人之前。

又几年后,梁氏进而求仁得仁,看到十年来"社会的进步",是因为人民的努力,"从极黑暗、极混乱的政治状态底下,勉强挣扎得来"的。那时的"国家",正起着一种自上而下的破坏作用——"人家的政治,是用来发育社会;我们的政治,是用来摧残社会。"④ 这大体就是钱穆后来所说的"政府来革社会的命"。傅斯年因此强调,应推动自下而上的改造,"以社会的培养促进政治"。

---

① 此承王汎森、沙培德(Peter Zarrow)两兄以及北京大学历史学系梁心同学提示。关于中国的无政府主义,参见 Peter Zarrow, *Anarchism and Chinese Political Culture*, New York: Columbia University Press, 1990。关于民初的"造社会"取向,参见王汎森:《傅斯年早期的"造社会"论——从两份未刊残稿谈起》,《中国文化》1996 年第 2 期。
② 梁启超:《十种德性相反相成义》(1901 年 6—7 月),《饮冰室合集·文集之五》,第 44 页。
③ 梁启超:《孔子教义实际裨益于今日国民者何在欲昌明之其道何由》(1915 年 2 月),《饮冰室合集·文集之三十三》,第 67 页。
④ 梁启超:《辛亥革命之意义与十年双十节之乐观》,《饮冰室合集·文集之三十七》,第 10 页。

在他看来，若"相信改造是自上而下的，就是以政治的力量改社会，都不免有几分专制的臭味"。①

而政治会议议员任福黎基于反向的认知，也提出类似的思路。任氏在1914年说："今日人心之大患，皆先由社会而起，浸淫酝酿，而后国家受之。"因此，他也主张从社会入手进行补救，即恢复官方祀孔，通过维持礼教，使"人民知国家以道德为重，心目有所观感"，然后可以挽回风化，国家也因此受益。②尽管与很多人关于国家与社会关系的看法不甚同，任福黎提倡的，仍是一种自下而上的变更思路。

但民国前十年读书人在这方面努力的效果似不甚佳，到20世纪30年代初，对国家已失望的丁文江，又看到了"社会的崩溃"。他说：

> 中国今日社会的崩溃，完全由于大家丧失了旧的信仰，而没有新的信仰来替代的原故。祖宗不尊敬了，尊敬什么？宗族不亲睦了，亲睦什么？英雄不崇拜了，崇拜什么？妇女解放了，男女之间，是否仍然要遵守相当的规律？天堂地狱都是假的，人生什么是真的？③

从其具体的举例看，丁文江心目中"信仰"所关涉的问题，大致即是任福黎想要通过复兴"礼教"来解决的问题。盖"礼教"不

---

① 傅斯年：《时代与曙光与危机》（约1919年），台北"中研院"史语所藏傅斯年档案。
② 《政治会议议员任福黎提规复文庙建议案》，原案录在《政治会议议长李经羲为规复文庙祀孔呈》（1914年2月11日），《中华民国档案资料汇编·第3辑·文化》，江苏古籍出版社，1991年，第7—8页。
③ 丁文江：《中国政治的出路》，《独立评论》第11号（1932年7月31日），第5页。

仅仅是"信仰",它还维系着民间的生活秩序。这一功能往往通过地方的士绅来实现,而公产正是一切公益的基础。不仅如此,大量社会资源的存在,对于国家机器的运作,也是隐而不显却必不可少的保障。如前引杜亚泉所警告的,"国家"对"社会"本有所依赖,若"政府强大"成为努力的目标,"干涉甚则碍社会之发展,担负重则竭社会之活力。社会衰,而政府随之"。

据前引罗振玉大约同时的观察,国进民退式的搜刮,与"伦纪颓废"有着直接的关联。在打倒"孔家店"之后,新文化人并非没有提倡各种新的信仰,这些信仰也未必无人趋奉,却不能解决原来由"孔家店"处理的问题。这里原因甚多,其中之一即传统的中国式公领域已被破坏并淡出,国家不得不承担一切责任,却又没有一个足以让民众达成共信的政府。

傅斯年那时也注意到:"今日中国的社会,是个最大的矛盾集团。"其具体表征,即"国家无所谓'国是',民众无所谓'共信',人人不知向那里去"。① 十多年前梁启超主张放弃国家而望诸社会和个人时,显然期望不论国家能否有"国是",民众还可以有"共信"。他的言语之中,仍隐约透出小政府大民间的惯性思维。但他或许没想到,随着一波波的国进民退,"民间"已非复往昔,社会也已失去重心;② 只剩下一盘散沙式的众多"个人"③,面对肩负着空前责任而不知所措的"国家"。

---

① 傅斯年:《教育崩溃之原因》,《独立评论》第9号(1932年7月17日),第5—6页。
② 参见罗志田:《失去重心的近代中国:清末民初思想权势与社会权势的转移及其互动关系》,《清华汉学研究》第2辑(1997年11月)。
③ 傅斯年在"五四"时便观察到,由于"社会的旧组织死了,所以没有维系与发展社会的中心能力,所以社会上有个散而且滞的共同现象"。傅斯年:《时代与曙光与危机》(约1919年),台北"中研院"史语所藏傅斯年档案。

尽管从晚清起"民"的重要性就被提到前所未有的高度，士绅淡出后的"民间"仍未摆脱退缩的颓势。民初对"个人"的强调，虽直指"人类"而否定一切的中间物（包括过去最看重的"家"和近代兴起的"国"）①，实仍更多蚕食了式微中的公领域，反促使国家进入生活层面的私领域（政府主导的"新生活运动"，就是一个显著的表征）。此后的国难，使"国家"的重要性和作用都进一步凸显。在国家努力动员民众的同时，民间的衰退仍在延续。

对于20世纪30年代日本大举侵华前的中国，从罗振玉到丁文江再到傅斯年这些政治立场很不一样的人，尽管对前行的方向存在歧异，却都看到了社会的崩溃。不过，与前引杜亚泉所见"国家"对"社会"的依赖不同，曾经赞同"以社会的培养促进政治"的傅斯年，如今对于社会的崩溃，却和其他一些人同样感到需要一个强力"政府"来解决问题。② 他们甚至认为："政府果然是有力量的，并且是正大光明的，就是专制一点也无妨。"③

在大约同时的"民主与独裁之争"辩论中，不少被后人纳入"自由主义知识分子"的读书人，都曾明确站在"独裁"一边（详另文）。其间虽有抵抗日本侵略的考虑，多少也说明不少接受了现代国家观念的趋新读书人，虽对"民退"心怀焦虑，又在相当程度

---

① 最具象征性的表述，就是傅斯年提出的："我只承认大的方面有人类，小的方面有'我'，是真实的。'我'和人类中间的一切阶级，若家族、地方、国家等等，都是偶像。"傅斯年：《新潮之回顾与前瞻》（1919年9月5日），《新潮》，2卷1号（1919年10月）；上海书店，1986年影印，第205页。
② 参见傅斯年：《中国现在要有政府》，《独立评论》第5号（1932年6月19日），第6页。
③ 涛鸣（吴宪）：《定县见闻杂录》，《独立评论》第4号（1932年6月12日），第17页。此承北京大学历史学系梁心同学提示。

上接受着"国进"的正当性。很多年后，一些或许分享着"国进民退"思路的研究者，在同一时段的战乱频仍中还发现了所谓的"黄金十年"。①

这样看来，近代中国为退虏送穷而凸显的富强目标，连带产生了一系列本是权宜之计的思路和举措，后来在有意无意之间一步步制度化，成为一种常态，使得下马治天下之时，仍延续着马上打天下的思绪。钱穆所谓"政府来革社会的命"，是一种特异的表现；还有不少实为近代出现的新兴现象，渐被固化为思维定式，反使后人产生"习见"的感觉。② 这一波波的"国进民退"，究竟造成了什么样的影响？产生了什么问题？又遮蔽了哪些问题？或许还需要更进一步的探索。

原刊《四川大学学报》2012 年第 5 期

---

① 所谓的"黄金十年"，是很长时间里学界中相当一些人对抗战前十年的描述。一项早期的研究，参见 Arthur N. Young, *China's Nation-Building Effort, 1927 - 1937*, Stanford: Stanford University Press, 1971.
② 例如，前引赵尔巽试图革除的绅首包揽厘税，便是历时不长的新事物，以前的正绅是不允许也不屑于涉足税收一类事务的。而今日所谓"地方菁英"参与类似事务，往往被视为国家涉入地方的表征。